Richard Loewe

Die Reste der Germanen am schwarzen Meer

Eine ethnologische Untersuchung

Richard Loewe

Die Reste der Germanen am schwarzen Meer

Eine ethnologische Untersuchung

ISBN/EAN: 9783955641962

Auflage: 1

Erscheinungsjahr: 2013

Erscheinungsort: Bremen, Deutschland

EHV
HISTORY

DIE RESTE DER GERMANEN AM SCHWARZEN MEERE.

EINE ETHNOLOGISCHE UNTERSUCHUNG

von

Dr. RICHARD LOEWE.

HALLE.
MAX NIEMEYER.
1896.

Abkürzungen.

Braun = F. Braun, Die letzten Schicksale der Krimgoten, St. Petersburg 1890.

de la Motraye = de la Motraye, Voyages en Europe, Asie et Afrique, A la Haye 1727.

Diefenbach = Diefenbach, Vergleichendes Wörterbuch der gotischen Sprache, Frankfurt a. M. 1846 u. 1851.

I. F. = Indogermanische Forschungen.

Köppen = Köppen, Die Altertümer der Krim und der taurischen Berge, Petersburg 1837 (russisch).

Pallas = Pallas, Bemerkungen auf einer Reise in die südlichen Statthalterschaften des russischen Reichs in den Jahren 1793 und 1794, Leipzig 1799 und 1801.*)

PBB. = Paul und Braune, Beiträge zur Geschichte der deutschen Sprache und Literatur, herausg. von Paul und Braune.

Peyssonel = Peyssonel, Traité sur le commerce de la mer noire, Paris 1787.

Remy = Remy, Die Krim, Odessa und Leipzig 1872.

Schlatter = Schlatter, Bruchstücke aus einigen Reisen nach dem südlichen Russland in den Jahren 1822—1828. St. Gallen 1830.

Tomaschek = Tomaschek, Die Goten in Taurien. Wien 1881.

Zeuss = Zeuss, Die Deutschen und die Nachbarstämme. München 1837.

ZfdA. = Zeitschrift für deutsches Altertum.

Die grammatischen Abkürzungen sind die üblichen.

*) Wo ich nach der Auflage von 1803 citiert habe, ist das besonders vermerkt.

I. Die kleinasiatischen Germanen.

1. Die Gotogriechen.

Tomaschek 27 macht darauf aufmerksam, dass bei Theophanes p. 591 f.' Γοτθογραῖκοι aus dem Thema Opsikion erwähnt werden. Die bei Theophanes besprochenen Ereignisse spielen nach p. 589 im zweiten Regierungsjahre des byzantinischen Kaisers Artemios oder Anastasios II. (713—716). Es handelt sich an der betreffenden Stelle um einen Aufstand von Seesoldaten aus dem Thema Opsikion, die zuerst zu Rhodos die Fahne der Empörung aufpflanzen, gegen Konstantinopel zu segeln beschliessen, auf der Fahrt zu Adramytion einen gewissen Theodosios zum Kaiser ausrufen, dann das ganze Thema Opsikion und die Gotogriechen in Aufruhr versetzen und mit diesen zusammen zu Wasser und zu Lande einen Sturm gegen Chrysopolis unternehmen. Da die Gotogriechen auch an dem Angriffe zu Wasser teilnahmen, so müssen sie Küstenbewohner gewesen sein, und da sie sich in dem unmittelbar südlich vom Thema Opsikion gelegenen Adramytion der aufständischen Bewegung noch nicht angeschlossen hatten, so werden sie innerhalb der Küstenstrecke zwischen Adramytion und Chrysopolis gesucht werden müssen. Dass sie dabei wegen des Ausdrucks ὅλον τὸ θέμα τοῦ Ὀψικίου καὶ τοὺς Γοτθογραίκους nicht etwa von der Küste des Thema Opsikion selbst auszuschliessen sind, der ganze Ausdruck vielmehr ein im höchsten Grade ungenauer ist, ergiebt sich aus dem Umstande, dass der bedrohte Kaiser selbst nach dem eigenen Berichte des Theophanes gerade in Nicäa, der Hauptstadt des Thema Opsikion, eine Zufluchtsstätte vor den Rebellen fand. An dem Angriffe werden sich überhaupt grösstenteils nur die in der Nähe der Küste wohnenden Opsikier beteiligt haben.

Die Γοτθογραῖκοι werden sonst nicht weiter erwähnt. Wohl aber begegnet später an derselben Stelle, an der wir diese Γοτθογραῖκοι des Theophanes treffen, die Benennung eines Volksstammes als Γραικοί. Bei Konstantinos Porphyrogennetos Περὶ τῶν θεμάτων 1,4 (Τέταρτον θέμα τὸ καλούμενον Ὀψίκιον) heisst es nämlich: τὰ δὲ πρὸς νότον τοῦ Ὀλύμπου καὶ ἕως τοῦ ποταμοῦ Ῥυνδακοῦ κατοικοῦσι Μυσοί, τὰ δὲ πρὸς τὴν θάλασσαν καὶ τὴν Κύζικον κατοικοῦσι Φρύγες τε καὶ Γραικοί, ἀπὸ τοῦ ποταμοῦ Γρανίκου τὴν ὀνομασίαν πλουτήσαντες, ἐν ᾧ ποταμῷ γέγονεν ἡ πρώτη μάχη πρὸς τοὺς στρατηγοὺς τῶν Περσῶν Ἀλεξάνδρου τοῦ Μακεδόνος. Ausserdem kommt Porphyrogennetos noch einmal auf diese Γραικοί in der gleichen Schrift 1,17 (θέμα τὸ καλούμενον Αἰγαῖον πέλαγος) in einem Excurse zu sprechen. Es werden dort nach der alten Schablone das Attische, das Jonische, das Aeolische und das Dorische als die griechischen Dialekte aufgezählt und nach byzantinischer Lehrmeinung als fünfter Dialekt die Κοινή hinzugefügt, woran sich der Zusatz ᾗ πάντες χρώμεθα schliesst. Nachdem dann nach den Angaben der Alten die Ausdehnung des Jonischen und Aeolischen in Kleinasien geschildert ist, heisst es weiter: ἀπὸ τοῦ λεγομένου Λεκτοῦ καὶ ἕως Ἀβύδου καὶ αὐτῆς Προποντίδος καὶ μέχρι Κιζύκου καὶ τοῦ ποταμοῦ τοῦ λεγομένου Γρανίκου πάντες Γραικοί ὀνομάζονται καὶ κοινῇ διαλέκτῳ χρῶνται, πλὴν Βυζαντίων, ὅτι Δωριέων ἐστὶν ἀποικία.

Der Unsinn, den Porphyrogennetos hier geschrieben, hätte wohl kaum von einem anderen besser illustriert werden können, als er ihn selbst durch den letzten Zusatz hinsichtlich der Byzantier illustriert hat. Wenn irgendwo die Gemeinsprache zum Volksdialekte geworden war, so musste sie es doch wohl in der Reichshauptstadt geworden sein. Aber bei seiner Residenz erinnerte sich der gelehrte Kaiser, dass dieselbe einst von den Dorern gegründet worden, und deshalb musste sie natürlich auch noch zu seiner Zeit dorisch sprechen. Thatsächlich aber hatte die Κοινή bis auf eine einzige Ausnahme im Peloponnes längst die alten griechischen Volksdialekte verdrängt (vgl. Thumb, Die neugriechische Sprache 9 und 29), so dass es nichts als reinste Konstruktion ist, wenn Porphyrogennetos speciell nur jenen Γραικοί die Κοινή als Volksdialekt zuschreibt. Der Name Γραικοί als Bezeichnung eines einzelnen griechischen Stammes hatte eben derartig sein Interesse erregt, dass er sich an der einen Stelle eigens eine Etymologie des Namens nach dem Wohnsitze des Stammes zurecht machte, an der anderen gar eine ganze Dialekttheorie daran anknüpfte.

Da die Γραικοί des Porphyrogennetos auf derselben Küstenstrecke wie die Γοτθογραῖκοι des Theophanes erscheinen, so können sie eben nur mit jenen identisch gewesen sein und ihr Name nur die jüngere durch Wortkürzung entstandene Namensform der Γοτθογραῖκοι repräsentieren. Wortkürzungen kommen eben auch bei langen Völkernamen vor, wie ja eine solche aus dem Namen der Hermunduren und Thüringer bekannt ist. Ein noch besseres Beispiel aber zeigt das byzantinische Griechisch selbst im Namen der Ἀχιλλεοδρομῖται, einer Bezeichnung der normannischen Ῥώς nach der Ἀχιλλέως δρομή „der Rennbahn des Achilles" an der Mündung des Dnieper, ein Name, für den auch kurzweg die Form Δρομῖται angewandt werden konnte (Tomaschek 29). Die Form Γραικοί aber muss zur Zeit des Porphyrogennetos längst fest und allein in Gebrauch gewesen sein, da der gelehrte Kaiser, wenn irgend welche Namensformen seiner Zeit, so doch diejenigen der Anwohner der Propontis kennen musste, und da er, wenn er den Namen Γοτθογραῖκοι noch gekannt hätte, seine sonderbaren Theorieen über die Γραικοί garnicht hätte aufstellen können.

Die Germanen, welche Vorfahren unserer Gotogriechen gewesen waren, können sich nur in der Zeit der gotischen Raubfahrten nach Kleinasien, d. h. nach der Mitte des dritten nachchristlichen Jahrhunderts, an der Küste der Propontis niedergelassen haben. Die Piraterie, die seit uralter Zeit von den pontischen Gestaden aus getrieben worden war, hatte mit dem Auftreten der Germanen am Pontus eine ganz eigene Gestalt angenommen. „Was bis dahin Seeraub gewesen war", sagt Mommsen, Römische Geschichte V, 122, „fängt an, ein Teil derjenigen Völkerverschiebung zu werden, welcher das Vordringen der Goten an die untere Donau angehört." In der That waren die Raubfahrten der Goten, Heruler und anderer Germanen nur eine direkte Fortsetzung der Wanderungen jener Völker aus ihrer alten Heimat an die Ufer des schwarzen Meeres. Bezeichnend für die Art, in der jene raubenden Heere auszogen, ist eine Stelle eines bei Trebellius Pollio, Divus Claudius 8 mitgeteilten Briefes des Kaisers Claudius II. nach der entscheidenden Niederlage der Germanen bei Naissus: „Tantum mulierum cepimus, ut binas et ternas victor sibi miles possit adiungere". „Wandernde Volksteile" nennt deshalb F. Dahn in der 2. Aufl. v. Wintersheim, Geschichte der Völkerwanderung I, 226 die zu Wasser und zu Lande in die Provinzen des römischens Ostens einbrechenden Schaaren der Germanen.

In den Ländern südlich der unteren Donau freilich scheinen, obwohl sich dorthin der endliche Hauptangriff richtete, keine Germanen von jenen Raubzügen zurückgeblieben zu sein. Die furchtbare Niederlage bei Naissus wird dort auch etwaigen bereits geschehenen Ansiedelungsversuchen ein jähes Ende bereitet haben. Aber kleinen Bruchteilen von Germanen, die sich auf ihren früheren Raubfahrten in einer anderen Provinz niedergelassen, sich ihrer Umgebung aber wahrscheinlich in der Folge nicht mehr lästig gemacht hatten, gewährte man, ruhig dort ihr Leben weiter zu fristen. Merkwürdig könnte es allerdings erscheinen, wieso solche kleinen Bruchteile des raubenden Volkes es überhaupt hatten wagen können, sich mitten im Lande der Beraubten niederzulassen. Die Thatsache findet indess ihre Erklärung offenbar ebendarin, wodurch sich überhaupt auch die Widerstandslosigkeit der Kleinasiaten gegen die plündernden Germanen erklärt. Wie Dahn a. a. O. 227 hervorhebt, war die Bevölkerung Kleinasiens unkriegerisch, gänzlich passiv und zum Einverständnisse mit den Feinden geneigt, die Reichen zeigten Mangel an Mut und Kraft, das gedrückte Landvolk meist Apathie und Gleichgiltigkeit; ja es kam vor, dass die Einwohner in den Reihen der Feinde mitraubten, wie wir aus einem Zeugnisse des Gregor von Neucäsarea ed. Ger. Voss. p. 120 über den Einfall der Boraner, die er Borader nennt, wissen. So war es kein Wunder, wenn die Vorposten der misslungenen germanischen Völkerwanderung dauernd im Feindeslande zurückblieben.

Es scheint nicht ganz unwichtig, zu erfahren, auf w e l c h e r Raubfahrt der Germanen die Vorfahren der Γοτθογραῖκοι an jener Küste zurückgeblieben waren. Wir können hierauf deshalb mit einiger Sicherheit eine Antwort erteilen, weil die Stadt Kyzikos und die sich westlich von ihr erstreckende Küste nur einmal von Germanen verwüstet worden zu sein scheint. Diese Verwüstung hat auf der letzten während der Regierung des Gallienus (260—268) unternommenen Raubfahrt stattgefunden. Kunde über diese Fahrt giebt Trebellius Pollio, Gallieni duo 13. Die Stelle, die unter anderem auch wegen ihres am Schlusse deutlich zwischen einem Heere von Goten und einem solchen von Skythen gemachten Unterschiedes wichtig ist, lautet folgendermassen: „Inter haec Scythae per Euxinum navigantes Istrum ingressi, multa gravia in solo Rom. fecerunt. Quibus compertis, Gallienus Cleodamam et Athenaeum Byzantios instaurandis urbibus muniendisque praefecit. Pugnatum est circa Pontum, et a Byzantiis ducibus victi sunt barbari. Veneriano item duce navali bello Gotthi superati sunt, tum ipse Venerianus militari periit morte. Atque inde Cyzicum et Asiam deinceps Achaiam omnem vastaverunt, et ab Atheniensibus, duce Dexippo, scriptore horum temporum, victi sunt. Unde pulsi, per Epirum, Acarnaniam, Boëtiam pervagati sunt. Gallienus interea vix excitatus publicis malis Gotthis vagantibus per Illyricum occurrit et fortuito plurimos interemit. Quo comperto Scythae facta carragine per montem Gessacem fugere sunt conati. Omnes inde Scythas Martianus varia bellorum fortuna agitavit: quae omnes Scythas ad rebellionem excitarunt.“ Nach der Berechnung Mommsens, Römische Geschichte V, 224 Anm. hat Trebellius diese Raubfahrt in das Jahr 265 oder nach 265 gesetzt; nach Dahn, a. a. O. I, 631 fällt der Sieg des Venerianus, wie aus einer Münze des Gallienus hervorgehe, in das Jahr 267.

Es ist bemerkenswert, dass Trebellius die Verwüster von Kyzikos und Asien Goten nennt. Auch Synkellos p. 717 weiss von einer Raubfahrt zu berichten, auf der trotz eines vorangegangenen Seesieges der Römer in der Nähe von Byzanz Kyzikos von den Seeräubern genommen und Südgriechenland verwüstet wurde, bis die Verheerer in Achaja durch die Athener und darauf am Nessos von Gallienus geschlagen wurden. Diese Fahrt ist natürlich mit der aus Trebellius erzählten identisch. Aber die Verheerer heissen bei Synkellos nicht Goten, sondern Heruler (Αἴρουλοι). Und wie bei Jordanes 23 die Heruler als Anwohner der Mäotis bezeichnet werden, so kommen dieselben auch hier von der Mäotis hergefahren. Der Widerspruch aber, in dem hier die Benennungen des Trebellius und des Synkellos zu einander stehen, löst sich durch den kurzen Satz, in dem Zonaras 12, 23 p. 590 dieser Raubfahrt in Bezug auf den Gallienus gedenkt: εἶτα καὶ Αἰρούλοις, Σκυθικῷ γένει καὶ Γοτθικῷ, ἐπεξελθὼν ἐκράτησεν Galten aber die mäotischen Heruler den Griechen und Römern als ein gotisches Volk, so konnten sie auch kurzweg von denselben Goten genannt werden. Bezeichnet doch auch ganz entsprechend Zosimos I, 39 dieselben Raubfahrer, die doch Zonaras auch ein skythisches Volk sein lässt, einfach als Skythen.

Es empfiehlt sich hier, gleich an dieser Stelle das Verhältnis der Namen Skythen, Goten, und Heruler zu einander überhaupt zur Sprache zu bringen. Ethnographisch bezeichnete ja das Wort Skythen bekanntlich die nomadischen Iranier, die über centralasiatische Gebiete nördlich von Iran, über die Kaukasusländer und in Europa über Südrussland hin bis zur unteren Donau, in zahlreiche Stämme gespalten, ausgebreitet waren. Bei der weiten räumlichen Verbreitung der Skythen mögen die Griechen unter ihrem Namen auch wohl die Reste der Urbevölkerungen jener Länder häufig mitverstanden haben, aber eine eigentliche Erweiterung oder beinahe eine Übertragung erfuhr doch der Name erst, als germanische Schaaren die Länder der Skythen in Europa überfluteten und sich an der unteren Donau bis zum Tanais hin ausbreiteten. Es ist gewiss nicht ohne Bedeutung, dass in der Zeit der Völkerwanderung die Sarmaten, d. h. die europäischen Skythen, nur noch ganz vereinzelt erwähnt werden, während im Gegenteil ihre skytischen Nachbaren östlich des Tanais, die Alanen, gerade in jener Zeit erst zu einer wichtigen geschichtlichen Rolle gelangen. Das Gebiet der Sarmaten war eben von Germanen besetzt, das der Alanen aber frei gelassen worden. Die Sarmaten schienen sich überhaupt sehr bald den Germanen untergeordet zu haben und grösstenteils in ihnen aufgegangen zu sein. Was aber die Übertragung des Namens „Skythen“ auf die in die Länder der Skythen eingerückten Germanen verursachte, waren wohl nicht bloss die gleichen Wohnsitze und die nunmehr gemeinsam unternommenen Raubfahrten, sondern vor allen Dingen wohl auch die körperliche Ähnlichkeit beider Nationen. Das blonde Haar war es, das die Skythen so gut wie die Germanen von den südlichen Völkern höchst deutlich unterschied und für den dunkelhaarigen Südländer ein sehr in die Augen fallendes Merkmal sein musste. Dazu kamen aber auch noch andere körperliche Merkmale. Ammianus Marcellinus XXXI, 3, 31 beschreibt die Alanen gerado so, wie sonst die Germanen von Griechen und Römern geschildert werden: „Proceri autem Halani paene sunt omnes et pulchri, crinibus mediocriter flavis, oculorum temperata torvitate terribiles". Tomaschek 7 hat hinsichtlich der Blondheit anderer Skythen noch ein Zeugnis des Valerius Flaccus VI, 144, wo die Satarchen, die skythischen Bewohner der Krim „flavi crine" genannt werden, hinzugefügt. Beweisend für die Blondheit der Skythen ist jedenfalls der Umstand, dass sich noch heute die iranischen Osseten, die Nachkommen der Alanen, von den sie rings umgebenden schwarzhaarigen Ureinwohnern des Kaukasus, scharf durch ihr blondes Haar abheben (vgl. v. Klaproth, Reise in den Kaukasus II, 567). Konnte aber den Griechen auch kein körperlicher Unterschied zwischen den Skythen und den Germanen auffallen, so merkten sie wohl anfangs garnicht einmal recht, dass sie in den seeräuberischen Germanen ein anderes Volk als in den aus den gleichen Gegenden kommenden seeräuberischen Skythen vor sich hatten und behielten daher auch für jene einfach den Namen der Skythen bei. Dass viele Griechen in der That nicht wussten, dass sie es bei den grösseren Raubfahrten wesentlich mit einem neuen Volke zu thun hatten, geht aus Synkellos p. 716 hervor, wo ein in Kleinasien einfallender Schwarm οἱ Σκύθαι καὶ Γότθοι λεγόμενοι ἐπιχωρίως d. h. „die Skythen, die in ihrer Heimat auch Goten hiessen", genannt wird. Von welchem Historiker diese Bemerkung stammt, lehrt Theophanes p. 103: Γότθους δὲ ἐπιχωρίως τοὺς Σκύθας λέγεσθαι Τραϊανὸς ὁ Πατρίκιος ἐν τῇ κατ' αὐτὸν ἱστορίᾳ φησίν. So erscheinen denn auch bei Trebellius Pollio als der Scytharum diversi populi die Peucini, Greuthungi, Austrogothi, Tervingi, Gepides, Celtae (Divus Claudius 8). Das sind mit Ausnahme der Kelten lauter germanische Völker (von denen bekanntlich Greuthungi und Austrogothi dieselben sind.) Wegen dieser Kelten ist das Worth „Skythen" hier allerdings mehr als ein geographischer Sammelname anzusehen; doch werden auch die Kelten den Germanen und eigentlichen Skythen körperlich ähnlich gewesen sein. Merkwürdig ist der Unterschied, den auch hier Trebellius zwischen Skythen und Goten macht, indem er angiebt, dass alle skythischen Völkerschaften von denjenigen Goten, die vor Macrianus entflohen waren, aufgereizt worden seien. Man kann demnach wohl nicht zweifeln, dass dieser Macrianus mit jenem Martianus identisch ist, von dem Trebellius am Schlusse des citierten Capitels Gallieni Duo 13 gesprochen hatte. Mit jenen Goten aber waren, wie wir sahen, die nichtgotischen Heruler bezeichnet, während unter den Völkern, die Trebellius als Skythen zusammenfasst, die wirklichen Goten, d. h. die Greutungen und Terwingen und vielleicht auch noch die Gepiden, die Hauptmasse ausmachten. In dem Namensverzeichnisse der skythischen Völkerschaften freilich, welches aber Trebellius wahrscheinlich nicht aus derselben Quelle hat, die zwischen Skythen und Goten in dem angegebenen Sinne unterschied, treten auch die Heruler wieder unter ihrem eigenen Namen auf. Auch bei Zosimus werden die 1, 31 aufgezählten Anwohner der unteren Donau, die Βορανοὶ καὶ Γότθοι καὶ Κάρποι καὶ Οὐρουγοῦνδοι, später als Σκύθαι zusammengefasst, ein Begriff, der auch hier wesentlich als geographisch zu gelten haben wird, da wenigstens die Κάρποι weder Germanen noch Iranier gewesen zu sein scheinen. Zwischen der geographischen und der ethnographischen Bedeutungserweiterung des Wortes „Skythen" besteht indess kaum ein Widerspruch. Die grosse Masse jener „skythischen" Eindringlinge bestand eben aus Germanen, die den iranischen Skythen äusserlich glichen. Wie man aber früher unter dem Namen „Skythen" auch wohl andere, nichtiranische Nordvölker einbegriffen hatte, so that man das gleiche wohl nur in etwas ausgedehnterem Masse, als der Name der Skythen auf die in das Skythenland eingewanderten germanischen Stämme übergegangen war und sich auch nichtgermanische Stämme an deren Raubfahrten beteiligten. Einmal kommt freilich auch die merkwürdige Auffassung vor, dass die Skythen einen Teil der Goten bildeten. Trebellius Pollio sagt nämlich Gallieni duo 6: „Scythae autem, hoc est pars Gothorum, Asiam vastabant." Allein der Bericht über diese ganze Raubfahrt, die nach Dahn a. a. O. I, 630 zwischen 261 und 263 liegen muss, ist höchst dürftig und verwirrt. „hoc est pars Gothorum" ist wahrscheinlich eigener Zusatz des Trebellius, der vielleicht in einer Quelle etwas von Gothen, die in Europa, und in einer anderen von Skythen, die in Asien plünderten, gefunden hatte. Trebellius lässt durch diese Skythen übrigens den Tempel der Ephesischen Diana verbrennen, was nach Jordanes 20 durch die Goten geschehen ist.

Wie aber die Grichen sonst den Namen der Skythen auf alle in ihren Gesichtskreis tretenden Nordvölker übertragen konnten, so auch den Namen der Goten als des bei weitem grössten germanischen Stammes unter denselben auf sämtliche germanischen Stämme dieser Nordvölker. Dass sich die germanischen Völker in Sitte und besonders in Sprache selbst unter einander ungleich näher standen als den nomadisierenden iranischen Skythen, muss wenigstens in den Griechenstädten am Pontus bemerkt worden sein. Da nun aber die am Pontus erscheinenden Germanen keinen Gesamtnamen führten, wohl aber mindestens ihre beiden grössten Stämme, die Greutungen und Terwingen, sich gemeinsam Goten nannten, so bot sich der Name Goten den Griechen am Pontus und damit indirekt auch den übrigen Griechen als eine höchst passende Gesamtbezeichnung aller Germanen am schwarzen Meere dar und wurde auf diese Weise unter anderen auch auf die Heruler übertragen. In der That hat wohl selten die Begriffserweiterung eines Völkernames so nahe gelegen wie diese. Und so kann es denn nicht Wunder nehmen, wenn die Quelle des Trebellius die Heruler als germanisches Einzelvolk Goten, eine grosse Gruppe aber von Nordvölkern, unter denen sich auch Nichtgermanen befanden, obwohl hier gerade die wirklichen Goten die Hauptmasse ausmachten, Skythen genannt hat.

Und gewiss steht nunmehr auch der Umstand, dass jene Gothi des Trebellius eigentlich Heruler waren, nicht mehr der Annahme im Wege, dass dieselben die Vorfahren der Γοτθογραῖκοι gewesen sind. Nur die Frage kommt noch in Betracht, ob nicht auf einer anderen Raubfahrt gleichfalls Germanen auf jenem Küstenstriche zwischen dem Vorgebirge Lekton und Kyzikos, wohin ja Porphyrogennetos die Γραικοί setzt, zurückgeblieben sein könnten. Hier ist jedenfalls noch der Einfall zu nennen, den Trebellius Gallieni duo 5, 6, 7 erzählt, und der in den Jahren 261—263 stattgehabt hat. Es heisst dort 6: „Scythae autem, hoc est pars Gothorum, Asiam vastabant. etiam templum Lunae Ephesiae dispoliatum et incensum est.“ Wie erwähnt, ist dies derselbe Gotenzug, über den auch Jordanes 20 berichtet. Derselbe sagt, nachdem er von des Gallienus Regierungsantritt, der 260 stattfand, gesprochen: „Quo in omni lascivia resoluto Respa et Vedugo Thuruardque duces Gothorum sumptis navibus Asiam transierunt, fretum Hellespontiacum transvecti, ubi multas eius provinciae civitates populatas opinatissimum illud Ephesiae Dianae templum . . . igni suscendunt. Partibusque Bithiniae delati, Chalcedonam subverterunt . . . . . Hellespontiacum fretum retranseunt, vastantes in itinere suo Troiam Iliumque.“ Es wäre möglich, dass hier die Goten auf ihrem Marsche von Chalkedon nach Troja die Küste entlang, also auch über Kyzikos gezogen wären und damit fast den ganzen Strich durchstreift hätten, den Porphyrogennetos von den Γραικοί bewohnt sein lässt. Und deshalb muss auch wenigstens die Möglichkeit zugegeben werden, dass auf dieser grossen Raubfahrt wirklicher Goten, die von Jordanes von den Herulern scharf geschieden werden, ein Teil des raubenden Heeres in Asien zurückgeblieben sein kann.

Aber es ergiebt sich nichts, was dieser Möglichkeit irgendwie eine besondere Wahrscheinlichkeit verleihen könnte. Im Gegenteil würde Jordanes wahrscheinlich wenigstens Kyzikos genannt haben, wenn diese Stadt auf diesem Einfall der Goten wirklich auch berührt worden wäre. Denn gerade Kyzikos war nach Synkellos p. 717 die grösste Stadt des damals von den Goten verwüsteten Bithynien. Bei der bithynischen Expedition vom Jahre 258 marschierten auch die „Skythen“ nach Zosimos I, 35 auf Kyzikos und erreichten dasselbe nur deshalb nicht, weil sie den durch Regengüsse angeschwollenen Rhyndakos nicht überschreiten konnten. Und als sich nach Zosimos I, 35 die Barbaren auf ihrer Hauptfahrt unter Kaiser Claudius II. in der Propontis befanden, versuchten sie gerade auf Kyzikos, das jedenfalls sehr reiche Beute versprach, einen Angriff, mussten indess unverrichteter Sache wiederabziehen. Aber selbst wenn die Goten auf ihrer Fahrt von 261—263 das wichtige Kyzikos geplündert haben sollten, ohne dass Jordanes davon Notiz genommen hätte, so ergiebt sich doch nichts, wodurch es irgendwie wahrscheinlich würde, dass Kyzikos der östliche Grenzpunkt damals sich an der asiatischen Küste ansiedelnder Goten gewesen wäre. Ganz anders aber steht es mit der Herulerfahrt. Zunächst ist es nicht ohne Bedeutung, dass in den beiden einzigen nicht ganz summarischen Berichten über diese Expedition, d. h. in denen des Trebellius und des Synkellos, Kyzikos als von den Barbaren eingenommen auch erwähnt, keine andere Stadt Asiens aber daneben genannt wird. Wenn aber Trebellius, Gallieni Duo 13 von den „Goten“ nach deren Niederlage zur See sagt: „atque inde Cyzicum et Asiam deinceps Achaiam omnem vastaverunt“, so lässt sich die Frage, **welcher** Teil Asiens hier verwüstet wurde, durch Kombination mit dem Berichte des Synkellos gewinnen. Dort heisst es p. 717 von den Herulern: τὸ Βυζάντιον καὶ Χρυσόπολιν κατέλαβον. ἔνθα συμβαλόντες μάχην καὶ μικρὸν ὑποτρέψαντες πρὸς τὸ στόμιον τοῦ

Εὐξείνου Πόντου τὸ λεγόμενον ἱερὸν τῇ ἑξῆς αἰσίῳ καταπλεύσαντες πνεύματι τὸν πορθμίον Κυζίκου μὲν πρῶτον μεγίστης πόλεως Βιθυνίας προσάγουσιν, εἶτα καὶ τὰς νήσους Λῆμνον καὶ Σκῦρον δῃοῦσι. καὶ εἰς τὴν Ἀττικὴν φθάσαντες ἐμπιπρῶσι τὰς Ἀθήνας. Danach kann also die Verwüstung Asiens, worauf ja auch schon die Ausdruckweise des Trebellius deutet, erst bei Kyzikos begonnen und sich von da nur nach Westen die Propontis und den Hellespont entlang hingezogen haben. Somit decken sich der Zug der Heruler und die Sitze der *Γραικοί* bis zum Vorgebirge Sigeion am Ende des Hellesponts. Denn wenn die Heruler von Kyzikos nach Lemnos segelten, so müssen sie wohl gleich am Ende des Hellesponts ihre Schiffe wieder bestiegen haben, zumal sie von Kyzikos aus nur über Lemnos und Skyros in gerader Linie nach Attika fahren konnten. Sie verliessen eben die Küste, sobald sich ihnen das breite Meer wieder öffnete. Nun ist es aber gewiss zu verstehen, dass, wenn einmal eine Abteilung Heruler den Plan gefasst hatte, sich an der asiatischen Küste selbst anzusiedeln, ein Teil derselben noch über den Punkt hinausdringen konnte, an dem die grosse Masse der Volksgenossen wieder die Flotte bestieg. Doch ist es auch durchaus noch nicht einmal ausgemacht, ob Porphyrogennetos auf dieser Seite wirklich eine genaue Grenzangabe gemacht hat. In seinem Excurse über die griechischen Dialekte beschreibt er die Ausdehnung der an einander grenzenden ionischen und äolischen Gebiete in Asien. Bei seiner gerade in diesem Excurse hervortretenden konstruierenden Art kann er sehr wohl von dem Bestreben geleitet gewesen sein, nun auch die *Γραικοί* wieder an die *Αἰολεῖς* grenzen zu lassen, als deren nördlichste Punkte er Mitylene und Pergamos angiebt. Das waren ihm aber offenbar nur die bedeutendsten Städte im Nordgebiete der Äolier, durch deren Herausgreifen er seinen Lesern nur eine ungefähre Vorstellung von der Ausdehnung Äoliens verschaffen wollte. Sicher hat er noch ganz Lesbos und die ganze gegenüberliegende asiatische Küste, aber nicht mehr das durch den adramytenischen Meerbusen getrennte Troas zum äolischen Gebiete gerechnet. Und so könnte es wohl begreiflich sein, warum er an der Südwestspitze von Troas, am Vorgebirge Lekton, die Wohnsitze der *Γραικοί* bereits hätte beginnen lassen, auch wenn sie dort thatsächlich noch nicht begonnen haben sollten. Auf der anderen Seite wird aber Kyzikos um so mehr als die wirkliche Grenze der Γραικοί gelten dürfen, als hier Porphyrogennetos höchst gedankenlos seinen Zusatz von der Ausnahmestellung der Byzantier innerhalb des Gebietes der seiner Meinung nach allein die Κοινή sprechenden Γραικοί macht, die er ja soeben garnicht bis zum thracischen Bosporus gerechnet hat. Hier haben sich offenbar die Wirklicheit, wonach die Γραικοί bis Kyzikos wohnten, und die Konstruktion, wonach sie alles Küstengebiet von Lekton an, soweit überhaupt noch Hellenen vorhanden waren, bewohnen mussten, in einander verwirrt. Ziehen wir aus diesen Thatsachen die Folgerungen, so sind die Γοτθογραῖκοι höchstwahrscheinlich Nachkommen der im Jahre 267 im römischen Reiche plündernden Heruler gewesen.

Wenn die Nachrichten, die wir über die Raubfahrten der Germanen am schwarzen Meere besitzen, nichts über deren Ansiedelungen an der Propontis und am Hellespont enthalten, so ist daran wohl kaum erst die Dürftigkeit unserer secundären Quellen schuld. Es ist vielmehr wahrscheinlicher, dass schon die zeitgenössischen Geschichtsschreiber nichts darüber berichtet haben. Nur für die Reichsgeschichte bedeutsame Ereignisse wie die Thaten der Kaiser und Feldherrn und die Leiden der Unterthanen werden in jener Zeit der verwirrenden Prätendentenkämpfe im Inneren und der furchtbaren Not von aussen das Interesse haben erregen können. Wenn sich aber kleinere Abteilungen von Barbaren, die weiter keine Friedensstörungen veranlassten, in den römischen Provinzen niederliessen, so haben diese damals schwerlich selbst die Aufmerksamkeit von Leuten wie Dexippos irgendwie fesseln können.

Die an einer der befahrensten Küsten angesiedelten und fast in das Centrum der mittelalterlich griechischen Kulturwelt eingekeilten Germanen können ihre Sprache und Nationalität kaum sehr lange erhalten haben. Immerhin werden ihre hellenisierten Nachkommen, die Γοτθογραῖκοι, noch im Anfange des 8. Jahrhunderts den übrigen Opsikiern als ein besonderes Volkselement zur Seite gestellt. Bei Porphyrogennetos aber im 10. Jahrhundert sind die Γραικοί ein Stamm des Thema Opsikion wie die Βιθυνοί Μυσοί und Φρύγες und repräsentieren bei ihm, da sie sich speciell der Κοινή bedienen sollen, gerade das reinste Griechentum, eine seltsame Ironie des Schicksals für die hellenisierten Nachkommen der germanischen Seeräuber.

2. Die Dagotthenen.

Konstantinos Porphyrogennetos schreibt Περὶ θεμάτων 1, 4 (Τέτ. θέμα τὸ καλούμενον Ὀψίκιον) auch folgendes: Καὶ τὰ μὲν κάτω καὶ παρὰ θάλασσαν ἀπὸ τοῦ Ἀστακηνοῦ κόλπου καὶ ἕως τῆς μεσογαίου τοῦ Μυσίου Ὀλύμπου προσαγορευομένου καὶ τῆς χώρας τῶν καλουμένων Δαγοτθηνῶν καὶ αὐτῆς Προυσιάδος κατοικοῦσι Μυσοί. Die Dagotthenen, deren Name hier aufstösst, müssen, wenn nicht gerade in der Mitte zwischen dem mysischen Olymp und der Stadt Prusa, nach der hier eine Landschaft Prusias genannt wird, so doch in der Nähe dieser beiden einander sehr nahen Örtlichkeiten, zwischen denen ihr Land angeführt wird, gesucht werden. Tomaschek 27 bezweifelt die Beziehung dieser Δαγοτθηνοί auf die Goten, da schon Ptolemäus V, 2, 14 einen Ort Δάγουτα in Mysien kenne. Thatsächlich liegt nun dies Δάγουτα des Ptolemäus ganz im Norden Mysiens fast auf der Grenzscheide Bithyniens und ganz in derselben Gegend, in der wir die Δαγοτθηνοί zu suchen haben. Ein Zusammenhang beider Namen kann daher unter keinen Umständen abgeleugnet werden. Aber so zweifellos Δαγοτθηνοί auf der einen Seite mit Δάγουτα zusammenhängt, so ist doch auch auf der anderen ein Zusammenhang desselben mit Γότθοι nicht unwahrscheinlich. Herr Dr. A. Thumb teilt mir wenigstens mit, dass er sich eines Wechsels von τ und τθ aus keinem griechischen Dialektgebiete entsinne; auch kommt -ηνοί nur als Suffix von Völkernamen vor. Falls aber ein Zusammenhang nach beiden Seiten hin anzunehmen ist, so kann er auf der einen nur auf volksetymologischer Angleichung beruhen. Es ergiebt sich hier aber wohl nur die eine Möglichkeit, dass ursprüngliche Γότθοι nach dem benachbarten Δάγουτα in Δαγοτθηνοί umbenannt worden sein können. Hat diese Volksetymologie stattgefunden, so hat dazu höchstwahrscheinlich das Bestreben gedrängt, diesen kleinen versprengten Gotenrest von den weit bekannteren an der Küste sitzenden und weiter ausgedehnten Γότθοι, deren Nachkommen wir als den Γοτθογραῖκοι begegnen, deutlich zu unterscheiden.

Die Annahme germanischer Abkunft der Dagotthenen erhält durch die Parallele der Gotogriechen eine gewisse Wahrscheinlichkeit. Im Falle die Annahme richtig ist, können natürlich auch die Vorfahren der Dagotthenen nur auf einer Raubfahrt der am

Pontus sitzenden Germanen in Kleinasien zurückgeblieben sein. Es wäre auch hier nicht ohne Interesse, zu erfahren, auf welcher dieser Fahrten jene Ansiedelung geschehen sein kann. Die Stadt Prusa wird nun auf einer von Zosimos I, 34 und 35 eingehend geschilderten Expedition der an der Donau sitzenden „Skythen" unter Kaiser Valerian erwähnt. Man setzt die Fahrt in das Jahr 258. Zosimos erzählt, wie die Barbaren von Byzanz über den Bosporus gesetzt seien und Chalkedon und Nikomedeia geplündert hätten, und fährt dann fort: ἐπιδραμόντες δὲ Νικαίᾳ καὶ Κίῳ καὶ Ἀπαμείᾳ καὶ Προύσῃ τὰ παραπλησιά τε καὶ ἐν ταύταις πεποιηκότες ἐπὶ τὴν Κύζικον ὥρμησαν. τοῦ Ῥυνδακοῦ δὲ ποταμοῦ πολλοῦ ῥεύσαντος ἐκ τῶν γενομένων ὀμβρῶν, περαιωθῆναι τοῦτον ἀδυνήσαντες ἀνεχώρησαν ὀπίσω, καὶ τὴν μὲν Νικομήδειαν ἐνέπρησαν καὶ τὴν Νίκαιαν, ἁμάξαις δὲ καὶ πλοίοις ἐμβαλόντες τὰ λάφυρα περὶ τῆς οἴκαδε ἐπανόδου διενοοῦντο. Die „Skythen" müssen danach auch auf ihrem Rückwege wieder nahe bei Prusa vorbeigekommen sein. Die reiche Beute, die sie gerade auf diesem Zuge gemacht hatten — in Nikomedeia erstaunten sie, obwohl die Bewohner mit allen Schätzen, die sie fortschleppen konnten, geflohen waren, über die Menge des noch Vorgefundenen — könnte es begreiflich erscheinen lassen, wenn wahrscheinlich damals zuerst ein kleiner Teil der plündernden Germanen im geplünderten Lande selbst seinen Wohnsitz nahm. Dass sich dieser vor den kleinasiatischen Eingeborenen nicht zu fürchten brauchte, hatte ihm am besten die Besatzung des festen Chalkedon gezeigt, die schon bei der blossen Nachricht vom Herannahen der Feinde feige die Flucht ergriffen hatte.

Allerdings muss nun die Frage, ob nicht die Gegend von Prusa und Daguta auch noch bei anderen Raubfahrten der Germanen durchzogen sein kann, bejaht werden. Auf der Fahrt von 261—263, die oben aus Jordanes 20 citiert wurde, könnte auf dem Wege von der Westküste Kleinasiens nach Bithynien auch jene Gegend berührt worden sein. Doch ist das eben nur eine Möglichkeit, während wir für die Fahrt aus dem Jahre 258 die bestimmte Nachricht haben. Und dazu wurden diese Goten nach Trebellius Pollio, Gallieni duo 7 schliesslich von römischen Feldherrn wieder in ihre Heimat getrieben, infolgedessen etwa eben angelegte Kolonieen derselben auch leicht wieder hätten verlassen werden können. Den „Skythen“ des Jahres 258 aber war überhaupt kein Feind entgegengetreten.

Ausserdem könnte nur noch die Raubfahrt in Betracht kommen, die Trebellius Gallieni duo 11 mit den Worten erwähnt: „Dum haec apud Persas geruntur, Scythae in Cappadociam pervaserunt: illic captis civitatibus bello etiam vario diu acies ad Bithyniam contulerunt“. Auch hier besteht die Möglichkeit, dass mit Bithynien zugleich das nördliche Mysien berührt worden wäre. Doch bleibt es zweifelhaft, welcher Wert überhaupt diesem dürftigen Berichte, von dem sich bei anderen Historikern nichts findet, beizumessen ist, Mommsen, Röm. Geschichte V, 222, Anm. 1 vermutet sogar, dass hier eine Zusammenfassung der beiden unter Valerian stattgehabten Expeditionen vorliegt, von denen die erste, die der Boraner, sich gegen Pityus und das häufig zu Kappadocien gerechnete Trapezunt richtete, die zweite die oben geschilderte bithynische ist. Doch gesetzt auch, dass wir hier noch einen besonderen Raubzug anzunehmen hätten, so ist doch die Möglichkeit, dass derselbe auch noch durch einen Teil Mysiens und speciell über Daguta gegangen wäre, durch nichts wahrscheinlich zu machen. So bleibt die erste Annahme die weitaus wahrscheinlichste.

Nach Zosimos 1, 34 waren die „Skythen“, welche die bithynische Expedition unternahmen, durch das Beispiel ihrer Nachbaren, der Boraner, zu ihrer Raubfahrt angeregt worden. Welche Völkerschaften hier unter den Namen Skythen zusammengefasst sind, ergiebt sich aus Zosimos 1, 31: Βορανοὶ δὲ καὶ Γότθοι καὶ Κάρποι καὶ Οὐρουγοῦνδοι (γένη δὲ ταῦτα περὶ τὸν Ἴστρον οἰκοῦντα) μέρος οὐδὲν τῆς Ἰταλίας ἢ τῆς Ἰλλυρίδος καταλείποντες ἀδῄωτον διετέλουν. Auch schon 1, 37 erscheinen die selben Völker vereinigt: αὖθις Γότθοι καὶ Βορανοὶ καὶ Οὐρουγοῦνδοι καὶ Κάρποι τὰς κατά τὴν Εὐρώπην ἐλῄζοντο πόλεις. Von diesen Völkern sind die Karpen wohl sicher, die Boraner und Urugunden vielleicht keine Germanen gewesen. Falls also die Dagotthenen germanischer Abkunft waren, hat ihre Abstammung von den Donaugoten die meiste Wahrscheinlichkeit für sich. Immerhin wäre die Übertragung des Gotennamens auch auf einen mit den Goten zugleich plündernden germanischen Stamm möglich, wie derselbe ja auch auf die Heruler übertragen worden ist.

Wann die Dagotthenen ihre etwaige germanische Sprache verloren haben, das zu bestimmen, haben wir kein Mittel. Nur soviel lässt sich sagen, dass der Zusatz καλούμενοι nicht beweist, dass zu Porphyrogennetos' eigener Zeit die Dagotthenen ihre Sprache schon aufgegeben hätten. Derselbe ist vielmehr nur dadurch veranlasst, dass sich Porphyrogennetos den Anklang von Δαγοτθηνοί an den historisch berühmten Namen Γότθοι nicht zu erklären gewusst hat: nennt doch auch Laonikos Chalkokondylas p. 130 ganz analog die zu seiner Zeit noch germanisch sprechenden Krimgoten καλουμένους Γότθους.

---

3. Eine weitere unsichere Spur kleinasiatischer Germanen.

Bei Caspar Peucer, Chronicon Carionis, Tertia pars (Liber quartus), p. 20 b (Frankfurt a. M., 1566) stehen folgende merkwürdige Worte: „Nec apud Galatos vicinos et in Armeniae parte desiisse usum Germanici sermonis ex historia Friderici Barbarossae notum est“. Der Ausdruck „vicinus“ bezieht sich hier auf die Krimgoten, von deren germanischer Sprache dicht vorher die Rede gewesen ist. Das, was Peucer dort über die „reliquiae Gottorum in Taurica Chersoneso“, ihre Unterwerfung durch den türkischen Sultan Mahmud II. und die Tötung ihrer beiden Fürsten berichtet, stimmt genau mit den besten Nachrichten über die Krimgoten überein. Auch sonst werden, wie noch ausgeführt werden wird, die nirgends in solcher Fülle wie bei Peucer gegebenen Nachrichten über Reste der Germanen am schwarzen Meere durch Angaben anderer vollauf bestätigt. Und dazu war Peucer überhaupt ein streng gewissenhafter Gelehrter, der sich der Fortsetzung eines Werkes eines Melanchthon würdig erwiesen hat (vgl. Wegele, Deutsche Historiographie, S. 206 ff.). Da nun endlich das Kreuzheer Barbarossas thatsächlich zwar nicht durch Galatien, aber doch wenigstens durch Kleinasien und auch durch einen Teil Armeniens gezogen ist, so verdient die Nachricht Peucers unsere volle Aufmerksamkeit.

Die uns bekannten zeitgenössischen Berichterstatter wissen nun allerdings nichts von jener Begegnung. Selbst die beiden Augenzeugen der Begebenheiten unter denselben, Ansbert und

Tageno, teilen nichts darüber mit. Es ist jedoch zu bemerken, dass von Ansberts Bericht der Schluss, der gerade den Zug durch Armenien enthielt, verloren gegangen ist, und Peucer vielleicht aus diesem Schluss, wenn auch wohl nur indirekt, seine Nachricht geschöpft haben könnte. Doch kann uns auch sehr wohl eine Originalquelle über den Kreuzzug verloren gegangen oder wenigstens Riezler, der Forschungen zur deutschen Geschichte, XI, 1 ff. über den Kreuzzug nach den Quellen gehandelt hat, noch unbekannt geblieben sein. Was noch von anderen über Auffindung germanischer Sprache auf dem Kreuzzuge Barbarossas berichtet wird, scheint nicht geeignet, uns den Weg zur ursprünglichen Quelle zu weisen. Wenn der Magdeburgische Geistliche Georg Torquatus, derselbe, der uns die wichtigen Nachrichten über das Zurückweichen des Niederdeutschen hinterlassen hat, in seinen 1569—1574 verfassten Magdeburgischen Annalen bei Boysen, Monumenta inedita rerum Germanicarum, 1760, I, 89, sich als Beweis für die Existenz gotischer Völkerreste und germanischer Sprache im Osten auch auf die Geschichte Friedrich Barbarossas beruft, so hat er seine Angabe wahrscheinlich, wenn nicht aus dem vielgebrauchten Buche Peucers direkt abgeschrieben, so doch, da er in Wittenberg studiert hatte, aus dem mündlichen Unterrichte des sich für die germanischen Reste am schwarzen Meere sehr interessierenden Melanchthon, des Lehrers und Schwiegervaters Peucers, geschöpft. Auf welchen Autor aber Massmanns ZfdA. I., 352 ohne Quellenangabe gemachte Bemerkung, dass man unter Kaiser Friedrich dem Ersten deutsche Klänge in Asien vernommen haben wollte, zurückzuführen ist, habe ich nicht ermitteln können. Dass Peucer selbst direkt zu Grunde liegt, ist deshalb unwahrscheinlich, weil Massmann von dessen anderen Nachrichten betreffs germanischer Völkerreste im Osten absolut nichts weiss. Aber mittelbar könnte Peucer wohl die Quelle gewesen sein. Hoffentlich gelingt es noch, Massmanns nächsten Gewährsmann zu finden. Nur wenn sich herausstellen sollte, dass dieser nicht erst wieder direkt oder indirekt aus Peucer geschöpft haben kann, könnte derselbe vielleicht dazu beitragen, uns auf den Weg zur ursprünglichen Quelle zu führen.

Aber gesetzt auch, dass eine zeitgenössische Quelle des dritten Kreuzzuges, aus der Peucers Nachricht geflossen wäre, völlig unauffindbar sein sollte, so ist doch damit seine Angabe keineswegs als unglaubwürdig abgethan. Abgesehen von dem, was oben über seine Nachrichten über germanische Völkerreste und seine Zuverlässigkeit im allgemeinen bemerkt worden ist, muss ja die Parallelerscheinung der Gotogriechen in die Augen springen. Auch dass sich in einer von den griechischen Kulturcentren weit entfernten Gegend noch bis in das Jahr 1190 germanische Sprache erhalten haben kann, ist nicht wunderbar, wenn man bedenkt, um wie viel länger sich dieselbe z. B. bei den in der Nähe bedeutender Griechenstädte wohnenden Krimgoten erhalten hat. Was die nähere geographische Bestimmung der asiatischen Germanen des Peucer anlangt, so kann allerdings in der Nennung des vom Kreuzzuge nicht berührten Galatien, wenn nicht der Irrtum eines Späteren, so nur eine ungenaue Ausdehnung des Begriffes jener Landschaft auch auf das südlich von ihr liegende Gebiet enthalten sein. Dies Stück Land aber, das alte Cilicien, gehörte zur Zeit des dritten Kreuzzuges politisch zu Armenien und wird auch in den Berichten über den Kreuzzug zu Armenien gerechnet; vom eigentlichen Armenien wurde auf dem Kreuzzuge nur ein kleines Stück im Südwesten berührt. Cilicien dürfte daher am wahrscheinlichsten die Heimat jener Germanen gewesen sein.

Es fragt sich demnach, ob sich auch für Cilicien eine Anknüpfung an die Raubfahrten der Germanen am schwarzen Meere gewinnen lässt. In der That haben wir eine derartige Nachricht bei Zonaras XII., 28: Σκύθαι δὲ τὴν Μαιώτιδα λίμνην καὶ τὸν Φᾶσιν ποταμὸν περαιωθέντες Πόντῳ καὶ Καππαδοκίᾳ ἐπῆλθον καὶ Γαλατίᾳ καὶ Κιλικίᾳ. Τούτοις ὁ Τάκιτος συμμίξας καὶ ὁ Φλωριανὸς ὕπαρχος ὤν πολλοὺς ἀνεῖλον, οἱ δὲ λοιποὶ φυγῇ τὴν σωτηρίαν ἐπραγματεύσαντο. Von derselben Fahrt berichtet auch Flavius Vopiscus, Tacitus imperator 13: „Et quoniam a Maeotide multi barbari eruperant, hos eosdem consilio atque virtute compressit. ipsi autem Maeotidae ita se gregabant quasi accitu Aureliani ad bellum Persicum convenissent auxilium daturi nostris, si necessitas postularet.“ Das Regierungsjahr des Tacitus war 275. Dass die Raubfahrer Heruler waren, ist deshalb wahrscheinlich, weil sie von der Mäotis, dem Meere der Heruler, von dem diese auch 267 ausgelaufen waren, herkamen. Und bei den Herulern, dem unbändigsten und verwegensten aller germanischen Stämme (vgl. Zeuss, 476 ff.) könnte man sich auch wohl nicht wundern, wenn eine im geplünderten Lande mit Weib und Kind zurückbleibende Abteilung derselben auch dann den Rückzug nicht angetreten hätte, nachdem das Hauptheer geschlagen und in die Flucht getrieben worden war.

Zu einem sicheren Resultate werden wir freilich nicht eher gelangen, als bis wir entweder die Nachricht Peucers in einer Quelle aus der Zeit des dritten Kreuzzuges selbst wiedergefunden oder wenigstens den Weg entdeckt haben, auf dem ihm dieselbe aus einer solchen Quelle zugekommen sein kann. Andrerseits ist es aber auch schwer einzusehen, aus welchem Grunde und in welcher Weise sich Peucer hier geirrt haben sollte. Nach den dargelegten Umständen ist es vielmehr wahrscheinlich, dass seine Angabe auf Wahrheit beruht.

II. Die Kaukasusgermanen.

1. Älteste Nachrichten über die Kaukasusgermanen.

A. Die Eudusianer.

In dem anonymen Periplus Ponti Euxini findet sich XLII, § 22, Fragmenta historicorum Graecorum ed. Carolus Müller V, 182 folgender wichtiger Satz: Ἀπὸ οὖν Σινδικοῦ λιμένος ἕως Πάγρας λιμένος πρώην ᾤκουν ἔθνη οἱ λεγόμενοι Κερκέται ἤτοι Τορῖται, νῦν δὲ οἰκοῦσιν Εὐδουσιανοὶ λεγόμενοι, τῇ Γοτθικῇ καὶ Ταυρικῇ χρώμενοι γλώττῃ. Σινδικὸς λιμὴν ist das heutige Anapa, Πάγρα λιμὴν das heutige Gelendschik. Die Eudusianer bewohnten also den nördlichsten Teil der Ostküste des schwarzen Meeres. Damit ist aber keineswegs gesagt, dass sie genau den Strich zwischen Anapa und Gelendschik inne gehabt hätten. Wie der Herausgeber Karl Müller p. 174 als bekannt hervorhebt, ist der Periplus des Anonymus aus verschiedenen bestimmten älteren Geographen excerpiert und zusammengeflickt worden, nur dass der Verfasser aus eigener Kenntnis die zu seiner Zeit gebräuchlichen Ortsnamen zu den alten hinzusetzte. Entsprechend ist er aber auch bei den Völkernamen verfahren, gleichviel ob es sich hier nur um Namen oder um wirklich neue Völker handeln mochte. Dass der Strich zwischen Σινδικὸς λιμὴν und Πάγρα λιμὴν von Kerkeien oder Toriten besetzt war, ist nach Carl Müller p. 182 dem Mennippos (Markianos)*) entnommen. Unter solchen Umständen muss natürlich die Ausdehnung des eudusianischen Distriktes höchst ungewiss bleiben. Nur soviel lässt sich sagen, dass wenigstens in Anapa und vielleicht noch weiter nördlich Eudusianer gewohnt haben müssen. Es folgt das aus § 21, p. 181: εἰς Σινδικὴν (ἤτοι Σινδικὸν λιμένα, νῦν δὲ λεγόμενον Εὐδουσίαν). Anapa scheint also die Hauptstadt der Eudusianer gewesen zu sein.

Die Worte Γοτθικῇ καὶ Ταυρικῇ χρώμενοι γλώττῃ hat Wassiljewsky in der (russischen) Zeitschrift des Ministeriums für Volksaufklärung 1878 Januar S. 103 ff. so verstanden, als ob dort von einer gotisch-taurischen Mischsprache die Rede wäre. Allein eine solche Mischsprache hätte doch wohl nur Γοτθοταυρικὴ γλῶττα genannt werden können. Den Begriff Ταυρικός hat Wassiljewskij als gleichbedeutend mit Ἀλανικός aufgefasst nach den Worten des Periplus 51 (Geogr. Graeci minores I, 415): νῦν δὲ λέγεται Θεοδοσία τῇ Ἀλανικῇ ἤτοι τῇ Ταυρικῇ διαλέκτῳ Ἀρδάβδα, τούτεστιν ἑπτάθεος. Dass in der That an dieser Stelle nur von einem alanischen Dialekte die Rede und das Wort „taurisch" hier nur dem Anonymus ein Synonymum für „alanisch" sein kann, beweist der iranische Ursprung von Αρδάβδα (vgl. Müllenhoff, Monatsber. d. Akad. d. Wissensch. zu Berlin, August 1866, S. 563 f.). Nun waren aber die Taurer, die Urbevölkerung der Krim, eine von den iranischen Eindringlingen, mochten diese nun Skythen, Skoloten, Sarmaten oder Alanen heissen, grundverschiedene Nation (Tomaschek 1 ff.). Wenn also der Anonymus an der betreffenden Stelle taurisch mit alanisch gleichgesetzt hat, so hat damit nur der neue alanische Name der Griechenstadt Theodosia als ein derselben von den Alanen, den Bewohnern des taurischen Chersones, gegebener gekennzeichnet werden sollen. Wie Tomaschek 7 wohl mit Recht vermutet, haben sich diese Alanen in der Epoche der Hunnenstürme in der Krim zwischen Theodosia (später Kaffa) und Aluschta niedergelassen, wo allerdings erst in den Jahren 1384 und 1390 ein Territorium Ἀλανία bezeugt wird. Wassiljewskij freilich hat auf Grund seiner gotisch-

---

*) Die Stelle ist in den Fragmenten der Epitome Peripli des Markianos aus dem Mennippos, Geographi Graeci minores ed. Carl Müller I, 572 nicht erhalten. Es liegt also nur eine Schlussfolgerung Carl Müllers vor.

alanischen Mischsprache die Eudusianer auch noch als ein gotisch-alanisches Mischvolk aufgefasst, obwohl doch auch eine Mischsprache sehr wohl von einem unvermischten und nur den Einflüssen einer anderen Nation stark ausgesetzten Volke gesprochen werden kann. Dieses Mischvolk, so meint Wassiljewskij weiter, seien vielleicht die in Stammbäumen des 6. Jahrhunderts vorkommenden rätselhaften Walagothi (vgl. Müllenhoff, Germania, p. 193), sowie die im 15. Jahrhundert von Josaphat Barbaro genannten Gothalani. Dass die Walagothi nichts mit den Alanen zu thun haben, liegt auf der Hand; die Gothalani des Barbaro aber können schwerlich etwas anderes als die spanischen Catalonier gewesen sein (Tomaschek 50); will man sie aber am schwarzen Meere suchen, so wird man sie eher zwischen die Goten und Alanen der Krim, von denen Barbaro spricht, als an die asiatische Küste zu setzen haben.

Wir werden also Γοτθικῇ καὶ Ταυρικῇ γλώττῃ anders auffassen müssen. Die Worte lassen grammatisch einen zwiefachen Sinn zu. Sie können entweder bedeuten „gotische und zwar taurische Sprache" oder „gotische und taurische Sprache". Wenn die erste Auffassung die richtige ist, so wollte der Anonymus sagen, dass sich die Eudusianer desjenigen Gotisch bedient hätten, das auch auf dem taurischen Chersones, d. h. von den Krimgoten gesprochen wurde. Ist dagegen die zweite Auffassung richtig, d. h. sind die Eudusianer zweisprachig gewesen, so muss natürlich ihre germanische Nationalität zunächst zweifelhaft bleiben. Doch ist dieselbe auch in diesem Falle aus dem Grunde wahrscheinlicher, dass Γοτθικῇ an erster Stelle steht. Sicher kann freilich die ganze Frage erst weiter unten im Zusammenhange mit der Lösung anderer Probleme entschieden werden.

Die Namen Eudusia und Eudusianer werden später nicht wieder genannt. Indess begegnet bei Prokop De bell. Goth. IV, 4, p. 474 ein Landesname Eulysia, dessen Identität mit Eudusia Wassiljewskij a. a. O. mit Recht vermutet hat. Prokop sagt nämlich: Ὑπὲρ δὲ Σαγίδας Οὐννικὰ ἔθνη πολλὰ ἵδρυνται. τὸ δ'ἐντεῦθεν Εὐλυσία μὲν ἡ χώρα ὠνόμασται, βάρβαροι δὲ αὐτῆς ἄνθρωποι τά τε παράλια καὶ τὴν μεσόγειον ἔχουσι, μέχρι ἐς τὴν Μαιῶτιν καλουμένην λίμνην καὶ ποταμὸν Τάναϊν. Wo hier das Land Eulysia an das Gebiet der hunnischen Völkerschaften grenzt, ist nicht bemerkt Soviel ist dagegen klar, dass es noch den nördlichsten Teil der Ostküste des schwarzen Meeres umfasst hat. In Εὐλυσία selbst wird kaum etwas anderes als eine griechische Volksetymologie aus Εὐδουσία nach εὖ und λύειν enthalten sein, zumal ja Volksetymologieen bei fremden Namen besonders häufig vorkommen und in unserem Falle noch die Ähnlichkeit der Laute δ und λ, ου und υ die etymologische Umformung begünstigte. Dass ferner, wie Wassiljewskij annimmt, Εὐδουσία bereits nicht nur Name einer Stadt, sondern zugleich auch eines Landes gewesen, ist ja wegen der Ausdehnung des Namens Εὐδουσιανοί wahrscheinlich. Aber auch das ist zu verstehen, dass Prokop auch das ganze Land östlich der Mäotis bis zum Tanais Eulysia genannt hat. Bei seiner Schilderung der Ufer des schwarzen Meeres waren ihm offenbar die von Konstantinopel am weitesten entfernten Gegenden am unbekanntesten. Es kann daher nicht Wunder nehmen, wenn er oder einer seiner Gewährsmänner dem Namen Eulysia eine unberechtigte weite Ausdehnung nach Norden hin gab: wusste er doch hier garnicht mehr die Namen der Völker, die jene Gegenden bewohnten, anzugeben und musste er sich hier mit dem Worte βάρβαροι behelfen. Wenn er dann dennoch an der Mäotis die Uturguren und am kimmerischen Bosporus die tetraxitischen Goten nennt, so hatten diese beiden Völker politische Berührungen mit den Oströmern gehabt und Gesandte nach Konstantinopel geschickt. Wenn als Nord- und Westgrenze von Eulysia der Tanais erscheint, so wurde dieser gewaltige Strom vielfach auch als Grenze zwischen Europa und Asien betrachtet (vgl. Prokop, De bell. Goth. IV, 6 p. 482) und bildete zur Zeit Prokops die Völkerscheide zwischen Kuturguren und Uturguren (5, p. 479), wie er sie früher zwischen Goten und Alanen gebildet hatte. Nach Süden aber giebt Prokop überhaupt keine Grenze von Eulysia an, weil dort eben eine Naturgrenze fehlte. Das spricht gerade dafür, dass hier dieser Name ursprünglich allein berechtigt war.

B. Die Tetraxiten.

Merkwürdigerweise haben nicht bloss russische Gelehrte, sondern auch Tomaschek 12 die tetraxitischen Goten Prokops mit den Krimgoten für identisch gehalten, obwohl z. B. schon Zeuss und Massmann zwischen beiden Völkerstämmen geschieden hatten. In Russland hat sich zuerst F. J. Brun und dann ausführlich

Wassiljewskij a. a. O. gegen die Verlegung der Tetraxiten nach der Krim gewandt. Es findet sich auch in der That nichts bei Prokop, was jener Identifizierung irgend eine Stütze verleihen könnte. Vielmehr weist alles nach einer ganz anderen Gegend hin.

Prokop giebt De bell. Goth. IV, 2 ff. eine Schilderung der Küsten des Pontus Euxinus einschliesslich der Mäotis. Er beginnt mit Byzanz und Chalkedon, geht von da ostwärts bis zur Südostecke des Pontus und wendet sich von da nach Norden. Hier werden an der nördlichen Ostküste des Pontus IV, 4 p. 474 die tetraxitischen Goten genannt. Und zwar wird auch ihr Gebiet hier genau bestimmt. Nachdem dort zuerst in Bezug auf die Mäotis gesagt ist: *αὕτη δὲ ἡ λίμνη ἐς τὴν ἀκτὴν Πόντου τοῦ Εὐξείνου τὰς ἐκβολὰς ποιεῖται.* heisst es weiter unten: *παρὰ δὲ τὸν χῶρον αὐτόν, ὅθεν ἡ τῆς λίμνης ἐκβολὴ ἄρχεται, Γότθοι οἱ Τετραξῖται καλούμενοι ᾤκηνται, οὐ πολλοὶ ὄντες.* Also da, wo der Ausfluss der Mäotis in den Pontus, d. h. der kimmerische Bosporus, begann, sassen die tetraxitischen Goten. Gesetzt aber selbst, dass hier von der Westseite des kimmerischen Bosporus die Rede wäre, wie thatsächlich nicht davon die Rede ist, so wohnten doch die Krimgoten garnicht dort im Südosten des taurischen Chersones, sondern im Südwesten desselben.

Wenn Prokop sagt, dass die Tetraxiten von dort an sässen, wo die Mündung der Mäotis begänne, und nur nicht hinzufügt, wie weit ihre Sitze reichten, so steht doch nichts der Annahme im Wege, dass sie sich südlich bis zum Ende des kimmerischen Bosporus erstreckten. Prokop hat den Ausdruck nur deshalb gewählt, weil er dicht vorher von den Völkern nördlich des kimmerischen Bosporus, von den Anten, die sich noch nordwärts von den am Westufer der Mäotis sitzenden Uturguren ausdehnten, gesprochen hatte: er wendet sich also wieder nach Süden und geht so bei den Tetraxiten von dem Anfange der Einmündung der Mäotis in den Pontus aus. IV, 5 p. 479 wird auch überhaupt gesagt, dass die Tetraxiten *ἐν τῇ ἀντιπέρας ἠπείρῳ παρ' αὐτὴν τῆς ἐκβολῆς μάλιστα τὴν ἀκτήν* wohnten, nachdem eben von der Taman gegenüberliegenden Halbinsel von Kertsch die Rede gewesen war. Dass die Tetraxiten die kleine Halbinsel Taman vollständig ausfüllten, ist deshalb wahrscheinlich, weil sie nach IV, 18 p. 553 den Uturguren ein Kontingent von zweitausend Mann stellten, während sich die Zahl der waffenfähigen Krimgoten, die ein bedeutend grösseres Gebiet als die Halbinsel Taman bewohnten, zur Zeit Prokops nach De aedificiis III, 7 p. 262 auch nur auf dreitausend Mann beliet. Andrerseits können auch die Tetraxiten nicht gut über die Halbinsel Taman hinaus gewohnt haben. Nach Prokop sassen sie eben „längs des Striches selbst“ am kimmerischen Bosporus und auf dem der Halbinsel von Kertsch gegenüberliegenden Festlande.

Danach können also die Eudusianer, wenn dieselben überhaupt Germanen waren, nicht einen Teil der Tetraxiten ausgemacht haben. Ob umgekehrt die Tetraxiten nicht einen Teil der Eudusianer bildeten, lässt sich nicht mit gleicher Bestimmtheit sagen, da wir ja aus dem Periplus die Grenzen der Eudusianer garnicht feststellen können. Aber jedenfalls bildeten die Tetraxiten zur Zeit Prokops nach dessen ganzer Schilderung eine geschlossene politische Einheit. Waren sie also ein eudusianischer Stamm, so hatten sie sich doch politisch von den südöstlich wohnenden Eudusianern losgelöst. Wahrscheinlicher ist indess, dass sie von jeher nur einen selbständigen, wenn auch vielleicht den Eudusianern verwandten Stamm gebildet hatten. Wir werden jedenfalls im folgenden zwischen den Tetraxiten der Halbinsel Taman und den Eudusianern südöstlich davon unterscheiden müssen.

Dass im Periplus auf der Halbinsel Taman weder Eudusianer noch Tetraxiten, weder gotische Sprache noch Goten genannt werden, obgleich der Anonymus in der Gegend des kimmerischen Bosporus Bescheid weiss, liegt an der Unvollkommenheit seines zusammengestoppelten Machwerkes. Die Bevölkerung der Halbinsel wird nur § 24 p. 182 besprochen: 'Απὸ οὖν Ἑρμωνάσσης ἕως τοῦ Σινδικοῦ λιμένος παροικοῦσι Μαίωτίν τινες Σίνδοι. Wie wenig aber diese Worte beweisen können, dass zur Zeit der Abfassung des Periplus wirklich noch Sinder jene Gegend bewohnt hätten, folgt aus zwei anderen Stellen des gleichen Paragraphen: 1) 'Απὸ δὲ τῶν Σίνδων εἰσὶ Κερκέται οἱ λεγόμενοι Τορίται 2) 'Απὸ δὲ Κερκετῶν ὅμορον τούτων ἔχουσι γῆν 'Αχαιοί. Nun waren aber § 22 die Eudusianer als Bewohner des früher von den Kerketen und Toriten, § 20 die Zichen als die des früher von den Achäern besetzten Gebietes angegeben worden. Man sieht, wie der Anonymus seine Vorgänger vielfach völlig gedankenlos abgeschrieben hat.

2. Die Abkunft der Kaukasusgermanen.

Bevor wir auf die Frage nach der Abstammung der Kaukasusgermanen eingehen, werden wir noch einmal zu fragen haben, ob die Eudusianer denselben zuzurechnen sind. Ein weiteres Wahrscheinlichkeitsmoment für diese Zugehörigkeit bildet jedenfalls die Thatsache, dass die Eudusianer als Eingewanderte in einem Gebiete erscheinen, dass unmittelbar an dasjenige der gleichfalls eingewanderten germanischen Tetraxiten grenzt. Man wird von vornherein als sehr wahrscheinlich anzunehmen haben, dass die einander benachbarten Eudusianer und Tetraxiten zu gleicher Zeit und von dem gleichen Lande aus dort eingewandert sind. Wie bei den kleinasiatischen Germanen wird uns überhaupt die Frage nach Zeit und Ausgangspunkt der Einwanderung zu beschäftigen haben, wenn wir die Frage nach der Abstammung der Kaukasusgermanen lösen wollen.

Betreffs des Landes, aus dem die Tetraxiten in die Halbinsel Taman einwanderten, hat Prokop De bell. Goth. IV, 5 p. 476 die richtige Antwort gegeben. Nachdem er IV, 4 p. 474 vom östlichen Ufer der Mäotis gesagt: ἄνθρωποι δέ, οἱ ταύτῃ ᾤκηνται, Κιμμέριοι μὲν τὸ παλαιὸν ὠνομάζοντο, τανῦν δὲ Οὐτούργουροι καλοῦνται, bemerkt er p. 476 von den Wohnsitzen dieser Uturguren und der seiner Meinung nach einst dort mit diesen zusammenwohnenden Kuturguren ausgehend folgendes: λίμνην δὲ τὴν Μαιῶτιν καὶ τὴν ἐξ αὐτῆς ἐκβολὴν ὑπερβάντι εὐθὺς μὲν ἐς αὐτὴν που τὴν ταύτης ἀκτὴν οἱ Τετραξῖται καλούμενοι Γότθοι τὸ παλαιὸν ᾤκηντο. Während aber hier den Tetraxiten noch ein ziemlich grosser Raum auf der Krim eingeräumt wird, werden p. 479 ihre Ursitze noch genauer bestimmt. Nachdem dort erzählt worden, wie die Uturguren von Westen her wieder in ihr altes Vaterland zurückgezogen und, als sie dabei in die Nähe der Mäotis gekommen, auf die Tetraxiten gestossen wären, heisst es weiter folgendermassen: καὶ ἡ πρώτη τῆς Μαιώτιδος ἐκροή, οὗ δὴ τότε οἱ Τετραξῖται Γότθοι ἵδρυντο, ἐν κόλπῳ ξυνιοῦσα μηνοειδεῖ, περιβαλοῦσά τε αὐτοὺς ἐκ τοῦ ἐπὶ πλεῖστον, μίαν ἐπ' αὐτοὺς εἴσοδον οὐ λίαν εὐρεῖαν τοῖς ἐπιοῦσι παρείχετο. Damit wird also der Ursitz der tetraxitischen Goten auf die von der Krim aus wieder östlich vorspringende, von der Halbinsel Taman durch den kimmerischen Bosporus geschiedene Halbinsel von Kertsch verlegt.

Wenn ich diese Ansicht Prokops für richtig halte, so ist wahrlich nicht die von demselben erzählte Geschichte der Uebersiedelung dazu der Grund gewesen. Was Prokop über die früheren Wanderungen der Hunnen und der Goten erzählt, ist so verwirrt wie möglich, wie er denn z. B. von Attila nicht einmal den Namen kennt. Ueber die Uebersiedelung aber sagt er, nachdem er erzählt, wie die Tetraxiten den Uturguren durch ihre Tapferkeit und infolge der natürlichen Befestigung ihres nur durch einen Zugang einzunehmenden Gebietes erfolgreichen Widerstand geleistet, folgendes p. 479: ὕστερον δὲ (οὔτε γὰρ Οὖννοι χρόνον τινα τρίβεσθαι σφίσιν ἐνταῦθα ἤθελον, οἵ τε Γότθοι τῷ τῶν πολεμίων ὁμίλῳ ἐπὶ πολὺ ἀνθέξειν οὐδαμῆ ἤλπιζον) ἐς λόγους ἀλλήλοις ξυνίασιν, ἐφ' ᾧ ἀναμιγθέντες κοινῇ ποιήσονται τὴν διάβασιν, καὶ οἱ Γότθοι ἱδρύσονται μὲν ἐν τῇ ἀντιπέρας ἠπείρῳ, παρ αὐτὴν τῆς ἐκβολῆς μάλιστα τὴν ἀκτὴν, ἵνα δὴ καὶ τανῦν ἵδρυνται, φίλοι δὲ καὶ ξύμμαχοι τὸ λοιπὸν Οὐτουργούροις ὄντες ἐπὶ τῇ ἴσῃ καὶ ὁμοίᾳ σφίσιν ἐνταῦθα βιώσονται τὸν πάντα αἰῶνα. Die Erzählung klingt schon deshalb unwahrscheinlich, weil man nicht einsieht, aus welchem Grunde die unbesiegten Tetraxiten mit den Uturguren übereingekommen sein sollten, mit auf das Ostufer überzusetzen. Ob aber die Uturguren überhaupt in Wirklichkeit über den kimmerischen Bosporus in ihre Sitze östlich der Mäotis gezogen sind, muss höchst fraglich erscheinen. Da nach Prokops eigener Angabe p. 479 der Tanais die Grenze zwischen Kuturguren und Uturguren bildete, so werden eben beide hunnischen Stämme gemeinsam aus der Theissebene in die südrussischen Steppen zurückgezogen sein und dort den Tanais als ihre Grenze bestimmt haben, den dann die Uturguren überschritten haben werden.

Allerdings wird es mit Kämpfen zwischen den Tetraxiten und den Uturguren seine Richtigkeit haben. Diese Kämpfe werden aber erst stattgefunden haben, als die Uturguren auf ihrem Marsche am Ostufer der Mäotis bis zu den am kimmerischen Bosporus bereits angesiedelten Tetraxiten gelangt waren. Letztere dürften sich schwerlich ohne Kampf zu einem Bündnisse mit den Uturguren herbeigelassen haben, das nur dem Namen nach ἐπὶ ἴσῃ καὶ ὁμοίᾳ geschlossen gewesen sein kann und sie mindestens zur Heeresfolge gezwungen haben wird, wie sie denn den gegen die Kuturguren ausrückenden Uturguren, wie erwähnt, ein Kontingent von zweitausend Mann stellten. Diesen Krieg aber hatten sie selbst dadurch veranlasst, dass sie, wie Prokop p. 475 berichtet, durch ihre Gesandte den Kaiser Justinian, den sie öffentlich nur um einen Bischof bitten liessen, in geheimer Audienz dazu aufforderten, Zwietracht zwischen die verschiedenen ihnen benachbarten Barbaren zu säen. Die Kämpfe, die aber zwischen ihnen und den Uturguren wahrscheinlich früher stattgefunden hatten, wird Prokop insofern ganz richtig erzählt haben, als die Natur der fast inselgleichen Halbinsel Taman erst recht nur einen Zugang offen liess und die Tetraxiten noch weit besser gegen einen Landangriff geschützt haben wird, als dies auf der anderen Seite die Halbinsel von Kertsch vermocht hätte. Auch der Friede kann dann unter den Verhältnissen und nominell auch unter den Bedingungen, die Prokop angiebt, abgeschlossen worden sein. Nur hat Prokop, bei dem sich ja die frühere Geschichte der Hunnen und Goten überhaupt merkwürdig verwirrt, wahrscheinlich eine Tradition von der einstigen Uebersiedelung der Tetraxiten vom Westufer auf das Ostufer des kimmerischen Bosporus mit einer anderen von ihren Kämpfen mit den Uturguren zu einer einzigen Erzählung verschmolzen. Beide Erzählungen werden ihm durch die in Konstantinopel weilenden Gesandten der Tetraxiten mittelbar oder unmittelbar zugekommen sein.

Wenn ich eine Tradition auch hinsichtlich jener Übersiedelung annehme, so geschieht dies deshalb, weil, wie bemerkt, thatsächlich die Tetraxiten kaum anderswoher als von dem gegenüberliegenden Ufer gekommen sein können. Denn bekanntlich dehnte sich ja das Gebiet der Germanen am schwarzen Meere östlich nur bis zum Tanais aus, auf dessen linkem Ufer nur die Alanen und andere kaukasische Völkerschaften sassen. Südlich des Tanais aber bildete die breite Mäotis die Grenzscheide. Nur auf einer kleinen Strecke nähern sich hier noch einmal das asiatische und das europäische Festland und sind nur durch eine schmale Meerenge, den kimmerischen Bosporus, von einander geschieden. Will man also nicht annehmen, dass eine über den Tanais setzende Schaar von Germanen das ganze Ostufer der Mäotis entlang gezogen sei und sich dann gerade auf einer vorspringenden kleinen Halbinsel, von der aus auch gerade wieder die europäischen Gestade sichtbar waren, niedergelassen habe, so werden die Tetraxiten kaum anderswoher als von der Halbinsel von Kertsch gekommen sein können. Bestanden doch auch seit Alters enge Beziehungen zwischen beiden Halbinseln, wie das besonders in der Zugehörigkeit von Phanagoria, dem nachmaligen Taman, zum Königreiche Bosporus hervortritt. Da die Germanen schon bald nach der Mitte des dritten nachchristlichen Jahrhunderts in Berührung mit den bosporanischen Königen traten und sich von denselben die Schiffe zu ihren Raubfahrten erpressten, so kann die Zugehörigkeit von Phanagoria zum bosporanischen Reiche wohl von Einfluss auf die Uebersiedelung von Germanen in sein Gebiet gewesen sein. Doch kam für diese wahrscheinlich noch ein anderer Umstand, das Zufrieren des kimmerischen Bosporus im Winter, besonders in Betracht. Schon Strabo schreibt in Bezug hierauf VII, 318: ἁμαξεύεται γὰρ ὁ διάπλους ὁ εἰς Φαναγόρειαν ἐκ τοῦ Παντικαπαίου, ὥστε καὶ πλοῦν εἶναι καὶ ὁδόν· Νεοπτόλεμον δέ φασι τὸν τοῦ Μιθριδάτου στρατηγὸν ἐν τῷ, αὐτῷ πόρῳ θέρους μὲν ναυμαχίᾳ περιγενέσθαι τῶν βαρβάρων, χειμῶνος δ' ἱππομαχίᾳ. Pallas, Leipzig 1808, bemerkt analog II, 248: „Der Bosphor pflegt übrigens, ungeachtet seiner Strömung, auch bei mittelmässig strengen Wintern, nebst einem grossen Theile des Asowschen Meeres mit Eise belegt zu werden, wozu das Treibeis auf dem Don-Flusse die hauptsächlichste Veranlassung ist. Bey strengen Wintern kann man auch mit beladenen Wagen darüberfahren.“ Die Germanen haben sich also zur Übersiedelung nach der Halbinsel Taman nicht einmal, wie sie dies zu den Raubfahrten nach Kleinasien und Griechenland thaten, die Schiffe zu erpressen brauchen, sondern werden wahrscheinlich im Winter zu Fuss über das Eis des Bosporus gegangen sein. Vermutlich ist dieser Übergang auch schon sehr bald, nachdem sie an den Bosporus gelangt waren, und vor den nicht derartig leicht zu bewerkstelligenden Fahrten nach Kleinasien und Griechenland, also wohl spätestens schon um die Mitte des dritten nachchristlichen Jahrhunderts erfolgt. Wenn auch die Eudusianer Germanen waren, so sind dieselben offenbar zuerst über den kimmerischen Bosporus gegangen, sind dann, von den nachfolgenden Tetraxiten vorwärts geschoben, über die Landenge der Halbinsel Taman gezogen, haben sich darauf südwärts gewandt und sich dort an der Ostküste des schwarzen Meeres niedergelassen. Dann würde die ganze Wanderung noch durchaus die südöstliche Richtung zeigen, wie sie von der germanischen Urheimat her an die Gestade des Pontus und der Mäotis geschehen war.

Die Frage nach der Abstammung der Tetraxiten und eventuell auch der Eudusianer wird so zu einer Frage über die Nationalität der auf der Westseite des kimmerischen Bosporus angesiedelten Germanen. Nun wird aber weder der Name des kimmerischen Bosporus selbst noch der des taurischen Chersones in den Berichten über die Wohnsitze und die Raubfahrten der Germanen am schwarzen Meere genannt. Erwähnung findet dagegen die benachbarte Mäotis. So erzählt Jordanes 6, dass sich König Filimer mit seinen Ostgoten „iuxta Meotidem" angesiedelt habe. Dagegen lässt Synkellos I., 717 wie erwähnt, die Heruler durch die Mäotis in den Pontus segeln. Auch Jordanes 23 bezeichnet die Heruler als Anwohner der Mäotis, wobei er sich auf den Historiker Ablavius beruft. Wie sich aber Heruler und Ostgoten an der Mäotis verteilten, ergiebt sich aus einer Kombination mit Ammianus Marcellinus 31, 3: „pervasis Alanorum regionibus, quos Greuthungis confines Tanaitas consuetudo nominavit". Wenn also der Tanais die Grenze zwischen den Greutungen oder Ostgoten und den Alanen gebildet hat, so bewohnten erstere die Nordseite, letztere die Ostseite der Mäotis, so dass also die Heruler an der Westseite gesucht werden müssen. Bei dieser Schichtung können aber auch die Bewohner des Westufers des kimmerischen Bosporus, der Fortsetzung des Westufers der Mäotis nach Süden hin, kaum andere Germanen als Heruler gewesen sein; dass auf die Heruler dieser Gegenden der Name der Goten übertragen werden konnte, haben wir ja bereits S. 5 ff. gesehen.

Die zuletzt gezogene Schlussfolgerung und diejenige, dass die Kaukasusgermanen vom Westufer des kimmerischen Bosporus gekommen waren, bestätigen sich nun gegenseitig als richtig, wenn wir auf die Sitze der Heruler in der germanischen Urheimat zurückgehen. Über die Ursitze der Heruler giebt Jordanes 3 Aufschluss: „Dani ex ipsorum [Scandzae cultorum] stirpe progressi Herulos propriis sedibus expulerunt". Müllenhoff Beovulf 31 hat aus dieser Nachricht den Schluss gezogen, dass das alte Land der Heruler einen Teil des späteren Dänemark ausgemacht haben müsste. Die Schlussfolgerung ist insofern nicht ganz richtig, als die Heruler doch auch im ganzen Gebiete des späteren Dänemark und sogar darüber hinaus gewohnt haben können. Müllenhoff setzt die Heruler wohl aus dem Grund speciell auf die dänischen Inseln, weil ihm für die Bewohner dieser überhaupt kein Name von antiken Schriftstellern überliefert war, für diejenigen Jütlands und Nordschleswigs aber ihm sogar eine Reihe verschiedener Namen kleinerer Stämme vorlag. Aber gerade der letztere Umstand, dass hier nicht ein einziger Name begegnet, lässt doch die Möglichkeit zu, dass es hier sich nur um einzelne Gauvölker oder Unterabteilungen der Heruler handelt. Und dass die Dänen auch schon Jütland zur Zeit des Jordanes besetzt hatten, folgt aus Prokop De bell. Goth. II, 15, p. 205, wo von dem nach Thule wandernden Teile der von den Langobarden besiegten Donauheruler erzählt wird, wie er, bevor er über den Ocean setzte, zu den Stämmen der Dänen gelangte; die Besiegung der Heruler durch die Langobarden fällt aber in das Jahr 512.

Nun hat W. Seelmann, Niederdeutsches Jahrbuch 12, 16 ff., auf eine merkwürdige Übereinstimmung zwischen den dänischen Inseln und Jütland nebst Nordschleswig hingewiesen, die bereits auf vordänische Zeit zurückgehen muss. Sowohl hier wie dort finden sich in dichtester Menge Ortsnamen auf *-lev* verstreut. Dass diese nur von einem oder von mehreren bestimmten Stämmen ausgegangen sein können, ergiebt sich daraus, dass sie genau an der Grenze der Landschaft Angeln aufhören (Seelmann S. 10). Dänischen Ursprungs können sie aber deshalb nicht sein, weil sie in grosser Anzahl auch in solchen Gegenden, in denen sich niemals Dänen angesiedelt haben, z. B. im Gebiete der mittleren Elbe, erscheinen. Nach Seelmann S. 19 sind diese Namen von der vordänischen Bevölkerung Dänemarks, d. h. von den Herulern auf den Inseln, den Warnen im östlichen und den Jüten im westlichen Jütland und Nordschleswig gegeben worden. Wie seine lichtvolle Untersuchung darthut, sind überall, wo sonst Ortsnamen auf *-leben* (für älteres *-leiba*, *-leva*, *-leve*, ags. *-law*, *-læw*) vorkommen, einmal Warnen oder Heruler eingewandert. Wenn nun Warnen und Jüten dieselbe Art der Namengebung für ihre Niederlassungen wie die Heruler besassen, so müssen sie wohl mit diesen ursprünglich ein einziges Volk gebildet haben.

Diese specielle nahe Verwandtschaft des ursprünglichen Volkes der dänischen Inseln mit den Stämmen Jütlands und Nordschleswigs hat eine Analogie in derjenigen, die zwischen der Urbevölkerung dieser Inseln und den Stämmen Hallands und

Schonens bestanden haben muss. Auch diese beiden Landschaften heben sich nach Seelmann S. 18 durch ihre Ortsnamen auf *-löf* scharf vom übrigen Skandinavien ab. Hieraus ist zu folgern, dass die Sitze, welche die nach „Thule“ wandernden Donauheruler zur Seite der Gauten nahmen, eben in Halland oder Schonen gelegen haben müssen. Schon Dahn, Urgeschichte der germanischen und romanischen Völker I, 565 hatte vermutet, dass die Heruler teilweis auch in Schweden gewohnt hätten, wodurch der Entschluss jenes Teils der Donauheruler, „an den äussersten Rand der Erde zu wandern“, alles Abenteuerliche verlöre und nur die Rückkehr zu den alten Volksgenossen und damit Freiheit anstatt der Unterwerfung unter Rom bedeutete. Durch Seelmanns Untersuchungen ist Dahns Vermutung glänzend bestätigt worden.

Wichtig ist hierbei für uns, dass die Bewohner Hallands und Schonens, von denen die Ortsnamen auf *-löf* herstammen, selbst den Namen Heruler führten. Wie es scheint, haben aber die Heruler dieser Landschaften und die ältere Bevölkerung Jütlands und Nordschleswigs in einem ganz ähnlichen Ursprungsverhältnisse zu den Herulern der dänischen Inseln gestanden. Denn wahrscheinlich werden doch diese Inseln allein als der älteste Ursitz des gesammten Herulervolkes angesehen werden müssen. Ein einziges ursprüngliches Stammland wird man ja wohl sicher für alle jene Stämme mit Ortsnamen auf *-leiba*, *-löf* u. s. w. annehmen müssen. Eine bestimmte Stammesindividualität bildet sich am leichtesten in einem geographisch relativ abgeschlossenen Gebiete aus. Dazu liegen die dänischen Inseln gerade in der Mitte zwischen Jütland-Nordschleswig und Halland-Schonen. Auf diesen Inseln haben sich wohl die Ortsnamen auf *-leiba*, die das Sonderbesitzrecht des herulischen Stammes bezeugen (Seelmann S. 25 ff.), zuerst bilden können. Es ist deshalb nicht nötig, dass die Heruler zuerst von allen germanischen Stämmen den Sonderbesitz eingeführt haben. Wenn die von Seelmann S. 26, gegebene Wahrscheinlichkeitsdeutung von Tacitus Germania 44, wonach die Suionen im Gegensatz zu den Bewohnern des eigentlichen Deutschlands das Sonderbesitzrecht gehabt hätten, richtig ist, so können doch die Heruler, als sie diese Einrichtung von den Skandinaviern übernahmen, gerade deshalb, weil sie den Gegensatz zu ihrem bisherigen System scharf empfanden, die Namen auf *-leiba* geschaffen haben. Auch begreifen sich die vielen Wanderungen der Heruler am leichtesten, wenn man die dänischen Inseln als ihren ältesten Ursitz ansieht, da ja auf einer nicht sehr grossen Inselgruppe am leichtesten Übervölkerung entstehen kann. Wurde aber Jütland nebst Nordschleswig wie Halland und Schonen von den dänischen Inseln aus bevölkert, so hat wahrscheinlich auch hier so gut wie dort der Name der Heruler fortbestanden. Das wird auch aus Sidonius Apollinaris, Epistel aus Burdegala 8, 9 wahrscheinlich:

Hic glaucis Herulus genis vagatur,
Imos Oceani colens recessus.

„recessus" kann in Bezug auf das Meer nur „Einbiegung, Meerbusen" bedeuten und daher sich wohl nur auf das Verhältnis desselben zum Festlande, nicht aber zu kleineren Inseln beziehen, die nicht selbst wieder grössere Einbuchtungen aufweisen. Bis nach Halland und Schonen aber wird Sidonius kaum ausgeblickt haben, zumal er in der gleichen Epistel auch nur von Völkerschaften Deutschlands, von Sachsen, Sicambrern und Burgundionen redet. Auf das von zwei Armen oder Einbuchtungen des Oceans umgebene Jütland passt aber auch wohl der ganze Ausdruck am besten.

Ist damit die oben angedeutete Möglichkeit, dass die verschiedenen Stämme Jütlands und Nordschleswigs nicht blos Abzweigungen, sondern sogar Gauvölker der Heruler waren und als solche noch im fünften nachchristlichen Jahrhundert selbst Heruler heissen konnten, zur Wahrscheinlichkeit geworden, so wird diese Wahrscheinlichkeit für das zweite nachchristliche Jahrhundert natürlich noch grösser. Damit ist aber auch die Möglichkeit gegeben, dass auch der damals auswandernde Teil der Heruler, den wir im folgenden Jahrhundert an der Mäotis antreffen, teilweis aus Jütland und Nordschleswig gekommen sein kann. Von den Warnen und Jüten, die Jütland und Nordschleswig bewohnt haben, hat Much, PBB. 17, 208, die letzteren vom neuen mit den *Eudoses* des Tacitus Germania 40 identifiziert und die lautliche Vereinbarkeit dieser Form mit *Y'tas* des Widsiđ gezeigt. Ist die Identifizierung richtig, so sind die Eudoses als ein herulischer Zweig zu betrachten. Das ist aber auch schon deshalb geboten, weil die Eudoses nördlich der Landschaft Angeln gesucht werden müssen, da sie in der von Süden nach Norden gehenden Aufzählung des Tacitus erst hinter den Anglii et Varini stehen: nördlich von Angeln beginnen aber die Ortsnamen auf *-iöf*. Dass aber das *o* von *Eudoses* für germ. *u* geschrieben ist, hat Much, PBB. 17, 206 gezeigt.

Von diesen germ. **Eudusez* können nun aber das Εὐδουσία und die Εὐδουσιανοί des Anonymus unmöglich getrennt werden. War es schon an sich sehr wahrscheinlich, dass die Eudusen überhaupt Germanen waren, so kann nun kein Zweifel weiter an dieser Thatsache bestehen. Ferner bestätigt sich durch diese Gleichung einerseits die Annahme, dass die Tetraxiten und Eudusianer von der Westseite des kimmerischen Bosporus auf dessen Ostseite übergesiedelt sind, und andererseits wird auch dadurch die Wahrscheinlichkeit, dass die Eudusen nur ein Gauvolk der Heruler gewesen, zur Gewissheit. Überhaupt werden im zweiten nachchristlichen Jahrhundert alle jütländisch-nordschleswigschen Stämme politisch noch zu den Herulern gehört haben. Scheint doch auch analog für die Bewohner Hallands und Schonens, wohin ja ein Teil der Donauheruler, der wahrscheinlichen Nachkommen der mäotischen Heruler (vgl. Pallmann, Geschichte der Völkerwanderung II., 30, wo jedoch die mäotischen Heruler irrtümlich dacische heissen) nach mehreren Jahrhunderten zurückgekehrt ist, das Gleiche gegolten zu haben.

Keine Anknüpfung an die germanische Urheimat lässt sich dagegen bei dem Namen der Tetraxiten gewinnen. Massmann, Ulfilas XXVII hat Τετραξῖται als eine Ableitung vom griech. τέσσαρες aufgefasst und die Bildung aus einer Einteilung in vier kleine Stämme oder Gemeinden erklärt, deren Vorhandensein lediglich aus der Zahl der vier an Justinian geschickten tetraxitischen Gesandten gefolgert wird. Mit Recht macht Wassiljewskij a. a. O. gegen diese Auffassung geltend, dass eine derartige Einteilung des ohnehin nicht grossen Staates sonderbar sei und dass die Tetraxiten doch nicht gut mit einem griechischen Namen genannt sein könnten. Wassiljewskijs eigene Erklärung hat in der That mehr Wahrscheinlichkeit für sich. Nach ihm wird die Halbinsel Taman in altrussischen Quellen die Tmutarakanische Insel genannt. Auch im altrussischen Igorliede aus dem Ende des 12. Jahrhunderts ist viel von *Tъmutarakan* die Rede. Offenbar ist Wassiljewskij im Recht, wenn er mit *Tъmutarakan* die griechische Benennung der Stadt Taman, τὰ Μάτραχα, in Verbindung bringt, wobei er das ungeteilte τὸ Ταμάταρχα des Konstantinos

Porphyrogennetos die Brücke bilden lässt. Auf einer Nebenform von Μάτραχα, die in Uebereinstimmung mit *Timutarakan* κ für χ gehabt haben muss, beruht mittellateinisch *Matrica* neben *Matercha*; aus Ταμάτραχα erklärt sich wohl auch arabisch-türkisch *Taman*. Ueberall wurden hier also Entstellungen der fremden Wortform vorgenommen. Eine solche Entstellung derselben Form im Griechischen nimmt nun Wassiljewskij auch in Τετραξῖται an, das sich Prokop aus einem schlecht klingenden und unverständlichen *Τμετραξῖται zurechtgemacht habe. Damit wird also der Anklang an griechisch τετράκις — oder, wie wir besser dafür setzen müssen, an τετραξός „vierfach" — als Volksetymologie aufgefasst. Dass der den Griechen wenig gewohnte Anlaut τμ die Volksetymologie begünstigte, ist wahrscheinlich. Wassiljewskij bemerkt ferner, dass die neue Benennungen am schwarzen Meere dem Prokop überhaupt durch Vermittelung fremder Ohren und Zungen zugekommen seien. Wahrscheinlich haben schon die Griechen, die den Namen **Tmutrak* zuerst hörten, die Volksetymologie vorgenommen. Da die Namen an der Nordostecke des schwarzen Meeres gewiss nicht häufig von den Griechen gehört wurden, so waren volksetymologische Umformungen hier besonders begünstigt, wie dies nach S. 22 wahrscheinlich auch bei dem Εὐλυσία des Prokop geschehen ist. **Tmutrak* oder **Tmutrakan* ist ursprünglich vermuthlich die Benennung der Stadt Taman bei den Sindern, der vielleicht den Κερκέται (Tscherkessen) verwandten Urbewohnern der Halbinsel Taman, gewesen. Ob freilich die auf Taman angesiedelten Heruler sich selbst nach ihrer Hauptstadt benannt haben oder nur von den Griechen zur Unterscheidung von anderen „Goten" danach benannt worden sind, ist nicht auszumachen. Jedenfalls aber ist die Benennung eines Volkes auch durch ein fremdes Volk nach seiner Hauptstadt wahrscheinlicher als nach einer etwa bei ihm bestehenden Bundesverfassung.

Wann die Tetraxiten und Eudusianer den Namen Heruler aufgegeben haben, können wir nicht ermitteln. Der auf der Westseite der Mäotis wohnende Hauptteil der Heruler scheint bis zu seinem Abzuge an seinem alten Namen festgehalten zu haben, obwohl er von den Griechen vielfach oder meistens als Goten bezeichnet wurde. Als die wahrscheinlichen einstigen mäotischen Heruler nach Vernichtung ihres Reiches an der Donau durch die

Langobarden, nunmehr von den Goten getrennt, von neuem in den Gesichtskreis der Griechen treten, erscheinen sie auch bei diesen nur unter dem Namen Heruler. Für die niemals dem griechischen Gesichtskreise gänzlich entschwundenen Tetraxiten und Eudusianer aber war der Gotenname auch bestehen geblieben, als die grosse Masse der Ostgoten und Heruler mit Attila gen Westen gezogen war.

---

3. Die Fortexistenz der Kaukasusgermanen.

In dem altrussischen Liede vom Heereszuge Igors (Slowo o polku Igorewe) heisst es S. 70*): „Und sieh! schöne Gotenmädchen erhoben ihren Gesang am Ufer des blauen Meeres. Klingend mit russischem Golde singen sie die Zeiten des Bus und beschwichtigen die Rache Scharokans.“ Der im Igorliede erzählte unglückliche Zug Igors, des Fürsten von Nowgorod und Sewerien, gegen die Kumanen oder Polowzer, wie sie bei den Slawen heissen, hat im Jahre 1185 stattgefunden. Das ganze Epos macht entschieden den Eindruck, dass es sehr bald nach den geschilderten Ereignissen und zwar von einem Teilnehmer des Zuges gedichtet worden ist. Es handelt sich also um eine Erwähnung von Goten aus dem Ende des 12. Jahrhunderts. Die Gotenmädchen stehen auf der Seite der Kumanen; denn vorher gehen die Worte: „Nun wandelte sich Ruhm in Schmach; nun stürmte Not über den Ueberfluss herein; Ungeheuer tosten ob der Erde.“ Dazu der Satz: „Aber unser Kreis kennt keine Freude.“ Wie Tomaschek 40 gezeigt hat, sind auch Bus und Scharokan kumanische Namen. Da die Herrschaft der Kumanen sich auch über die Krim erstreckte, so könnte man bei den Gotenmädchen zunächst an die Krimgoten denken. Nun hat aber Kunik, Zapiski imperatorskoi akademii naukъ 24, 141 geltend gemacht, dass, wo der Dichter des Igorliedes sonst vom Meere spricht, damit das Asowsche Meer gemeint sei, was hier im einzelnen ausgeführt werden mag. So heisst es S. 64: „Und da splitterten die Lanzen und da schlugen die Säbel die Helme der Polowzer am Flusse Kajala, beim grossem

*) Ich citiere nach der deutschen Uebersetzung, die Hanky seiner Ausgabe Igor Swatoslawič, Prag 1821, beigegeben hat.

Don . . . Polowzer kommen heran vom Don, vom Meere.“ Dazu S. 66: „Das Unheil schwirrte wie mit Schwanenfittigen ob dem blauen Meere beim Don sich schwingend.“ Doch scheint das schwarze Meer gemeint zu sein S. 62, wo nach Schilderung des Aufbruches Igors gesagt wird: „Ein Ungeheuer schreit im Wipfel des Baumes, heisst aufhorchen das unbekannte Land an der Wolga, am Meere, an der Sula, am Surog und am Chorsun, und dich, Götze von Tmutarakan.“ Kunik bemerkt dazu, dass der Dichter keinen besonderen Grund gehabt habe, das schwarze Meer zu nennen, wenn er auch mit der Miene eines kundigen Mannes Surog, Chorsun und den tmutarakanischen Götzen erwähne. An der citierten Stelle soll ja auch nur geschildert werden, wie weit die Stimme des Ungeheuers in unbekannte Lande drang: der Schauplatz der Begebenheiten selbst war so wenig am schwarzen Meere wie an der Wolga. Die Niederlage Igors fand vielmehr in der Nähe des Don statt und zwar unweit von dessen Mündung, weil das blaue Meer daneben genannt ist. Die Kumanen, denen der Zug galt, können nur auf dem linken Ufer des Don an der Ostseite des Asowschen Meeres gesucht werden. So heisst es S. 60: „Und Igor sprach zu seinen Gefährten: . . . Wir sitzen auf, Brüder, auf dass wir den blauen Don erblicken . . . Den grossen Don will ich durchwaten, will, sprach er, dort eine Lanze brechen am Ende des Polowzerlandes mit euch Russen.“ Dass dies Ende aber erst in Tmutarakan zu suchen ist, lehrt p. 69: „Zwei Falken flogen hinab vom väterlich goldenen Sitze, zu erobern die Burg Tmutarakan oder aber auszutrinken mit dem Helme den Don.“ Nach Kunik liegt auch Plesensk am Asowschen Meere, von welcher Stadt S. 69 gesagt wird; „Die ganze Nacht vom Abend an krächzten Raben des Bus; bei Plesensk war eine Thalau im Umbug des Kissan.“ Der Name Bus fordert, dass hier von den Kumanen die Rede ist. Igor wollte also von der Mündung des Don durch das Land der Kumanen die Ostseite der Mäotis entlang nach Tmutarakan ziehen. Desshalb bestreitet Kunik auch mit Recht, dass die Gotenmädchen des Igorliedes im taurischen Gotien zu suchen seien. Es ist bemerkenswert, dass Kunik zu diesem Resultate gekommen ist, ohne von den wirklichen Wohnsitzen der Tetraxiten und von den Eudusianern überhaupt zu wissen. Er glaubt vielmehr, dass es sich entweder um gefangene Krimgoten handele, die von den Kumanen am Asowschen Meere angesiedelt worden, oder dass geraubte oder auch als Tribut gezahlte krimgotische Jungfrauen gemeint seien. Dieser gezwungenen Annahme gegenüber bemerkt Wassiljewskij a. a. O. sehr richtig, dass „die gotischen Jungfrauen am Ufer des blauen Meeres“ in der Identität des Landes der Tetraxiten mit Tmutarakan ihre Erklärung fänden. Uebrigens wird die Mäotis nach Bayer, Begebenheiten von Azow S. 11 auch von den Türken „Blaue See“ oder „Asowsche See“ geheissen. Mit den „Gotenmädchen am Ufer des blauen Meeres“ sind höchstwahrscheinlich nur Tetraxitinnen und nicht zugleich auch Eudusianerinnen gemeint.

Der Dichter des Igorliedes muss also noch in Tmutarakan Bescheid gewusst haben, da er die Mädchen des dort wohnenden Volkes am Meeresufer ihren Gesang erheben lässt. Das ist auch erklärlich, da Tmutarakan im 11. Jahrhundert ein russisches Fürstentum gebildet hatte und als solches zum letzten Male im Jahre 1094 erwähnt wird (Braun 20). Damals zog der russische Fürst Oleg aus Tmutarakan und belagerte an der Spitze der Kumanen Wladimir Monomach in Tschernigow. Doch die Kumanen, die um jene Zeit die südrussischen Steppen zu überfluten begannen, werden auch bald der russischen Herrschaft in Tmutarakan selbst ein Ende bereitet haben. Aber im Gedächtnis der Russen erhielt sich gerade Tmutarakan, und als der Dichter des Igorliedes vergangener ruhmreicher Zeiten gedenkt, erinnert er sich auch des Oleg und sagt von ihm S. 66: „Er tritt in den goldenen Bügel in der Stadt Tmutarakan.“ Und so nennt er denn auch nicht bloss diese Stadt als das Ziel der Eroberungen Igors, sondern weiss an der einzigen kurzen Stelle, an der er neben der Trauer der Russen auch die Freude ihrer Feinde erwähnt, nichts von den Polowzern selbst, sondern nur von dem kleinen Gotenvölkchen um Tmutarakan zu berichten. Offenbar waren diese Goten Verbündete der Kumanen und nahmen zu denselben wohl ein ähnliches Verhältnis ein, wie sie es einst zu den eben dort wohnenden Uturguren eingenommen hatten. Nur wird ihre Freundschaft mit den Kumanen wohl eine aufrichtigere als mit den Uturguren gewesen sein, da sie durch die Kumanen wahrscheinlich von der russischen Herrschaft in ihrem Ländchen und ihrer Hauptstadt befreit worden waren. So erklärt sich wohl auch die hervorragende Anteilnahme der Gotenmädchen an der Siegesfreude der Kumanen. Ungewiss ist nur, ob die Mädchen Lieder in germanischer oder in kumanischer Sprache gesungen haben. Letztere Annahme könnte darin eine Stütze finden, dass die Gotinnen mit ihrem Gesange die Rache des Kumanen Scharokan zu beschwichtigen suchten. Aber vielleicht haben Scharokan und seine Mannen auch „gotisch" verstanden: waren sie doch Nachbaren der Tetraxiten und hielten sie vielleicht auch einzelne Punkte in deren Lande, besonders die den Russen abgewonnene und durch ihre Lage wichtige Burg Tmutarakan besetzt.

Bemerkenswerterweise erscheinen die Heruler des Kaukasus auch bei den Russen unter dem Namen Goten. Vermutlich sind schon alle mäotischen Heruler nicht nur von den Griechen, sondern von allen ihren Nachbaren mit dem Namen der Goten belegt worden. So blieb der Name ein stehender und ging auch zu den Russen über. Ob die Kaukasusgermanen sich schliesslich selbst Goten genannt haben, ist nicht ganz sicher auszumachen, doch sehr wahrscheinlich, da sich dieser Name so lange für sie gehalten hat.

Die weitere Fortexistenz der Kaukasusgermanen wird zunächst für das Ende des 15. Jahrhunderts und zwar durch Peucer, Chronicon Carionis, Quarta pars, Frankfurt a. M. 1566, S. 187 bezeugt. S. 186 hatte Peucer gesagt: „Quo tempore Solymannus Bassa Capham Bosphorani regni caput in ipsa Taurica Chersonesi Genuensium Coloniam, quae antiquitus Theodosia fuit, occupavit et Tartaros Precopitas, qui eam regionem oppressis Gothis obsederant, Mahomete tributarios fecit." Die hier erzählten Ereignisse stimmen mit den übrigen Nachrichten, die wir über die Eroberung der Krim durch die Türken besitzen, im wesentlichen überein und werden auch von Peucer richtig in das Jahr 1475 gesetzt. Dann fährt derselbe S. 187, zunächst in Bezug auf Sultan Mahumet, fort: „Gotticae gentis vero et originis postremos principes fratres, qui soli reliqui eousque in arce Mancopio sese conservarant, redactos in suam potestatem, securi percussit. Gentis reliquias hinc inde per Tauricam usque ad Circassos dispersas tandem Baiazetes subiugavit circiter annum octogesimum quartum supra millesimum quadringentesimum." Auch was Peucer hier im ersten Satze von den krimgotischen Fürsten erzählt, wird gleichfalls anderweitig bestätigt. Um so weniger Misstrauen dürfen wir daher seinem zweiten Satze entgegenbringen, zumal im Jahre 1484 auch wirklich Sultan Bajazet II. regiert hat. Von Goten freilich, die von der krimgotischen Residenz Mankup im Südwesten der Krim an über ganz Taurien hin bis zu den Tscherkessen zerstreut gewohnt hätten, wissen wir sonst nichts. Auf der Krim gab es Goten nur im Südwesten des Landes. Auch war die Eroberung der Krim durch die Türken bereits 1475 vollendet worden; der Chan der Tataren, der das übrige Land besass, hatte sich schon vor der Einnahme Mankups, wovon ja Peucer auch selbst etwas weiss, dem Sultan unterworfen. Mit den bis zu den Tscherkessen hin wohnenden Goten, die erst Bajazet 1484 unterjochte, können daher nur die Kaukasusgermanen gemeint sein. Rechnete man doch die Halbinsel Taman ihrer Lage und Verkehrsbeziehungen wegen sehr häufig zu Taurien, wie z. B. schon Prokop De bell. Goth. IV, 5, p. 480 die Städte Κῆποι und Φανάγουρις in Taurien und Broniovius, Tartaria p. 7 die Stadt Taman „in extremtate Tauricae“ liegen lässt und die Halbinsel später entsprechend von Russland zum taurischen Gouvernement geschlagen wurde. Auch zeigt Peucers Ausdruck „dispersos“, dass er wohl wusste, dass die Goten Mankups von denjenigen Goten, die neben den Tscherkessen wohnten, durch Nichtgoten getrennt waren. Nur setzt der Ausdruck mehrere Lücken unter den Goten am schwarzen Meere voraus, während thatsächlich nur e i n e solche bestand. Der Irrtum Peucers wurzelt in einem anderen Irrtum, in der auch bei anderen Historikern vorkommenden Verwechslung der Polowzer (Kumanen) mit den Goten. So sagt er p. 54 b: „Ibi incolis Hunnis Circassiis Polucijs seu Gottis, hos enim Polucios Sarmatae nominant, qui a veteribus Gottis reliqui totam illam planitiem supra Meotidem usque ad Tauricam Chersonesum et Dromon Achillis tenuerunt sub peculiaribus regibus, quos in Taurica tandem oppressit Mahometes.“ Über die Wohnsitze der Circassier (Tscherkessen) weiss er dagegen ziemlich gut Bescheid p. 191 b: „qui Pontum Euxinum ea parte incolunt, qua a Colchis et Iberis ad Bosphorum contra Tauricam Chersonesum extenditur.“ Ungefähr dasselbe sagt er auch schon Pars III, 219: „Regionem recenti vocabulo Cercassiam vocant a Cercitis populis, qui in Colchidem vergunt. Eum enim Euxini maris tractum incolunt, qui a Colchis ad Bosphorum contra Tauricam Chersonesum extenditur, Aquilonis flatibus obiectus perpetuoque rigens gelu.“ Der letzte Zusatz scheint sich auf das Zufrieren des Bosporus im Winter zu beziehen. Jedenfalls zieht

Peucer die Halbinsel Taman noch zum Gebiete der Tscherkessen (von den Griechen Zichen genannt). Schon früher war die Halbinsel öfters zu Zichien (Circassien) gerechnet worden, eine Benennung, die wohl unter anderem darin ihren Grund hatte, dass der Sitz des Erzbischofs von Zichien von Nikopsis nach Matarcha (Taman) verlegt worden war. Schon 1236 wird Matrica als eine Stadt in Sichia von ungarischen Mönchen bezeichnet (vgl. Féjer, Cod. dipl. Hung. IV, 1, 50), und unter den Erzbischöfen, die unter Kaiser Andronikos II (1282—1328) zu Metropoliten erhoben wurden, befindet sich an zehnter Stelle der von Matarcha oder Zichien (Μετράχων, ὃς καὶ Ζηκχίας λέγεται, Migne, Patrologiae cursus completus 107, 401). Die Tscherkessen waren aber überhaupt von jeher Nachbaren der Halbinsel Taman und hatten dieselben zu Peucers Zeit zum grossen Teile wahrscheinlich schon selbst besetzt. Dadurch aber, dass Peucer die von Bajazet unterworfenen Goten als Nachbaren der Tscherkessen, diese aber selbst in einer anderen Quelle auch als Anwohner des kimmerischen Bosporus auf dessen asiatischer Seite verzeichnet fand, ausserdem von den Krimgoten wusste und die sogenannten Goten am schwarzen Meere überhaupt mit den Polowzern verwechselte, erklärt es sich, wieso er die Goten Tamans „auf der Krim zerstreut von Mankup bis zu den Tscherkessen“ sich dachte.

Dass aber in der That die Goten, die erst Bajazet II. unterwarf, die Nachkommen der tetraxitischen Goten gewesen sind, erhält zunächst durch ein zweites Zeugnis seine volle Bestätigung. Die Stelle steht bei Frieseman, Beschryving van de Krim, Amsteldam 1786 p. 93: 't Is waar de Ottomanen maakten zich omtrent het jaar 1484 van de steden en sterktens van T a m a n, van T e m r o u k e en A t c h o u k, by de uitwateringen van de Kouban gelegen, meester; z e l f s b r a c h t e n z y b y d e e s e g e l e g e n h e i d de o v e r g e b l e e v e n e G o t h e n t e o n d e r; doch slaagden in hunne aanslagen op de Tscherkassiers altyd even min; ook was hun voornamlyk om de Straat van Kaffa en de Asofsche zee in hunne macht te krygen.“ Welche Quelle Frieseman hier benutzt hat, habe ich so wenig erkunden können, wie es mir möglich gewesen ist, den Gewährsmann Peucers zu entdecken. Aber so viel steht fest, dass die Nachrichten beider Gelehrter direkt oder indirekt aus einer und derselben Quelle geflossen sein müssen. Das beweist die Thatsache, dass sie beide keine fest bestimmte Jahreszahl für die Unterwerfung jener Goten angeben, sondern beide von der Zeit „um 1484“ reden. Dass Friesemans Nachricht aber nicht erst derjenigen Peucers entstammt, ergiebt sich aus der Nennung der drei von den Türken eroberten Festungen Taman, Temruk und Atschuk, die ja Peucer garnicht erwähnt. Auf eine verschiedene Benutzung einer gemeinsamen Quelle durch Peucer und Frieseman deutet es auch wohl hin, wenn ersterer die um 1484 unterworfenen Goten bis zu den Tscherkessen hin wohnen lässt, letzterer unmittelbar, nachdem er von der Unterwerfung dieser Goten gesprochen, von dem Misslingen der türkischen Pläne gegen die Tscherkessen redet. Wenn hinsichtlich Peucers bemerkt worden ist, dass er über die Eroberung der Krim durch die Türken sehr gut Bescheid wisse, so gilt von Frieseman ausserdem noch, dass er sich über die ganze Geschichte der Halbinsel Taman gut unterrichtet zeigt. Da Taman, Temruk und Atschuk auf der Halbinsel Taman liegen, so bleibt gar kein Zweifel mehr übrig, dass mit den um 1484 unterworfenen Goten die Tetraxiten gemeint sind. Die Fortexistenz der Tetraxiten, die wir ja bereits aus dem Ende des 12. Jahrhunderts aus dem Igorliede kennen, wird durch Friesemans und Peucers gemeinschaftliche Quelle auch noch für das Ende des 15. Jahrhunderts bezeugt.

Dass Peucer und Frieseman dieselbe Quelle benutzt haben und auch ersterer von der Eroberung Tamans, Temruks und Atschuks durch die Türken gewusst hat, folgt auch aus einer anderen Stelle Peucers Chron. Car. P. IV, 59, wo nämlich von den Türken folgendes gesagt wird: „qui in eadem Taurica Capham Ligurum coloniam, quae Theodosia antiquitus appellata est, et plura alia in Vicino Maeotidis paludis et Ponti littore Gottis adempta tenent.“ Mit den Punkten, welche die Türken den Goten in der Nachbarschaft der Mäotis und am Gestade des Pontus entrissen hatten, können nur die Festungen der Halbinsel Taman gemeint sein, die ja nicht von Peucer allein direkt als ein Teil Tauriens aufgefasst worden ist (vgl. S. 39). Denn im Gebiete der Krimgoten gab es weder Festungen am Gestade des Pontus noch hatte das binnenländische Mankup eine türkische Besatzung erhalten. Von Taman und Temruk berichtet dagegen der Reisende Beauplan, Description d'Ukrainie, Rouen 1632, 33, dass sie den Türken gehörten und Janitscharen als Besatzung hätten. Von Temruk und von Atschuk (Atchou), das Beauplan nicht erwähnt, erzählt letzteres auch Peyssonel p. 270. Von Mankup sagt das weder Beauplan p. 32 noch Peyssonel p. 84 (nach Avant-propos p. I hatte Peyssonel die Krim 1753 besucht) noch sonst irgend ein Besucher desselben. So bleiben nur die Festungen der Halbinsel Taman übrig. Bemerkenswerterweise bezeichnet Peucer diese direkt als „den Goten entrissen“, während Frieseman nach seinen Worten sich die Sache kaum anders vorgestellt haben kann, als hätten Goten zwar auf der Halbinsel Taman, nicht aber in deren Festungen Taman, Temruk und Atschuk gewohnt oder als wären dieselben mindestens nicht selbst Herren dieser drei Städte gewesen.

Merkwürdigerweise thun die deutschen Geschichtsschreiber der Osmanen, Hammer und Zinkeisen, der Eroberung Tamans nicht einmal Erwähnung. In den türkischen Quellen wird also gleichfalls wenig die Rede davon sein. Hammer und Zinkeisen scheinen sich die Sache so vorgestellt zu haben, als ob die Halbinsel Taman schon zugleich mit der Krim im Jahre 1475 erobert worden wäre. In der That nahmen die Türken schon in diesem Jahre nicht bloss das wichtige Tana (Asow) an der Mündung des Don, sondern nach Brun, Černomorskie Goty p. 44 in demselben Zuge wie die Krim auch alle genuesischen Ansiedelungen in Chazarien nebst den Städten Anapa, Bata (am asowschen Meer bei Achtiar) und Matriga oder Taman, deren Besitzer unter Oberherrschaft der Republik Genua standen. In Taman herrschten als Fürsten die Erben des genuesischen Abkömmlings Simone de Guizolfi, welcher dieses Fürstentum schon im Jahre 1419 durch Heirat mit der dortigen Erbin Bichachanim erhalten hatte. Von dem letzten Fürsten Tamans besitzen wir nun einen wichtigen italienisch geschriebenen Brief an die Direktoren der St. Georgsbank zu Genua, der Atti della società Ligure di storia patria, Tom. IV, Genova 1866, p. CCLVII f. herausgegeben worden ist.

Am Schlusse dieses Briefes befindet sich die Unterschrift: „Ex Campania prope castrum Matrice miliaria L^{ta} XII augusti MCCCCLXXXII. Sacharias de giexulfis olim dominus matrege cum recomendatione.“ Im Briefe selbst erzählt Sacharias, dass es schon lange her wäre, dass die Türken seine Burg Matrega erobert und er alle seine Völker auf das Land der Insel Matrice gerettet hätte. Schon seit einigen Jahren schlage er sich dort mit den Türken herum. Wir haben hier ein urkundliches Zeugnis dafür, dass wenigstens das Land Taman im Jahre 1482, in dem Mahumet starb, noch nicht von den Türken unterworfen war, sodass also Peucer ganz im Recht ist, wenn er die Unterwerfung der bis zu den Tscherkessen hin wohnenden Goten gerade nicht mehr dem Mahumet, dem Unterjocher der Krimgoten, zuschreibt. Dagegen ist Frieseman im Unrecht, wenn er auch die Festung Taman erst „um 1484“ von den Türken erobert werden lässt. Doch dürfte diese Zeitangabe für Temruk und Atschuk richtig sein, die nicht vor der Eroberung der ganzen Halbinsel den Türken anheimgefallen sein werden.

Der Brief ist nun besonders dadurch wichtig, dass er auch selbst mehrfach Goten, speziell „segnori Gotici“, gotische Fürsten, erwähnt. Sacharias hat darüber folgende Stellen: 1) „E perchè sono alla Campagna sine ullo fortilicio e questi signori gotici continue me mangano e si è de bezogno che se ge daga vogiando cum loro bene stare“ — 2) „Da li miei populi pocho posso et quaxi niente aveire perochè me convene far verso loro largese, ancora ge certi nostri latini ali quali me convene dare e cossi ali predicti segnori gotici“ — 3) „Mi me cunvene pigiare partito no posando pù inbochare questi signori gotici ali quali se no se ge dà restano inimixi, e mi me bizogna a ogni partito averli per amixi.“ Sacharias sagt also an allen drei Stellen ungefähr dasselbe: die gotischen Fürsten ässen ihm alles fort; man müsse ihnen geben, wenn man mit ihnen auf gutem Fuss bleiben und sie nicht zu Feinden haben wolle; er hätte es aber auf alle Fälle nötig, sie zu Freunden zu haben. Zu diesen Äusserungen fügt er noch die Bitte, dass man ihm tausend Dukaten schicken möge, damit er freigebig sein und sich auf diese Weise noch einige Zeit halten könne. Brun meint dazu Čern. Got. p. 45, dass ihm der Gedanke fern läge, die bei Sacharias als Gäste weilenden gotischen Fürsten als die Nachkommen der Feldherren der in dieser Gegend angesiedelten Tetraxiten zu bezeichnen. Nun steht aber bei Sacharias kein Wort davon, dass die gotischen Fürsten seine Gäste gewesen wären. Schon daraus ergiebt sich die Hinfälligkeit von Bruns weiterer Behauptung, dass der tamanische Fürst unter seinen ungerufenen gotischen Gästen, wenn auch nicht den mankupischen (krimgotischen) Fürsten Isaak selbst, der umsonst eine Zuflucht in seiner eigenen Festung gesucht hätte, so doch vielleicht einige Mitglieder von dessen Familie gehabt haben könnte.

Dann aber ist es auch an sich mehr als unwahrscheinlich, dass vertriebene krimgotische Prinzen oder Adlige so viele Mannschaften mit sich gebracht haben sollten, dass Sacharias ihre Hilfe gegen die Türken nicht hätte entbehren können und, was man ja aus ihrer dreimaligen Nennung folgern muss, gerade auf sie am meisten angewiesen gewesen wäre. Bruns ganzer Deutungsversuch hat eine verzweifelte Ähnlichkeit mit demjenigen Kuniks betreffs der „schönen Gotenmädchen“ im Jgorliede, die aus dem Südwesten der Krim nach Taman in die kumanische Gefangenschaft geschleppt sein sollten. Thatsächlich lassen sich unter den principi Gotici des Sacharias nur tetraxitisch-gotische kleine Stammeshäupter oder richtiger wohl Gemeindeälteste verstehen. Dafür spricht im einzelnen auch noch der Umstand, dass Sacharias die principi Gotici zum ersten Male da erwähnt, wo er unmittelbar vorher gesagt hat, dass er jetzt auf dem Lande ohne irgend eine Festung leben müsse.

Der Brief des Sacharias bildet ein urkundliches Zeugnis für das Fortbestehen des tetraxitischen Stammes auch noch im vorletzten Jahrzehnt des fünfzehnten Jahrhunderts. Selbst wenn wir weder die betreffende Stelle im Jgorliede noch die Nachrichten Peucers und Friesemans besässen, würde diese Urkunde allein zum Zeugnis dafür genügen. Allerdings wird meine Deutung gegenüber derjenigen Bruns durch dieses Zusammentreffen noch besonders bestätigt. Nach Peucer und Frieseman hat ja auch dann die Eroberung der ganzen Halbinsel Taman und damit die Unterwerfung der tetraxitischen Goten durch die Türken, die dem Sacharias schon im Jahre 1482 so grosse Not bereiteten, nur wenige Jahre später stattgefunden. Es wäre sehr empfehlenswert, diese ganzen Verhältnisse einmal in zeitgenössischen türkischen Quellen zu verfolgen. Vielleicht, dass auch dort einmal der Gotenname in Bezug auf Taman erwähnt ist.

Belehrt uns neben anderen Peucer über die Fortexistenz des tetraxitischen Völkchens, so sagt dagegen Melanchthon selbst, Chron. Car. Wittenberg, 1558, p. L 5 b: „Ac hodie Gottia nominatur regio, vicina Colchicae, et sunt in Taurica Gotti linguam Germanicam retinentes“. Die Unterscheidung Tauriens und seiner Goten von dem Kolchis benachbarten Gotien zeigt, dass Melanchthon eben mit seinem Gotien nicht die taurische Landschaft dieses Namens, deren Verlegung in die Nachbarschaft von Kolchis selbst für ihn bei den unzureichenden geographischen Kenntnissen seiner Zeit nicht unmöglich gewesen wäre, im Sinne gehabt haben kann. Da Kolchis an der Ostküste des schwarzen Meeres lag, so wird man in seinem Gotien das alte Land Eudusia oder die Halbinsel Taman sehen müssen, obwohl Kolchis im Altertum nur den südlichsten Teil jener Ostküste ausgemacht hat. Ähnlich wie unter den Landschaften Kleinasiens das im neuen Testament vorkommende Galatien am bekanntesten war und daher z. B. in der besprochenen Nachricht Peucers vom Kreuzzuge Barbarossas eine weitere Ausdehnung hat, als ihm eigentlich zukam, so war und ist noch heute sicher das sagenberühmte Kolchis unter den Landschaftsnamen an der Ostküste des schwarzen Meeres im Abendlande am bekanntesten, so dass die Erweiterung seines Begriffes oder doch die ungenaue Angabe über die Nachbarschaft von Gotien und Kolchis bei den schwachen geographischen Kenntnissen zu Melanchthons Zeit nicht Wunder nehmen kann. Lässt doch Broniovius, der selbst die Krim besucht hatte, in seiner Tataria, Köln 1595, p. 7, Kolchis sogar direkt neben Taman beginnen, wie er denn dasselbe auch p. 12 nach Osten hin bis zum kaspischen Meere rechnet. Da Melanchthon von „hodie“ redet, so muss er sich auf zeitgenössische Gewährsmänner gestützt haben und zwar wahrscheinlich auf solche, die selbst jene Gegend gesehen hatten. Es sind das vermutlich deutsche Kaufleute gewesen, die auf venetianischen oder genuesischen Schiffen mit an die Gestade des schwarzen Meeres gekommen waren.

Melanchthons Angabe von dieser Landschaft Gotien findet nun ihrerseits eine gewisse Ergänzung wieder in folgenden Worten Peucers, Chron. Car. P. III, p. 20 b: „In Colchide adhuc usurpari linguam Germanicam sunt qui constanter affirmant“. Leider giebt Peucer nicht an, welche und was für Leute ihm beständig diese Versicherung gegeben haben. Doch hat hier die Vermutung, dass es deutsche Kaufleute gewesen seien, insofern noch grössere Wahrscheinlichkeit als bei Melanchthon für sich, als doch wenigstens nur Kenner der deutschen Sprache die Ähnlichkeit jenes fernen Idioms mit der deutschen Sprache bemerken konnten. Auch Peucer unterscheidet von der germanischen Sprache in Kolchis die in Taurien. wenn er fortfährt: „Gottorum reliquias in Taurica Chersoneso oppressit tandem Mahometes II. Imperator Turcorum duobus eorum ducibus caesis, qui quidem et Gottos se appellarunt et loquuti sunt lingua nostra“. Als drittes Gebiet germanischer Sprache folgt dann mit Bezug auf Barbarossa Galatien und Armenien. Während aber Melanchthon nur von einer „regio vicina Colchicae“ spricht, redet Peucer kurzweg von Kolchis. Doch ist ein Zusammenhang zwischen seiner Angabe von germanischer Sprache in Kolchis und derjenigen Melanchthons von einem Gotien bei Kolchis deshalb leicht möglich, weil zwischen beiden Gelehrten der engste persönliche und wissenschaftliche Verkehr bestanden hat. Und zwar wird man diesen Zusammenhang für um so wahrscheinlicher halten müssen, als doch gewiss nur sehr wenige Deutsche zu Melanchthons und Peucers Zeit, in der auch die Venetianer und Genueser sich bei der Gefahr vor den Türken nur noch selten bis in das schwarze Meer wagen konnten, bis an das Ostgestade desselben gekommen sein werden. Dann würde Peucer das Verhältnis der Lage des germanischen Sprachgebietes im Kaukasus zu Kolchis nur noch etwas ungenauer als Melanchthon gestaltet haben. Wenn aber, wie das ja sehr wahrscheinlich ist, beide Gelehrte dieselben Gewährsleute hatten, so hat wohl eher Peucer kurzweg Kolchis selbst irrtümlich für die Nachbarschaft von Kolchis gesetzt, als dass sich Melanchthon umgekehrt geirrt hat.

Auf die Frage, ob die beiden Gelehrten die Eudusianer oder die Tetraxiten im Sinne gehabt haben, lässt sich aus ihren Worten selbst nichts Sicheres entscheiden. Mit dem Ausdrucke „regio vicina Colchicae“ lässt sich hier nichts anfangen, weil auch das alte Eudusia in so grosser Entfernung von Kolchis liegt, dass seine im Vergleich zu Taman ein wenig grössere Nähe nicht in Betracht kommen kann. Da jedoch alle die Fortexistenz der Kaukasusgermanen bezeugenden Stellen, die nähere geographische Angaben enthalten, vom Igorliede an, soweit sich sehen lässt, nur auf die Nachkommen der Tetraxiten gehen, so werden diese auch hier gemeint sein.

Ist dies richtig, so hat Peucer, ohne es selbst zu merken, an zwei verschiedenen Stellen von denselben Germanen gesprochen, was natürlich in der Verschiedenheit seiner Quellen begründet ist; hat er doch auch an jener anderen Stelle auch den Namen der Landschaft Kolchis, die er dort Grenze der Tscherkessen sein lässt, nur viel weniger weit ausgedehnt. Jedenfalls hat er ein ganz besonderes Interesse an den germanischen Völkerresten des Ostens genommen. Er verzeichnete daher in seinem Werke Notizen, die er über die Geschichte der Krimgoten und tamanischen Goten sowie über deutsche Sprache in Kleinasien zu den Zeiten Barbarossas in älteren Geschichtswerken vorfand, nicht minder als Versicherungen weitgereister Zeitgenossen über die deutsche Sprache in der Krim und in Kolchis. Doch hatte wahrscheinlich erst Melanchthon Peucers Interesse auf diesen Gegenstand gelenkt. Melanchthon selbst spricht auch noch Chron. Car. Pars II, Wittenberg 1563, p. 107 von den zu seiner Zeit noch deutsch redenden Goten auf dem taurischen Chersones. Eine entsprechende Notiz, nur noch mit dem Zusatze, dass diese Goten sich selbst Goten nennen, findet sich auch in Melanchthons Schrift „De vocabulis regionum et gentium quae recensentur a Tacito“, Schardii Collectio scriptorum antiquae Germaniae I, 198. Genau aber auch so schon im Jahre 1532 bei Melanchthons früh verstorbenem Schüler Cario (dessen Werk bekanntlich Melanchthon umgearbeitet und unter dem Titel Chronicon Carionis herausgegeben hat), Chronica p. LXXIII b, während in anderen Geschichtswerken des sechszehnten Jahrhunderts auch selbst die Krimgoten nur selten erwähnt werden. Und so ist es denn auf das Interesse, das Melanchthon für den Gegenstand in Wittenberg zu erwecken gewusst hatte, zuruckzuführen, dass uns ein anderer seiner Schüler noch eine sehr wertvolle Nachricht über die Kaukasusgermanen aufbewahrt hat.

Dieser Schüler ist der bereits erwähnte Magdeburgische Geistliche Georg Torquatus, der, wie wir aus einer von Boysen Mon. inedita rerum Germanicarum verfassten Praefatio p. e seiner jetzt verlorenen Selbstbiographie entnommenen Notiz wissen, in Wittenberg studiert hat. Die Stelle steht bei Boysen p. 89 und lautet: „Horum Gothorum reliquiae in Transsylvania. In montanis Tauricae Chersonesi ad Bosphorum non procul a Constantinopoli et in Asia versus septentrionalem prope Armeniam domi inter sese gentilitia h. e. Germanica, Saxonum idiomati fere simili: foris autem et ad alios vel graeca vel Tartarico sive Ungarica utuntur lingua, ut ex historia Friderici Barbarossae et ex quadam Pirckeimeri Norimbergensis narratione manifestum est.“ Die beiden Quellen, auf die sich Torquatus hier beruft, enthalten indess wenig oder garnichts von seinen Angaben. Die Erzählung Pirckheimers steht bei Joachimus

Cureus, Annales Silesiae, Witebergae 1571, p. 14 und berichtet von schiffbrüchigen Nürnberger Kaufleuten, die höchst erstaunt gewesen seieu, im taurischen Chersones, wohin sie verschlagen worden, deutsche Sprache zu hören. Cureus bemerkt dazu, dass D. Philippus, d. h. sein Lehrer Melanchthon, wie aus p. 264 hervorgeht, diese Geschichte als ihm von Pirckheimer mitgeteilt, zu erzählen pflegte. Die Bemerkung des Torquatus geht also wahrscheinlich garnicht erst auf Cureus, sondern auf die mündliche Erzählung Melanchthous zurück. Von Melanchthon stammt auch die höchst ungenaue Vorstellung über die Lage des taurischen Chersones. Derselbe sagt nämlich Chron. Car. P. II, Wittenberg 1563, p. 107: „Narrant et hodie Gottos tenere Chersonesum Tauricam, quae non procul abest a Constantinopoli, et lingua eos nostra loqui affirmant.“ Und weiter stimmt es mit Torquatus' Vorstellung überein, wenn nach Cureus die Nürnberger Kaufleute an den Bosporus verschlagen wurden. Man kann vermuten, dass hier eine Verwechslung des kimmerischen und des thracischen Bosporus hineinspielt. Doch wohnten die Krimgoten garnicht am kimmerischen Bosporus, sondern, wie Torquatus auch ganz richtig angiebt, in den Gebirgen der Krim. Torquatus hat hier offenbar Meinungen des Melanchthon mit der Nachricht eines anderen ganz äusserlich zusammengeleimt. Noch viel weniger passt natürlich die Berufung auf die Geschichte Barbarossas in den Zusammenhang hinein. Die Nennung Armeniens in der Hauptquelle des Torquatus hat hier vielleicht die Ideenassiociation mit jener Nachricht über Barbarossa, die wir aus Peucer kennen, hervorgerufen. Was aber Peucer und Torquatus gemeinsam anführen, kann auch auf mündliche Ueberlieferung ihres gemeinsamen Lehrers zurückgehen. Endlich beruht auch die Behauptung, dass sich Ueberreste der Goten noch in Transsylvauien (Siebenbürgen) befänden, auf einer Meinung Melanchthons. Dieser sagt nämlich De vocabulis regionum, Schardii collectio I, 193: „Transsylvani in Hungaria, qui vocantur Sibenburger, Germanica lingua utentes. Existimantur enim a Carolo deducti coloni, sed ego arbitror, ueteres reliquias esse Gotthicae gentis, quae se in Daciam et Pannonias infuderat.“ Da Torquatus bei den Siebenbürger Sachsen nur ihre vermeintlich gotische Abkunft, nicht aber die bei denselben faktisch bestehende deutsche Sprache erwähnt, so liegt auch hier wahrscheinlich nicht eine Entlehnung aus Melanchthons

Schriften, sondern eine Reminiscenz aus dessen mündlicher Lehre vor. Will man überhaupt nicht annehmen, dass Torquatus die bezüglichen Stellen aus den Schriften gerade der Gelehrten seines Wittenberger Kreises nur ganz auszugsweise wiedergegeben und fast nur zur Ergänzung einer anderwärts gefundenen und bei ihm gut erhaltenen Nachricht in sehr ungeschickter, und was die Geschichte Barbarossas betrifft, sogar in ganz falscher Weise verwandt hat, so sieht man sich zu der Annahme gezwungen, dass er in irgend einer Schrift eine Nachricht über die gotischen Überreste im Osten vorfand, dieselbe infolge des bei ihm von Melanchthon angeregten Interesses in seine Annalen aufnahm und zugleich die bezüglichen Einzelheiten, deren er sich noch aus Melanchthons Unterricht erinnerte, zur Ergänzung und Begründung hinzufügte.

Schälen wir nun den Kern von Torquatus' Mitteilungen aus seiner Umhüllung heraus, so ergiebt sich, dass darin zugleich auf die Goten der Krim und die des Kaukasus Bezug genommen war. Erstere werden als Bewohner des Gebirgslandes der Krim genau bestimmt. Die Wohnsitze der letzteren werden nicht so genau angegeben; doch lassen die Worte „in Asia versus septentrionalem prope Armeniam“ keine andere Deutung zu. Speciell dürfte die etwas merkwürdige Wendung „in Asia versus (auf Asien zu)“ auf nichts besser als auf die von Asien nach der Krim vorspringende und vielfach dieser zugerechnete Halbinsel Taman passen. Zumal ist dieser Ausdruck erklärlich, wenn soeben das Gebirgsland der Krim genannt worden ist. Die Mitteilung des Torquatus vermittelt zwischen den beiden Nachrichten Peucers, von denen die eine der von Bajazet unterworfenen Goten, die andere der germanischen Sprache in Kolchis gedenkt, indem sie sowohl Goten nördlich Armeniens nennt als auch denselben germanische Sprache zuschreibt. Wenn ferner die Quelle des Torquatus die germanische Sprache der gotischen Völkerreste als speciell der Sprache der Sachsen, unter denen Torquatus nur die Niederdeutschen versteht, ungefähr ähnlich bezeichnet, so ist sie hierin genauer als die übrigen Berichte, die nur allgemein von einer deutschen Sprache reden. Es legt das übrigens die Vermutung nahe, dass der Berichterstatter selbst wie sein Benutzer Torquatus Niederdeutscher gewesen ist, der vielleicht in Begleitung hanseatischer Kaufleute oder selbst als solcher an die Küsten des schwarzen

Meeres gekommen war. Viel genauer aber erweist sich diese Quelle noch in ihrer Mitteilung über die Vielsprachigkeit der Goten. Schon Georgios Pachymeres sagt I, 345 von der allmählichen Assimilation der Völker am Pontus an die noghaischen Tataren: ὡς δὲ χρόνου τριβομένου, ἐπιμιγνύντες σφίσιν οἱ περὶ τὴν μεσόγαιον κατῳκημένοι, Ἀλανοὶ λέγω Ζίκχοι τε καὶ Γότθοι, Ῥῶσοι καὶ προσοικοῦντα διάφορα γένη, ἔθη τε τὰ ἐκείνων μανθάνουσι, καὶ γλῶσσαν τῷ ἔθει μεταλαμβάνουσι καὶ στολήν, καὶ εἰς συμμάχους αὐτοῖς γίνονται. Die Vorstufe vollständiger Assimilation in der Sprache ist aber überall die Zweisprachigkeit, die indess je nach den Verhältnissen eine sehr verschiedene Dauer haben kann. Auf eine sehr ausgebildete Zweisprachigkeit der Krimgoten deutet es offenbar hin, wenn der taurische Grieche, aus dessen Munde Busbeck seine Glossen aufgezeichnet, mehrere Verse eines türkischen Liedes (vgl. Graf Kuun, Cod. Cumanicus p. 243 und Radloff bei Braun 60 f.) als der gleichen Sprache wie seine krimgotischen Wörter angehörend recitiert hat. Und wenn der krimgotische Begleiter dieses Griechen seine Muttersprache verlernt hatte und nur noch griechisch sprach, so ist es überhaupt wahrscheinlich, dass sich ein Teil der Krimgoten des Griechischen anstatt des Tatarischen (Türkischen) neben der Muttersprache bediente, während ein dritter Teil derselben vielleicht sogar dreisprachig war. Was wir aber aus Busbecks Angaben erst erschliessen müssen, das sagt die Quelle des Torquatus mit deutlichen Worten. Die Nachricht ist also auf einen sehr guten Beobachter, der sich auch wohl längere Zeit in der Krim aufgehalten hat, zurückzuführen. Aus diesem Grunde wird der Quelle des Torquatus auch darin Glauben zu schenken sein, dass sie die gleiche Vielsprachigkeit auch für die Goten der Halbinsel Taman in Anspruch nimmt. Mit der gegenüberliegenden und im Winter zu Fuss zu erreichenden wichtigen Griechenstadt Bosporos (Kertsch) wird ja von der bedeutenden Handelsstadt Taman aus sicher ein reger Verkehr bestanden haben. Nach v. Klaproth, Reise in den Kaukasus I, Halle und Berlin 1812, S. 475 waren die ehemaligen Einwohner von Taman, die bei der Einnahme der Krim durch die Russen entflohen, teils Tataren vom Stamme Bulnady, teils Tscherkessen. Auch die oben citierten Worte des Georgios Pachymeres machen ja den Gebrauch des Tatarischen auch durch die Tetraxiten wahrscheinlich, da derselbe die ihnen benachbarten Ζίκχοι (Ζῆκχοι,

Ζῆχοι, Tscherkessen) unter den sich den Tataren assimilierenden Völkern nennt; es sind also wohl unter seinen Γότθοι die Tetraxiten einzubegreifen. Wundern könnte man sich vielleicht nur darüber, dass der Gewährsmann des Torquatus nicht auch das Tscherkessische als eine Sprache der Goten in Asien angegeben hat. Denn jedenfalls hat auch ein reger Verkehr zwischen den Tscherkessen der Halbinsel Taman und den Tetraxiten bestanden. Aber der Gewährsmann des Torquatus hat wahrscheinlich nicht so gut auf jener Halbinsel wie in dem Gotien der Krim Bescheid gewusst, das ja auch eine grössere Anzahl von Goten hatte. Die Worte „sive Ungarica" werden kaum auf das Tscherkessische gedeutet werden dürfen, obwohl man sich vielfach die Ursitze der Ungarn als der vermeintlichen Nachkommen der Hunnen östlich der Mäotis zur Seite der Goten dachte (so Mathias de Myechow, Tractatus de duabus Sarmatiis, Augsburg 1518, p. d. II; Petrus Petreius von Ereslunda, Muskowitische Chronica, Lipsiae 1620, S. 67). Das den beiden vorangehenden *vel* nicht parallel gesetzte *sive* will vielmehr wohl nur in dem Sinne, den ein zwischen Namen stehendes *sive* im klassischen Latein hat, *Ungarica* als ein Synonymum von *Tartarica* hinstellen. Da östlich der Mäotis, also in den vermeintlichen Stammsitzen der Ungarn, vorzugsweise Tataren wohnten (und grösstenteils nur südlich von diesen Tscherkessen), so ist die Gleichsetzung von tatarisch und ungarisch durchaus zu verstehen. Vielleicht ist „sive Ungarica" erst ein Zusatz des Torquatus zu „Tartarica" ähnlich wie sein „ad Bosphorum non procul a Constantinopoli" zu „Tauricae Chersonesi".

Für die Zeit nach Peucer und Torquatus habe ich nur noch ein einziges ganz bestimmtes Zeugnis gefunden, das sich in der Hauptsache auf die Fortexistenz der Tetraxiten und ihrer Sprache beziehen muss und das zwei volle Jahrhunderte später als die Nachrichten dieser Gelehrten fällt. Wenn uns aus der ganzen Zwischenzeit keine einzige ganz bestimmte Nachricht über die Tetraxiten erhalten ist, so hat das erstens seinen Grund darin, dass in der Zeit der unumschränkten Türkenherrschaft im schwarzen Meere überhaupt nur wenige Deutsche nach Taman gekommen sein können, zweitens in dem Umstande, dass allmählich das Interesse für die germanischen Völkerreste im Südosten geringer wurde, als es in Melanchthons Kreis und bei Busbeck gewesen war, drittens endlich wohl am meisten darin, dass die tetraxitische Sprache vom Tatarischen und Tscherkessischen allmählich auf ein immer kleineres Gebiet und eine immer beschränktere Anwendung zurückgedrängt worden sein muss. Nur ein merkwürdig glücklicher Zufall hat es gefügt, dass wir noch aus der Mitte des achtzehnten Jahrhunderts ein vollgiltiges Zeugnis über die Fortexistenz der tetraxitischen Sprache besitzen.

Dieses Zeugnis, das zuerst von Massmann ZfdA. 1, 354 herangezogen, dort aber nur mit den Krimgoten in Verbindung gebracht worden ist, steht bei Büsching, Erdbeschreibnng, Dritter Theil, Schaffhausen 1766, S. 97. Nachdem derselbe dort von den Tataren gesprochen, fährt er folgendermassen fort: „Unter denselben, und zwar an den Küsten des Schwarzen Meeres von der Donau an bis zum asowschen Meere, ja auch auf der asiatischen Seite des schwarzen Meeres, wohnet ein heidnisches Volk, ohne besonderen Namen, dessen Sprache mit der deutschen verwandt ist. (In dieser Gegend haben die Gothen vor Alters gewohnet, von welchen diese Nation vielleicht ein Ueberbleibsel ist, bey welchem die christliche Lehre wieder untergegangen.) Der gelehrte und erfahrne Jesuit Mondorf, von welchem ich diese merkwürdige Nachricht habe, hat einen Rudersclaven von dieser Nation, den er auf einer türkischen Galeere angetroffen, getaufet, und von demselben erfahren, dass ihr ganzer Gottesdienst in der Verehrung eines uralten Baumes bestehe.“ In Anknüpfung an diese Worte führt Büsching dann die Zeugnisse Barbaros und Busbecks für die Krimgoten an.

Um den Wert des Zeugnisses zu prüfen, wird man sich zunächst über Mondorfs Person und seinen Aufenthalt im türkischen Reiche zu orientieren haben. Büsching selbst spricht von ihm etwas genauer Neue Erdbeschreibung, 6. Aufl., Hamburg 1770, Erster Theil, Zweiter Band, S. 1655. Dort giebt derselbe die gleiche Erzählung wie schon a. a. O., doch mit dem Zusatze zum Namen Mondorf: „von welchem ich diese merkwürdige Nachricht 1760 aus Wien empfangen habe“. Einen „Conspectus vitae“ Mondorfs hat mir Herr Abbé Sommervogel, Bearbeiter der zweiten Auflage der Bibliothèque de la Compagnie de Jésus, Bibliographie par Backer, aus handschriftlichen Notizen zusammengestellt. Danach wurde Sigismund Mondorf 1684 zu Graz geboren, trat 1702 in den Jesuitenorden ein und ging 1729 als Missionar nach Griechenland. 1730—1732 wirkte er dort als solcher auf Naxos, 1732—1736 in Konstantinopel, 1736—1741 in

Smyrna, 1741—1759 wiederum in Konstantinopel. 1759 begab er sich nach Wien, wo er bis zu seinem 1766 erfolgten Tode lebte. Dazu schreibt mir Sommervogel noch: „Je ne connais pas autre chause de lui que sa lettre à Büsching dans Neue Erdbeschreibung.“ Alle Angaben des Conspectus vitae passen genau zu Büschings Nachricht, die Missionsthätigkeit Mondorfs im türkischen Reiche und zwar auf einer kleinen Insel und in zwei Küstenstädten, wo er also eine türkische Galeere treffen konnte, nicht minder als sein späterer Wohnsitz in Wien im Jahre 1760. Mondorf hat also den betreffenden Brief nur ein Jahr nach seiner Rückkehr nach Deutschland geschrieben. Wahrscheinlich hat er nicht lange zögern zu dürfen geglaubt, dem berühmtesten Geographen seiner Zeit von seinem so merkwürdigen und zugleich so wichtigen Begegnis Mitteilung zu machen.

Die Aussage Mondorfs hat sehr wenig Glauben gefunden. Büsching selbst wiederholt dieselbe nicht mehr in der achten Auflage seines Werkes (Erster Theil 1787). Tomaschek, der zwar selbst S. 26 ein Moment geltend macht, welches der Nachricht Mondorfs trotz der Neuheit ihres Datums eine gewisse Beglaubigung verleihe, meint dennoch S. 67, dass der Galeerensklave, den Mondorf getauft haben wolle, nur eine höchst unsichere Spur des Vorhandenseins gotischer Sprache biete. Und Braun endlich, der S. 68 noch ein jüngeres, freilich von ihm selbst nicht für glaubwürdig gehaltenes Zeugnis über die Krimgoten beibringt, hält Mondorfs Angabe nicht einmal der Erwähnung für wert.

Am auffallendsten ist es offenbar, dass Büsching selbst später nicht mehr an die Wahrheit der Erzählung geglaubt hat. Gewiss ist das aber nicht aus dem Grunde geschehen, dass er Mondorf später für persönlich unglaubwürdig gehalten hätte. Vielmehr muss die Angabe an sich in ihm Zweifel erweckt haben, die kaum in etwas anderem ihren Grund gehabt haben können, als dass er die Erzählung durch andere Besucher des schwarzen Meeres, die er befragte, wiederholt nicht bestätigt gefunden hat. Innerhalb des langen Küstensaumes von der Donaumündung bis zum Asowschen Meere sowie auf der asiatischen Seite des schwarzen Meeres waren ja auch nur auf zwei kleinen Strecken Germanen wohnen geblieben. Dass Büsching über die Krimgoten nichts mehr auf Befragen erfahren haben kann, folgt auch aus seinen Worten über die Krim, Erdbeschreibung, Erster Theil, 8. Aufl., S. 1209: „Die

Überbleibsel der Gothen und Alanen werden wohl mit den Griechen in ein Volk zusammengeschmolzen seyn.“ Auch hier ist der negative Bescheid aus dem oben angeführten Grunde der Vielsprachigkeit der Krimgoten mit allmählich immer grösser werdender Einschränkung der Muttersprache und Verengerung des Sprachgebietes erklärlich. Dazu wird Büsching überhaupt nicht gerade viel Reisende haben befragen können, und auch diese werden kaum Interesse an der Sache genommen haben. Wie sehr Büsching aber damals sogar die Existenz speciell der Germanen auf der asiatischen Seite des schwarzen Meeres angezweifelt hat, folgt daraus, dass er S. 1274 desselben Bandes, wo er Friesemans Bemerkung betreffs der Eroberung Tamans, Temruks und Atschuks durch die Türken wörtlich übersetzt, über diese Germanen nur parenthetisch hinzufügt „bei welcher Gelegenheit sie auch die Reste der hiesigen (tamanischen) Gothen unterjochet haben sollen“, wobei er das letzte Wort abweichend von Frieseman selbst hinzugesetzt hat.

Wir werden danach Mondorfs Glaubwürdigkeit selbst zu prüfen haben. Gewiss wird jemand, dem Büsching als einem erfahrenen und gelehrten Manne Vertrauen schenkte, schwerlich einen Betrug haben verüben können, ganz abgesehen davon, dass sich gar kein rechter Zweck eines solchen Betruges sehen lässt. Eine Selbsttäuschung aber ist auch von vornherein nicht gerade wahrscheinlich, da sich überhaupt nur bei einem Menschen von sehr starker Phantasie eine solche von so grober Art denken liesse, dass jemand nichtindogermanische Sprachen wie das Tatarische oder das Tscherkessische, die absolut nichts mit dem Deutschen gemeinsam haben, als dem Deutschen ähnlich hätte bezeichnen können. Bei Mondorf speciell kommt aber noch seine ausgebreitete Sprachenkenntnis hinzu, über die sein Elogium, das Sommervogel mir gleichfalls abgeschrieben hat, folgendes sagt: „Praeter Germanicam et Latinam plurium linguarum videlicet Italicae, Gallicae, Turcicae et vulgaris Graecae cognitionem hauserat“. Was Sprachenverwandtschaft heisst, musste unser Gewährsmann, dem Büsching also auch mit Recht Gelehrsamkeit und Erfahrung zugeschrieben hat, doch danach wohl einigermassen an dem Verhältnisse des Lateinischen, Italienischen und Französischen zu einander bemerkt haben. Und die noch viel engere Verwandtschaft der Sprache der Tataren selbst, unter denen ja das namenlose Volk wohnen sollte, mit dem ihm bekannten Türkischen hätte ihm ja auch unmöglich entgehen können. Ferner kann auch seine Kenntnis von der Sprache des heidnischen Galeerensklaven, den er getauft hatte, und den er deshalb vorher, wozu doch einige Zeit gehörte, in den christlichen und katholischen Glaubenslehren unterrichtet haben musste, doch gewiss keine ganz oberflächliche gewesen sein. Vor allem aber macht seine ganze Nachricht den Eindruck so voller Unabhängigkeit von anderen wie überhaupt keine zweite über die germanischen Sprachreste am schwarzen Meere. Offenbar hat er von Barbaro, Busbeck, Peucer u. s. w. wie die meisten seiner Zeitgenossen garnichts mehr gewusst. Während in denjenigen älteren Berichten, in denen überhaupt vom Namen des deutsch sprechenden Volkes die Rede ist, überall Goten genannt werden, und nur Busbeck unter Aufstellung historischer Theorieen darüber zweifelt, ob er es mit Goten oder mit Sachsen zu thun habe, und infolgedessen auch Ludolf in einem Briefe an Leibnitz von einem sächsischen Volke auf der Krim spricht, redet Mondorf ausdrücklich von einem „Volke ohne besonderen Namen“. Gerade dieser Umstand spricht am stärksten dagegen, dass unser Gewährsmann, durch ältere Berichte verleitet, entweder Betrug geübt hätte oder einer Selbsttäuschung verfallen wäre. Die Aehnlichkeit der Sprache des Sklaven mit dem Deutschen kann ihm nur durch sich selbst aufgefallen sein. Wenn er im übrigen gerade über die Religion des Volkes Auskunft giebt, so passt das ganz zu seinem missionarischen Berufe. Endlich zeigen aber auch seine Nachrichten über die Wohnsitze des Volkes vollste Selbständigkeit.

So eigentümlich nun diese Nachrichten auch klingen, so hat man doch gerade hier aus dem Umstande, dass unser Gewährsmann das namenlose Volk ausser an der asiatischen Seite des schwarzen Meeres auch noch in einem Gebiete kennt, welches sich sehr wohl auf die Krimgoten deuten lässt, den Schluss zu ziehen, dass seinen Angaben überhaupt etwas Thatsächliches zu Grunde gelegen haben muss. Allerdings ist diese Bestimmung des krimgotischen Gebietes äusserst ungenau. Wenn Mondorf dem betreffenden heidnischen Volke eine Ausdehnung von der Donaumündung bis zum Asowschen Meere giebt, so hat es allerdings den Anschein, als ob hier seine Phantasie sehr frei gewaltet hätte. Wahrscheinlich liegt hier aber gar keine Übertreibung, sondern nur eine ungenaue Ausdrucksweise Mondorfs und daher ein Missverständnis Büschings vor. Der gelehrte Mondorf muss natürlich Büschings Neue Erdbeschreibung, das bahnbrechende geographische Werk seiner Zeit, gekannt haben, als er seinen Brief an denselben richtete. Da dieser Brief erst in das Jahr 1760 fällt, so kann er doch damals schon die dritte Auflage des ersten Teiles der Erdbeschreibung vom Jahre 1758 nachgeschlagen haben, wo Büsching S. 1345 f. unter der Überschrift „Verschiedene Tataren und ihre Districte" folgendermassen sagt: „Es ist oben bei Bulgarien der dobrutzischen, und oben bey der obern Moldau der Lipker Tataren Meldung geschehen. Ausser denselben wohnen noch von dem nordlichen Arm, mit welchem die Donau in das schwarze Meer fällt, bis zum Donstrom, in einer Krümme am schwarzen und azowschen Meere, die über 100 Meilen austrägt, verschiedene Tataren, die von den Erdbeschreibern gemeiniglich unter dem Namen der europäischen Tatarey begriffen werden. Diese Benennung ist aber garnicht bequem, weil es in Europa noch mehr Tataren giebt, als diese, daher ich lieber die obige Aufschrift dieses Abschnittes erwählet habe." Wenn Mondorf also geschrieben hat, dass das heidnische Volk unter den Tataren an den Küsten des schwarzen Meeres von der Donau bis zum Asowschen Meere sässe, so hat er mit dieser geographischen Bestimmung höchstwahrscheinlich nichts weiter als eine Definition derjenigen Tataren geben wollen, unter welchen eben jenes namenlose Volk seine Sitze hatte. Es war ja auch das Natürlichste, dass er in einem Briefe an den berühmten Geographen sich dessen eigenen Benennungen anschloss. Und wenn er der Angabe über die Wohnsitze des heidnischen Volkes in Europa noch eigens die Worte „ja auch an der asiatischen Seite des schwarzen Meeres" hinzufügt, so scheint gerade diese Hinzufügung dafür zu sprechen, dass er die Tataren an der europäischen und die an der asiatischen Seite des schwarzen Meeres neben einander stellen wollte, für erstere aber sich eine Umschreibung aus Büschings Werk zurechtmachte, weil dieser den Ausdruck „europäische Tatarei" als missverständlich verworfen hatte. Wenn aber Mondorf Büschings Worte von den Wohnsitzen der Tataren im Sinne hatte, so ist er seinerseits freilich von Büsching missverstanden worden, der dann die Worte „von der Donau bis zum Asowschen Meere" älschlich auf das namenlose Volk selbst bezogen hat. Gesetzt jedoch, dass schon Mondorf die falsche Vorstellung gehabt hätte, als ob das namenlose Volk von der Donaumündung bis zum Asowschen Meere wohnte, so würde sich auch diese anscheinend so seltsame Übertreibung nicht so schwer erklären lassen. Denn da die kleine oder europäische Tartarei, unter dessen Volk ja die betreffende heidnische Nation wohnte, gerade die genannten Grenzen besass, so könnte Mondorfs Vorstellung von der weiten Ausdehnung der Germanen am schwarzen Meere hauptsächlich eine Folge davon gewesen sein, dass ihm speciell über die Wohnsitze der Krimgoten nur eine sehr ungenaue und verschwommene Angabe gemacht worden war. Da er nun ausserdem noch eine Nachricht über die Heimat der gleichfalls unter den Tataren wohnenden Tetraxiten hatte, so hat sich daraus vielleicht bei ihm die Vorstellung bilden können, als sässe jenes heidnische Volk überhaupt im ganzen tatarischen Gebiete am schwarzen Meere zerstreut. Es leuchtet jedoch ein, dass diese Möglichkeit der Erklärung eine bei weitem geringere Wahrscheinlichkeit als die oben gegebene von dem Missverständnisse Büschings besitzt.

Was aber den auf der asiatischen Seite des schwarzen Meeres sitzenden Volksteil betrifft, so zeichnet sich hier die Angabe sogar durch grosse geographische Genauigkeit aus. Das heidnische Volk sollte ja unter den Tataren wohnen. Diese aber sassen überhaupt nicht mehr an der Ostseite des Pontus, bildeten aber noch einen Teil der Bevölkerung auf der Halbinsel Taman (v: Klaproth, Reise in den Kaukasus I, 475). Der Südrand Tamans gehört zwar nicht mehr zur Ostseite, aber wohl noch zur asiatischen Seite des schwarzen Meeres, zu der auch noch der Westrand der Halbinsel am kimmerischen Bosporus gerechnet werden könnte. So fielen die Wohnsitze der Tataren und die asiatische Seite des schwarzen Meeres einzig in der Halbinsel Taman, d. h. im Lande der Tetraxiten, zusammen.

Politisch stand die Halbinsel nach Frieseman, Beschryving van de Krim, p. 94 bis zum Jahre 1774 direkt unter türkischer Herrschaft, wobei jedoch der Tribut aus dem Lande mit dem Chan der Krim geteilt wurde. Nach Peyssonel, p. 279 (im Abdruck des Mémoire sur l'État de la petite Tartarie, envoyé en 1755 au Ministre), gehörte auf der Krim auch das Kadylyk Mankup, d. h. das alte Gotien, zu den direkt türkischen Gebietsteilen, in denen übrigens gleichfalls nach Broniovius, Tartaria p. 18, der Chan der Tataren den Tribut mit dem Sultan gemeinsam bezog. Von den türkischen Kadylyken der Krim umfasste Mankup 75, Sudak 19 und Kaffa 2 Ortschaften, wie aus dem von Pallas, Bd. II., Leipzig 1801, S. 371 ff. aufbewahrten Firman des Chans der Tataren Schahinghirai hervorgeht, der nach Erwerbung der türkischen Gebiete auf der Krim im Jahre 1774 die Einkünfte derselben verpachtete. Ausser diesen Kadylyken hatten nach Pallas die Türken nur noch einige feste Plätze auf der Krim wie Kertsch, Jenikale, Perekop besessen. Ein viertes ehemals türkisches und von Schahinghirai verpachtetes Gebiet bildete aber nach S. 375 „die Stadt Taman mit ihren Dörfern“, wobei die Zahl der Dörfer nicht angegeben wird. Doch wird dieselbe, nach der Grösse der Halbinsel Taman zu schliessen, die nach Frieseman ganz türkisch gewesen war, diejenige des Kadylyks Sudak übertroffen haben. Danach machten die beiden alten Gotien durchaus die Hauptmasse des türkischen Besitzes im Lande der Tataren aus. Mit dieser Thatsache aber steht es in merkwürdigem Einklange, dass sich der von Mondorf getaufte Rudersklave, obwohl sein Volk unter den Tataren wohnte, dennoch auf einer türkischen Galeere befand. Und wie auf der asiatischen Seite des schwarzen Meeres Tataren nur noch auf der Halbinsel Taman sassen, so war diese auf derselben Seite auch das einzige Besitztum der Türken.

Schon diese Darlegungen genügen eigentlich vollkommen, die Existenz der Tetraxiten (und Krimgoten) auch noch für die Mitte des achtzehnten Jahrhunderts zu erweisen. Und warum hätten sich auch diese, die nach dem Abzuge der Hauptmasse der Heruler von der Krim, d. h. seit der Mitte des fünften Jahrhunderts völlig isoliert waren und dennoch, wie wir aus anderen Nachrichten wissen, noch nach 1100 Jahren existierten, nicht auch noch weitere 200 Jahre halten können? Jeden noch etwaigen Zweifel aber muss eine Prüfung dessen, was Mondorf über die Religion des namenlosen Volkes bemerkt, zerstreuen.

Tomaschek 25 schliesst aus einer Nachricht, nach welcher der griechische Mönch Konstantinos nach der Mitte des neunten Jahrhunderts im taurischen Orte Phula dem Kultus einer Eiche ein Ende machte, dass die Taurer bei dem üppigen Baumwuchse auf der Südspitze der Halbinsel überhaupt Bäumen heilige Verehrung erwiesen hätten. Gleich den schwedischen Rhos aber, welche auf der St. Gregorios-Insel einer grossen Eiche Opfer brachten, hätten vielleicht auch die Goten hohe Bäume verehrt. Das ist es, was nach Tomaschek der Angabe Mondorfs eine gewisse Beglaubigung in Bezug auf die Fortexistenz der Krimgoten verleiht. Nun wird aber gerade bei den Krimgoten, die stets sehr gute Christen waren und rege religiöse Beziehungen zu den Byzantinern unterhielten, überhaupt kaum ein Kult aus heidnischer Zeit haben fortbestehen können. Auch steht jene Nachricht von der Eiche bei Phula, das übrigens garnicht im krimgotischen Gebiete, sondern weiter östlich lag, für die Krim ganz isoliert, und zumal ist aus späterer Zeit nichts ähnliches von dort bekannt. Mondorf berichtet zudem von einem heidnischen Volke, dessen ganzer Gottesdienst in der Verehrung eines uralten Baumes bestanden hätte, während sich in den alten krimgriechischen und krimgotischen Gebieten unter türkischer und tatarischer Herrschaft der Kampf nur um Islam und Christentum drehte. So war nach Busbeck das deutsch sprechende Volk auf der Krim christlicher Religion, und so weiss Broniovius in seiner Tartaria, worin er seine Reise vom Jahre 1579 schildert, aus dem krimgotischen Territorium nur von griechischen Christen, Muhamedanern und Juden zu berichten. Das Gleiche gilt auch für alle späteren Besucher der Krim und so auch für die des 18. Jahrhunderts wie de la Motraye und Peyssonel; nirgends findet sich hier etwas von Heiden, nirgends auch nur etwas von Baumkultus bei schlechten Christen oder Muhamedanern erwähnt. Dies könnte nun zunächst wieder einen Zweifel an der Wahrheit von Mondorfs Bericht insofern hervorrufen, als er doch nur von einem durchaus heidnischen Volke redet. Aber offenbar hat derselbe den Schluss, dass jenes Volk ein heidnisches war, nur aus der Aussage des von ihm getauften Galeerensklaven gezogen, der ja sehr wohl ein Kaukasusgermane gewesen sein kann. Dieser Sklave war, wie wohl aus den Worten Büschings hervorgeht, der einzige Germane von den Küsten des schwarzen Meeres, den Mondorf überhaupt persönlich kennen gelernt hatte. Von den Krimgoten kann derselbe wohl nur von Deutschen gehört haben, welche er zufällig im türkischen Reiche getroffen hatte, denen aber nur die merkwürdige dem Deutschen ähnliche Sprache des Volkes, nicht aber seine Religion aufgefallen war. Wenn, wie das bei der Kleinheit des damaligen krimgotischen Sprachgebietes wahrscheinlich genug ist, Mondorf überhaupt nur aus dem Munde eines Deutschen von den Krimgoten gehört hat, dann ist dieses Übersehen ihrer Religion natürlich am erklärlichsten.

Bei den Tetraxiten aber dürfen wir deshalb den Baumkultus annehmen, weil er bei ihren unmittelbaren Nachbaren, den Tscherkessen, seit uralten Zeiten in Blüte gestanden hat und heute noch in Blüte steht. Gehandelt hat darüber C. Hahn, Ausland 64, 810 ff. nach eigenen Reisen und hauptsächlich nach einem russisch geschriebenen Artikel von E. Weidenbaum. Derselbe sagt S. 811: „Seitdem der Kaukasus öfters von Ausländern besucht wurde, finden wir in den Reisebeschreibungen sehr oft die Erwähnung heiliger Haine. Es ist das also ein Gegenstand, welcher den Reisenden auffällt und die Aufmerksamkeit auf sich zieht. Das aber weist auf die verhältnismässige Häufigkeit hin". Und weiter unten: „Bell, Longworth und Loulier berichten, dass sie in allen Thälern bei den am schwarzen Meere wohnenden Tscherkessen heilige Haine angetroffen haben. Diese galten als unantastbar und die Tscherkessen verrichteten dort ihre Gebete und Opfer". Ich füge speciell hinzu, was Longworth, A year among the Circassians, London 1840, I, 198 über diese Tscherkessen sagt: „The religious groves, or Kodosh, as they call them, are still objects of a veneration far more real and sincere than the mosques and the festivals still solemnized in them draw much greater multitudes than the Namaz. Islamism, countenanced and practiced by the chiefs and the effendis, is respected; but paganism, from its associations with their customs, habits, and feelings, is much more popular. At least this is the case as regards these two provinces and the sea-coast, where, not forty years ago, the whole population were idolators, and have only been recently converted by Turkish missionaries". Hahn bemerkt weiter, dass jedem Haine eine gewisse Anzahl von Häusern und Familien zugezählt würde, und dass sich die einzelnen Stämme, wenn Feindseligkeiten unter ihnen ausgebrochen wären, nicht selten gegenseitig ihre Haine einäscherten, und zieht daraus richtig den Schluss, dass die Tscherkessen keine gemeinsame Gottheit verehrten, sondern ihre Localgötter hätten.

Innerhalb der heiligen Haine erweisen jedoch die Kaukasusvölker einzelnen Bäumen wieder besondere Verehrung. Am deutlichsten ist das zu ersehen aus L. Loewe, Dictionary of the Circassian language, London 1854, der Preface p. 6 die fünf Hauptgötter der südlichen Tscherkessen aufzählt und über den fünften folgendes bemerkt: „Mesitcha, the god of forests, is worshipped in the shadow of groves; these being generally consecrated to him, as well as to the other deities. As far as the foliage of the tree selected for worship extends, the criminal who there takes refuge is sure to find a safe asylum .... Under the shadows of the consecrated oaks in the forest, the old man of the tribe assemble to administer justice. There also counsel is held respecting war or peace, and it is in such a consecrated spot that the people assemble previous to their going to battle". Von einem einzelnen heiligen Baume der Tscherkessen spricht auch Peyssonel II, 315: „Il y a dans le centre de la Circassie un arbre fameux pour lequel les Circasses ont une vénération qui va jusqu'à l'idolatrie. Cet arbre s'appelle Panagiasan". So auch schon II, 3 in Bezug auf die Abasgen (Abasen, Abchasen): „C'est-là où est ce fameux arbre appellé kodoche, auquel les Abazes rendent un culte semblable à celui dont les Circassiens honorent l'arbre panjassan". Ob diese beiden Bäume im Walde wuchsen oder einzeln standen, wird nicht angegeben. Dass auch der letztere Fall vorkam, ergiebt sich aus einer weiteren Mitteilung Hahns, a. a. O. Danach haben die heiligen Bäume auch die Bestimmung, als Versammlungsorte bei Beratungen des Volkes zu dienen. Einen solchen Baum, bei welchem der Tscherkessenstamm der Ubychen vor seiner Auswanderung in die Türkei im Jahre 1874 seine letzte Beratung gehalten habe, erwähne Wereschtschagin im Thale des Flusses Sotschi. „Es war eine mächtige Silberpappel auf einer grossen Wiese, welche von bewaldeten Bergen umgeben war." Demnach ist dieser Baum der specielle und vielleicht der einzige Gott der Ubychen anstatt eines ganzen Haines gewesen. Jedenfalls ist es aus dem Volksglauben im Kaukasus vollkommen verständlich, wenn ein einzelnes kleines Volk desselben nur einen einzigen Baum als seinen Gott verehrt hat.

Wenn der Galeerensklave ferner das hohe Alter des von seinem Volke verehrten Baumes hervorhob, so entsprach auch in dieser Beziehung sein Nationalkultus dem der Tscherkessen und anderer Kaukasusvölker. Als „de grands arbres" werden in den Lettres édifiantes et curieuses, écrites des missions étrangères, Nouvelle édition, T. III, Paris 1780, p. 218, wo der Anhang zu einem Briefe eines französischen Jesuiten aus dem Jahre 1713 abgedruckt ist, die von den Tscherkessen zwischen Taman und dem Kuban verehrten Bäume bezeichnet. Bemerkenswert ist auch eine Stelle desselben Werkes aus dem Abdrucke der Reise des französischen Arztes Ferrand aus dem Jahre 1702, p. 235, wo gesagt wird, dass die Tscherkessen die Leichname ihrer Verwandten „aux branches des plus grands arbres" aufhingen. Nach Hahn a. a. O. war das eine der Bestimmungen der heiligen Bäume. Aus Ferrands Nachricht müssen wir dann aber schliessen, dass gerade die grössten Bäume die heiligen gewesen sind. Da sich Grösse und Alter bei Bäumen meistens decken, so hat man sich auch den von den Tetraxiten verehrten „uralten Baum" von ganz besonderer Grösse vorzustellen. Direkt von einer „alten heiligen Eiche" als dem Versammlungsorte eines Haufens Streiter vor dem Aufbruche zum Kriege bei den Abassen (Abasgen) spricht v. Klaproth, Reise in den Kaukasus I, 448. Zu vergleichen ist auch, was C. Hahn 813 zu den meist alte Kirchen einschliessenden heiligen Hainen der Berggrusiner in Bezug auf eine Kirche in der Nähe von Duschet bemerkt: „Die Kirche, welche im 4. Jahrhundert erbaut sein soll, liegt auf der Spitze eines 3000 Fuss hohen Berges im Schatten altehrwürdiger Bäume. Am 15. Juli findet alljährlich das Kirchenfest statt, bei welchem einer der grössten Bäume, welcher seine Zweige über Kirche und Kapelle ausstreckt, mit einer Menge von brennenden Kerzen geschmückt wird. Das häufige Vorkommen der Kirchen in den heiligen Hainen der Berggrusiner lässt sich so erklären, dass die Kirchen von den ersten Verbreitern des Christentums absichtlich in den ursprünglich heidnischen Heiligtümern gebaut wurden, wie wir einen ähnlichen Vorgang in Abchasien gefunden haben." Dass hier in der That mindestens Einfluss des Heidentums der Kaukasusvölker anzunehmen ist, ergiebt sich aus einem Vergleiche mit dem oben erwähnten Berichte des französischen Jesuiten, wonach die Tscherkessen ihre hohen Bäume während des Gebetes zu denselben gleichfalls mit Kerzen schmücken. Der aus dem Heidentum stammende Brauch der Berggrusiner erstreckt sich auch auf besonders alte und grosse Bäume. Endlich mag hier auch noch die von Hahn gegebene Beschreibung der von den Ubychen verehrten Silberpappel Platz finden: „Der Stamm des Baumes hatte 2½ Arschin über der Erde einen Umfang von 17—18 Arschin, dicht an der Erde 20 Arschin. Das Innere des Baumes war fast ganz hohl, während er äusserlich ein völlig frisches Aussehen hatte und mit dichtem Laub bedeckt war.“

Diese Thatsachen genügen vollkommen, um die Entlehnung des Baumkultus der Tscherkessen seitens der Tetraxiten zu erweisen. Doch mag hier noch obenein auf eine Parallele zu dieser Entlehnung hingewiesen sein. Heilige Haine finden sich nämlich nicht bloss bei der Urbevölkerung des Kaukasus wie bei den Tscherkessen, Abasgen, Berggrusinern und anderen, sondern auch bei den dort eingewanderten indogermanischen Osseten. Hahn bemerkt darüber S. 813: „Es ist möglich, dass die Osseten den Kult der Haine von den Kabardinern, dem Hauptstamme der Tscherkessen, überkommen haben; als dann ein Teil der ersteren, aus dem Nordkaukasus verdrängt, sich in den Hochthälern des südlichen Kaukasus niederliess, mögen sie wohl diesen Kult mitgebracht haben.“ Zur Begründung dieser Vermutung führt Hahn eine ossetische Legende vom Osseten Chetag an, der Enkel des Inal, des Stammvaters der Kabardiner, sein sollte und bei seiner Einwanderung in Ossetien von einem heiligen Haine gerettet worden wäre: die Familie der Chetagurow unterscheide sich jetzt noch, wie er sich durch den Augenschein überzeugt habe, durch ihren Typus auffällig von den übrigen Osseten. Doch wie dem auch sein mag, das ergiebt sich auch aus anderen Gründen, dass die iranischen Osseten den Baumkultus nur von irgend einem Urvolke des Kaukasus entlehnt haben können. Denn dieser Kultus ist weder als iranisch bekannt noch bei einem Nomadenvolke, wie es speciell die Alanen, die Vorfahren der Osseten, gewesen waren, überhaupt möglich. Was Hahn S. 810 über die keinen Baumkultus treibenden ehemals nomadischen Kaukasusvölker in den Hochthälern des Daghestan bemerkt, gilt natürlich auch für die Alanen. „Bei Nomaden kann aber ein solcher Kult überhaupt nicht aufkommen. Wer heute hier, morgen dort sein Zelt aufschlägt, für den ist ein feststehender heiliger Ort undenkbar, er führt seine Heiligtümer, wenn er solche hat, mit sich.“ Andererseits sagt schon Prokop, De bello Goth. IV, 3, p. 471, dass die Lazen und Abasgen bis zu seiner Zeit Haine und Wälder verehrt und Bäume für Götter gehalten hätten, und deutet es wahrscheinlich sogar noch auf ein viel höheres Alter des Baumkultus im Kaukasus, dass sich schon die Argonautensage um den heiligen Hain des Ares in Kolchis dreht. Der üppige Baumwuchs im Kaukasus hatte dort schon sehr früh Haine und speciell hohe Bäume zum einzigen oder doch zum vornehmlichsten Gegenstande göttlicher Verehrung gemacht. Für die Entlehnung des tscherkessischen Baumkultus durch die Osseten spricht auch noch besonders der Umstand, dass bei beiden Völkern der heilige Hain als beschützende und vom Tode rettende Gottheit erscheint.

Wenn aber der Baumkultus von den Urvölkern des Kaukasus auf die unter sie versprengten Osseten übergehen konnte, so doch erst recht auch auf die Kaukasusgermanen, die als ganz kleiner Völkerrest natürlich noch viel weniger als die gleichfalls einst christlichen Osseten ihr Christentum festzuhalten imstande gewesen sein können. Zwar dürften die Tetraxiten bei der fast inselartigen Abgeschlossenheit der Halbinsel Taman eine Reihe von Jahrhunderten gegen fremde Einflüsse einigermassen geschützt gewesen sein. Aber nachdem die Tscherkessen (Zichen) in die Halbinsel eingerückt waren, die schon im Jahre 1236 zu Zichien gerechnet wurde (vergl. S. 40), waren die Tetraxiten wahrscheinlich mehr als jemals die Osseten auf den Verkehr mit diesem uralten Kaukasusvolke angewiesen. Freilich bemerkt von den Tscherkessen selbst sogar noch Peucer, Chronicon Carionis P. IV, 191 b: „Christianae religionis professione ritibusque cum Moschis et Roxolanis ac vicinis Graecis consentiunt". Dagegen sagt fast noch zu derselben Zeit Broniovius, der im Jahre 1579 jene Gegenden selbst besucht hatte, Tartaria p. 12 von den Petigorensern, wie er die Tscherkessen nennt, folgendes: „Ac etiamsi Christianos se esse profiteantur et liqueat Genuensium tempore plurimos illorum Christianos fuisse, attamen presbyteris ac templis deinceps destituti, opinionem solummodo religionis illi nunc retinent: Plerique illorum maiorique ex parte Idolatrae . . ." Speciell über das Christentum des Erzbistums Metracha (Taman) bemerkt ohne bestimmte Zeitangabe ganz im allgemeinen, höchstwahrscheinlich nach einer byzantinischen Quelle, Frieseman, Beschryving van de Krim, p. 91: „De dienst wierd in het Grieksch en op de Grieksche wyse verricht; doch de Christelyke leere door de onkunde der Priesters met veele afgodsdienstige misbruiken bezoedeld". Damit stimmt es überein, wenn schon die ungarischen Predigermönche, die im Jahre 1236 Matrica in Zichien besuchten, von den Matrikern die Worte gebrauchen: „Quorum dux et populus Christianos se dicunt" (Féjer, Cod. dipl. Hungariae IV, 1, 51). Offenbar ist der Baumkultus bei den Tscherkessen niemals zu Grunde gegangen, sondern hat einfach neben dem Christentum fortbestanden.

Über den Stand der Religion auf der Halbinsel Taman im Beginne des achtzehnten Jahrhunderts erhalten wir Aufschluss in dem S. 61 erwähnten, in den Lettres édifiantes, Nouvelle édition, T. III, Paris 1780, p. 216 ff. abgedruckten Anhange zu einem Briefe eines französischen Jesuiten aus Bagchasaray (Bachtschisarai) in der Krim vom 20. Mai 1713. Dort heisst es zunächst: „On distingue aujourd'hui les Circasses de la plaine et les Circasses des montagnes. Ceux de la plaine sont compris entre Taman et le fleuve Kouban. Ceux des montagnes s'étendent en remontant vers la source de ce fleuve". Über die Religion der „Tscherkessen der Ebene", d. h. der Bewohner der Halbinsel Taman, berichtet dann der Jesuit p. 218: „Les Beys sont généralement Mahométans, bons ou mauvais ... Pour le peuple il n'est ni Chrétien ni Mahométan; il n'a l'usage ni du Baptême ni de la Circoncision ... Il y en a qui s'informent du temps de notre Carême, et qui le gardent. Ils connoissent les saints noms de Jesus et de Marie. Ils n'invoquent pourtant le premier que sous le nom d'Allah, Dieu, qui est commun à la Trinité ... Au reste on ne voit plus parmi eux d'autre exercice de religion que quelques assemblées superstitieuses qu'ils font en de certains temps sous de grands arbres, aux quels ils attachent de bougies, pendant que celui qui leur sert de Papas, fait à leur tête trois fois le tour de l'arbre en marmotant quelques prieres." Das Christentum war also von dem heidnischen Baumkultus wieder überwuchert worden und nur noch in einigen schwachen Reminiscenzen erhalten geblieben. Die Ursache dieses Ausganges der Entwickelung hat wahrscheinlich noch besonders in dem Untergange des byzantinischen Reiches, zu dem die Erzbischöfe von Matarcha Beziehungen unterhalten hatten, und in der später erfolgten Eroberung der Halbinsel durch die muhamedanischen Türken gelegen. Allerdings zeigt sich ein positiver Einfluss des Islams nur im blossen Namen Allah und in der Religion der Beys. Hohe Bäume bildeten den einzigen wirklichen Gegenstand göttlicher Verehrung für die „Tscherkessen der Ebene". Das stimmt genau zu dem uralten Baume, der einzig von dem Volke des von Mondorf getauften Sklaven verehrt wurde.

Wenn die Tscherkessen der Halbinsel mehrere hohe Bäume anbeteten, so werden sie eben verschiedene kleinere Stämme oder Hausverbände gebildet haben. Darauf deuten auch wahrscheinlich die Worte des französischen Jesuiten über die so von ihm genannten Tscherkessen der Ebene „Les prmiers sont gouvernés par des Beys de leur nation, qui payent au Kan un certain tribut annuel“, wo also mehrere Beys dem einen Chan gegenübergestellt sind, was kaum möglich gewesen wäre, wenn damit zeitlich auf einander folgende Beys gemeint sein sollten. Wenn aber das Volk des Rudersklaven nur einen einzigen Baum verehrte, so wird es eben auch nur einen einzigen Bey gehabt und auch nur einen einzigen Hausverband gebildet haben. Auf die Kleinheit des Volkes deutet ja auch der Umstand, dass es in keinem einzigen auf die Halbinsel Taman bezüglichen Reiseberichte, deren es aus dem achtzehnten Jahrhundert verschiedene giebt (von de la Motraye, Ferrand, dem erwähnten französischen Jesuiten, Peyssonel), neben den Tscherkessen genannt wird. — Der Sklave war als Kind nicht getauft, wie auch entsprechend die „Tscherkessen der Ebene“ schon im Anfange des 18. Jahrhunderts die Taufe vergessen hatten.

Die religiöse Beeinflussung der Tetraxiten durch die Tscherkessen hat, wenn nicht schon bald nach dem Einrücken der letzteren in die Halbinsel, so doch wahrscheinlich schon mit der Zeit begonnen, in der Matarcha (Taman) zum Sitze des Erzbischofs von Zichien erhoben wurde. Das von allen germanischen Stammesgenossen abgeschnittene griechisch-katholische Völkchen der Tetraxiten wird nicht leicht Reste des germanischen Heidentums haben bewahren können; wohl aber hatten die weit ausgedehnten Tscherkessen, von denen die weiter landeinwärts wohnenden vielleicht niemals Christen geworden waren, deutlichste Spuren des ihrigen zu allen Zeiten erhalten. Wahrscheinlich hat gerade die christlich-religiöse Verbindung beider Völker den Übergang des bei den Tscherkessen geduldeten Baumkultus auch in das Christentum der Tetraxiten nur noch befördert. Allmählich verschwand dann das Christentum ganz, so dass der tscherkessische Volksglaube nunmehr bei beiden Völkern zu voller Geltung kam.

Von allen Angaben Mondorfs ist somit bis jetzt nur noch die unerklärt geblieben, dass er die Tetraxiten „ein Volk ohne besonderen Namen“ nennt. Gerade, wenn er diesen Zusatz macht, wird er doch wohl den Galeerensklaven nach dem Namen seines Volkes gefragt haben, worauf dann dieser wahrscheinlich entweder garnichts zu antworten gewusst oder noch eher sogar direkt die Antwort gegeben hat, dass es für die Sprecher seines Idioms gar keinen besonderen Namen gäbe. In der That kann ein Volk, dessen eigene Angehörige seinen Namen nicht mehr kannten, auch keinen besonderen Namen mehr geführt haben. Denkbar ist so etwas aber überhaupt nur bei kümmerlich hinvegetierenden und bereits dem Untergange geweihten kleinen Volksresten ohne selbständige politische Existenz, Verhältnisse, wie sie ja genau für die Tetraxiten zutreffen. Vermutlich haben sich die Tetraxiten damals in gar keinem nationalen Gegensatze mehr zu den Tscherkessen, deren Religion sie angenommen hatten, gefühlt. Es ist auch leicht möglich, dass sich dieselben in jener Zeit in Sitten und Lebensweise, in Tracht und Häuserbau, überhaupt so ziemlich in allen Dingen eben mit Ausnahme der Sprache den Tscherkessen assimiliert hatten, da sie sonst doch noch vielleicht von einem der Besucher der Halbinsel bemerkt worden wären. Dass ein Volk thatsächlich alle Eigenschaften eines anderen gerade mit einziger Ausnahme der Sprache annehmen kann, dafür liefern die Albanesen des Königsreichs Griechenland ein klassisches Beispiel, über deren Beziehung zu den Griechen Alfred Philippson in Petermanns Mitteilungen aus Perthes' geographischer Anstalt, Bd. 35, S. 37 folgendes bemerkt: „In Kleidung, Anlage der Dörfer und Häuser, Betreibung des Ackerbaues und der Viehzucht, in politischen Neigungen und Anschauungen, in Familien- und Dorfleben, in dem ausgeprägten Clan- und Geschlechtszusammenhang ist kein Unterschied zu bemerken . . . Ein nationaler Gegensatz (mit Ausnahme der Sprache) zwischen Griechen und Albanesen besteht daher durchaus nicht, letztere fühlen sich als Glieder des griechischen Volkes und haben ihre Anhänglichkeit an das Griechentum, d. h. an die griechische Kirche — denn der religiöse Fanatismus war ja beim griechischen Aufstande das Hauptagens — zum Schaden der Türken auf das glänzendste bewiesen“. Wenn hier die Muttersprache garnicht, wohl aber in erster Linie die gemeinsame Religion das Gefühl nationaler Zusammengehörigkeit bestimmt, so kann das Gleiche bei den Tetraxiten in Bezug auf die Tscherkessen um so eher der Fall gewesen sein, weil erstere zu Mondorfs Zeit nur noch wenige

Dörfer der Halbinsel Taman bewohnt haben können, während die Albanesen weite Gebiete im Königreich Griechenland inne haben. Der merkwürdige Umstand, dass die Tetraxiten um die Mitte des achtzehnten Jahrhunderts zwar noch ihre besondere Sprache erhalten, ihren besonderen Namen aber selbst vergessen hatten, dürfte wohl am wahrscheinlichsten damit zu erklären sein, dass sie sich selbst bereits als Tscherkessen gefühlt und sich mit demselben Namen, mit dem sich diese in ihrer Sprache benannten, gleichfalls bezeichnet haben werden. Wenn dies richtig ist, dann hat der Galeerensklave nur deshalb diesen Namen nicht genannt, weil er speciell nach demjenigen der Sprecher seines Idioms, dessen Ähnlichkeit mit der Sprache Mondorfs ja auch ihm selbst auffallen musste, von diesem gefragt worden war. Sehr gut denkbar wäre es freilich auch, dass sich ein so versteckt hinvegetierender und verwilderter kleiner Volksrest, wie es die Tetraxiten zu Mondorfs Zeit gewesen sind, um seine etwaige Zugehörigkeit zu einem anderen Volke gerade ebenso wenig wie um seinen eigenen ursprünglichen Namen gekümmert hätte.

Wenn die Tetraxiten im achtzehnten Jahrhundert nur noch sehr wenige Dörfer bewohnt haben können, so erhöht dieser Umstand allerdings noch die Merkwürdigkeit des Zufalls, dass Mondorf einen Angehörigen dieses Volkes auf einer türkischen Galeere angetroffen hat. Doch lässt sich vielleicht auch eine Erklärung dafür finden, wieso der Tetraxit auf eine türkische Galeere gesteckt worden war. Der französische Jesuit, der Lettres édifiantes III, p. 216 bemerkt, dass die Beys der „Tscherkessen der Ebene" dem Chan der Tataren „un certain tribut annuel" zu zahlen hätten, giebt als die Bestandteile dieses Tributs an „de fourrures, de miel et d'une certaine quantité de jeunes Esclaves de deux sexes". Auch der Bey der Tetraxiten hat sicher zu diesem Tribute seinen Beitrag liefern müssen. Die Angabe des Jesuiten ist aber insofern ungenau, als er den Tribut nur dem Chan zahlen lässt, während doch auch der Sultan nach Frieseman p. 94 an dem Tribute aus diesem Gebiete, das ja übrigens unter türkischer Oberherrschaft stand, seinen Anteil hatte. Auf diese Weise könnte also der von Mondorf angetroffene Tetraxit sehr wohl in die Sklaverei des Sultans gelangt sein. Da aber wohl ein dem Sultan aus einem unterworfenen Gebiete als Tribut gelieferter Sklave mit einem Sklaven des türkischen Staates identisch war, so ist es auch wohl ganz natürlich, wenn ein solcher, zumal wenn er der meerumspülten Halbinsel Taman entstammte, auf eine türkische Galeere gesteckt wurde. Vielleicht ist der von Mondorf angetroffene Tetraxit durchaus nicht der einzige gewesen, der sich auf einer solchen befunden hat.

Somit lässt sich jedes einzelne Wort aus Mondorfs Nachricht deuten, ohne dass auch nur die geringste Schwierigkeit zurückbliebe. Es ist das um so bemerkenswerter, als man gerade diesem Berichte bisher wohl das allermeiste Misstrauen unter allen einschlägigen Angaben entgegengebracht hat. Zu diesem Misstrauen hat wohl, abgesehen von der Neuheit des Datums der Nachricht und von der weiten Ausdehnung, die Mondorf scheinbar dem kleinen Völkchen gegeben hat, vor allem die Thatsache geführt, dass man die Tetraxiten entweder überhaupt mit den Krimgoten verwechselte oder doch von ihrer besonderen Fortexistenz noch nichts wusste. Zudem hat wohl auch die volle Selbständigkeit der Nachricht Misstrauen erweckt, infolgedessen eine Angabe wie die über den Baumkultus besonders unglaubwürdig erscheinen und dadurch über die Zuverlässigkeit der ganzen Mitteilung starken Zweifel verbreiten mochte. Aber gerade diese Selbständigkeit ist es, die Mondorfs Zeugnis einen besonderen Wert verleiht. Noch weit wertvoller wird freilich die Nachricht dadurch, dass sie uns die Fortexistenz der Tetraxiten und zugleich der Krimgoten für eine noch so späte Zeit wie die Mitte des achtzehnten Jahrhunderts bezeugt. Unter allen Berichten, die wir über die Reste der Germanen am schwarzen Meere besitzen, muss nächst dem Zeugnisse Busbecks demjenigen Mondorfs der höchste Wert zuerkannt werden.

Eine Nachricht über die Fortexistenz germanischer Sprache im Kaukasus ist schliesslich sogar noch in einem Buche, das noch jünger ist als Büsching, freilich sicher nach einer älteren Quelle, auf uns gekommen. Dieselbe steht bei Friedrich Schlegel, Über die Sprache und Weisheit der Indier, Heidelberg 1808, S. 76: „Ich rede nicht von jenen einzelnen Spuren des Deutschen, die in der Krimm, am Kaukasus und caspischen Meere gefunden wurden.“ Die Worte „am Kaukasus“ passen sehr genau auf die der Hauptmasse des Gebirges vorgelagerte Halbinsel Taman. Da sich diese Worte so in keiner anderen der bereits citierten Stellen wiederfinden, so gehen sie wahrscheinlich wieder auf eine besondere Quelle zurück. Zeitlich ergiebt Schlegels blosse Andeutung kein Resultat. Auf die vermeintliche deutsche Sprache am kaspischen Meere werde ich noch zurückkommen.

---

4. Nachrichten, die auf die Kaukasusgermanen zu beziehen sind.

Nachdem im vorigen Capitel der Beweis geführt worden ist, dass die Kaukasusgermanen noch in der Mitte des achtzehnten Jahrhunderts existiert haben, wird man die Frage stellen müssen, ob denn alle Nachrichten über Goten und deutsche Sprache im Osten, die man bisher auf die Krimgoten (oder auch auf die kleinasiatischen Germanen) bezogen hat, thatsächlich auch auf diese und nicht zum Teil auf die Kaukasusgermanen zu beziehen sind. Im folgenden sollen die Stellen erörtert werden, die wahrscheinlich auf die letzteren gehen. Zugleich sollen hier die Nachrichten über die Halbinsel Taman und ihre Bevölkerung, die ich gefunden habe und noch nicht im vorigen Capitel zu besprechen gezwungen worden bin, soweit dieselben die Geschichte der Tetraxiten beleuchten können, zusammengestellt werden. Über das Land der Eudusianer habe ich nichts Bemerkenswertes entdeckt.

Unter den Stellen, die am wahrscheinlichsten auf die Kaukasusgermanen gehen, ist die älteste die Erwähnung von Goten und einer Landschaft Gotia in einem Briefe des Joannes Chrysostomos vom Jahre 404 aus Kukusos in Armenien an die Diakonisse Olympias, bei Migne, Patrologiae curs. compl. 52, 612 f. Es heisst dort: Ἐδήλωσάν μοι οἱ μονάζοντες οἱ Μαρσεῖς οἱ Γότθοι . . . ., ὅτι Μοδουάριος ἦλθεν ὁ διάκονος ἀπαγγέλλων, ὅτι Οὐνίλας ὁ ἐπίσκοπος ὁ θαυμάσιος ἐκεῖνος, ὃν πρώην ἐχειροτόνησα καὶ ἔπεμψα εἰς Γοτθίαν, πολλὰ καὶ μεγάλα κατορθώσας ἐκοιμήθη. καὶ ἦλθε φέρων γράμματα τοῦ ῥηγὸς τῶν Γότθων ἀξιοῦντα πεμφθῆναι αὐτοῖς ἐπίσκοπον. Ἐπεὶ οὖν οὐδὲν ἄλλο ὁρῶ πρὸς τὴν ἀπειλουμένην καταστροφὴν συντελοῦν εἰς διόρθωσιν, ἡ μέλλησιν καὶ ἀναβολὴν (οὐδὲ γὰρ δυνατὸν αὐτοῖς πλεῦσαι εἰς τὸν Βόσπορον νῦν οὐδὲ εἰς τὰ μέρη ἐκεῖνα) ὑπερθέσθαι τέως αὐτοὺς διὰ τὸν χειμῶνα παρασκεύασον. Wenn also Olympias den Moduarios während des Winters in Konstantinopel hinhalten sollte unter dem Vorwande, dass man zur Zeit nicht gut nach dem Bosporus und dessen Umgebung segeln könnte, so ist damit natürlich der kimmerische Bosporus gemeint. Wenn aber Braun 8, Anm. 1 deshalb die Goten des Chrysostomos auf der Krim suchen will, so ist dem entgegenzuhalten, dass die dort wohnenden Heruler noch dem Heidentum gehuldigt haben müssen, wenn sie, wie es doch sehr wahrscheinlich ist, die Vorfahren der von Prokop De bell. Goth. II, 14 noch als heidnisch geschilderten Donauheruler gewesen sind. Mindestens wird der König der Heruler noch nicht gut zum Christentum bekehrt gewesen sein können, wenn sein ganzes Volk etwa 80 Jahre später wieder als heidnisch erscheint. Vermutlich aber hatten die von der Hauptmasse der Heruler durch den kimmerischen Bosporus geschiedenen Eudusianer und Tetraxiten sich gleich von Anfang an eigene Könige eingesetzt, womit es auch wohl zusammenhägen mag, dass sie später bei der Auswanderung jener in ihren Wohnsitzen zurückgeblieben sind. Mit dem ῥὴξ τῶν Γότθων ist also am wahrscheinlichsten ein König der Eudusianer oder Tetraxiten gemeint. Der König der Heruler, dessen Hauptgebiet westlich der Mäotis lag, wird auch vielleicht viel weiter nördlich als am kimmerischen Bosporus residiert haben.

Chrysostomos erwähnt die Kirche der Goten noch in zwei anderen Briefen, beide gleichfalls aus Kukusos und dem Jahre 404. Von diesen ist der eine, Migne T. 51—52, p. 726 f., an jene gotischen Mönche (Τοῖς μονάζουσι Γότθοις τοῖς ἐν τοῖς Προμώτου) selbst gerichtet. Derselbe enthält den Satz: Χάριν δὲ ὑμῖν ἔχω καὶ τῆς σπουδῆς ἣν ἐπεδείξασθε ὑπὲρ τοῦ μηδένα θόρυβον γενέσθαι ἐν τῇ ἐκκλησίᾳ τῇ τῶν Γότθων. Der andere Brief, an den Diakon Theodulos, der dem vorigen dicht vorangeht, hat die Worte: Εἰ καὶ χαλεπὸς ὁ χειμὼν καὶ πρὸς ὕψος ἐγήγερται μέγα, καὶ οἱ βουλόμενοι λυμαίνεσθαι ταῖς Ἐκκλησίαις ταῖς εἰς Γοτθίαν πολλὴν ποιοῦνται σπουδὴν . . .

In der Verbindung οἱ Μαρσεῖς οἱ Γότθοι in dem Briefe an die Olympias kann οἱ Γότθοι zu οἱ Μαρσεῖς nur erklärend hinzugefügt sein. οἱ Μαρσεῖς bezeichnet also wahrscheinlich einen einzelnen Stamm der Kaukasusgermanen. Volksname würde germanisch **Marsīz*, das dem οἱ Μαρσεῖς (in dem nach byzantinischer Aussprache ει als ῑ zu lesen ist) zu Grunde liegen muss, deshalb sehr gut sein können, weil sich das Suffix -*i* bei Völkernamen sogar noch produktiv erwiesen hat (Kluge, Nominale Stammbildungslehre § 5). Da der eine Zweig der Kaukasusheruler den Stammesnamen **Eudusjonez* führte, könnte **Marsīz* vielleicht der germanische Name des anderen Zweiges derselben, der bei Prokop Τετραξῖται heisst, gewesen sein. An **Marsīz* aber klingt unter bekannten herulischen Namen nur *Morimarusa* an, nach Plinius Hist. Nat. IV § 95 die Benennung des Oceans bei den Kimbern an der Nordspitze Jütlands mit der Bedeutung „mortuum mare“. Wie Much, P.B.B. 17, 220 gezeigt hat, ist aber **marusaz* nur eine Nebenform von **marsaz* gewesen. Es wäre möglich, dass sich die Kimbern selbst nach dem ihnen benachbarten Meere, von dem sie von fast allen Seiten umspült wurden, **Marimarsīz* benannt und diese Form später zu **Marsīz* gekürzt hätten, analog wie z. B. Ἀχιλλεοδρομῖται zu Δρομῖται gekürzt worden ist (S. 3.). Ein dem etwaigen **Marimarsīz* analog gebildeter Volksname nach der Umgebung liegt in anorw. *Firðir* „Anwohner des Fjords“ vor (vgl. Much, P.B.B. 17, 188), nur dass *Firðir* nur nach einem Appellativum gebildet worden ist, während **Marimarsīz* wie die meisten Namen gleicher Kategorie z. B. *Vestfylder* „Leute von Vestfold“, *Sygner* „Leute aus Sogn“ von einem Eigennamen abgeleitet worden wäre. Wenn diese Auffassung richtig sein sollte, dann würden die Tetraxiten Kimbern und schon in der germanischen Urheimat nördliche Nachbaren der Eudusen gewesen sein.

Wie die Tetraxiten später unter die Herrschaft der hunnischen Uturguren gerieten, wurde bereits S. 26 ff. auseinandergesetzt. Doch werden wohl dieselben im siebenten Jahrhundert von den Chazaren unterjocht worden sein, die damals den nördlichen Kaukasus eroberten. Die Chazaren selbst wohnten an der unteren Wolga und liessen sich von den ihnen unterworfenen Stämmen Tribut zahlen. Dagegen hinderte die Abhängigkeit von den Chazaren verschiedene nördliche Kaukasusvölker nicht, an dem Feldzuge des Rebellen Thomas gegen den oströmischen Kaiser Michael II. (820—829) teilzunehmen. Allerdings wurde wohl schon um jene Zeit die Herrschaft der Chazaren durch die normannischen Russen gefährdet, so dass infolgedessen vielleicht jene Kaukasusstämme von den Chazaren damals schon wieder unabhängig waren.

Unter den Völkern nun, welche der byzantinische Historiker Genesios p. 33 in dem buntgemischten Heere des Thomas aufzählt, werden auffallenderweise auch Γέται genannt. Kunik hat diese „Goten“ Zapiski imperatorskoi akademii naukъ 24, 132 mit den kleinasiatischen Gotogriechen und Dagotthenen für identisch gehalten, eine Ansicht, die jedoch nicht haltbar erscheint. Thomas, der nach Genesios p. 8 seiner Abstammung nach ein Armenier war und im θέμα τῆς ἀνατολῆς lebte, war nach p. 12 von Michaels Vorgänger Leo zum Feldherrn der Verbündeten (τουρμάρχης εἰς φοιδεράτους) erhoben worden. Als er sich gegen Michael empört hatte, gelang es ihm, fast alle Themen (es sind nur diejenigen Asiens gemeint) und deren Statthalter auf seine Seite zu ziehen und infolge der dadurch gewonnenen Machtstellung zu den Saracenen in ein freundschaftliches Verhältnis zu treten (p. 32 f.). Ein specielles Bündnis schloss er hier mit den Agarenern; dann lautet es weiter: εἶτα μετ' Ἀγαρηνῶν Ἰνδῶν Αἰγυπτίων Ἀσσυρίων Μήδων Ἀβασίων Ζηχῶν Ἰβήρων Σαβείρων Σλάβων Οὔννων Βανδήλων Γετῶν καὶ ὅσοι τῆς Μάνεντος βδελυρίας μετεῖχον, Λαζῶν τε καὶ Ἀλανῶν, Χάλδων τε καὶ Ἀρμενίων καὶ ἑτέρων παντοίων ἐθνῶν πολυθρύλλητον πανστρατιὰν στρατοπεδευσάμενος. Dass hier überhaupt Γέται nach älterem griechischen Sprachgebrauche für Γότθοι steht, ist nicht zu bezweifeln, da es längst keine Geten mehr gab und diese auch nur in Europa gewohnt hatten. Aber der ganze Zusammenhang lässt doch nur die Deutung zu, dass alle jene aufgezählten Völker ausserhalb der Grenzen des byzantinischen Reiches, d. h. hier Kleinasiens, wohnten. Das ergiebt sich auch aus einem Vergleiche mit Theophanes Continuatus, der p. 53 den Abfall Kleinasiens vom Kaiser, dann p. 54 das Abschliessen des Bündnisses zwischen Thomas und den Agarenern berichtet und dann in Bezug auf den Thomas p. 55 fortfährt: οὐ γὰρ Ἀγαρηνῶν μόνον τούτων δὴ τῶν ἡμῖν γειτονούντων καὶ ὁμορούντων, ἀλλὰ καὶ αὐτῶν τῶν ἐνδότερον οἰκούντων, Αἰγυπτίων Ἰνδῶν Περσῶν Ἀσσυρίων Ἀρμενίων Χάλδων Ἰβήρων Ζηχῶν Καβείρων καὶ πάντων δὴ Μάνεντος συστοιχούντων δόγμασι καὶ θεσπίσμασι. Die Völker also, die Thomas nach seinem Bündnisse mit den Agarenern unter seine Fahnen rief, werden hier sogar als den Grenzen des byzantinischen Reiches nicht einmal benachbart bezeichnet, was auch für alle mit Ausnahme der Armenier und der Chalden, der Bewohner der Küstenlandschaft Χαλδία an der Grenze von Pontus und Armenien, thatsächlich zutrifft. Aber auch die letzteren beiden Völkerschaften wohnten wenigstens ausserhalb des byzantinischen

Reiches, so dass die Ungenauigkeit des Theophanes Continuatus, der die ganzen von Thomas nach dem Bündnisse mit den Agarenern aufgebotenen Völker als eine Gruppe zusammenfasst, hier sehr erklärlich erscheint. Auch die von Genesios genannten Γέται müssen deshalb in Asien ausserhalb des byzantinischen Reiches gesucht werden. Als „Goten" in Asien ausserhalb Kleinasiens sind aber nur die Eudusianer und Tetraxiten bekannt. Und zwar wird man an diese um so eher denken dürfen, als sich gerade die Völkerschaften des Kaukasus sämmtlich oder doch grösstenteils am Zuge des Thomas beteiligt haben. Kaukasusvölker können nur sein die Zichen, Iberer, Sabiren, Lazen und Alanen. Auch Ἀβασίων ist vermutlich in Ἀβάσγων zu ändern, so dass noch die Abasgen (Abchasen) hinzukämen. Ferner können auch mit den Οὖννοι nur Bewohner des Kaukasus gemeint sein, da es Hunnen in Asien damals nur noch im Kaukasus gab. Einen Hauptteil dieser Hunnen bildeten nach Prokop, De bell. Goth. IV, 3, p. 469 die Sabiren: Οὖννοι δέ, οἱ καὶ Σάβειροι καλούμενοι, ἐνταῦθα ᾤκηνται καὶ ἄλλ' Οὐννικὰ ἔθνη. Ausserdem erwähnt Prokop Hunnen des Kaukasus noch De bell. Goth. IV, 4: Ὑπὲρ δὲ Σαγίδας Οὐννικὰ ἔθνη πολλὰ ἵδρυνται. Mit Namen nennt er aber dann nur noch die Uturguren, die ein ziemlich grosses Gebiet inne hatten und offenbar nächst den Sabiren den bedeutendsten der hunnischen Stämme im Kaukasus und nördlich des Kaukasus bildeten. Wenn nun Genesios neben den Hunnen noch eigens die Sabiren anführt, so sind mit den ersteren wahrscheinlich die Uturguren gemeint, zumal sich der Specialname der Sabiren überhaupt viel länger als derjenige der Uturguren gehalten hat. Ist diese Deutung der Hunnen des Thomas richtig, so lassen sich auch seine Slawen bestimmen: dieselben gehörten dann zur grossen Masse der Slawen auf dem rechten Ufer des Tanais, wo früher bekanntlich der Name Anten für sie gegolten hatte (vgl. Prokop a. a. O., nachdem er von den Uturguren gesprochen: καὶ αὐτῶν καθύπερθεν ἐς βορρᾶν ἄνεμον ἔθνη τὰ Ἀντῶν ἄμετρα ἵδρυνται). Die Völker, die sich zur Sekte des Manes, zu den Manichäern bekannten, werden entweder in Iran, der Heimat des Manes, oder in den Euphratländern, wo die Manichäer den meisten Anhang fanden, oder vielleicht auch im Südosten des Kaukasus, also in der Nähe Irans, jedenfalls aber auch nicht in Kleinasien, wie Kunik auch hier und bei den Slawen will, zu suchen sein.

Viel auffalleuder aber noch als die Γέται sind die Βάνδηλοι im Heere des Thomas. Auch hier muss die Deutung Kuniks, der in den Βάνδηλοι die nach Galatien verpflanzten Schaaren des Gelimer sieht, dieselben also in das byzantinische Reich setzt, zurückgewiesen werden. Zwischen Völkerschaften im Kaukasus oder nördlich desselben genannt werden die Βάνδηλοι dort auch selbst gesucht werden müssen. Freilich ist nun ein Name wie Βάνδηλοι im Kaukasus oder in der Nähe desselben gänzlich unbekannt. Es lässt sich daher überhaupt nur eine Hypothese darüber aufstellen, welches Volk Genesios mit diesem Namen gemeint haben kann. Die Βάνδηλοι haben natürlich nichts mit den Wandalen zu schaffen; doch wäre es nicht unmöglich, dass sie zu den Kaukasusgermanen gehört hätten und als ein herulischer Stamm nach der Landschaft *Vendill*, dem nördlichsten Teile Jütlands bis zum Limfjord, benannt worden wären. Der Name Βάνδηλοι würde dann zu dem von Much, PBB. 17, 210 zum Gen. Pl. *Wendla* Beowulf 348 und dem Dat. Pl. *Wenlum* Widsiđ 59 angesetzten und in sehr überzeugender Weise mit den *Wendilenses* des Saxo und dem aisl. *Vandilsbyggjar*, *Vendilfolk*, den Bewohnern von Vendill, verknüpften ags. Nom. Pl. **Wendle* zu stellen sein. Ags. **Wendle* ist also nach Much als ein ursprünglicher Beiname der Kimbern aufzufassen. Ein germ. **Wandilīz* aber könnte in der Sprache der Kaukasusgermanen zur Zeit des Genesios sehr wohl noch unverändert gewesen sein oder nur eine so wenig veränderte Gestalt besessen haben (vielleicht mit Verlust des — *z* wie ostgotisch und krimgotisch), dass es demselben nur die einheimische Form von Βάνδηλοι (in dem η als ī zu lesen ist) zu sein schien. Genesios musste sich um so eher an die Βάνδηλοι erinnern, wenn das sich ähnlich nennende Volk nur einen Teil der Goten des Kaukasus ausmachte und in der Nachbarschaft der Hunnen wohnte, da nächst den Goten und Hunnen die Wandalen die wichtigste Rolle in der Völkerwanderung gespielt hatten und die Geschichte aller dreier Völker mit einander verknüpft war. Dass er überhaupt solche kleinen Stämme wie die sogenannten Goten des Kaukasus und möglichenfalls auch noch einen besonderen Teil derselben mitaufgezählt hat, ist wahrscheinlich deshalb geschehen, um die Buntheit des Heeres des neuen Xerxes, wie man den Thomas nannte, durch Anführung historisch bekannter Namen zu illustrieren, wie sich denn die Nennung der Hunnen, Inder, Ägypter,

Assyrer und Meder, wo doch mindestens von den Indern und Ägyptern nur einzelne näher wohnende Stämme beteiligt sein konnten, wahrscheinlich in analoger Weise erklärt. Wie sehr überhaupt dem Genesios hier historische Reminiscenzen vorschwebten, zeigt ja deutlich die Nennung der Γέται für die Γότθοι.

Die hier aufgestellte Hypothese könnte vielleicht darin eine gewisse Stütze erhalten, dass die Βάνδηλοι unmittelbar vor den Γέται genannt sind. Zwar hat Genesios die Völker des Thomas durchaus nicht streng geographisch geordnet. Aber gewisse Gesichtspunkte lassen sich doch wohl für die Anordnung entdecken. An letzter Stelle stehen die Armenier, die das Centrum der aufgebotenen Völker bildeten, an vorletzter ihre nächsten Nachbaren, die Chalden. An erster Stelle dagegen die beiden Völker, die am weitesten von Armenien entfernt wohnen, die Inder und dann die Ägypter. Dann folgen die Assyrer und Meder, also bisher nur keine Völker im Norden Armeniens. Diese beginnen dann mit den Abasgen, wenn, wie wahrscheinlich, hier Ἀβασίων als Ἀβάσγων aufzufassen ist, sonst mit den Zichen. Besonders wenn Ἀβάσγων zu lesen ist, lassen sich noch gut Untergruppen unterscheiden: als erste die Abasgen und die sich ihnen nördlich anschliessenden Zichen an der Küste, als zweite die Iberer im Centrum des Kaukasus und die ihnen nördlich vorgelagerten Sabiren, als dritte die Slawen, die südlich angrenzenden Uturguren und die sich weiter im Süden anschliessenden Kaukasusgermanen. Die dann folgenden manichäischen Völker lassen sich nicht bestimmen. Wenn Genesios sodann die nicht einander benachbarten Lazen und Alanen zusammen nennt, so eilt er eben zum Schlusse und greift noch zwei beliebige grössere Völker heraus, wie die Aufhebung des Asyndetons zwischen Λαζῶν und Ἀλανῶν kund thut, das ja dann auch zwischen Χάλδων und Ἀρμενίων aufgehoben wird.

Falls es richtig ist, dass die Βάνδηλοι einen Teil der Kaukasusgermanen gebildet haben, könnte sich ihre Nennung neben den Γέται vielleicht so erklären, dass mit dem einen dieser beiden Namen die Tetraxiten, mit dem anderen die Eudusianer bezeichnet wären. Und wenn sich auch nichts gegen die gegebene Deutung der Anordnung des Genesios einwenden lässt, dann würden bei ihm die Tetraxiten unter ihrem eigenen Namen als

Wandilen, die Eudusianer dagegen unter dem gemeinsamen Namen beider Stämme als Geten (Goten) erscheinen. Dann wären die Kimbern auf der ganzen Wanderung der Heruler bis in den Kaukasus die nördlichen Nachbarn der Eudusen geblieben, eine Vermutung, die bereits S. 72 bei den Μαρσεῖς οἱ Γότθοι ausgesprochen wurde. Wenn die bei Prokop so geheissenen Tetraxiten sich selbst mit zwei Namen, „Wandilen“ und „Marsen“, benannt haben sollten, so wäre das nicht sehr wunderbar in Anbetracht des Umstandes, dass fast alle Stämme, die zum Kultverbande der Nerthus gehörten, mehrfache Namen geführt zu haben scheinen (vgl. Much, PBB. 17, 191). Doch könnten die Marsen auch recht wohl ein einzelner Teil der Wandilen gewesen sein.

Meine Hypothese setzt eine Fortexistenz auch der Eudusianer wenigstens bis in das neunte Jahrhundert voraus. Nachweisen lässt sich allerdings eine solche nicht, und ist es überhaupt ganz ungewiss, zu welcher Zeit die Eudusianer in den Tscherkessen aufgegangen sind. Die Tetraxiten sind dagegen offenbar noch längere Zeit vor dem Vordringen der Tscherkessen (Zichen) bewahrt geblieben. Konstantinos Porphyrogennetos unterscheidet noch im 10. Jahrhundert Tamatarcha, wie er die Halbinsel Taman nennt, ausdrücklich von Zichien, indem er De admin. imp. cap. 42, p. 181 den Fluss Ukruch, mit dem nur der Kuban gemeint sein kann, die Grenze zwischen Tamatarcha und Zichien bilden lässt. Dagegen scheinen die Tscherkessen schon im 11. Jahrhundert in die Halbinsel Taman eingedrungen zu sein. Wenigstens berichtet Frieseman, Beschryving van de Krim S. 91 von dem Bistum Nikopsis in Zichien: „Omtrent het einde der elfde Eeuwe naar Taman (Metracha) overgevoerd, wierd dezelve met den eernaam van Hoofd-Aartsbischop beschonken.“ Ich habe die (höchstwahrlich byzantinische) Quelle Friesemans für diese Zeitbestimmung nicht auffinden können; doch wird ihm wohl bei seiner allgemeinen Zuverlässigkeit Glauben zu schenken sein. Eigentümlich ist es freilich, dass um die gleiche Zeit auch die Russen ein Fürstentum in Taman oder Tmutarakan, wie sie es nannten, hatten. Schon im Anfange des 11. Jahrhunderts hatte der Russenfürst Wladimir bei der Teilung seines Reiches seinem Sohne Mstislaw Tmutarakan zum Lehen gegeben (Tomaschek 38). Zum letzten Male als russisch wird Tmutarakan im Jahre 1094 erwähnt (Braun 20). Der russischen Herrschaft daselbst wurde wahrscheinlich durch das türkische Steppenvolk der Kumanen (Polowzer) die im 11. Jahrhundert bis an die Mäotis vordrangen, ein Ende bereitet. Die Tetraxiten und die bereits auf Taman sitzenden Tscherkessen werden damit wahrscheinlich Unterthanen oder wenigstens Bundesgenossen dieser Kumanen geworden sein.

Aus dieser Zeit nun haben wir in einer deutschen Quelle eine Nachricht über deutsche Sprache im fernen Osten, die am wahrscheinlichsten auf die Kaukasusgermanen zu beziehen ist (Massmann ZfdA. I, 352 hat dieselbe auf die Krimgoten bezogen). Es ist die erste dunkele Kunde in Deutschland von der Existenz deutscher Sprache am schwarzen Meere. In dem Annoliede wird nämlich von den Baiern v. 310 ff. folgendes gesagt:

Dere geslehte quam wilin êre
Von Armênie der hêrin,
Dâ Nôê ûz der arkin ging,
Dür diz olizuî von der tûvin intfieng.
Iri ceichin noch du archa havit
Uf den bergin Ararât.
Man sagit daz dâr in halvin noch sîn
Die dir Diutschin sprechen
Ingegin Indiâ vili verro.

Massmann hat a. a. O. zum Vergleiche mit diesen Versen folgende Stelle aus der Historia fundationis monasterii Tegernseensis bei Pez, Thesaurus Anecdotorum III, 3, 493 richtig herbeigezogen: „Noricorum, ut dixi, in ultimo Oriente circa Armeniam vel Indiam usque hodie manet origo, quod paene omnibus notum a probatissimis etiam nuper accepimus, qui peregrinati illuc Bawarizantes audierant". Die Identität von Norikern und Baiern steht auch für den Dichter des Annoliedes fest, wie v. 304 f. zeigt:

Dâ liset man Nôricus ensis,
Daz diudit ein suert Beierisch.

Die Hist. fund. Tegerns. gehört nach Wattenbach, Deutschlands Geschichtsquellen II, 66 „vielleicht schon der Mitte des 12. Jahrhunderts" an, ist also jedenfalls beträchtlich jünger als das Annolied, das nach Zarncke, Berichte d. Kgl. Sächs. Ges. d. Wissensch. 1887, S. 299 wahrscheinlich nicht nach 1111, mindestens aber nicht viel später abgefasst worden sein kann. Dennoch kann sie nicht aus diesem geschöpft haben, weil sie das, was das Gedicht von den deutsch Redenden bei Armenien mitteilt, eigens auf die Aussage höchst glaubwürdiger Zeugen zurückführt. Man stosse sich dabei nicht an das „nuper“, das den Anschein erwecken könnte, als habe der Verfasser der Historia die Nachricht von der deutschen Sprache bei Armenien und Indien, die er im Annoliede gefunden, selbst erst durch die Aussagen jener glaubwürdigen Männer bestätigt erhalten. In den Zeiten der nicht kritischen Geschichtsschreibung gehen überhaupt Zeitbestimmungen, die sich auf den Moment der Abfassung des Quellenwerkes beziehen, leicht unbesehen und unverändert in die Darstellungen jüngerer Geschichtsschreiber über. Auch das Annolied hat sein „man sagit“ gerade da, wo es auf die deutsch Redenden bei Armenien zu sprechen kommt, nimmt also hier ebenfalls auf ein mündliches Zeugnis Bezug. Es ist doch aber gewiss äusserst unwahrscheinlich, dass im 12. Jahrhundert gerade jemand, der eine deutsche über das Deutsch der Germanen am schwarzen Meere berichtende Quelle benutzte, ausserdem noch selbständig etwas von jenem Deutsch aus mündlichen Erzählungen erfahren haben soll. Auch können jene Berichterstatter unmöglich von einer bairischen anstatt von einer deutschen Sprache geredet haben, da ja das Germanisch am schwarzen Meere dem Sächsischen (Niederdeutschen) bei weitem näher als dem Bairischen gestanden haben muss. Wieso aber der Verfasser der Historia dazu kam, die deutsch Sprechenden eigenmächtig in bairisch Sprechende zu verwandeln, erhellt aus seinen vorhergehenden Worten p. 492: „Noricos . . . a Norice filio Herculis dictos legimus, qui ex Oriente olim proficiscentes in hanc partem Germaniae circa Histrum id est Danubium consistunt, a quibus deinceps Teutonicam linguam caeteros Alemanniae populos transsumpsisse non vana opinio est. Alemanniam enim per omnes gentes vel chronicos generale nomen Teutonicorum esse nemo qui nesciat“. Der Verfasser der Historia zieht also aus den beiden Nachrichten, dass die Baiern aus dem Orient gekommen wären, und dass man dort noch deutsch spräche, ganz folgerichtig die beiden Schlüsse, dass die übrigen deutschen Stämme ihre Sprache von den Baiern entnommen hätten, und dass das Deutsch im Orient speciell ein Bairisch wäre.

Endlich aber beweist der Vergleich unserer beiden Schriften mit einer dritten, dass sie aus derselben Quelle geflossen sein müssen. Wilmanns hat Beitr. z. Gesch. d. älteren deutschen Lit.

Heft 2, 29 darauf hingewiesen, dass die vom Abte Chadalhohus von Goetweih zwischen 1125 und 1141 verfasste Vita Altmanni episcopi Pataviensis gleichfalls die Baiern aus Armenien herleitet. Die ganze hier in Betracht kommende Stelle, Mon. Germ. SS. XII, 237 lautet: „Et quia Noricum nominavimus, etimologiam eius, si placet, exprimamus. Bawari traduntur ab Armenia oriundi. Qui cum magna multitudine de finibus suis egressi, hanc terram sunt ingressi, et expulsis aboriginibus pro eis habitaverunt, et terram de nomine ducis sui Bawaro, Bawariam nominaverunt. Hanc post multos dies Norix filius Herculis expugnans Noricum ex suo nomine vocavit“. Die Vita hat also mit der Historia die Sage von Norix gemeinsam. Doch erzählen beide Quellen den Zusammenhang ganz verschieden. Zwar stimmt die Historia mit der Vita auch darin überein, dass sie wie diese mehr als eine Einwanderung nach Baiern annimmt. Aber in der Historia ist Norix nicht Führer der zweiten, sondern der ersten Einwanderer. P. 493 fährt diese nämlich folgendermassen fort: „Circa tempora Gothorum expulsi scribuntur ex terra ab invasoribus possessa: post ab ipsis quoque in solitudinem redacta est. Tum Bawarica velut nova generatio venit vel rediit cum duce suo Theodone.“ Was den Unterschied zwischen den Führern Bawaro und Theodo betrifft, so hat sich hier natürlich die Vita den Bawaro zu Bawaria erst nach dem Muster des Norix zu Noricum konstruiert und ihm nur das Suffix des Theodo, mit dessen Namen die Historia das Ursprüngliche gewahrt hat, gelassen. Wenn man letztere Schrift mit Recht für die jüngere hält, so kann sie den Norix, von dem keine frühere uns erhaltene Schrift etwas weiss (vgl. Wattenbach, Mon. Hist. SS. XII, 266), nicht aus der Vita selbst, sondern nur mit dieser aus einer gemeinsamen Quelle haben. Doch gesetzt selbst die Historia wäre früher als die Vita entstanden, so könnte doch umgekehrt der letzteren die Sage von Norix kaum aus ersterer zugeflossen sein. Die Vita hat nämlich die Angabe von der Herkunft der Baiern aus Armenien aus der gleichen Quelle wie das Annolied geschöpft, wie Wilmanns S. 35 aus dem gleichen Ursprunge der in Vita und Annolied vorliegenden Sagengestalt über die Herkunft der Sachsen erschlossen hat. Wenn nun die Historia einerseits die Sage von Norix mit der Vita, andererseits die Kunde von der deutschen Sprache bei Armenien mit dem Annoliede teilt, so hat sie eben gleichfalls die gemeinsame Quelle dieser beiden Schriften benutzt.

Damit erwächst uns die Aufgabe, die Worte betreffs der deutschen Sprache aus dem Annoliede und der Historia so zu rekonstruieren, wie sie etwa in der gemeinsamen Quelle, jener sagenhaften Geschichte der deutschen Stämme, gestanden haben mögen. Wir sahen bereits, dass die Historia „bairisch Sprechende" für „deutsch Sprechende" eingesetzt hat. Wenn dagegen das Annolied kurz „man sagit" schreibt, so hat natürlich in diesem Falle der Dichter die für ein gelehrtes Werk sehr geeignete Angabe der Gewährsmänner mit gutem poetischem Takte weggelassen. Auf der anderen Seite aber muss derselbe wiederum bei der Ortsangabe dem Originale viel treuer als die Historia geblieben sein, in der sich das „illuc" nur auf die ganz allgemein gehaltenen Worte „ex ultimo Oriente circa Armeniam vel Indiam" zurückbezieht. Das Lied aber sagt nur in Bezug auf Armenien „dâr in halvin" und fügt dann nur noch ausmalend hinzu: „Ingegin Indiâ vili verro". Der erste Ausdruck „zur Seite Armeniens" passt sehr gut auf die Kaukasusgermanen, während der zweite „auf Indien zu" durch die Nennung des fernen Wunderlandes, das man sich im äussersten Osten des Erdkreises dachte, nur eine Vorstellung von der ungeheuren Entfernung jener deutsch Sprechenden von Deutschland geben sollte. Das zeigt ja auch der Zusatz „vili verro", dem entsprechend die Historia vom äussersten Ende des Orients redet. Der Verfasser letzterer hat sich wohl aus den geographischen Angaben seiner Quelle über die fernen Länder keine rechte Vorstellung von der Lage jener Stätte deutscher Sprache machen können und diese Angaben deshalb etwas allgemein zusammengefasst. Wenn jene deutsche Sprache nicht in der Nähe speciell Armeniens zu denken wäre, so liesse sich ja auch garnicht verstehen, wieso der Dichter des Annoliedes darin eine Bestätigung der Herkunft der Baiern aus Armenien sehen konnte. Und zum Überfluss leitet auch noch die Vita die Baiern aus Armenien her.

Wenn nun, wie es scheint, auch schon in der gemeinsamen Quelle des Annoliedes, der Vita und der Historia Armenien als Stammland der Baiern genannt war, so wird es damit allerdings zweifelhaft, ob mit den deutsch sprechenden Leuten zur Seite Armeniens gerade die Kaukasusgermanen gemeint sind. Wenn nämlich der Verfasser jener Quelle bereits eine Überlieferung in der Form vorfand, dass die Baiern aus Armenien stammen sollten, und nun von deutscher Sprache in der Krim hörte, so mag er wohl die Stätte dieser Sprache an die Seite Armeniens haben verlegen können. Dagegen wäre es kaum möglich gewesen, dass seine Gewährsleute das krimgotische Territorium, d. h. den Südwesten der Krim, als zur Seite Armeniens liegend bezeichnet hätten. Sehr wohl aber konnten sie die Lage des Landes der Kaukasusgermanen in dieser Weise bestimmen, wie denn auch der Gewährsmann des Georg Torquatus die Wohnsitze der Tetraxiten durch „in Asia versus septentrionalem prope Armeniam" gerade im Gegensatze zu „in montanis Tauricae Chersonesi" umschrieben hat. Auch die Erwähnung Indiens passt besser auf einen Teil Asiens als auf den Westen der Krim. Hat also der Verfasser der Quellenschrift von Kaukasusgermanen gehört, so hat er die Worte seiner Gewährsleute, um dieselben der Tradition anzupassen, vielleicht garnicht zu ändern brauchen. Aus diesem Grunde bleibt also eine grössere Wahrscheinlichkeit für die Kaukasusgermanen als für die Krimgoten.

Möglich wäre übrigens auch, dass die alte Stammessage die Baiern überhaupt nur allgemein aus dem Orient hergeleitet und erst der Verfasser der Quellenschrift, der von einer deutschen Sprache zur Seite Armeniens gehört hatte, Armenien ergänzend hinzugefügt hätte: die Historia wenigstens lässt die Noriker zunächst nur aus dem Orient kommen und sagt dann später, die Herkunft der Noriker aus dem Orient um Armenien oder Indien wäre ja fast allgemein bekannt und kürzlich erst von Reisenden, die dort bairisch hätten sprechen hören, bestätigt worden. Hier ist das „um Armenien oder Indien", wie besonders ein Vergleich mit dem Annoliede zeigt, erst aus den Worten, mit denen die Quelle die Stätte jener deutschen Sprache angab, gefolgert. Würden nicht das Annolied und die Vita in der Herleitung der Baiern aus Armenien übereinstimmen, so könnte man für wahrscheinlich halten, dass die Quellenschrift dieselben nur allgemein aus dem Oriente hergeleitet hätte. Doch könnten Annolied sowohl wie Vita anstatt des Orients bestimmter Armenien als Stammland der Baiern gesetzt haben, durch den Zusatz hinsichtlich der deutschen Sprache selbständig zur gleichen Änderung veranlasst. Dazu scheint die Vita überhaupt die Quelle in sehr freier Weise benutzt zu haben. Und der Dichter des Annoliedes musste deshalb bestimmt Armenien schreiben, weil er die Einwanderung der Baiern aus dem Orient direkt mit der Abkunft des Menschengeschlechtes von Noah auf dem Berge Ararat in Armenien in Verbindung brachte. Aber auch wenn Armenien schon in der gemeinsamen Quelle als Urheimat der Baiern bezeichnet war, so sieht man doch nicht ein, weshalb die Historia den bestimmten Ausdruck „Armenien" durch den unbestimmten „Orient" ersetzt haben sollte, um später das Wort noch einmal zu wiederholen und dann erst ein der sprachlichen Angabe entnommenes „um Armenien oder Indien" ergänzend hinzuzufügen. Jedenfalls kann man Zweifel darüber hegen, ob in der Quellenschrift Armenien oder der Orient oder ob auch vielleicht in einem Satze der Orient, in einem anderen Armenien als Stammland der Baiern angegeben war. Im letzten Falle wäre Armenien nur ein der Angabe über die deutsch sprechenden Leute entnommener eigener Zusatz der Quellenschrift zu einer älteren Überlieferung gewesen; in beiden letzten Fällen aber würde jene Angabe fast mit Sicherheit auf die Kaukasusgermanen zu beziehen sein.

Die Quellenschrift selbst dürfte aus nicht viel früherer Zeit als das Annolied, das sie zuerst benutzt hat, stammen. Man kann also ihre Entstehungszeit mit einiger Wahrscheinlichkeit um die Wende des 11. und 12. Jahrhunderts setzen. Da wir nun das in der Historia auf die Kunde von der fernen deutschen Sprache bezügliche „nuper" auf die Zeit ihrer Quellenschrift übertragen müssen, so werden jene Berichterstatter das Land der Kaukasusgermanen (oder möglichenfalls der Krimgoten) um die gleiche Zeit oder wenig früher besucht haben. Die Berichterstatter selbst können wohl nur deutsche Kaufleute gewesen sein, die wahrscheinlich in Begleitung griechischer Berufsgenossen in jene Gegenden gekommen waren. Wenn das an der Stelle der alten Kaufstadt Phanagoria gelegene Matrica (Matriga, Matarcha, Matracha, Taman) seit Errichtung des lateinischen Kaisertums (1204) einen wichtigen Handelsplatz der Venetianer und Genueser bildete, und sich schon früher im Jahre 1170 der byzantinische Kaiser Manuel I. den Handel nach Ῥωσία (an der Donmündung) und Μάτραχα vorbehielt (Tomaschek 41), so wird Matrica eben auch schon früher zu den Griechen nicht bloss religiöse, sondern auch rege mercantile Beziehungen gepflegt haben und stets eine Hauptvermittlerin des Handels an der Mäotis geblieben sein.

Dass die Tetraxiten auch noch gegen Ende des 12. Jahrhunderts noch nicht völlig bedeutungslos waren, ersehen wir aus dem Igorliede, wonach sie damals Verbündete der Kumanen gewesen zu sein scheinen. Allmählich aber müssen sie wohl durch die Tscherkessen (Zichen) immer mehr eingeengt worden sein. Die ungarischen Predigermönche, welche im Jahre 1236 das Stammvolk ihrer Nation in Asien suchten und auch wirklich fanden, haben auf ihrer Reise auch Matrica berührt, worüber ihre Reisebeschreibung die Worte hat (Féjer, Cod. dipl. Hungariae IV, 1, 51): „venerunt in terram, quae vocatur Sichia, in civitatem, quae Matrica vocatur. Quorum dux et populi se Christianos dicunt, habentes litteras et sacerdotes Graecos.“ Demnach wurde Matrica damals nicht nur zu Zichien gerechnet, sondern scheint auch bereits Residenz eines zichischen Fürsten gewesen zu sein. Die weiteren Mitteilungen der Mönche über die Bewohner des Landes übergehe ich, da sich dieselben doch höchstwahrscheinlich nur auf die Tscherkessen und nicht auch auf die Tetraxiten beziehen.

Zur Zeit da die ungarischen Mönche Matrica besuchten, hatten bereits die Tataren oder Mongolen an der Mäotis Fuss gefasst. Gerade an diesem Meere haben sich diese Welteroberer auf die Dauer niedergelassen. Im Jahre 1237 wurden auch die Kumanen östlich der Mäotis von den Tataren ausgerottet, vertrieben oder unterjocht. Ihre nicht auswandernden Reste sind wohl in den Tataren aufgegangen. Taman blieb vorläufig verschont und muss in der folgenden Zeit wohl völlig autonom gewesen sein. Im Jahre 1277 wurden aber auch die Tscherkessen von Mangu-Timur-Chan und den Nogai-Tataren bezwungen, wodurch auch Taman in ihre Gewalt geriet; doch war die Abhängigkeit der Tscherkessen eine sehr unbeständige (Frieseman, Beschryving van de Krim, S. 92 f.). Was aber für die tamanischen Tscherkessen galt, wird auch für die Tetraxiten seine Geltung gehabt haben.

Zu den Griechen haben von Taman aus ausser den mercantilen wohl nur die religiösen Beziehungen fortbestanden, für die wir aus dieser Zeit ein besonderes Zeugnis besitzen. In der Ἔκθεσις βασιλέως κύρου Ἀνδρονίκου Παλαιολόγου τοῦ γέροντος wird unter den dem Throne von Konstantinopel unterstehenden Metropoliten an 93. Stelle ὁ Ζηκχίας genannt, wozu noch die Worte gefügt sind: αὐτὴ ἀρχιεπισκοπὴ οὖσα μητρόπολις γέγονεν (Migne, Patrologiae Cursus completus 107, 393). Mit dem älteren Paläologen Andronikos ist Kaiser Andronikos II. (1282—1328) gemeint. Dass dieser Metropolit von Zichien in Matrica seinen Sitz hatte, folgt aus der bei Migne p. 402 stehenden Liste der Erzbischöfe, die zu Metropoliten befördert wurden, wo es an 10. Stelle heisst: Μετράχων, ὃς καὶ Ζηκχίας λέγεται. Unter der Metropolis Metracha (Matrica, Taman) haben natürlich auch die Tetraxiten gestanden.

Bald darauf fand aber auch die römisch-katholische Kirche, die sich seit Errichtung des lateinischen Kaisertums bemühte, auch im griechischen Osten festen Fuss zu fassen, auf der Halbinsel Taman Ausbreitung. Erfolge hatte dieselbe besonders auf der Krim unter dem Schutze der Genueser erreicht, so dass sich Papst Johannes XXII. im Jahre 1322 veranlasst sah, die Grenzen des dortigen Bistums Kaffa zu bestimmen (Raynald, Annales ecclesiastici XV, 240). 1333 erscheint Vospros (Bosporos, Kertsch) bereits als Sitz eines katholischen Erzbischofs, an den Papst Johannes XXII. folgendes schreibt: „Collegerant autem hi duo evangelici viri ingentem Christo messem in illis oris, ac late evangelium propagarant, pellecto ad fidem orthodoxam Milleno Alanorum principe .... Traxit ea Milleni conversio Versachum Zichorum regem ad ecclesiae Romanae gremium" (Raynald XV, 457). Versachus ist höchstwahrscheinlich König der tamanischen Tscherkessen gewesen. Es ist das zu erschliessen aus der Angabe bei Wadding, Annales Minorum, Tom. 8, Romae 1733, p. 33 für das Jahr 1349: „Assumuntur hoc anno ad ecclesiarum regimina multi Minoritae. Ad Archiepiscopales, qui sequuntur. Ad Matrigen in Regno Zechiae, sub Patriarcha Constantinopolitano frater Joannes, ex iisdem partibus oriundus, per Minoritas e pueritia in fide Catholica instructus". Dieser Joannes ist wohl mit dem Bischof identisch, den Papst Clemens VI., wie Tomaschek 43 ohne Quellennennung angiebt, im Jahre 1350 „in Matrica et Zicchia" ernannte. Wahrscheinlich war derselbe ein Tscherkesse, könnte jedoch möglichenfalls auch ein Tetraxit gewesen sein. Nach Frieseman, Beschryving van de Krim, p. 93 blieben jedoch die meisten Tscherkessen der griechischen Kirche unterthan, was wohl auch für die meisten, vielleicht sogar für alle Tetraxiten gegolten haben wird.

Im Jahre 1395 hatten die tamanischen Tscherkessen einen neuen Mongolensturm auszuhalten. Der grosse Timur plünderte damals von Kuban aus die Stadt Taman und richtete die furchtbarste Verwüstung an, während die Bewohner mit wahrhaftem Heldenmut ihre Freiheit verteidigten (Frieseman, a. a. O.). Die Tetraxiten werden damals wohl an der Seite der Tscherkessen gefochten haben, obwohl es sich nicht ausmachen lässt, ob sie denselben unterthänig oder selbständig gewesen sind. Die Tscherkessen selbst aber werden nicht lange unter mongolisch-tatarischer Herrschaft geblieben sein, wenn schon im Jahre 1419 der Genueser Simone de Guizolfi durch Heirat mit der Erbin von Taman den Besitz der Stadt (kaum jedoch der ganzen Halbinsel) unter der Oberherrschaft seiner Vaterstadt erlangen konnte (S. 42). Dass die Tetraxiten jedenfalls nach Eroberung der Stadt Taman durch die Türken im Jahre 1475 von dem Fürsten Sacharias de Guizolfi faktisch nicht mehr abhängig waren, erfahren wir aus dessen eigenem Briefe (S. 43). Da derselbe hier „li miei populi", d. h. seine tamanischen Tscherkessen, den „certi nostri latini", d. h. Genuesern, und den „segnori gotici", gegenüberstellt, so scheinen allerdings die letzten so gut wie die vorletzten auch schon vor der Eroberung Tamans von ihm unabhängig gewesen zu sein.

Der Brief des Sacharias aber sowie Peucers und Friesemans Nachrichten erfahren eine gewisse Ergänzung durch folgende Worte des Mathias von Michow in seiner Chronica Polonorum, Krakau 1521, p. CXX: „Polowzi siquidem fuerunt gentes, secundum latus septentrionale Euxini maris commanentes, ultra paludes Meotidis, quos alii Gothos appellant. Et linguagium habuisse asserunt, quale locuti sunt diebus nostris principes de Mankup, ultimo per Baissetum imperatorem Turcorum, anno domini. M. quadringentesimo octagesimo sexto exterminati, in Chersoneso et insula Thauricae, quam vulgari nostri Przecop dicimus, a Thartaris Przecopensibus occupata". Die Stelle ist nicht nur durch das völlige Durcheinanderwerfen der krimischen (Mankupischen) und tamanischen Goten, sondern auch durch die Identifizierung der Goten überhaupt mit den Polowzern (Kumanen) merkwürdig. Diese letztere hatte Michow (Myechow) allerdings schon in seinem Tractatus de duabus Sarmatiis, Augsburg 1518, vorgenommen, wo er p. a II erzählt, dass die Tataren die Polowzer 1212 unterworfen hätten (was thatsächlich auch in den folgenden Jahrzehnten stattgefunden hat), darauf den oben angeführten Satz von „Polowzi“ bis „appellant“ schon genau ebenso hat und dann mit den Worten fortfährt: „polowci autem lingua Ruthenorum sonant et interpretantur venatici seu rapaces: quia saepenumero invadentes eos spoliabant“. Wenn Michow hier speciell diejenigen Polowzer, die jenseit der Mäotis wohnten und in das Land der Ruthenen (Kleinrussen) Einfälle machten, als Goten bezeichnet, so muss hier wohl eine Verwechslung dieser Polowzer mit den ihnen benachbarten und verbündeten Tetraxiten vorliegen. Die Angaben Michows über die Polowzer können natürlich nur aus einer slawischen Quelle stammen, da die Kumanen ja nur bei den Slawen diesen Namen führten, der zudem auch von Michow selbst ausdrücklich als ruthenisch bezeichnet wird. Vielleicht benutzte Michow oder sein nächster Gewährsmann eine slawische Quelle, in der mitten unter den Polowzern, die über den Tanais setzend Russland verwüsteten, ähnlich wie im Igorliede, die mit denselben verbündeten Goten, d. h. die Tetraxiten, genannt waren. Auf Michow oder mit ihm auf gleiche Quelle zurück geht übrigens die Gleichsetzung der Polowzer und Goten bei Cromer, Polonia, Köln 1589, p. 54, wo unter der Regierung des Polenkönigs Boleslav II. (1058—1081) folgendes erzählt wird: „Polouucij sive Polowcij ... Russis ab oriente sole et meridie confines, quos nostrates quidem Gotos, Ungarici vero scriptores (nescio an recte) Cunnos sive Hunnos esse volunt, Tanai transmisso in Vuesseuolodi ditionem impetum fecerunt“. Dazu heisst es noch p. 128 von den Polowzern „Goti ii fuisse existimantur“ und p. 483 „qui Goti fuisse videntur“. Auch Peucer hält Chron. Car. P. IV, p. 54 b Polowzer für die sarmatische Benennung der Goten (vgl. S. 39).

Tractatus p. d II kennt Michow auch ein Land Gotien östlich der Mäotis. Er sagt dort nämlich in Bezug auf die Hunnen, die er mit den Ungarn identifiziert: „Defuncto autem Attila insurrexerunt inter hungaros dissensiones ... ita ut plures eorum occisi perirent reliquos cum Chaba filio attile rex et alii olim Attile subiecti de Pannonia expulerunt: qui in Gothiam per paludes Meotidas transierunt“. Und damit kein Zweifel bleibt, dass sich Michow dies Gotien östlich der Mäotis dachte, setzt er dann noch genauer hinzu: „Qui autem trans Meotida et mare Euxinum penetrauerant . . . Tomaschek freilich hat S. 55, von der Sonderexistenz der Tetraxiten nichts wissend, die Goten, die sich Michow „ultra paludes Meotidis" dachte, für Krimgoten gehalten, so dass der betreffende Satz Michows auch zu denjenigen Stellen zählt, die man fälschlich auf einen anderen Gotenrest als auf die Tetraxiten bezogen hat. Allerdings ist Tomaschek völlig im Recht, wenn er Michow wegen seiner Identifizierung der Polowzer und Goten sehr verschwommene Ansichten über die letzteren zuschreibt.

Über die Krimgoten wusste Michow allerdings auch Bescheid, wie er denn Tractatus p. c II die Eroberung Mankups und die Tötung seiner gotischen Fürsten durch den türkischen Sultan Mahumet ganz richtig erzählt und Mankup auch ganz richtig auf der Krim liegen lässt. Wenn er nun aber Chronica Polonorum p. CXX die Vertreibung der gotischen Fürsten von Mankup auf der Krim dem Sultan Bajazet zuschreibt und dieselbe in das Jahr 1486 setzt, so hat er offenbar eine Nachricht über den politischen Untergang der Tetraxiten mit dem, was ihm über das Ende des krimgotischen Fürstentums schon bekannt war, in Verbindung gebracht. Diese Verwechslung ist ja auch begreiflich genug, da es sich beide Male um Unterwerfung von Goten durch Türken handelte, und kann zumal bei einem Manne, der sogar Polowzer und Goten verwechselte, nicht gerade Wunder nehmen. Die Verwechslung wurde aber noch besonders dadurch begünstigt, dass Michow im Tractatus in der Tötung der Fürsten von Mankup überhaupt die Vertilgung der letzten Reste des altberühmten Gotenvolkes gesehen hatte („binos quoque duces et fratres de Mancup, unicos Gothici generis et linguagii superstites ad spem gregis Gothorum prolificandorum, gladio percussit et castrum Mancup possedit. sic Gothi penitus exstincti sunt nec eorum genealogia amplius comparet"). Ein Widerspruch mit seiner früheren Nachricht ergab sich für Michow wenigstens nicht in der Jahreszahl, da er eine solche über die Eroberung Mankups (1475) garnicht mitgeteilt hatte. Wohl aber hat derselbe die Namen der Sultane und das Schicksal der gotischen Fürsten in beiden Fällen verschieden angegeben. Man könnte daran denken, dass er sich, als er die Stelle in der Chronica schrieb, dessen, was er im Tractatus über das Ende der krimgotischen Herrschaft gesagt, ohne nachzuschlagen, nur erinnert hätte. Allein die wörtliche Gleichheit des Satzes von den Polowzern in beiden Schriften lehrt doch, dass er bei der Abfassung unserer Stelle in der Chronica seinen Tractatus wieder eingesehen haben muss. Es ist deshalb auch wahrscheinlich, dass er auch seinen auf die Krimgoten bezüglichen Passus im Tractatus wieder nachgeschlagen hat. In der Meinung, dass es nur noch einen einzigen Gotenrest am schwarzen Meere gegeben hätte, glaubte er wohl offenbar seine im Tractatus gegebene Darstellung nunmehr nach seiner neuen Quelle verbessern zu müssen. Da die tetraxitischen Fürsten nur vertrieben und nicht getötet worden waren, so mussten natürlich auch die Bemerkungen über die gänzliche Vertilgung des Gotenvolkes in der Chronica wegfallen, wenn auch die Bemerkung „Et linguagium habuisse asserunt, quale locuti sunt diebus nostris principes de Mancup“ deutlich zeigt, wie Michow auch noch bei der Abfassung der Chronica glaubte, dass doch die Goten nach ihrer Besiegung durch die Türken keine eigentlich greifbare Spur mehr zurückgelassen hätten. Falls sich unser Chronist des Schicksals der krimgotischen Hauptstadt und ihrer Fürsten, ohne nachzuschlagen, nur erinnert haben sollte, würde natürlich die Verquickung der Nachrichten über die beiden verschiedenen Gotenreste noch viel begreiflicher sein. Richtig hat derselbe übrigens in der Chronica diejenigen Goten, die jenseit der Mäotis wohnten, mit den durch Bajazet unterworfenen Goten in Verbindung gebracht, obwohl er doch die Nachricht über diese Sitze der Goten schon aus einer früheren Quelle geschöpft haben muss, da er dieselbe bereits im Tractatus kennt. Freilich beruhte diese Identifikation lediglich auf der Thatsache, dass er überhaupt alle Goten am schwarzen Meere für ein und dasselbe Volk gehalten und deshalb auch einen solchen geographischen Fehler gemacht hat, dass er dieselben zuerst „jenseit der Mäotis“ und dann sogleich auf der Krim wohnen liess.

Michows Nachricht über das Schicksal der tetraxitisch-gotischen Fürsten verdient besonders deshalb Glauben, weil sie nur wenige Jahrzehnte nach dem erzählten Ereignis geschrieben worden ist. Dieselbe steht aber auch in vollem Einklange mit dem Briefe des Sacharias de Guizolfi, wonach sich dieser im Jahre 1482 nur noch mit Unterstützung der Goten in seinem Guerillakriege gegen die Türken halten konnte, und mit den Nachrichten Peucers und Friesemans, wonach die tamanischen Goten „um

1484“ von Bajazet II. unterworfen wurden. Jedenfalls ist die von den Türken ohne jeden Kraftaufwand betriebene Unterwerfung der Tetraxiten erst im Jahre 1486 vollendet worden. Die Nachricht Michows empfängt aber auch durch den Bericht über ein noch jüngeres Ereignis ihre Bestätigung. Nach Belgrano nämlich, Atti della società Ligure di storia patria IV, p. CXXVII Anm. erwähnen die russischen Gelehrten Jurgewicz und Brun die Existenz eines Juden Zaccaria Guigoursis, Fürsten der Halbinsel Taman am schwarzen Meere, der sich von Copario am Kuban und von Kaffa aus im Jahre 1487 schriftlich an den Grossfürsten von Russland mit der Bitte gewandt habe, sich in den Staaten desselben niederlassen zu dürfen. Nach Brun, Černomorskie Goty p. 44 fand diese Korrespondenz mit dem Grossfürsten Iwan Wassiljewitsch in den Jahren 1487 und 1488 statt. Die Namensform *Guigoursis* aber hält man mit Recht für irrtümlich anstatt *Guizolfi* gesetzt oder verschrieben; auch können die Guizolfi sehr wohl eine jüdisch-genuesische Familie gewesen sein. Sacharias de Guizolfi war also 1487 bereits von der Halbinsel Taman vertrieben worden; wahrscheinlich fällt seine Vertreibung in das Jahr 1486 zusammen mit derjenigen seiner „segnori Gotici“. Derselbe hatte sich übrigens schon lange mit dem Plane getragen irgendwo einen Unterschlupf zu finden, und bereits in seinem Briefe an die Direktoren der St. Georgsbank berichtet, dass er auf dem Wege zu ihnen von dem Woiwoden Stefan in der Walachei beraubt worden und von Mitteln entblösst in sein Land zurückgekehrt sei. Nunmehr biete man ihm durch diesen Woiwoden ein Schloss in der Walachei an. Aber da er das Vaterland und die Republik liebe, werde er warten, ob ihm nicht ein günstiges Ereignis helfen würde. Wenn man ihn aber nicht unterstütze, so werde er nach der Walachei gehen und alle seine Völker mitnehmen.

Die politische Selbständigkeit der Tetraxiten endete also im kleinen Guerillakriege, während die der Krimgoten mit einem einzigen Schlage, der Eroberung ihrer Hauptstadt, vernichtet worden war. Deshalb dürften wohl auch den im Jahre 1486 vertriebenen tetraxitisch-gotischen Fürsten andere unter türkischer Oberherrschaft gefolgt sein; die Tetraxiten werden so gut wie die tamanischen Tscherkessen ihre eigenen „Beys“ behalten haben. Politisch werden sie jedoch nicht weiter erwähnt, was offenbar an ihrer geringen Anzahl gelegen hat. Doch haben sie natürlich in den folgenden Jahrhunderten das Schicksal der tamanischen Tscherkessen geteilt. Die Geschichte der Halbinsel Taman in den folgenden Jahrhunderten mag deshalb hier kurz skizziert sein.

Auskunft über das Schicksal der tamanischen Tscherkessen giebt Carl Wilhelm Müller, Beschreibung aller Nationen des Russischen Reichs, St. Petersburg 1776, S. 133: „In der Mitte des 16. Jahrhunderts brachte sie der russische Zaar Ivan Wasiljewitz unter seinen Scepter .... Im 17. Jahrhundert geriethen sie unter den Chan der Krimm .... Es kamen von Zeit zu Zeit krimmische Commissarien, die den Tribut selbst aussuchten .... Im Jahre 1708 erschlugen die Tscherkessen die Comissarien und siegten auch über die krimmschen Truppen, die sie deswegen züchtigen sollten. Um weiteren Folgen vorzubeugen, begaben sie sich unter den Schutz der hohen Pforte, ohne derselben tributar oder sonst unterworfen zu werden, unter welcher sie noch stehen". Iwan begründete also die zweite Russenherrschaft auf Taman. Noch Jean de Luca, der im Anfang des 17. Jahrhunderts die Halbinsel bereiste, sagt in seiner Relation des Circasses (Recueil des Voyages au Nord VII, 109): „Ces Villages obéissent au Czaar des Moscovites et à quelques Mirsas ou Seigneurs particuliers de sa Cour, auxquels il les a donnez pour recompense de leurs services." Nicht ganz klar ist, wie sich nach Verdrängung der Russen die Verteilung der Herrschaft zwischen Türken und Tataren gestaltete. Mindestens haben die Türken sogleich nach Vertreibung der Russen die Festungen der Halbinsel wieder für sich selbst in Anspruch genommen, wie aus folgendem Bericht des Reisenden Beauplan, Description d'Ukrainie, Rouen 1632, p. 43 f. hervorgeht: „Taman est une ville appartenant au Turc dans le pays de Circasaises; cette villace a un mechant chasteau où y peut avoir quelques 30. Hanichares qui font garde comme semblablement à Temruk ...." Auch ist Müllers Angabe, dass die tamanischen Tscherkessen den Türken nicht tributär geworden wären, unrichtig (vgl. S. 57 f.).

Wenn oben gesagt worden ist, dass der Name der Goten in Bezug auf die Tetraxiten in politischem Sinne in dieser Periode nicht mehr üblich wäre, so scheint derselbe doch noch zweimal in sprachlich-ethnologischer Beziehung in dieser Zeit vorzukommen und in dem einen Falle zugleich auf die Tetraxiten und Krimgoten, in dem anderen sogar auf erstere allein zu gehen. Freilich ist es sehr fraglich, ob die Quellen dieser Nachrichten nicht selbst schon vor diese Zeit zu setzen sind. Die erste der beiden Angaben steht bei Johann Rauwen, Weltbeschreibung, Frankfort am Mayn 1612, S. 633 und lautet: „So soll man auch sonst Gothen finden in etlichen Inseln." An diese Bemerkung wird dann die bereits S. 47f. berührte Erzählung der Annales Silesiae p. 14 des Joachimus Cureus von den deutsch sprechenden Goten geknüpft. Von verschiedenen Inseln ist aber bei Cureus garnicht die Rede und der Ausdruck „Insel" überhaupt nicht gebraucht, so dass hier noch eine andere Quelle benutzt worden sein muss. Vielleicht hat diese Quelle auch etwas über die deutsche Sprache jener Goten enthalten, was Rauwen dann aber hier wegliess, da er ja über das Deutsch dieser Goten eine längere Erzählung des Cureus beizubringen wusste. Mit den „Inseln" können aber hier nur Halbinseln gemeint sein, Taman und die Krim. Beide Halbinseln sind ja in hohem Grade inselähnlich, besonders aber Taman, in Bezug auf welches Pallas, Leipzig 1803, II, 247 ff. nur von einer der Mündung des Kuban vorgelagerten Insel spricht und für das auch schon Strabo 11, 2, 9 den Ausdruck νῆσος gebraucht. Da das Wort „Inseln" in anderen Nachrichten über die Gotenreste am schwarzen Meere nicht angewandt ist, so scheint hier wieder eine selbständige Quelle zu Grunde zu liegen.

Allerdings kommt der Singular „insula" auch noch in der zweiten aus dieser Zeit stammenden Nachricht vor, die sich vielleicht auf die Tetraxiten bezieht. Die Stelle steht bei Nicolaus Leuthingerus, De Marchia Brandenburgensi, Libri undevicesimi dedicationes in der Scriptorum de rebus Marchiae Brandenburgensis in unum volumen collectio Krausii, Francforti et Lipsiae 1729, p. 1123, wo in Bezug auf die Goten gesagt wird: „et restant eorum reliquiae in Taurica Chersoneso prolatae prope Constantinopolim lingua germanica utentes, sicut et huc spectant Transsylvani et Sepusii. Est adhuc insula Gothia dicta." Nach p. 1127 war Leuthingers 19. Buch zu Wittenberg 1600 erschienen. Daher ist auch die Anlehnung an Melanchthon begreiflich, die sich in der Verlegung des taurischen Chersones in die Nähe Konstantinopels und in der Ableitung der Transsylvanier (Siebenbürger) von den Goten zeigt; mit den Sepusiern sind wohl

Deutsche in Ungarn gemeint. Was „Gothia" betrifft, so könnte man vielleicht auch daran denken, dass dasselbe für „Gotlandia", d. h. die schwedische Insel Gotland stehe. Doch scheint der Zusammenhang eher ein Land im fernen Südosten zu fordern. Dann aber könnte mit der „insula" nicht die Krim, von der ja nur ein kleiner Teil Gotia hiess, wohl aber die auch noch viel inselähnlichere Halbinsel Taman gemeint sein. Vielleicht besteht auch hier ein Zusammenhang mit Melanchthon, der Chron. Car., Wittenberg 1558, p. L 5 b von einer Kolchis benachbarten Gegend Gotien spricht. Der Ausdruck „insula" könnte dann wieder auf eine mündliche Lehre Melanchthons oder eines seiner Schüler zurückgehen.

Gerade der Landschaftsname Gothia wird auch noch in einem späteren Zeugnisse, das sich auf die Tetraxiten beziehen muss, genannt. Es ist das des Engelbert Kämpfer, welches man bisher mit den Krimgoten in Verbindung gebracht hat, eine Auffassung, die allerdings in Kämpfers eigenen Worten nicht nur eine Stütze zu finden, sondern sogar selbst darin enthalten zu sein scheint. Kämpfer sagt nämlich Reise nach Japan I, 99 folgendes: „In Asien findet man auf der Halbinsel Krim oder im Chersonesus Tartarica noch viele deutsche Worte, und man giebt vor, dass sie eine gotische Kolonie 850 Jahre nach der Sündflut dahin gebracht habe. Der Herr v. Busbeck .... hat in seinem vierten Schreiben eine gute Anzahl dieser Worte aufgezeichnet, und ich habe mir noch mehr angemerkt". Mit dieser Bemerkung muss man jedoch die von Kluge im Britischen Museum aufgefundenen und PBB. 11, 564 veröffentlichte Notiz aus Kämpfers Nachlass vergleichen: „Ex discursu legati Russici Constantini, natione Graeci. Die peninsula Zerch osafke v. Tsiorno more, so die Coimeno, nebst den .... bis zur Dniper besitzen, wird von den Griechen Gothia Γωθία genannt (ϑ pronunciando ut anglicum ϑ, sc. th), soll beinahe die Usbeiischen als ihre daselbst ..... Muttersprache reden, doch intermixtis vocabulis Germanis (: Gothicis). Ex Gothia gentium vagina Ponti littora colonos antiquitus migrasse testatur historia Gothica, ac vocabula Germanica plurima refert legatus ... Busbeck. Ein anderer Entwurf desselben Passus enthält vor „soll beinahe die" die Worte: „gehört den krimischen Tartaren, soll daselbst bis zum Dniper wohnen." Auf beide Versionen folgt dann gleichmässig die Bemerkung: „stückweiser Bericht aus den Zetteln diluvii mei auf dem Wege in Sina soviel lesbar zusammengebracht."

Bevor wir auf die Frage eingehen, ob das von Kämpfers Gewährsmann genannte Land wirklich mit der Krim identisch ist, werden wir uns über die Person desselben und seine Beziehungen zu Kämpfer zu unterrichten haben. Einen Griechen Constantin erwähnt letzterer auch Amoenitates exoticae p. 239. Danach hiess derselbe vollständig Constantin Christophorowitz und war russischer Gesandter am persischen Hofe. Er wird dort auch von Kämpfer „longioris aevi dignus mihi amicus" genannt. In welchen Jahren sich Kämpfer ungefähr am persischen Hofe aufgehalten, ist aus seinem am 25. November 1687 aus Persien an seinen Bruder Joachim geschriebenen Briefe zu ersehen (abgedruckt Reise nach Japan V, S. XXI). 1683 war er erst nach Moskau gekommen (vgl. Kunik bei Kluge PBB. 11, 563), und 1690 treffen wir ihn bereits in Japan (Reise nach Japan I, S. XXVIII). Constantin selbst starb noch am persischen Hofe, während Kämpfer sich dort noch aufhielt, und zwar in seinem vierzigsten Lebensjahre. Die von ihm berichteten Thatsachen müssen sich daher etwa auf die Zeit zwischen 1660 und 1685 beziehen.

Wenn Kämpfer in seinem Nachlasse von einem Volke redet, das nur einzelne deutsche Wörter in seiner Sprache gehabt habe, so hegt er dieselbe Auffassung auch Reise nach Japan I, 99, wo er die oben citierte Stelle nur als Beispiel dafür anführt, dass gerade in dem Verhältnis der Menge hinzugekommener Fremder auch fremde Wörter in die alte Sprache eindringen und darin naturalisiert werden. Auch der Ausdruck „Halbinsel" stimmt in beiden Fassungen überein. Dagegen weichen, worauf schon hingedeutet, die Namen derselben in beiden von einander ab. Im Nachlasse heisst die Halbinsel Zerch osafke und Tsiorno more (v. für vel), in der Reise nach Japan jedoch Krim und Chersonesus Tartarica. Kämpfer hat hier also zwei gänzlich unbekannte Bezeichnungen durch die bekannte „Krim" und die verständliche „Chersonesus Tartarica" ersetzt. Das hat offenbar aber nur daran gelegen, dass von den germanischen Völkerresten am schwarzen Meere die Krimgoten bei weitem am bekanntesten waren und speciell Kämpfer, der sich ja auch wie die meisten späteren nur auf Busbeck bezieht, allein bekannt gewesen sein werden.

Freilich lässt sich aus den von Kämpfer in seinem Nachlass genannten Namensformen selbst nicht viel gewinnen. Garnichts weiss ich mit *Zerch osafke* anzufangen. Es wäre nicht zu verwundern, wenn hier eine Verderbnis vorläge, da Kämpfer erstens schwierig aufzufassende russische Lautkomplexe wiederzugeben hatte und zweitens auch aus seinen eigenen Gothica nur einiges wenige „lesbar zusammenbringen“ konnte. Bei der Umschrift aus seinen durchnässten Papieren haben wohl besonders fremde Namen leicht entstellt werden können. Für nicht ausgeschlossen möchte ich einen Zusammenhang von *Zerch osafke* mit „Circassien“ halten.

Im Gegensatze zu dieser Namensform ist *Tsiorno more* wenigstens an sich verständlich. Dasselbe kann nichts anderes sein als russisch *Černoje more* d. h. wörtlich „schwarzes Meer“. Es wäre möglich, dass Konstantin von einer Halbinsel Zerch osafke „am“ schwarzen Meere gesprochen, Kämpfer aber ihn so missverstanden hätte, als ob *Tsiorno more* ein zweiter Name der Halbinsel bei den Russen wäre. Doch könnte auch der etwaige Fehler auch hier erst wieder auf der Umschrift beruhen. Da beide Gotien am schwarzen Meere lagen, so ergäbe diese Möglichkeit nichts für die nähere Bestimmung des von Konstantin gemeinten Gotiens. Freilich ergiebt auch die andere Möglichkeit nicht viel. Denn wenn einmal die Bezeichnung „schwarzes Meer“ für einen Landstrich am schwarzen Meere gebraucht wurde, so könnte dieser an sich ebenso gut in Europa wie in Asien gelegen haben. Nur hat man zu berücksichtigen, dass heute russische Namen, die von *Černoje More* abgeleitet sind, gerade auf der asiatischen Seite dieses Meeres vorkommen. So giebt es einen *Černomorskij kraj* „tschernomorskischen Kreis“ bei Anapa, also ganz in der Nähe Tamans, und liegt ein Städtchen Tschernomorsk sogar tief im Binnenlande südöstlich von Jekaterinodar am Kuban. Die Tschernomorskischen Kosaken sind aber gerade auf der Halbinsel Taman und nordöstlich davon, also zum grossen Teil garnicht mehr am schwarzen, sondern am asowschen Meere angesiedelt. Obwohl nun diese Bezeichnungen selbst aus keiner früheren Zeit als aus dem Beginne der dritten dortigen Russenherrschaft, d. h. dem Ende des 18. Jahrhunderts stammen können, so wäre es doch möglich, dass schon zur Zeit der zweiten Russenherrschaft auf Taman, der des Iwan

Wasiljewitsch, also schon vor Kämpfer, der Name *Černoje More* von den Russen vorzugsweise auf die asiatische Küste des schwarzen Meeres, von der allein ihnen ein Stück unterthan war, angewandt und vielleicht auf Taman selbst übertragen worden wäre.

Besseren Anhalt gewähren jedoch Kämpfers weitere Ausführungen. Nicht ganz ohne Belang ist es hier vielleicht schon, dass derselbe in der Reise nach Japan die Halbinsel Krim fälschlich in Asien liegen lässt. Entscheidend aber ist der Umstand, dass er in seinem Nachlasse Γωθία selbst eine Halbinsel nennt. Denn da das taurische Gotien für sich keine Halbinsel bildete, so müsste Konstantin, wenn er dies dennoch gemeint hätte, den kleinen krimgotischen Distrikt mit der ganzen Krim verwechselt haben. Das ist aber nicht gut möglich für einen Mann, der die Sprache des betreffenden Gebietes selbst gekannt hat, also sich dort auch einmal aufgehalten haben muss. Ferner liess Konstantin sein Gotien den krimischen Tataren gehören, was für die Halbinsel Taman auch für seine Zeit zutraf (vgl. S. 91), während das Gotien der Krim stets direkt unter türkischer Herschaft gestanden hatte, was daraus zu folgern ist, dass sich die Kadylyke Mankup, Sudak und Kaffa genau mit den Gebieten decken, welche die Türken den Goten und Genuesern im Jahre 1475 auf der Krim entrissen hatten (vgl. Braun 45 ff.). (*Koimeno*, wie es im ersten Entwurf des Passus für *krimische Tataren* heisst, steht wohl für *Kumanen*, die früheren Besitzer der tatarischen Gebiete am schwarzen Meere, die Konstantin vielleicht mit den Tataren für identisch hielt.) Endlich ist zu bedenken, dass Konstantin überhaupt wohl kaum von „krimischen" Tataren gesprochen haben könnte, wenn er mit seinem Gotien einen Teil der Krim selbst gemeint haben würde. Denn in diesem Falle wäre doch — gesetzt, dass Kämpfers Freund das Gotien der Krim irrtümlich für tatarisch anstatt für türkisch gehalten hätte — die Thatsache, dass diese Tataren die krimischen waren, so selbstverständlich gewesen, dass sie nicht mehr zur Unterscheidung von anderen Tataren als solche hätten bezeichnet zu werden brauchen. „Krimisch" hat Konstantin die Tataren der kleinen Tatarei deshalb genannt, weil die Residenz ihres Chans, Baktschisaray, auf der Krim lag, weswegen dieser Fürst ja überhaupt sehr häufig „Chan der Krim" genannt worden ist. Die Thatsache aber, dass die Halbinsel Taman ausserhalb der Krim lag, veranlasste offenbar Konstantin, auch die übrigen Besitzungen der krimischen Tataren ausserhalb der Krim mit den Worten „bis zum Dniper“, womit nur der Dnieper gemeint sein kann, anzugeben. Die nicht mehr lesbaren Worte in dem Satze aus Kämpfers Nachlass nach „nebst den“ können sich auf nichts anderes als auf die tatarische Küste des Asowschen und schwarzen Meeres bezogen haben. Die Grenze dieser Küste auf der einen Seite brauchte Konstantin nicht noch einmal zu nennen, da dieselbe bereits durch die Halbinsel Taman gegeben war; die andere aber, welche durch den nördlichen Arm der Donau gebildet wurde (vgl. S. 56), hat er offenbar infolge geographischer Unkenntnis mit der Nennung des Dniepers viel zu weit nach Osten verlegt. Hätte sein Gotien aber auf der Krim gelegen, so wäre die Nennung dieser Gebiete und des Dniepers ebenso überflüssig wie die Definition seiner Tataren als der krimischen gewesen.

Kämpfer hat den Konstantin sicher nach dem Volke der Goten auf der Krim, von denen allein bei Busbeck und den meisten anderen die Rede ist, kaum aber nach einer Landschaft Gotien gefragt. Konstantin hat ihm dann offenbar den einzigen ihm bekannten Namen angegeben, der ihm mit dem Namen der Goten verwandt zu sein schien. Er kannte also auch noch den Landschaftsnamen Γοθία, nicht mehr aber den Volksnamen Γότθοι. Auch Melanchthon spricht ja schon von einer Landschaft Gotien bei Kolchis neben einem Volke von Goten in Taurien (vgl. S. 44). So war also der Name Gotien die griechische Bezeichnung für die Halbinsel Taman auch noch geblieben, als die Tscherkessen schon längst den grössten Teil des Ländchens besetzt hatten und die Griechen selbst dasselbe kirchlich zum Erzbistum Zichien gefügt und durch Erhebung der Stadt Taman zur Metropolis Zichiens sogar gewissermassen zum Herzen des Tscherkessenlandes gemacht hatten. Offenbar hatten die Griechen die alte Benennung zur Unterscheidung von den übrigen Teilen Zichiens beibehalten. Der Volksname Goten aber war einem Kenner des Landes Taman wie Konstantin unbekannt geblieben: wahrscheinlich hatten schon zu seiner Zeit die Tetraxiten selbst ihren eigenen Namen vergessen (vgl. S. 66 ff.).

Die zweite Frage, die Kämpfer offenbar an Konstantin gerichtet hat, war die, ob in Gotien deutsch gesprochen würde. Nun hat der Grieche Konstantin höchstwahrscheinlich nicht die geringste Kenntnis von der deutschen Sprache gehabt oder doch nur einige Brocken derselben von Kämpfer erlernt. Er wird daher dessen Frage rundweg verneint und demselben vielmehr angegeben haben, dass die Bewohner Gotiens „usbeiisch“ sprächen. Wenn nun Kämpfer dennoch „sed intermixtis vocabulis Germanis (Gothicis)“ hinzusetzt und in der Reise nach Japan davon spricht, dass er deutsche Wörter, die auf der Krim heimisch wären, aufgezeichnet habe, so muss er eben den Konstantin eine Reihe von Vokabeln dieses „Usbeiisch“ abgefragt und dabei verschiedene Wörter, die er als deutsch erkannte oder zu erkennen glaubte, zu hören bekommen haben.

Merkwürdig ist hier nun freilich der Name *usbeiisch*. Ein Stamm mit Namen *Usbeien* ist unbekannt. Am meisten klingt der Name des türkischen Volkes der *Usbeken* in Centralasien an, und dieser allein kann auch hier nur gemeint sein. Amoenitates exoticae p. 238 redet Kämpfer von einem Lande *Usbecia*, aus welcher lateinischen Namensform offenbar jenes *usbeiisch* erklärt werden muss, sei es nun, dass Kämpfer selbst in seinen durchnässten Papieren oder dass erst Kluge in Kämpfers höchst undeutlichen Bleistiftnotizen ein *i* für ein *c* in dem Namen gelesen hat. Eine Sprache aber, die Konstantin „beinahe usbekisch“ nannte, kann nur ein türkischer Dialekt gewesen sein. Von Turkstämmen aber wohnten nur nogaische Tataren, nächste Verwandte der krimischen Tataren auf der Halbinsel Taman zwischen den Tscherkessen. Wenn aber Konstantin die Sprache dieser Tataren nicht als tatarisch, sondern als „beinahe usbekisch“ bezeichnet hat, so hat er höchstwahrscheinlich darauf Rücksicht genommen, dass Kämpfer selbst unter den türkischen Dialekten kaum einen anderen als den usbekischen etwas gekannt haben kann. Denn unter osmanischen Türken oder krimischen oder nogaischen Tataren hatte Kämpfer niemals gelebt, wohl aber am persischen Hofe „usbequische“ Gesandte neben russischen und arabischen kennen gelernt, wovon er in seinem Briefe an seinen Bruder Joachim (Reise nach Japan, I, XXI) berichtet. Übrigens nennt er auch selbst die usbekischen Gesandten Amoenit. exot. p. 238 Tataren („remittendis in Usbeciam Tartaris“).

Konstantin scheint also nur die Sprache eines kleineren Teiles der Bevölkerung Gotiens, die der tamanischen Tataren, gekannt zu haben. Aber dieser kleinere Teil gehörte dem herrschenden

Volke an, dessen Sprache eben ein Politiker bei seinem Aufenthalte auf der Halbinsel hauptsächlich oder auch nur allein erlernt haben wird. Auffallend ist es nun, dass Kämpfer in diesem Tatarisch deutsche Wörter gehört haben will. Denn es wäre doch an sich sehr unwahrscheinlich, dass das herrschende Volk eines Landes aus der Sprache eines kleinen unterdrückten und verwilderten Stammes Entlehnungen vorgenommen hätte. Und es wäre auch wohl möglich, dass Kämpfer, der Kenner Busbecks, von dem Wunsche geleitet, in der Sprache Gotiens noch germanische Elemente zu hören, verschiedene tatarische Wörter irrtümlich für germanische gehalten und vielleicht auch wirklichen germanischen Wörtern bei seinen Aufzeichnungen angeglichen hätte. Nicht ausgeschlossen wäre freilich auch die Möglichkeit, dass Konstantin, von Kämpfer examiniert und auf deutsche Wörter aufmerksam gemacht, auch Wörter aus der Sprache der unterworfenen Tetraxiten mitten zwischen denen der herrschenden Tataren genannt hätte. Eine Kontrolle wird man schwerlich jemals vornehmen können, da Kämpfers Gothica unwiderbringlich verloren zu sein scheinen (Kluge, PBB. 11, 563 f.). Auch die Sprache der tamanischen Tataren lässt sich nicht mehr untersuchen, da dieselben längst vor den Russen von der Halbinsel geflohen und nicht mehr auffindbar sind. Erhalten sind uns aus der Sprache der Stadt Taman aus der Zeit vor der russischen Eroberung nur zufällig bei Peyssonel I, 284 ff. einige wenige Wörter, die nach Untersuchung des Herrn Dr. Foy nur türkisch oder tatarisch sein können.

Das Eindringen der Russen muss auch die letzten etwa noch vorhandenen Tetraxiten von der Halbinsel gescheucht haben. Wäre dasselbe nicht eingetreten, so würden wir vielleicht noch heute auf Taman germanische Sprache vorfinden. Der Hergang der Sache, der auch dem tetraxitischen Völkchen sein Ende bereitet zu haben scheint, hat sich folgendermassen abgespielt: Bekanntlich wurde im russisch-türkischen Frieden von Kustschuk-Kainardsche im Jahre 1774 der Chan der kleinen Tartarei für unabhängig erklärt. Genaueres über das Schicksal der Halbinsel von Taman berichtet Büsching, Erdbeschreibung, I. Teil, 8. Aufl., Hamburg 1787, S. 1274: „In dem Frieden von 1774 begab sich der Sultan der Osmanen seiner hiesigen Besitzungen, behielt aber doch, dem Friedensschlusse zuwider, Taman und Temouk besetzt, bis Schahin-Gjerja die osmanischen Besatzungen mit russischer

Hilfe daraus vertrieb“. Diese Vertreibung mit Hilfe der Russen oder mindestens die sich daran bald knüpfende erneute Niederlassung der Russen und Errichtung der dritten Russenherrschaft auf Taman muss auch über das Schicksal der etwa noch vorhandenen Tetraxiten, die wenigstens einen Teil ihres Ländchens anderthalb Jahrtausende lang gegen alle Feinde behauptet hatten, entschieden haben. Kunde über das Schicksal der tamanischen Tataren und Tscherkessen giebt v. Klaproth, Reise in den Kaukasus in den Jahren 1807 und 1808. Derselbe sagt zunächst I, 474 über den kleinen Tscherkessenstamm der Shana oder Shani: „Sie bewohnten ehemals das rechte Ufer des Ckuban, oberhalb Kopyl, entflohen aber im Jahre 1778 bey Annäherung der Russischen Truppen auf die Linke derselben, zugleich mit den Einwohnern von Thaman“. Darauf berichtet er I, 475 folgendes: „Die ehemaligen Einwohner von Thaman, die bei der Einnahme der Krym entflohen, waren theils Tataren vom Stamme Bulnady, theils Tscherkessen, und wurden mit dem Tatarischen Namen Adaly, d. h. Inselbewohner, belegt. Sie zogen sich von dort auf das linke Ufer des Ckuban, und längs dem Liman desselben, und wohnten in Dörfern, unter ihrem alten Namen Adaly. Sie bauten Korn und Gartenfrüchte und trieben vorzüglich Fischerey. Bei der Einnahme von Anapa im Jahre 1791 kamen viele um, und seit der Zeit haben sie sich gänzlich verloren, oder mit den benachbarten Stämmen vermischt“. Über Anapa bemerkt er I, 477 noch folgendes: „Anapa wurde im Jahre 1784 von den Türken angelegt, als Russland die Krym und die Insel Thaman in Besitz genommen hatte, zum Schutze für die geflüchteten Einwohner der letzteren, und der am Ckuban herumziehenden Nogay . . . . . . Als sie der damalige General-Lieutenant v. Gudowitsch im Jahre 1791 mit Sturm einnahm, hatte sie nur einen Erdwall . . . Die Einwohner und die Besatzung flüchteten aber vor der Ankunft der Russen, weil die erwartete türkische Landmacht nicht ankam“. Anapa war von den Türken jedenfalls im Hinblick auf eine Erneuerung des Krieges mit den Russen angelegt worden, nachdem diese im Vertrage von Konstantinopel am 28. December 1783 dem Teile von Kuban entsagt hatten, der auf der Südseite des Flusses Kuban liegt (Büsching, I. Theil, 8. Aufl., S. 1274).

Nach Pallas, Leipzig 1803, II., 289 f., haben die Russen die Halbinsel Taman den Tschernomorskischen Kosaken zugewiesen, von welchen sie noch heute bewohnt wird. Über die früheren Bewohner Tamans aber bemerkt Pallas II., 294: „Die vormaligen Dörfer der Tscherkessischen und Tatarischen Bewohner dieser Gegend, sowie auch der Nekrassofschen Kosaken, sind sämtlich verwüstet und fast dem Boden gleich gemacht“. Von den hier genannten Nekrassofschen Kosaken erzählt v. Klaproth in einer Anmerkung zur Voyage dans les steps d'Astrakhan et du Caucase von Jean Potocki, T. I, Paris 1829, p. 233, dass sich dieselben als Rebellen gegen Peter den Grossen unter ihrem Führer Nekrassow im Jahre 1708 am Kuban niedergelassen und sich unter türkische Herrschaft gestellt hätten. Als sie nach dem Frieden von Kustschuk-Kainardsche den Chan der Tataren nicht als ihren Herrn anerkennen wollten, hätten die Russen ihre Festungen zerstört, sie selbst sich aber darauf in der Nähe Anapas niedergelassen. Als Gudowitsch 1791 Anapa eroberte, wären sie von den Türken in Bessarabien und Bulgarien bei Varna angesiedelt worden, wo sie noch ihre kleinrussische Sprache, Sitte und Tracht gewahrt hätten. Die Nekrassofschen Kosaken haben also, abgesehen von ihrer schliesslichen Ansiedelung in Europa, dasselbe Schicksal wie die tamanischen Tataren und Tscherkessen gehabt. Pallas' Angabe von der allgemeinen Verwüstung der Halbinsel Taman wird bestätigt durch die Worte von Reineggs, Beschreibung des Kaukausus, aus dessen nachgelassenen Papieren gesammelt und herausgegeben von Friedrich Enoch Schröder, 1796, Bd. I, 275: „Es ist zwar jetzt unbewohnt“. Nach Gerstenberg, Biographische Skizze Reineggs im Anhang zu Reineggs Werk, Bd. II, S. 374, 381 und 384 hat dieser den Kaukasus 1778 bis 1784 bereist. Zu Reineggs Notiz über Taman hat aber Schröder in der Fussnote bemerkt, dass Fürst Potemkin dasselbe im Jahre 1793 mit Tschernomorskischen Kosaken besiedelt habe. Da die alten Bewohner Tamans das Land schon früher verlassen hatten, so können auch nicht einmal die geringsten Spuren germanischer Sprache in den Dialekt der Tschernomorskischen Kosaken aufgenommen worden sein.

Dagegen ist es wahrscheinlich, dass auch noch Tetraxiten, deren Vorhandensein mindestens noch für das vierte, vielleicht aber auch noch für das sechste Jahrzehnt des 18. Jahrhunderts von Mondorf bezeugt wird, sich im Jahre 1778 mit den tamanischen Tataren und Tscherkessen auf das linke Ufer des Kubans und in die Gegend von Anapa gepflüchtet haben. Ob dieselben freilich damals noch für sich selbst ein Dorf oder einige Dörfer gegründet oder sich bereits gänzlich unter die tatarischen und tscherkessischen Genossen ihrer Flucht zerstreut haben, muss durchaus fraglich bleiben. Weniger fraglich freilich scheint es, dass sie sich gleich diesen nach der Einnahme Anapas im Jahre 1791, so weit sie nicht umgekommen waren, mit den Tscherkessen des inneren Kaukasus vermischt haben. Man muss beachten, dass v. Klaproth, der den Kaukasus nur 16 Jahre nach der Zerstörung Anapas bereiste, doch die ehemaligen Tamaner nicht mehr aufgefunden hat. Doch gesetzt selbst, dass sich damals noch Tetraxiten in irgend einem versteckten Gebirgsdorfe in der Nähe des Kubans oder Anapas erhalten hätten, so würden dieselben doch wohl in den mehr als 100 Jahren, die seitdem verflossen sind, den Tscherkessen in der Religion und wahrscheinlich auch in den Sitten schon assimiliert, schwerlich ihre Sprache erhalten haben. Endlich müsste man, wenn man sich trotzdem der Hoffnung hingeben wollte, doch noch vielleicht tetraxitische Sprache im Kaukasus auffinden zu können, den Umstand in Betracht ziehen, dass in der zweiten Hälfte dieses Jahrhunderts ein grosser Teil der Tscherkessen auf türkisches Gebiet ausgewandert ist und sich diesen vielleicht auch die etwa noch vorhandenen Tetraxiten angeschlossen haben könnten. Wenn auch die Fortexistenz der Tetraxiten bis auf den heutigen Tag nicht unmöglich scheint, so ist dieselbe doch im höchsten Masse unwahrscheinlich.

Eine grosse Unwahrscheinlichkeit ist es aber auch, dass irgend welche Spuren der tetraxitischen Sprache in einen tscherkessischen Dialekt Eingang gefunden haben sollten. Das kleine Häuflein der Tetraxiten, das seinerseits die Religion der Tscherkessen angenommen hatte und sich im Verkehr mit diesen wohl stets nur des Tscherkessischen bedient haben wird, kann doch wohl schwerlich von irgend einem Einflusse auf eine Mundart dieser Sprache gewesen sein. Und wenn die Tetraxiten sich schliesslich zerstreut haben, werden sie um so weniger eine solche Beeinflussung haben ausüben können. Sollten wirklich tetraxitische Spuren im Tscherkessischen vorhanden sein, so würden sich dieselben sicher auf ein ganz kleines Dialektgebiet südlich des Kubans oder bei Anapa beschränken. In der Hauptmasse des Tscherkessischen lässt sich von vornherein überhaupt nichts

Germanisches erwarten, wie denn auch weder das von v. Klaproth, Reise in den Kaukasus II, Anhang S. 236 ff., mitgeteilte Wörterverzeichnis aus dem tscherkessischen Hauptdialekte, dem Kabardischen, noch das Dictionary of the Circassien language von L. Loewe, London 1854, das die Sprache der südlichen Tscherkessen behandelt, irgend welche germanischen Spuren aufweist.

Eher könnten dagegen vielleicht Ausgrabungen auf der Halbinsel Taman einen Erfolg für die germanische Sprachforschung haben. Übrigens sind möglichenfalls zwei im vorigen Jahrhundert bei Phanagoria (in der Nähe der späteren Stadt Taman) aufgefundene Inschriften tetraxitischen Ursprungs. Ritter, Die Vorhalle Europäischer Völkergeschichten, Berlin 1820, S. 221 f. nennt nämlich neben den dort gefundenen griechischen Altertümern auch eine Säule mit Inschrift in zwei verschiedenen unbekannten Schriftarten sowie ein Skulpturfragment, wie es scheine, von einem Sphinxkopfe, gleichfalls mit unbekannter Schrift. Allerdings deuten die griechischen Kunsterzeugnisse eher auf die Zeiten des bosporanischen Königreichs, dessen Ende gerade die Germanen herbeigeführt haben. Bekanntlich hatten die aus Iran stammenden bosporanischen Könige die griechische und iranische Kultur mit einander verschmolzen, weshalb vielleicht eher an iranische Schrift als an Runenschrift zu denken ist. Jedenfalls aber thäte die Wissenschaft gut, jenen Inschriften endlich wieder nachzuforschen. Wie Ritter sagt, sollen dieselben aus Fürst Potemkins Besitz in die Gärten des Fürsten Radziwil gekommen sein.

Das kleine Völkchen der Tetraxiten hat nach dem Abzuge der Hauptmasse der Heruler vor der Mitte des fünften nachchristlichen Jahrhunderts noch mindestens volle dreizehn Jahrhunderte fortexistiert. Man ist gewiss berechtigt, nach den Ursachen dieser merkwürdigen Erscheinung zu fragen. Kaum zu verwundern ist es allerdings, dass, so lange die Tetraxiten ihre fast inselgleiche Halbinsel für sich allein bewohnten, sie vor den Einflüssen ihrer kulturell tiefer stehenden Nachbaren vollständig geschützt waren. Auch die Niederlassung der Russen auf Taman selbst hat zu kurze Zeit gedauert, als dass sie die Tetraxiten zu assimilieren vermocht hätte. Eine grössere Gefahr würde diesen jedoch durch das Einrücken der Tscherkessen in die Halbinsel, das vielleicht schon im elften Jahrhundert stattfand, bereitet. Wenn die Tetraxiten sich gleichwohl noch so viele Jahrhunderte erhalten haben, so können sie nicht gut zerstreut zwischen den Tscherkessen wohnen geblieben, sondern müssen wohl auf einen bestimmten Teil der Halbinsel zurückgedrängt worden sein. Da Mondorf das namenlose Volk an die asiatische Seite des „schwarzen Meeres" setzt, so wird man diesen Teil wohl in der Südküste der Halbinsel zu sehen haben. Was von den Tetraxiten sich nicht von den Tscherkessen in jenes Gebiet zusammendrängen liess, dürften diese eher ausgerottet als sich schon damals assimiliert haben. Aber auch der zurückgedrängte Teil der Tetraxiten dürfte bei den vielen Einbuchtungen der Halbinsel Taman immerhin noch relativ isoliert gegen die Tscherkessen geblieben sein und sich vielleicht auch seine politische Selbständigkeit bis zur türkischen Eroberung gewahrt haben: durch letztere aber gerieten die tamanischen Tscherkessen so gut wie die Tetraxiten in Abhängigkeit.

Für die lange Erhaltung der tetraxitischen Sprache kommt endlich wohl vor allem noch der niedrige Kulturstand der Tscherkessen in Betracht. Das ist freilich nicht so aufzufassen, als ob sich ihrerseits die Tetraxiten — die Annahme des tscherkessischen Baumkultus spricht dagegen — eine höhere Kultur gewahrt hätten, sondern so, dass die Tscherkessen als ein wildes Volk gar kein Bestreben, sich die Tetraxiten zu assimilieren, irgendwie gezeigt haben werden: nicht das relative, sondern das absolute Mass der Kultur scheint hier das Entscheidende gewesen zu sein. Überblicken wir den Kaukasus, so entdecken wir dort eine Menge grösserer und kleinerer Völker mit fast gleichen Sitten und gleicher Religion (wobei der vielfach äusserlich angenommene Islam oder Christenglaube wenig in Betracht kommt), aber mit wesentlich verschiedenen, zum Teil mit grundverschiedenen Sprachen: Verhältnisse, wie sie ähnlich z. B. auch bei den nordamerikanischen Indianern bestanden haben. Wie sich aber die indogermanischen Osseten durch Annahme von Religion und Sitten der Kaukasusvölker von selbst in diese eingereiht (dass die Osseten in Rohheit der Sitten und Raubsucht den übrigen Kaukasusvölkern ziemlich gleichkommen, bezeugt v. Klaproth, Reise in den Kaukasus II, 577), sich aber gleichwohl ihre alte Sprache gewahrt haben, so sind auch die indogermanischen Tetraxiten durch freiwillige Annahme der tscherkessischen Religion (und wohl auch der Sitten) zum eigentlichen Kaukasusvolke geworden. Die in frühester Kindheit erlernte Muttersprache haftet auf geschlossenem

Gebiete fester als Sitte und Religion, wenn kein äusserer politischer Zwang oder Kulturzwang eintritt. Bei den Tetraxiten hatte sich dieselbe sogar noch erhalten, als dieselben schon alles nationale Selbstbewusstsein verloren, d. h. schon ihren eigenen Volksnamen vergessen hatten.

Die auf Taman wahrscheinlich nur zerstreut und wohl nur in den Städten lebenden Tataren — als Hauptbevölkerung der Halbinsel werden von verschiedenen Reisenden die Tscherkessen bezeichnet — haben sich die Tetraxiten so wenig wie die Tscherkessen zu assimilieren vermocht.

III. Die etwaigen Germanen am kaspischen Meere.

S. 69 habe ich bereits den Satz Friedrich Schlegels citieren müssen: „Ich rede nicht von jenen einzelnen Spuren des Deutschen, die in der Krimm, am Kaukasus und caspischen Meere gefunden wurden“. Die Nennung eines Deutsch am kaspischen Meere in Gemeinschaft mit dem Deutsch in der Krim und am Kaukasus fordert unsere volle Aufmerksamkeit heraus. Wenn es gelingt, eine Quelle Schlegels aufzufindân, in der obiger Satz über jene drei Spuren des Deutschen näher ausgeführt ist, werden wir vielleicht eine bestimmte Antwort darauf geben können, was mit jenem Deutsch am kaspischen Meere gemeint ist. Vorläufig aber können wir nicht über Vermutungen hinauskommen.

An sich wäre es sehr wohl möglich, dass am schwarzen Meere sitzende Germanen in der Zeit ihrer Raubfahrten und Raubzüge nicht bloss die östlichen Provinzen des römischen Reiches geplündert, sondern auch einen Plünderungszug bis an das kaspische Meer unternommen hätten. Wenn uns die griechischen und römischen Historiker von einem derartigen Zuge nichts berichten, so beweist das keineswegs, dass ein solcher überhaupt nicht stattgefunden haben kann. Denn ganz abgesehen davon, dass auch die Berichte über die Expeditionen der Germanen in die römischen Provinzen aus dieser Zeit grösstenteils nur sehr dürftig sind, werden die Griechen und Römer von einem etwaigen Zuge von Germanen vom schwarzen Meere nördlich des Kaukasus bis an das kaspische Meer ebenso wenig gehört haben, wie sie zuvor von der Wanderung der Goten und Heruler aus ihrer germanischen Heimat an die Gestade des schwarzen Meeres vernommen hatten. Und wie mindestens die germanischen Vorfahren der Gotogriechen auf einer Raubfahrt in dem geplünderten Lande znrückgeblieben sind, so könnte sich auch ein Teil eines germanischen Heerhaufens, der bis an das kaspische Meer vorgedrungen wäre, dauernd daselbst niedergelassen haben. Wenn es endlich abweichend von den Nachrichten über die Krimgoten und Tetraxiten nur ein einzigen Bericht über das Deutsch am kaspischen Meere zu geben scheint — der, aus welchem Schlegels Worte direkt oder indirekt geflossen sein müssen —, so hat man in Betracht zu ziehen, dass an das binnenländische und weiter von Deutschland als das schwarze Meer entfernte kaspische Meer nur weit weniger Deutsche als an jenes gelangt sein können.

Wenn Schlegels Angabe wirklich auf ein germanisches Volk am kaspischen Meere zu beziehen ist, so entsteht damit die Frage, ob es nicht vielleicht möglich sein könnte, unter den Namen der dort früher wohnenden Völker auch den dieser Nation aufzufinden. In Beantwortung dieser Frage möchte ich eine Vermutung nicht unterdrücken, die zwar an sich nur eine höchst geringe Wahrscheinlichkeit besitzen mag, uns aber auf ein interessantes Problem führt, das der Beachtnng der Ethnologen wohl wert sein dürfte. Die folgenden Ausführungen beanspruchen daher eigentlich nur ein Excurs zu sein.

In dem Briefe des Kaisers David von Trapezunt an Herzog Philipp von Burgund vom 22. April 1459, dem 390. der Sammlung „Epistolae et varii tractatus Pii secundi, ab Stephano Hueynard, Lugduni 1500“, in welchem die christlichen orientalischen Fürsten, die sich gegen die Türken verbündet hatten, mit Hinzufügung des von jedem beherschten Landes mit Namen aufgezählt werden, wird an einer Stelle statt eines Monarchen nur der Name eines Volkes oder genauer zweier Völker genannt. Der betreffende Satz lautet: „Natio Githorum et Aranorum promittunt militare sub vexillo Beorgii regis Persarum“. Wenn sich die Githen und Aranen unter den Oberbefehl eines Königs von Persien stellten, so werden sie am wahrscheinlichsten in der Nähe Persiens zu suchen sein. Da die übrigen christlichen Herrscher westlich oder nordwestlich Irans wohnten und unter diesen auch der Herzog von Georgien und der König von Mingrelien, also Fürsten im Kaukasus, genannt werden, so wäre es wohl möglich, dass die Githen und Aranen auf der Westseite des kaspischen Meeres gesessen hätten. Was bei den Githen und Aranen aber auffällt, das ist die Ähnlichkeit ihrer Namensformen mit denen der Goten und Alanen, wenn auch diese Thatsache selbstverständlich auch auf Zufall beruhen kann. Speciell könnte jedoch in *Arani* eine Zwischenform von *Alani* und *Ir*, *Iron*, wie sich die ossetischen Nachkommen der Alanen selbst nach ihrem Stammland Iran nennen (v. Klaproth, Reise in den Kaukasus I, 66), oder sogar von *Alani* und 'Αρία, einer Landschaft des östlichen Persiens enthalten sein: das λ von 'Αλανοί haben vielleicht nur die Griechen für *r* eingesetzt, da bei Entlehnungen sich *l* leicht für *r* einstellt. Das *i* von *Githi* aber könnte über *ü* aus *u* entstanden sein. Gewiss wäre jedoch auf die Namensähnlichkeiten der Githen und Goten nur ein äusserst geringer Wert zu legen, wenn nicht mit den Worten „Natio Githorum et Aranorum“ eine einzige aus zwei Teilen bestehende Nation bezeichnet würde und dies nicht an die enge Kameradschaft von Goten und Alanen während der Völkerwanderung erinnerte. Waren doch Alanen mit einem anderen germanischen Stamm, den Wandalen, sogar nach Afrika übergesetzt. In ähnlicher Weise könnte wohl eine kleine Abteilung von Goten zusammen mit einer solchen von Alanen einen Staat in der Nähe des kaspischen Meeres begründet haben, sei es nun, dass sich diese Alanen den Goten auf ihrem Zuge nach Osten angeschlossen hatten oder erst auf dem Endpunkte der Wanderung von denselben angetroffen worden waren.

Über die orientalischen Fürsten, die sich mit Philipp von Burgund gegen die Türken verbündeten, berichtet auch ein Brief des Königs Beorgius von Persien an Philipp (393 in den Epistolae

Pii Secundi). In diesem Briefe werden dieselben christlichen Herrscher wie in dem Davids von Trapezunt aufgezählt, worauf aber abweichend von jenem die Worte hinzugefügt werden „Sunt etiam in dicta liga et alii populi githirani et sasoni." Ganz ähnlich heisst es auch bei Luccari, Ristretto de gli Annali di Rausa, Venetia 1605, p. 110, wo die zum Consiglio in Mantua bei Papst Pius II. am 22. Juli 1464 erschienenen Gesandten derselben orientalischen Monarchen genannt werden: „Haitone e Rubino delle Reipubliche de' Githiarani e Sassoni". Die Githen und Aranen erscheinen hier zu einem einzigen Volke, den Githiranen oder Githiaranen, verschmolzen und mit einer dritten Nation, den Sasonen oder Sassonen verbrüdert. Diese *Sassoni*, *Sasoni* treten im Kaukasus schon als *Sasones-Sarmatae* der Tabula Peutingeriana und als Σάσονες bei Ptolemäus, spät als Σάσοι bei Laonikos Chalkokondylas auf. (Tomaschek 44). Es wäre sehr begreiflich, wenn sich ein sarmatisches, also ein skythisches (nomadisierend iranisches) Volk mit den der gleichen Gruppe angehörigen Alanen verbrüdert hätte. Wenn nicht bei David von Trapezunt ein arges Missverständnis betreffs der Namen der mit ihm selbst verbündeten Nationen vorliegt, so würden nicht nur die Republiken der wohl sicher einander benachbarten Githiaranen und Sasonen wahrscheinlich in einem Bundesverhältnisse unter einander gestanden haben, sondern die Githiaranen auch wieder aus zwei Stämmen, den Githen und Aranen, zusammengesetzt gewesen sein.

Die Githen, Aranen und Sasonen sind offenbar nur sehr kleine Völker gewesen. Darauf deutet gewiss nicht nur der Umstand, dass sich nach David die Githen und Aranen unter den Oberbefehl des Königs von Persien stellten, sondern sogar noch mehr die Thatsache, dass weder David noch Beorgius von Persien die Truppenzahl dieser Völker angeben, was sie hingegen bei den christlichen orientalischen Monarchen thun. Danach stellten die Könige von Persien und Mingrelien je 60000, der Herzog von Anocasien 30000, der Kaiser von Trapezunt und der Herzog von Georgien je 20000 Mann (ersterer ausserdem 30 Schiffe), der Herr von Kleinarmenien nach Beorgius gleichfalls 20000, nach David 10000 Mann; ausserdem führt letzterer noch die 50000 Mann des Asambech an, welchen er unter den von ihm erwähnten mit den Christen verbündeten drei türkischen Fürsten einzig der Namensnennung für wert hält. Wenn der Herzog von Georgien, der in seinem Briefe an Philipp (392 in den Epistolae Pei Secundi) nur die Namen der verbündeten Herrscher, auch der muhamedanischen — bei den christlichen mit Angabe des von jedem beherrschten Landes — aufzählt, für die Githiaranen und Sasonen aber nur die Worte „alii domini orientales“ setzt, so wird das auch an der geringen Macht der Heerführer dieser Völkchen gelegen haben. Endlich werden in der im 394. Briefe der Ep. Pii Secundi mitgeteilten Rede der christlichen orientalischen Gesandten vor Philipp, wo diejenigen der übrigen verbündeten Völker mit Namen aufgezählt werden, die der Githiaranen und Sasonen völlig ausgelassen.

Falls meine Vermutung richtig sein sollte, dass die Githen und Aranen am kaspischen Meere wohnende Nachkommen von Goten und Alanen gewesen sind, würde die Kleinheit der Völkchen auf das Zurückbleiben kleiner Volksteile bei den gotischen Raubzügen schliessen lassen, ähnlich wie ja auch die Vorfahren der Gotogriechen nur ein zurückbleibender kleiner Bruchteil raubfahrender Germanen gewesen sein können. Auffallend sind auch die republikanischen Verfassungen dieser kleinen orientalischen Völker. Freilich können auch diese Momente die höchst geringe Wahrscheinlichkeit meiner Vermutung nicht allzusehr erhöhen. Auch wenn das nach Schlegel am kaspischen Meere gesprochene Deutsch sich wirklich auf einem dort seit dem Ausgange des Altertums wohnenden germanischen Volksstamm beziehen sollte, könnte derselbe natürlich auch sehr wohl ein anderer als jene mit den Aranen verbrüderten Githen gewesen sein. Aber vielleicht hat es doch für die ethnologische Forschung einigen Wert, auf diese kleinen christlich-orientalischen republikanischen Bundesvölker einmal hingewiesen zu haben. Es wäre ja möglich, dass persische, armenische oder georgische Quellen noch Aufschluss über dieselben erteilen könnten.

Was aber das von Schlegel genannte Deutsch am kaspischen Meere betrifft, so ist es allerdings keineswegs sicher, ob ein solches wirklich von einem derartigen versprengten germanischen Völkerreste gesprochen worden ist, und ob nicht vielmehr Schlegel irgend einen Irrtum begangen oder sich nur inkorrekt ausgedrückt hat. Zu einem Irrtum könnte z. B. der Bericht des Benedictus Polonus über seine Reise im Jahre 1245 geführt haben, welcher unter anderen (Recueil de voyages IV, 776) die Worte hat:

„Fratres euntes per Comaniam a dextris habuerunt terram Saxonum, quos nos credimus esse Gotos, et hii sunt christiani“; Kumanien aber hatte zu seiner einen Seite das kaspische Meer. Die Nennung von Sachsen, die Goten sein sollten, in diesen Gegenden, hätte Schlegel oder seinen Gewährsmann, der von den deutsch sprechenden Goten in der Krim und am Kaukasus wusste, wohl dazu führen können, auch diesen „Sachsen oder Goten“ (Busbeck zweifelt, ob das deutsch sprechende Volk auf der Krim Sachsen oder Goten wären) deutsche Sprache zuzuschreiben.

Noch leichter freilich hätte wohl eine Stelle des Wilhelmus de Rubruk, der im Jahre 1253 jene Gegenden bereiste und bekanntlich zuerst über das Deutsch der Krimgoten Kunde giebt, den Irrtum oder richtiger vielleicht die Inkorrektheit Schlegels oder seiner Quelle hervorrufen können. Derselbe berichtet nämlich unter anderem auch von einer Stadt Talas, die nach dem Zusammenhange nicht allzuweit vom kaspischen Meere liegen kann, folgendes (Recueil de voyages IV, 279 f.): „Quesivi etiam de Talas civitate in qua erant Teutonici servi Buri, de quibus dixerat frater Andreas . . . . . . De illis Teutonicis nichil potui agnoscere usque ad curiam Manguchan . . . . . Quando veni in curia Manguchan, intellexi quod ipse Mangu transtulerat eos, de licentia Baatu, versus orientem spacio itineris unius mensis a Talas, ad quamdam villam que dicitur Bolac, ubi fodiunt aurum et fabricant arma, unde non potui ire nec redire per eos.“ Mit diesen deutschen Sklaven können wohl nur Deutsche gemeint sein, die bei dem Mongoleneinfall in Deutschland (1241) in die Sklaverei der Mongolen oder Tataren, die damals auch jene Gegenden am kaspischen Meere beherrschten, geschleppt worden waren. Da Rubruk hier direkt von Deutschen und nicht wie Benedictus Polonus von Sachsen oder Goten spricht, so könnte Schlegel oder sein nächster Gewährsmann durch diese Worte sehr wohl darauf gebracht worden sein, von einer Spur der deutschen Sprache am kaspischen Meere zu reden. Inkorrekt und wohl auf einer falschen Auffassung der Stelle beruhend wäre dann nur die Gleichsetzung des Deutschen am kaspischen Meere mit demjenigen in der Krim und am Kaukasus.

Gewiss hat diese Deutung der Bemerkung Schlegels die meiste Wahrscheinlichkeit für sich. Ganz besonders gross würde diese Wahrscheinlichkeit dann gewesen sein, wenn Schlegel nur von Spuren des Deutschen auf der Krim und am kaspischen Meere, nicht aber zugleich auch von einer solchen am Kaukasus gesprochen hätte. Denn da Rubruk sowohl das deutsche Idiom der Krimgoten wie die deutschen Sklaven bei Talas, dagegen nichts von den Tetraxiten und ihrer germanischen Sprache erwähnt, so müsste Schlegel oder sein Gewährsmann, falls er jene Stellen aus Rubruk hat, doch ausserdem noch eine bisher unbekannte Quelle benutzt haben, in welcher in Bezug auf die Tetraxiten von einer deutschen Sprache „am Kaukasus" die Rede war. Bei der Seltenheit, mit der von den Tetraxiten gesprochen wird, wäre das immerhin ein merkwürdiger Zufall. Wollte man aber Schlegels Worte „am Kaukasus" auf Rubruks „servi Teutonici" beziehen — es wird bei demselben dicht vor Talas auch der Kaukasus, d. h. dessen Ostseite, genannt — so müssten wiederum die Worte „und caspischen Meere" aus einer anderen Quelle geflossen sein. Deshalb steht auch die Annahme, dass es sich auch bei dem von Schlegel genannten Deutsch am kaspischen Meere um einen wirklichen Germanenrest handelt, keineswegs ausserhalb der Discussion.

IV. Die Krimgoten.

1. Abstammung der Krimgoten.

S. 5 ff. und S. 25 ff. haben wir gesehen, dass der Name „Goten" nichts für wirkliche gotische Abkunft beweist, vielmehr alle germanischen Stämme, die am schwarzen Meere erschienen, unter dieser Bezeichnung von den Griechen zusammengefasst wurden. Über den Südwesten der Krim, wo die Krimgoten wohnten, ist uns in den Berichten über die Niederlassungen und die Raubfahrten der am schwarzen Meere sitzenden Germanen überhaupt nichts überliefert. Es ist aber von vornherein klar, dass auch hier nur an die in der Nähe wohnenden zwei Stämme, die Ostgoten und die Heruler, gedacht werden kann.

Nun scheinen aber auch hier gewisse Kriterien mehr für die Heruler als für die Ostgoten zu sprechen. Zunächst könnte hier vielleicht eine Stelle des Etymologicum magnum p. 333 Gaisf. in Betracht kommen: ἀπὸ τῶν ἐκεῖσε ἑλῶν Ἕλουροι κέκληνται. Δέξιππος ἐν δωδεκάτῳ χρονικῶν. Dass mit den Ἕλουροι die Heruler gemeint sind, folgt aus Jordanes 23, wo die gleiche Etymologie für *Heruli* angeführt wird. ἕλος bezeichnet nun gewöhnlich und in seiner Urbedeutung „feuchte Niederung, Wiese, Bruchland“, seltener und abgeleitet „See, stehendes Wasser“. Wenn es wahrscheinlicher ist, dass Dexippos seinem Etymon die erste Bedeutung untergelegt hat, dann müssten die Gebirge in der Mitte des Südens und im Südwesten der Krim von Herulern bewohnt gewesen sein, da nur sie allein üppige Wiesenthäler mit reichlichster Bewässerung enthalten, das übrige Land aber nur eine Steppe bildet. Da diese freilich auch Seeen in der Nähe der Küsten enthält, so wird wahrscheinlich doch auf das ganze Moment nur wenig Gewicht zu legen sein.

Ungleich wichtiger ist ein anderer Punkt. Es ist das wiederum eine Betrachtung des Schichtungsverhältnisses der Ostgoten und Heruler. Wie wir S. 29 erschlossen haben, war die Ostseite der Krim von Herulern besetzt worden. Nun müssen aber die Krimheruler sehr gross an Zahl gewesen sein, wenn die nachmaligen mächtigen Donauheruler, wie das doch sehr wahrscheinlich ist, von ihnen abstammten. Aber man braucht nicht einmal bis auf die Donauheruler zu gehen. Jordanes berichtet 23, dass der Ostgotenkönig Ermanrich lange Zeit zur Unterwerfung der benachbarten Heruler gebraucht habe, und dass diese allen zeitgenössischen Völkern die Leichtbewaffneten gestellt hätten. Und schon aus dem Jahrhundert zuvor berichtet Synkellos p. 717 nach einer alten Quelle, dass die Heruler mit nicht weniger als 500 Schiffen zur Plünderung Kleinasiens und Griechenlands aufgebrochen seien. Ein solches Volk kann aber doch wohl unmöglich so gering an Zahl gewesen sein, dass es nur den Ostsaum der Krim nebst der Halbinsel Taman und dem eudusianischen Gebiete besetzt gehalten hätte. Und dazu waren doch die älteren Völker der Krim, die Sarmaten und Griechen (letztere hatten sich wohl die Taurier assimiliert) nicht ausgerottet worden. Sarmaten an der Mäotis werden noch zur Zeit Konstantins von Zosimos II, 21 erwähnt, und die Fortexistenz der Griechen bedarf keines Beweises. Es ist daher sehr wahrscheinlich, dass die Heruler die ganze Krim ausgefüllt, und sehr leicht möglich, dass sie sogar noch über dieselbe hinaus gewohnt haben. Aber gesetzt selbst, dass auch noch ein Teil der Ostgoten in die Krim eingerückt wäre, so wird dieser doch schwerlich bis an den Südrand derselben gedrungen sein. Denn die Germanen waren offenbar in der Weise aus ihrem Stammlande in die Länder am schwarzen Meer gezogen, dass die schnellen und kühnen Heruler (Zeuss S. 476), die dort am weitesten südöstlich vorgeschoben erschienen, bei jenem nach Südosten gehenden Zuge auch die Tête genommen hatten. Wenn also wirklich noch ein Teil der Ostgoten den Herulern in die Krim gefolgt sein sollte, so werden letztere doch wohl ausser dem ganzen Osten der Halbinsel wenigstens auch noch den ganzen Süden ausgefüllt haben. Dass etwa über die schmale Landenge von Perekop zur Seite der Heruler auch noch ein Ostgotenhaufe gerückt wäre, ist nicht gut denkbar. Zu Wasser aber werden schwerlich Ostgoten nach der Krim übergesetzt sein, da der ganze Marsch der Germanen bis dahin zu Lande erfolgt war. Auch über die Landenge von Perekop wird derselbe in gleicher Weise unmittelbar fortgesetzt worden sein. Die ersten Seeschiffe, welche die Germanen am schwarzen Meere bestiegen, sind höchstwahrscheinlich diejenigen gewesen, die sie von den Bosporanern zu ihren Raubfahrten erpresst hatten.

Mit voller Genauigkeit lassen sich freilich die betreffenden Schichtungsverhältnisse nicht rekonstruieren. Erst die Sprache der Krimgoten kann hier die Entscheidung geben. Dazu wird aber erst im zweiten Abschnitt des folgenden Teils bei der Besprechung der Nachricht Busbecks Gelegenheit gegeben sein.

---

2. Die Sprache der Krimgoten.

a. Nachrichten von Busbeck.

Die älteste Erwähnung des Krimgotischen als einer eigenen Sprache findet sich in der slawischen Legende des heiligen Konstantinos, der sich in der zweiten Hälfte des 9. Jahrhunderts nach der Krim begab, um den Chazaren das Christentum zu predigen (Tomaschek 25). Dort werden cap. XVI zwischen den *Sugьdi* und den *Kozari* die *Gotthi* unter denjenigen Völkern genannt, die Gott in ihrer eigenen Sprache anrufen. Mit Recht hat Tomaschek 26 die *Sugdi* auf die Alanen von Sugdaja, die *Kozari* auf die Chazaren und die *Gotthi* auf die Krimgoten gedeutet, da die Reihenfolge der schon vorher aufgezählten Nationen — der Ägypter, Araber, Syrer, Perser, Armenier, Iberer, Abasgen — eine im ganzen geographische ist und mit den drei übrigen Völkern als solche fortgesetzt wird.

Die zweite Erwähnung der krimgotischen Sprache bildet die bekannte Nachricht des flämischen Franziskaners Wilhelmus de Rubruk (Ruysbroek, Rubruquis), der auf seiner Missionsreise in den Orient die Krim im Jahre 1253 besuchte. Derselbe sagt in seinem Itinerarium (Recueil de voyages et de mémoires IV, 219): „sunt quadraginta castella inter Kersonam et Soldaiam, quorum quodlibet fere habebat proprium ydioma; inter quos erant multi Goti quorum ydioma est Teutonicum.“ Es ist das die erste Nachricht über das Deutschtum der gotischen Sprache, das ja einem Griechen oder Slawen unbemerkt bleiben, einem Flämen aber durchaus auffallen musste.

Die dritte Erwähnung der krimgotischen Sprache ist nur eine indirekte. Dieselbe findet sich gegen Ende des 13. Jahrhunderts bei Georgios Pachymeres, der I p. 345 von den Noghaï-Tataren folgendes sagt: ὡς δὲ χρόνου τριβομένου ἐπιμιγνύντες σφίσιν οἱ περὶ τὴν μεσόγαιον κατῳκημένοι, Ἀλανοὶ λέγω Ζίκχοι τε καὶ Γότθοι, Ῥῶσοι καὶ τὰ προσοικοῦντα τούτοις διάφορα γένη, ἔθη τε τὰ ἐκείνων μανθάνουσι. καὶ γλῶσσαν τῷ ἔθει μεταλαμβάνουσι καὶ στολήν, καὶ εἰς συμμάχους αὐτοῖς γίνονται. Wenn es heisst, dass Alanen, Zichen (Tscherkessen), Goten und Russen die Sprache der Tataren annähmen, so setzt das natürlich für jedes einzelne dieser Völker eine besondere eigene Sprache voraus. Die Nachricht ist deswegen wichtig, weil sie zuerst die Assimilation der Krimgoten an die Tataren hervorhebt.

Die vierte Erwähnung des Krimgotischen findet sich im Reisebuche des Münchners Johannes Schiltperger, der die Zeit von 1394—1427 in tatarischer Gefangenschaft zubrachte. Derselbe zählt an einer Stelle die Sprachen der Völker griechischen Glaubens im Orient auf. In der nach der Heidelberger Handschrift gefertigten Ausgabe von Karl Friedrich Neumann, München 1859 heisst es S. 135 „Die sübent Kuthia sprauch vnd die heiden heissents thatt“. Wie Tomaschek 48 bemerkt, ist *Kuthia* so viel wie griechisch Γοτϑία, das nach armenischer und tatarischer Aussprache *Kuth* oder *Kut* gelautet hätte. In der That nennt der Chazarenkönig Joseph in seinem hebräischen Brief an den spanischen Juden Chasdai unter seinen Ländern, da wo man Gotien erwarten sollte, ein Gebiet *Kut*. Auch hat Tomaschek 49 darauf verwiesen, dass die (christlichen) Mariupoler Ansiedler aus Taurien (d. h. aus dem ehemals christlichen Südwesten Tauriens) sich noch jetzt *Tat* nennen, und dass Pallas II, 148 die auf der Südspitze der Halbinsel Krim sitzende Bevölkerung mit demselben Namen bezeichnet fand. Nach Tomaschek 5 bedeutet *Tat* in einigen nordasiatisch-türkischen Dialekten „die unterworfene, nicht-türkische Bevölkerung“. Die Tataren haben aber das Wort „Tat“ auf die ihnen unterworfene christliche Bevölkerung im Süden Tauriens, wozu vor allem die Krimgoten gehörten, specialisiert. Für die Beziehung von „Kuthia sprauch“ auf das Krimgotische spricht auch die Reihenfolge der Sprachen, die Schiltperger als die der Bekenner griechischen Glaubens aufzählt. Es steht hier an erster Stelle begreiflicherweise das Griechische, in dem sie ihre Bücher geschrieben hätten. Dann folgt das Russische, wohl weil es von weitaus den meisten griechisch Orthodoxen gesprochen wurde. Daran schliessen sich hinter einander das Bulgarische, das Arnautische (Albanesische) und das Walachische, also lauter Balkansprachen. Dann folgt das Alanische, darauf die „Kuthia sprauch“, dann das Tscherkessische, Abchasische, Georgische, Mingrelische. Die letzten vier Idiome gehören dem Kaukasus an, und zwar steht das der Krim zunächst gelegene Tscherkessische voran. Das Alanische wurde früher nördlich des Kaukasus, zugleich aber auch in zwei Territorien der Krim, das eine nördlich, das andere östlich von Gotien gesprochen. Würde die „Kuthia sprauch“ fehlen, so würde man das Krimgotische unter den Idiomen der Bekenner griechischen Glaubens entschieden vermissen. Es kann daher nicht zweifelhaft sein, dass *Churin* in der Nürnberger Handschrift (Ausgabe von Langmantel, Tübingen 1885, S. 97) für *Kuthia* der Heidelberger nur auf einer Verderbnis beruht. Übrigens kann sich „Kuthia sprauch“ sehr wohl auch auf das Tetraxitische mitbeziehen, wie auch unter dem Alanischen die Dialekte verschiedener Gebiete zugleich verstanden sein können. Wenn Schiltperger, obwohl Deutscher, den deutschen Charakter der „Kuthia sprauch“ nicht hervorhebt, so kann er, wie Tomaschek 49 richtig bemerkt, von den „Kuth“ nur aus dem Munde von Armeniern oder Tataren Kunde erhalten haben, und auf der Krim, wo er zwar gewesen ist und eine Zeit lang in Kaffa zugebracht hat, doch Gotien selbst nicht betreten haben. Siebenbürgen hingegen, das er selbst besucht hat, nennt er ein deutsches Land (Ausg. v. Neumann S. 92).

Die fünfte Nachricht über das Krimgotische ist die bekannte des Venetianers Josafat Barbaro, der 1436—1452 zu Tana (Asow) verweilte und während dieser Zeit auch eine Reise durch die Krim unternahm. Seine Reiseerlebnisse hat derselbe in den Viaggi fatti da Vinetia alla Tana niedergelegt, wo es an einer Stelle (ed. Ald. 1545 p. 18 b) folgendermassen heisst: „Dietro dell' Isola di Capha d'intorno chè sul mar maggiore, si trova la Gotthia e poi la Alania. Gotthi parlano in Todesco, e so questo, perche havendo un fameglio Todesco con mi, parlavano insiome, ed intendevansi assai ragionevolmente, cosi come si intenderiano un Furlano ed un Fiorentino“. Die Verständigung zwischen seinem deutschen Diener und den Krimgoten ging also noch etwa ebenso gut wie die zwischen einem Friauler und Florentiner von statten. Schwierigkeiten in der Verständigung waren also entschieden vorhanden.

Barbaros Nachricht ist die zweite, die vom deutschen Charakter des Krimgotischen Kunde giebt. Sie wird auch in den folgenden Jahrhunderten nächst derjenigen Busbecks am häufigsten für die deutsche Sprache der Krimgoten als Zeugnis angeführt. Ausser Barbaro und Busbeck wird später sonst nur Rubruquis öfters als Zeuge genannt. Und doch giebt es noch verschiedene Zeugen dieser Art, die nur deshalb niemals oder fast niemals wieder später citiert werden, weil sie zuerst in wenig gelesenen Werken erschienen und deshalb unbemerkt geblieben waren. Bei Busbeck aber und Barbaro und auch bei Rubruquis hat immer ein Autor den anderen ausgeschrieben.

Dasjenige Buch, das zunächst eine hierhin gehörige ausführliche Nachricht enthält, die sechste über das Krimgotische überhaupt und die dritte über dessen deutschen Charakter, ist nun allerdings auch ein Werk, in dem man einen solchen Bericht nicht vermuten sollte, die Gentis Silesiae Annales des Joachimus Cureus, Witebergae 1571. Dort wird nämlich p. 13 mit der

Randbemerkung „Historia de reliquiis Gothorum in Taurica Chersoneso“ folgendes erzählt: „Sunt tamen qui constanter affirmant, adhuc hodie reliquias gentis Gotthicae superesse, quae nostra utantur lingua, et recitare solebat D. Philippus sermonem D. Pirchameri Noribergensis, qui narrauit, mercatores Noribergenses, navigaturos cum Venetis in Cretam et Cyprum, tempestate in littus maris Aegaei, non procul a Bosphoro Thracio eiectos: ibi cum ignari hominum et locorum oberrarent, conspectum fuisse ab illis adolescentem, qui currum ducebat, et auditum fuisse procul ipsius cantum: cum autem accederet propius, agnorisse se eum verba Germanica sonare. Tum vero pavidi, rati spectro aliquo se terreri, sero tandem eum compellant sua lingua, cuias esset. Ille, manu ostensis vicinis montibus, respondit, non procul inde suam abesse patriam, in eaque habitare suam gentem, quae esset Gotthica, nec in illa valle sese rerum necessariarum copia egere, salem tantummodo aliunde peti, quem inclinante Autumno, antequam per hybernos menses itinera nivibus intercluduntur, soleant importare“. Gestreift musste diese Erzählung übrigens schon S. 48 werden.

Bevor wir die Einzelheiten des angeführten Berichtes selbst prüfen, wird es notwendig sein, den Faden von unserem Schriftsteller bis zu den ursprünglichen Berichterstattern zu verfolgen. Mit dem D. Philippus, auf den sich Cureus zunächst beruft, kann niemand anders als Melanchthon gemeint sein. Denn was sonst von Philippus gesagt wird, passt ganz auf Melanchthon: weiter unten wird er „vir praestans pietate erga Deum et patriam“ genannt und eine Lehrmeinung desselben über die Wirksamkeit der Israeliten als autoritatives Urteil angeführt. Nach Jöchers Gelehrten-Lexikon aber war Cureus 1550 nach Wittenberg gegangen, hatte dort unter Melanchthon Philosophie und Theologie studiert und war 1554 daselbst Magister geworden; auch hat er ja seine schlesischen Annalen zu Wittenberg erscheinen lassen. Melanchthons Beziehungen aber wiederum zu Pirckheimer bezeugt der Briefwechsel beider Gelehrten (Melanchthonis opera ed. Bretschneider I, 22 f.), in welchem auch eine von ersterem gedichtete griechische Ode auf letzteren enthalten ist. Und endlich weist eine Stelle Melanchthons selbst in seiner Schrift „De vocabulis regionum et gentium quae recensentur a Tacito“ deutlich genug auf jene Erzählung Pirckheimers hin. Melanchthon sagt nämlich dort

(Schardii collectio scriptorum antiquae Germaniae I, p. 198): „Audio in Chersoneso Taurica hoc nostro tempore restare Gotthorum reliquias, qui se Gotthos appellant et loquuntur Germanica lingua.“ Deutet hier das Wort „audio“ auf einen mündlichen Bericht, so stimmt die Bemerkung, dass die Reste der Goten sich selbst Goten nennen, ganz zu der von Cureus mitgeteilten Erzählung. Ja man darf wohl als sicher annehmen, dass Melanchthon von den Krimgoten und ihrer germanischen Sprache überhaupt zuerst durch jene Erzählung Pirckheimers Kenntnis erhalten hat. Wenn Cureus mitteilt, dass D. Philippus jene Begebenheit „zu erzählen pflegte“, so zeigt das, welches Interesse derselbe an der Sache genommen hatte. Und man darf wohl auch getrost behaupten, dass es jene Erzählung gewesen ist, die nicht nur das Interesse des Cureus, sondern auch der übrigen Schüler Melanchthons, des Cario, Peucer und Torquatus für die Krimgoten und ihre Sprache erregt hatte. Diesem einmal geweckten Interesse aber verdanken wir es, dass uns nicht nur Cureus die Erzählung Pirckheimers selbst, sondern dass uns Peucer und Torquatus auch andere wichtige Nachrichten über die Reste der Germanen am schwarzen Meere erhalten haben. Wenn Melanchthon selbst an den beiden Stellen seiner Werke, an denen er von den Krimgoten und ihrem Deutsch spricht (De vocabulis u. s. w. und Chronicon Carionis, Phil. Melanchthonis opera, Ausg. v. Bretschneider XII, 1009), jene Erzählung selbst nicht wiedergiebt, so hat er das in beiden Fällen offenbar deshalb gethan, um nicht zu weit von dem Inhalte seines Werkes abzuschweifen. Der redselige Cureus ist hierin anders verfahren.

Abneigung gegen Weitschweifigkeit kann es wohl auch nur gewesen sein, was Pirckheimer selbst bestimmt hat, die Erzählung der Nürnberger Kaufleute da, wo er von den Krimgoten und ihrer germanischen Sprache redet, in seiner Germaniae ex variis scriptoribus perbreuis explicatio (Pirckeimeri opera collecta a Goldasto p. 106) nicht mitzuberichten. Es ist das deshalb um so eher begreiflich, weil Pirckheimer seinen ganzen Bericht über die Krimgoten schon selbst als Episode in seine schon im Titel als knapp bezeichnete Auseinandersetzung einflicht. Es zeigen das die Worte, mit denen Pirckheimer seine Nachrichten über die Krimgoten einleitet: „Ceterum quia Thauricae Chersonesi facta est mentio, sciendum est, quod Ostrogothi illam . . . vsque in hodiernum diem inhabitant.“ Was Pirckheimer an der betreffenden Stelle über die Eroberung der krimgotischen Hauptstadt Mankup und sonst über die Schicksale der Krimgoten sagt, ist bereits aus Konrad Gessner, Mithridates, Zürich 1555 p. 43, wo die Stelle wörtlich abgeschrieben und Pirckheimers Name zum Schluss sogar genannt ist, durch Massmann ZfdA. I, 350 f. und nach ihm auch durch Tomaschek 56 und Braun 37 bekannt. Das Interesse Pirckheimers für den Gegenstand tritt auch darin hervor, dass er weiter unten (Opera p. 106) die germanische Sprache der Krimgoten noch einmal als einen Beweispunkt in einer Streitfrage verwertet, eine Stelle, die Gessner nicht mehr mit abgeschrieben hat. Die betreffenden Worte lauten: „Ceterum qui Venulos seu Vendos, reliquamue Sclauorum gentem Vandalorum nomine honestate contendunt, plane falluntur. Constat enim classicorum scriptorum auctoritate, Vandalos ex Gotthorum ortos esse gente, quemadmodum et Sciros Gepidas, Alanos ac reliquos Gotthiae nationis populos, inter quos nil praeter solam interfuit nomenclaturam. Eisdem enim restitutis, eademque vtebantur lingua, Germanica nempe, quemadmodum vt dictum ex reliquiis quoque Gothorum, qui montana Tauricae Chersonesi praesenti adhuc aetate obtinent, discere licet, quum Sclavorum, Vendorum et Vilzorum loquela penitus a Germanica sit diversa“.

Pirckheimers Interesse zeigt sich aber noch mehr darin, dass er nicht nur dem Melanchthon von jenen Kaufleuten, die deutsch von Goten hatten sprechen hören erzählt hat. Auch Franciscus Irenicus beruft sich Germaniae exegeseos volumina duodecim, Nürnberg 1518, p. XVIIa auf einen von Pirckheimer gegebenen mündlichen Bericht dieser Art, wobei ihm allerdings ein merkwürdiger geographischer Irrtum unterlaufen ist. Irenicus bestreitet dort die Meinung, dass die Goten mit den Skythen identisch wären und argumentiert bei diesem Streite folgendermassen: „Caeterum ut modum orationi nostrae faciam e Scandia insula Germanica Gotthi derivati sunt, insula adhuc secundum alios Gotlandia dicitur, sub Daniae regibus, et illa Germanica diversa tamen a Scandia . . . . Sunt praeterea multa argumenta quae facillime rem nostram ostendunt, ac Gotthos Germanos asserunt, primum dum in ea insula (unde egressi sunt Gotthi) lingua Germanica se obtinuerit, ut mercatores, quibus insulla illa penitus cognita est, relatu Bilibaldi Pyrckeimeri viri doctissimi testati sunt.“ Wir haben hier wiederum eine mündliche Erzählung Pirckheimers von Kaufleuten, die in einer bestimmten Gegend die Erhaltung deutscher Sprache bemerkt hatten. Da nun zugleich diese Gegend als diejenige bezeichnet wird, von der die Goten ausgegangen wären, so kann es keinerlei Zweifel unterliegen, dass Pirckheimer dem Irenicus von denselben Nürnberger Kaufleuten, die auf der Krim einen Goten deutsch hatten singen und sprechen hören, erzählt hatte. Aber Irenicus hatte die Sache offenbar nur halb gehört oder doch vergessen, um welche Halbinsel oder Insel es sich handelte. Durch den Namen der Goten verleitet, sucht er dieselbe vielmehr im skandinavischen Gotland. Wenn Irenicus sagt, dass die Kaufleute die betreffende Insel genau gekannt hätten, so kann darin bei seiner schlechten Wiedergabe von Pirckheimers Mitteilungen gleichfalls eine Unrichtigkeit enthalten sein. Doch hat man zu berücksichtigen, dass die schiffbrüchigen Kaufleute doch wohl von dem gotischen Jüngling aufgenommen worden sein und eine Zeit lang unter den Krimgoten gelebt haben werden. Dass die Kaufleute ihre unter so merkwürdigen Umständen erfolgte erste Begegnung mit einem Krimgoten ausführlich erzählten, ist begreiflich genug und ebenso begreiflich, dass man diese Erzählung von Mund zu Mund fortgepflanzt und dass sie die Aufmerksamkeit des Cureus so sehr gefesselt hat, dass er sie allein zum Beweise der Existenz deutscher Sprache auf der Krim anführte. Die Möglichkeit besteht sehr wohl, dass die Kaufleute wenigstens das kleine krimgotische Territorium genau kennen gelernt haben. Mindestens aber sind wir berechtigt, den Satz in Pirckheimers eigener Schrift: „Gothi vero, qui adhuc in montibus supersunt, vineas colunt et inde vitam sustentant“ auf den Bericht derselben Nürnberger Kaufleute zurückzuführen.

Wir haben nunmehr den Inhalt der von Cureus mitgeteilten Erzählung selbst in seinen Einzelheiten zu prüfen. Hier müssen zunächst wiederum die geographischen Angaben auffallen. Obwohl in der Randbemerkung die Mitteilung als eine Erzählung von den Überbleibseln der Goten auf dem taurischen Chersones bezeichnet wird, sollen doch die Kaufleute an das Gestade des ägäischen Meeres unfern des thracischen Bosporus geworfen worden sein und dort den deutsch sprechenden gotischen Jüngling aufgefunden haben. Auch wird berichtet, dass ihnen dies auf einer

Fahrt zugestossen sei, die sie mit Venetianern nach Cypern und Kreta unternommen hätten. An der Richtigkeit der letzteren Angabe kann um so weniger gezweifelt werden, als sich beide Inseln wirklich zu Pirckheimers Zeit im venetianischen Besitze befanden. Auf einer Fahrt nach Kreta und Cypern aber konnte man sehr wohl in das ägäische Meer verschlagen und auch wohl noch in der Nähe des thracischen Bosporus an das Land geworfen werden. Dagegen ist es sehr schwer denkbar, wie man auf einer solchen Fahrt nicht bloss durch das ganze ägäische Meer, sondern auch, ohne landen zu können, durch die beiden Meeresstrassen des Hellespont und des thracischen Bosporus bis an die Küste der Krim vom Sturme hätte geworfen werden können. Man könnte unter solchen Umständen versucht sein, statt an die Krimgoten an die ja vielleicht germanischen Dagotthenen zu denken, die thatsächlich unweit des thracischen Bosporus wohnten (vgl. S. 13ff.). Allein es muss doch im höchsten Grade fraglich erscheinen, ob wirklich das in der Nähe der griechischen Kulturcentren wohnende ganz kleine Häuflein der Dagotthenen, falls es überhaupt germanisch war, noch zu Pirckheimers Zeit existiert und germanisch gesprochen hat. Auch waren die Dagotthenen, wenn Germanen, wahrscheinlich Westgoten, die von Deutschen doch schwerlich hätten verstanden werden können, während wir die Abkunft der Krimgoten zunächst wenigstens dahingestellt sein lassen mussten. Der Widerspruch aber bei Cureus, wonach der taurische Chersones in der Nähe des ägäischen Meeres und des thracischen Bosporus liegen müsste, erklärt sich aus den falschen geographischen Vorstellungen seines Lehrers Melanchthon. Gerade an der einen der beiden Stellen, an der dieser von den Krimgoten und ihrer deutschen Sprache redet, im Chron. Car. (vgl. S. 118), lässt er die Krim in der Nähe Konstantinopels liegen. Sein anderer Schüler Torquatus setzt an der sich bei ihm findenden Stelle von den Krimgoten und ihrem Idiom sogar noch „ad Bosporum“ zu Konstantinopel hinzu (vgl. S. 47); vielleicht hat also Melanchthon selbst das auch mündlich öfters hinzugesetzt. Der geographische Irrtum Melanchthons könnte sich übrigens vielleicht daraus erklären, dass Pirckheimer erzählt hätte, die Kaufleute wären bald, nachdem sie bei Konstantinopel vorbeigefahren wären und den Bosporus verlassen hätten, von einem Sturme ereilt worden. Wie aber Cureus dann noch genauer vom thracischen Bosporus redet, so lässt er auch die nach Kreta und

Cypern segelnden Kaufleute ganz naturgemäss in das ägäische Meer verschlagen werden. Hier bleibt nun freilich für uns noch die oben hervorgehobene Schwierigkeit, wie man auf einer Fahrt nach Kreta und Cypern bis an die Küste der Krim geschleudert werden konnte. Diese Schwierigkeit löst sich nun wahrscheinlich in der Weise, dass die Nürnberger mit den Venetianern zunächst nach Kreta und Cypern gefahren waren, von dort aus weiter eine Fahrt nach Tana (Asow) mit ihnen unternahmen, auf dem schwarzen Meere aber von einem Sturme überrascht an die Südwestküste der Krim geworfen wurden. Oder die Nürnberger hatten überhaupt nur in demselben Gespräche Pirckheimer erzählt, dass sie mit den Venetianern auch Fahrten nach Kreta und Cypern gemacht hätten. Dass aber die Venetianer auch noch nach der Eroberung der Krim durch die Türken im Jahre 1475 bis in das Asowsche Meer segelten, folgt aus einer Stelle des M. Antonius Sabellicus, Rerum Venetarum libri 33, Venedig 1487 p. O.: „ad septentrionem vero et boream ad Bosphorum et Meotidem paludem nullus tam ignoti littoris recessus quem Venetae triremes ex antiquo civitatis instituto non negociorum causa frequentent."

Die schweren Irrtümer, die dem Melanchthon und Cureus in geographischer Hinsicht unterlaufen sind, können gegen die übrigen Einzelheiten der Erzählung keinerlei Misstrauen erwecken, da man sich bei Wiedergabe einfacher Begebenheiten nicht so leicht wie bei derjenigen geographischer Angaben, die von unbekannten Gegenden handeln, zu irren pflegt. Auch die Thatsache, dass unser Bericht erst aus vierter Quelle stammt, vermag keinen Zweifel gegen die Richtigkeit der Nacherzählung dessen, was die Nürnberger bekundet, hervorzurufen. Denn Cureus beruft sich auf eine wiederholte Erzählung Melanchthons, dessen Name nicht minder wie derjenige Pirckheimers für eine treue Wiedergabe des Erzählten bürgt. Fraglich bliebe demnach nur, ob die Kaufleute selbst ihr Erlebnis in allen Einzelheiten richtig erzählt haben. Auffallen und wie eine Ausschmückung erscheinen könnte ja hier vielleicht zunächst der Umstand, dass sie, als sie gehört, dass der Jüngling in deutscher Sprache sang, ein Gespenst zu sehen geglaubt, und sich zuerst nicht getraut hätten, denselben anzureden. Dem gegenüber muss man sich jedoch die ganze Situation vergegenwärtigen. Die Kaufleute, die vom Sturme an einen unbekannten Strand geschleudert worden waren, müssen sich, an der Küste umherirrend, in einer so starken Gemütserregung befunden haben, dass sie, wenn ihnen in jenen fernen Gegenden zuerst deutsche Sprache entgegentönte, die sie bis dahin vielleicht niemals ausserhalb Deutschlands von Leuten, die ihnen fremd waren, gehört hatten, wohl auch am Tage ein Gespenst zu sehen vermeinen konnten. Als sie dann aber bemerkten, dass sich der Jüngling ganz natürlich und menschlich geberdete, fassten sie Mut und redeten ihn an.

Des weiteren muss sich jedoch die Frage erheben, ob sich die Nürnberger Kaufleute und der krimgotische Jüngling überall richtig verstanden haben. Denn derjenige, der einen fremden Dialekt der eigenen Sprache versteht, kann doch im einzelnen immer noch mancherlei daraus missverstehen. Sicher hat der Krimgote, wie seine zutreffende Antwort beweist, die Frage der Nürnberger, was für ein Landsmann er wäre, richtig aufgefasst. Auch die Nürnberger haben ihrerseits verstanden, dass im nächsten Gebirge sein Vaterland wäre und sein Volk Goten hiesse. Für die Richtigkeit der übrigen Angaben aber besitzen wir keine vollständig genügende Kontrolle. Doch ist es an sich garnicht unwahrscheinlich, dass der Krimgote wirklich gesagt hat, dass seine Landsleute in ihrem Thale alles hätten, dessen sie bedürften, eine Thatsache, die bei der üppigen Vegetation im Südwesten der Krim erklärlich genug wäre. Schon Prokop De aed. III, 7 p. 261 sagt vom Lande der von ihm zuerst erwähnten Krimgoten: τῆς μὲν γῆς ἐν ὑψηλῷ κεῖται, οὐ μέντοι οὔτε τραχεῖα οὔτε σκληρά ἐστιν, ἀλλ' ἀγαθή τε καὶ εὔφορος καρπῶν τῶν ἀρίστων. Und ebenso ist es auch wohl möglich, dass der Jüngling den Mangel an Salz als Ausnahme hervorgehoben hat. Das krimgotische Wort für Salz, das Busbeck als *salt* überliefert hat, musste doch wohl den Nürnbergern verständlich sein, zumal diese weitgereisten Leute doch auch häufig genug niederdeutsche Sprache von hanseatischen Berufsgenossen vernommen haben werden. Ob das ehemals krimgotische Gebiet wirklich kein Salz besitzt, wird sich nur an Ort und Stelle erfahren lassen. Haben die Kaufleute den Krimgoten richtig verstanden, dann war derselbe wahrscheinlich auch selbst ausgefahren, um Salz zu holen, da es sich sonst schwer begreifen liesse, wie er so etwas Nebensächliches sogleich miterzählen konnte. Und möglichenfalls lässt sich mit dieser Ausfahrt auch eine Stelle aus einem Reiseberichte des 17. Jahrhunderts zusammenbringen, aus der Relation des Tartares des Jean de Luca, wo von den Bewohnern der Krim gesagt wird (Recueil des Voyages au Nord T. VII p. 92): „Le sel dont ils se servent se congele dans les Marests, et on l'amasse sans aucun travail, chacun ayant la liberté d'en prendre ce qu'il lui en faut.“ Wenn diese Beziehung richtig sein sollte, dann wäre auch die Möglichkeit nicht ausgeschlossen, dass der Krimgote nicht von überfrorenen Strassen, sondern von eingefrorenem Salz geredet hätte. Doch bleibt es auch bei der Richtigkeit jener Beziehung weit wahrscheinlicher, dass die Nürnberger den Krimgoten richtig verstanden haben.

Als terminus ad quem ergiebt sich für die Begegnung das Jahr 1518, in welchem das genannte Buch des Irenicus erschienen ist. Ein terminus a quo lässt sich mit grosser Wahrscheinlichkeit aus den historischen Angaben Pirckheimers gewinnen. Zwar ist Tomaschek 56 durchaus im Recht, wenn er hier Gessner — wofür wir nur Pirckheimer zu setzen haben — aus Mathias von Michow schöpfen lässt (vgl. S. 88 ff.): die bei beiden gleichen Worte „fratres de Mancup gladio percussit“ beweisen das zur Genüge. Andererseits hat Tomaschek auch richtig bemerkt, dass Gessner (d. h. Pirckheimer) die Meinung Michows vom gänzlichen Erlöschen der Goten berichtige. Das zeigt nicht nur die Stelle „Ostrogothi Tauricam Chersonesum usque in hodiernum diem inhabitant“, sondern noch mehr der Umstand, dass er zu jenem Satze vom Tode der beiden Brüder von Mankup, in dem Michow das Ende des gotischen Volkes und der gotischen Sprache sieht, die Worte hinzufügt: „in quibus et tota Gothorum illorum nobilitas cessavit. Gothi vero, qui adhuc in montibus supersunt, vineas colunt et inde vitam sustentant.“ Dass Pirckheimer von den Fürsten von Mankup überhaupt noch aus einer anderen Quelle als aus Michow wusste, zeigt seine Bemerkung: „superfuere ad aetatem usque nostram duces Gothorum nobilissimi de Mancup, qui castrum Mancup semper a Tatarorum vi defenderunt.“ Ist es schon an sich wahrscheinlich, dass diese Quelle der mündliche Bericht der Nürnberger Kaufleute war, so wird diese Wahrscheinlichkeit noch durch die Worte „ad aetatem usque nostram“ erhöht. Dann aber setzt der Aufenthalt jener Berichterstatter auf der Krim auch bereits die Eroberung Mankups durch die Türken voraus. Diese aber fand im Jahre 1475 statt. Wenn die Kaufleute auch noch von den früheren Angriffen der Tataren auf Mankup hörten, so dürften sie nicht allzulange nach 1475 nach der Krim verschlagen worden sein.

Die siebente Nachricht über das Krimgotische, die vierte betreffs seiner Ähnlichkeit mit dem Deutschen, ist die von Georg Torquatus erhaltene, die bisher gleichfalls übersehen worden war. Ich habe dieselbe bereits in dem Abschnitte über die Tetraxiten S. 47 ff. so eingehend besprechen müssen, dass mir hier nichts mehr zu bemerken übrig bleibt. Es wäre nur sehr zu wünschen, dass noch die Quelle dieser besonders wichtigen Nachricht aufgefunden würde.

Schriftdenkmäler in krimgotischer Sprache könnten wohl höchstens in der Zeit vor Busbeck oder genauer in der Zeit vor der Eroberung Gotiens durch die Türken (1475) abgefasst worden sein. Doch wäre es leicht möglich, dass die Krimgoten überhaupt keine Aufzeichnungen in ihrer eigenen Sprache gemacht und sich beim Schreiben lediglich des Griechischen bedient hätten. Die einzige bekannte Inschrift, die wir aus Gotien besitzen, die des Fürsten Alexios von Theodoroi (Mankup) aus dem Jahre 1427, ist in griechischer Sprache abgefasst (Braun 27). Auch hat Grigorowitsch in Mariupol, wohin ein Teil der jetzt tatarisch sprechenden Nachkommen der Krimgoten ausgewandert ist, mehrere griechische Manuskripte gefunden (Braun 76).

Dagegen ist auf einer hebräischen Grabschrift, die bei Parthenit gefunden wurde, und die Chwolson aus paläographischen Gründen in das 5. Jahrhundert setzt (Braun 52), ein Name erhalten, den man für krimgotisch hält. Wie Braun richtig bemerkt, wäre es an sich keineswegs auffallend, wenn hier ein Jude einen gotischen Namen tragen würde, da sich das onomastische System der Juden jener Zeit durchaus nicht auf die alttestamentlichen Namen beschränkt hat. Die betreffende Form *Harfidil* würde nach Leo Meyer bei Chwolson einen Wulfilanischen **Harjafriþila* entsprechen (Braun 52). Den Ausfall des *r* (*-fidil* aus *-friþila*) hält Chwolson für ein Produkt des localen jüdischen Jargons, wie sich auf einer dahin gehörigen Grabschrift auch *Benike* für *Berenike* finde. Im übrigen steht *Harfidil* in keiner Beziehung zu den krimgotischen Lautgesetzen, die im nächsten Abschnitt besprochen werden, in Widerspruch. Nur wäre der Ausfall mehrerer unbetonter Vokale für diese frühe Zeit in einen germanischen Dialekte merkwürdig, und muss daher Leo Meyers Theorie sehr zweifelhaft erscheinen, wenn man nicht annehmen will, dass dieser Ausfall gleichfalls erst dem localen jüdischen Jargon wie der des zweiten *e* in **Bernike* (woraus *Benike*) für *Berenike* angehört.

Am Schlusse unseres Abschnittes sind wir wohl zu der Frage berechtigt, aus welchen Ursachen sich das auf so kleinem Territorium gesprochene und von dem Kontakt mit allen anderen germanischen Sprachen abgeschnittene Krimgotisch so lange hat erhalten können, während doch auf ganze Länder Westeuropas verpflanzte germanische Dialekte, wie das Langobardische, Westfränkische und Westgotische, die mit der kompakten Masse des Germanischen bis zum gewissen Grade in Kontakt geblieben waren, frühzeitig untergegangen sind. Wie Prokop De aed. III, 7 p. 261 erzählt, sassen die Krimgoten längs der Meeresküste in dem gebirgigen Lande Dory, wo sie Ackerbau trieben und als Verbündete der Oströmer ihr Gebiet gegen die Einfälle der barbarischen Nordvölker zu schützen hatten. Diese Worte aber zeigen deutlich, dass die Krimgoten für sich allein ein geschlossenes Gebiet bewohnten, während sich ja jene grossen germanischen Völker über die von ihnen eroberten Länder weithin zerstreut hatten. In diesem Unterschiede aber ist offenbar auch der Unterschied der verschieden langen Erhaltung am meisten begründet. Als zweiter Grund des Unterschiedes kommen noch kulturelle Verhältnisse hinzu. Während in Italien, Gallien und Spanien die überlegene römische Kultur zum Untergange der dorthin verpflanzten germanischen Sprachen das Ihrige beitrug, war die Kultur der Griechenstädte an der taurischen Küste infolge ihrer weiten Entfernung von Byzanz und den Gebieten, in denen die Griechen in geschlosseneren Massen wohnten, eine so geringe, dass sie keinen tiefer gehenden Einfluss auf das gotische Bauernvolk auszuüben vermochte. Wir besitzen aus der Mitte des 7. nachchristlichen Jahrhunderts eine Nachricht darüber aus Cherson, die Klagebriefe des dorthin verbannten Bischofs Martinos aus den Jahren 654 und 655: danach waren die Umwohner infolge der Berührung mit Barbaren verwildert, die Städter selbst zum geringsten Teile Alteinheimische; alle benachbarten Länder und Provinzen stellten das Kontingent zu ihnen (Tomaschek 19). Die nördlichen sich einander ablösenden Steppenvölker aber konnten, obwohl sie grosse Gebiete inne hatten und zum Teil wie die Chazaren und Tataren wenigstens eine gewisse Kultur erlangt hatten, dennoch wegen ihrer abweichenden nomadischen Lebensweise und ihrer abweichenden Religionen erst recht keinen erheblichen kulturellen Einfluss auf die Krimgoten gewinnen. Zur langen Erhaltung der krimgotischen Sprache musste endlich auch noch der Umstand beitragen, dass Gotien seine eigenen Fürsten mit eigener Verwaltung hatte und seine zeitweise Abhängigkeit von den nördlichen Steppenvölkern oder von Byzanz oder Trapezunt kaum in etwas mehr als in Tributzahlungen dokumentiert haben wird.

b. Die Nachricht Busbecks.

Die achte Nachricht über die krimgotische Sprache, die fünfte betreffs ihrer Ähnlichkeit mit dem Deutschen, ist diejenige Busbecks, welche wegen der in ihr überlieferten krimgotischen Wörter als die allerwichtigste erscheint, wie sie denn auch von jeher die meiste Beachtung gefunden hat. Ich gebe dieselbe zunächst nach der ältesten Ausgabe der Augerii Gislenii Busbequii De Legationis Turcicae epistolae quatuor, Parisiis 1589, Epistola quarta, p. 135:

„Non possum hoc loco praeterire, quae de gente accepi, quae etiamnum incolit Tauricam Chersonesum, quam saepe audiveram sermone, moribus, ore denique ipso et corporis habitu, originem Germanicam referre. Itaque me diu cupiditas tenuit videndi ab ea gente aliquem, et si fieri posset inde eruendi aliquid quod ea lingua scriptum esset, sed hoc consequi non potui. Casus tamen utcunque desiderio meo satisfecit. Cum essent duo huc illinc delegati, qui nescio quas querelas nomine eius gentis ad principem deferrent, meique interpretes in eos incidissent, memores quid eis mandassem si id usu veniret, ad prandium illos ad me adduxerunt. Alter erat procerior, toto ore ingenuam quandam simplicitatem praeferens, ut Flander videretur aut Batavus: alter erat brevior, compactiore corpore, colore fusco, ortu et sermone Graecus, sed qui frequenti commercio non contemnendum eius linguae usum haberet, nam superior vicinitate, et frequenti Graecorum consuetudine sic eorum sermonem imbiberat, ut popularis sui esset oblitus. interrogatus de natura et moribus illorum populorum, congruentia respondebat. Aiebat gentem esse bellicosam, quae complures pagos hodieque incoleret, ex quibus Tartarorum regulus, cum expediret, octingentos pedites sclopetarios scriberet, praecipuum suarum copiarum firmamentum: primarias eorum urbes, alteram Mancup vocari, alteram Sciuarin. Ad haec multa de Tartaris eorumque barbarie: in quibus tamen singulari sapientia non paucos reperiri memorabat. Nam de rebus gravissimis interrogatos, breviter atque apposite respondere. Ea de caussa non temere dictitare Turcas, reliquas quidem nationes scriptam in libris habere sapientiam, Tartaros libros suos devorasse, ideo in pectoribus eam habere reconditam, quam promat cum opus sit, et veluti divina fundant oracula. Eosdem esse perquam immundis moribus: si iurulentum aliquid apponatur in mensa, nulla requirere coclearia, sed ius vola manus haurire. Enectorum equorum carnem devorare, nullo foco admotam, offas tantum sub equestri sella explicare, quibus equino calore tepefactis tanquam opipare conditis vesci. Gentis regulum e mensa argentea cibum capere, primum inferri ferculum caput equi, ut et postremum, quemadmodum apud nos primo novissimoque loco honos habetur butyro. Nunc adscribam pauca vocabula de multis quae Germanica reddebat, nam haud minus multorum plane diversa a nostris erat forma: sive quod eius linguae natura id ferat, sive quod eum fugiebat memoria et peregrina cum vernaculis mutabat: omnibus vero dictionibus praeponebat articulum tho aut the. nostratia aut parum differentia haec erant

Broe. Panis.	Tag. Dies.
Plut. Sangnis.	Oeghene. Oculi.
Stul. Sedes.	Bars. Barba.
Hus. Domus.	Handa. Manus.
Wingart. Vitis.	Boga. Arcus.
Reghen. Pluvia.	Miera. Formica.
Bruder. Frater.	Rinck sive
Schuuester. Soror.	Ringo. Annulus.
Alt. Senex.	Brunna. Fons.
Wintch. Ventus.	Waghen. Currus.
Siluir. Argentum.	Apel. Pomum.
Goltz. Aurum.	Schieten. Mittere sagittam.
Kor. Triticum.	Schlipen. Dormire.
Salt. Sal.	Kommen. Venire.
Fisct. Piscis.	Singhen. Canere.

Hoef. Caput.
Thurn. Porta.
Stein. Stella.
Sune. Sol.
Mine. Luna.
Lacben. Ridere.
Eriten. Flere.
Geen. Ire.
Breen. Assare.
Schuualtb. Mors.

Knauen tag erat illi Bonus dies: Knauen bonum dicebat, et pleraque alia cum nostra lingua non satis congruentia usurpabat, ut

Iel. Vita sive sanitas.
Ieltsch. Vivus sive sanus.
Iel vburt. Sit sanum.
Marzus. Nuptiae.
Schuos. Sponsa.
Statz. Terra.
Ada. Ovum.
Ano. Gallina.
Telich. Stultus.
Stap. Capra.
Gadeltha. Pulchrum.
Atochta. Malum.
Wichtgata. Album.
Mycha. Ensis.
Baar. Puer.
Ael. Lapis.
Menus. Caro.
Rintsch. Mons.
Fers. Vir.
Lista Parum.
Schediit. Lux.
Borrotsch. Voluntas.
Cadariou. Miles.
Kilemschkop. Ebibe calicem.
Tzo Warthata. Tu fecisti.
Ies Varthata. Ille fecit.
Ich malthata. Ego dico.

Jussus ita numerabat. Ita, tua, tria, fyder, fyuf, seis, sevene, prorsus, ut nos Flandri. Nam vos Brabanti, qui vos Germanice loqui facitis, hic magnifice vos efferre, et nos soletis habere derisui, ac si istam vocem pronunciemus rancidius, quam vos Seuen effertis. Prosequebatur deinde Athe, nyne, thiine, thiinita, thunetua, thunetria etc. Viginti dicebat stega, triginta treithyen, quadraginta furdeithien, centum sada, hazer mille. Quin etiam cantilenam eius linguae recitabat, cuius initium erat huiusmodi:

Wara wara ingdolou
Scu te gira Galizou
Hœmisclep dorbiza ea.

Hi Gothi an Saxones sint, non possum diiudicare. Si Saxones, arbitror eo deductos tempore Caroli magni, qui eam gentem per varias orbis terrarum regiones dissipavit. Cui rei testimonio sunt urbes Transilvaniae hodieque Saxonibus incolis habitatae. Atque ex iis ferocissimos fortasse longius etiam summoveri placuit in Tauricam usque Chersonesum, ubi quidem inter hostes religionem adhuc retinent Christianam. Quod si Gothi sunt, arbitror iam olim eas sibi sedes tenuisse Getis proximas. Nec erraturum fortasse, qui sentiat maiorem partem eius intervalli, quod est inter Gothiam insulam et Procopiam, quam hodie vocant, a Gothis aliquando insessam. Hinc diversa Gothorum, Westgothorum et Ostrogothorum nomina: hinc peragratus orbis victoriis et seminarium ingens barbaricae multitudinis. Habes quae de Taurica Chersoneso ex his Procopiensibus didici."

Der vierte türkische Brief Busbecks ist schon von Frankfurt aus geschrieben und vom 16. December 1562 datiert. Der dritte ist an den Calenden des Juni 1560 zu Constantinopel abgefasst: in der Zwischenzeit muss also die Zusammenkunft geschehen sein.

Auffallend in dem Berichte ist der Zweifel, ob die Germanen der Krim Goten oder Sachsen wären, da dieselben doch nicht nur bei anderen, sondern auch bei sich selbst den Namen Goten führten. Man sollte meinen, dass, wenn Busbeck früher schon oft von jenem Volke gehört hatte, er doch auch seinen Namen hätte erfahren müssen. Indessen ist doch auch das Gegenteil möglich. Wie die Tetraxiten um die Mitte des achtzehnten Jahrhunderts ihren Namen völlig vergessen hatten (S. 66 ff.), so könnte vielleicht schon in der zweiten Hälfte des sechszehnten Jahrhunderts bei den Krimgoten ein Stadium eingetreten sein, in dem diese ihr nationales Selbstbewusstsein wenigstens schon so weit eingebüsst hatten, dass sie sich auch selbst nur noch selten mit ihrem eigenen Namen benannten. Kulturell besonders in der letzten Periode ihres politischen Daseins mit den Griechen eng verbunden, könnten sie wohl, mit diesen ihren Glaubensbrüdern zusammen von den muhamedanischen Tataren bedrängt und schliesslich von den muhamedanischen Türken unterworfen, sich gerade nach dem Verluste ihrer politischen Selbständigkeit und dem Aufhören des Namens Gotien als politischen Begriffes (unter türkischer Herrschaft wurde das Ländchen nach seiner Hauptstadt Mankup benannt), in erster Linie als Griechen gefühlt haben. Ich werde auf dieses Problem noch bei den Nachrichten über die krimgotische Sprache nach Busbeck zurückkommen müssen.

Indess lässt sich der Zweifel unseres Gelehrten, ob er es bei den Krimgermanen mit Goten oder Sachsen zu thun habe, auch wohl noch in anderer Weise erklären. Busbeck könnte nämlich sehr wohl auch den Namen Goten als den der Krimgermanen gehört haben, aber von Erwägungen historischer Art irre geleitet worden sein. Von der deutschen Sprache der Siebenbürger Sachsen wissend, glaubte er seinen zeitgenössischen Historikern, dass diese Sachsen von Karl dem Grossen nach Siebenbürgen verpflanzt worden wären. So aber könnte es begreiflich werden, wie er einen noch weiter nach derselben Richtung, nach Südosten, vorgeschobenen Posten des Germanentums und germanischer Sprache für eine auf analoge Weise entstandene Ansiedelung der Sachsen halten konnte, selbst wenn er den Namen Goten für diese Germanen gehört hatte. Leicht könnte sich überhaupt sein Zweifel an der gotischen Abkunft der Krimgoten aus einer Reminiscenz an eine Stelle Melanchthons und einer daraus gezogenen Folgerung erklären. Diese Stelle betrifft eben die Siebenbürger, von denen, wie schon erwähnt, Melanchthon De vocabulis regionum, Schardii collectio I, 193 folgendes sagt: „Transsylvani in Hungaria, qui vocantur Sibenburger, Germanica lingua utentes. Existimantur enim a Caroli deducti coloni, sed ego arbitror ueteres reliquias esse Gotthicae gentis, quae se in Daciam et Pannonias infuderat.“ Melanchthon war zu dieser Ansicht offenbar dadurch gekommen, dass er die ihn sehr interessierenden Krimgoten wegen ihres Namens für Nachkommen der Goten hielt. Busbecks Ansicht hat mit Melanchthons das Gemeinsame, dass sie die Existenz der Krimgoten und die der Siebenbürger Sachsen auf gleiche Weise erklären möchte. Da nun Busbeck betreffs der Siebenbürger nicht Melanchthon, sondern der herrschenden Annahme glaubte, so konnte er umgekehrt durch Melanchthon dazu verleitet werden, die Abkunft beider Völkerschaften zu einander in Beziehung zu setzen, d. h. sächsische Abstammung auch für die Krimgoten zu vermuten.

Es wäre übrigens leicht möglich, dass Busbeck überhaupt seine ersten Kenntnisse über die Krimgoten aus den Schriften Melanchthons geschöpft hätte. Höchstwahrscheinlich muss wenigstens ein äusserer Anstoss da gewesen sein, der denselben sich wiederholt nach den Krimgoten zu erkundigen bestimmte. Denn bei der gewiss nicht sehr grossen Anzahl von Deutschen, mit denen er in Konstantinopel zusammentraf und die vorher in dem kleinen Gotien gewesen waren, würde er wohl sicher nicht vor seiner Zusammenkunft mit seinem Krimgoten und Krimgriechen bereits „oftmals“ von den Krimgoten etwas gehört haben, wenn er nicht jene Deutschen eigens deswegen befragt hätte. Freilich kann jener erste Anstoss auch die Erzählung irgend eines deutschen Kaufmanns oder Reisenden über die Krimgoten gewesen sein.

Was die von Busbeck mitgeteilten krimgotischen Sprachreste selbst betrifft, so lassen diese trotz ihres geringen Umfanges doch bei genauerer Beobachtung die Stellung erkennen, die das Krimgotische innerhalb des Germanischen eingenommen hat. Lösen lässt sich diese Frage freilich nur auf Grund der anderen, wie treu die gehörten Wörter von unserem Gewährsmanne wiedergegeben worden sind. Diese Lösung erfordert wiederum, dass wir zunächst Busbecks handschriftlichen Text aus den ältesten Ausgaben seiner Briefe rekonstruieren d. h. dieselben auf etwaige Druckfehler hin prüfen.

Die drei ältesten Drucke, Parisiis 1589, Francofurti 1595, Hanoviae 1605, sowie der fünfte, Hanoviae 1629, sind übereinstimmend ohne Namen des Herausgebers erschienen, geben sich aber durch die ihnen gemeinsame Widmung „L. Carrio Nicolao Micautio Indeveldii D. R. M. in Concilio secretiori Consisiliario S. D.“ als Ausgaben, die von einer und derselben Person herrühren, kund. Doch enthalten sie Abweichungen von einander in der Wiedergabe dreier aufgezeichneter Wörter. Dem *Stein* der ersten und zweiten Ausgabe steht *Stern* in der dritten und fünften, dem *Galizou* der ersten in der zweiten, dritten und fünften *Galizu*, einem *Jes varthata* der zweiten in der ersten, dritten und fünften *Ies varthata*, einem *Schuualth* der ersten, zweiten und dritten ein *Schuualch* der fünften gegenüber. Hier ist offenbar *Schuualch* verdruckt. Im übrigen ist es weniger wahrscheinlich, dass man beim dritten Drucke zugleich den ersten und zweiten benutzt und aus dem einen *Ies varthata* und dem anderen *Galizu* entnommen als dass man einfach nach der Handschrift neu gedruckt oder wenigstens die jeweils zuletzt erschienene Ausgabe nach der Handschrift verbessert hat. *Galizou* für *Galizu* im Reime auf *ingdolou* ist ja ein sehr erklärlicher Druckfehler, und wohl ebenso leicht konnte sich bei konsonantischer Lesung des *I* von *Ies* ein *J* für dasselbe einschleichen. Über das Verhältnis von *Stein* und *Stern* belehrt ein Vergleich mit der vierten Ausgabe.

Diese vierte Ausgabe, die Monaci 1620 erschienen ist, zeigt wesentlichere Abweichungen. Gewidmet ist dieselbe Kaiser Ferdinand II., und als Herausgeber hat sich hier ein Raphael Sadeler genannt. Da die fünfte Ausgabe vom Jahre 1629 wieder dem Nicolaus Micautius gewidmet ist und auch dieselben ausführenden Worte der Widmung wie die drei ersten Ausgaben, nicht aber wie die vierte enthält, so kann Sadeler nicht mit dem anonymen Herausgeber der übrigen Drucke identisch gewesen sein. Das folgt aber auch aus bestimmten Worten der Widmung der vierten Ausgabe selbst. Sadeler sagt nämlich dort: „Busbequius . . . . . quae spectavit . . . . in litteras misit tanta elegantia . . conscriptas, uti mi operae pretium facturum existimarim si easdem in plures vulgari curarem, editas quidem ante, sed dignas, quae millies edantur.“ Diese Worte machen es aber auch wohl schon wahrscheinlich, dass Sadeler die Briefe in der Handschrift neu verglichen hat. Mit Sicherheit geht das aber aus zweien seiner Varianten hervor. Wenn er *Kriten* für *Eriten* der drei ersten Ausgaben geschrieben hat, so hat er hier, wie dies auch die bisherigen Behandler der krimgotischen Sprachreste durch Aufnahme von *Kriten* = got. *grētan* anerkannt haben, zweifellos das Richtige getroffen. (Mit *k* für *g* im Anl. vor Liquida vergleiche man *Plut* „Sanguis“, mit *i* für got. *ē* *Schlipen* „Dormire“, *Mycha* „Ensis“ u. s. w.). Die zweite Variante betrifft ein Wort in dem türkischen Liede, wo die ersten drei Ausgaben im Anfange des dritten Verses *Hœmisclep* (Ligatur *o* + *e*) schreiben, Sadeler aber *Hæmisclep* (Ligatur *a* + *e*) hat. Der letzteren Lesung aber entspricht der von Radloff bei Braun 61 wiederhergestellte türkische Wortlaut *häm ischläp*.

Abweichend vom Anonymus hat Sadeler noch *Waghenn* und *fiuff* geschrieben, ausserdem nur noch *Knauen* mit Ligatur für *en*, wo der Anonymus wohl die handschriftliche Abbreviatur aufgelöst hat. Anders steht es mit *Waghenn* und *fiuff*. Aus undeutlichen Schriftzügen Busbecks, aus denen sicher das *Eriten* und *Hœmisclep* des Anonymus zu erklären sind (die Fehler würden ja auch sonst in den Neuausgaben wie *Galizou* und *Jes varthata* beseitigt worden sein) ist mindestens das Gegenüber von *fyuf* und *fiuff* nicht erklärbar. Was hier den Schlusskonsonanten betrifft, so hat doch Sadeler oder sein Drucker viel eher *ff* für *f* als der Anonymus *f* für *ff* gesetzt, da sich die Doppelung des *f* am

Wortschlusse doch schwerlich hätte übersehen lassen. Derselbe Mann aber, der das schliessende *f* von *fiuf* verdoppelt hat, wird auch, von der gleichen Neigung geleitet, das schliessende *n* von *Waghen* doppelt gesetzt haben. Am meisten aber fällt der Umstand, dass alle vier anonymen Ausgaben in beiden Wörtern einfache Schlusskonsonanten bieten, für die Echtheit dieser einfachen Konsonanten in die Wagschale. Denn wir wissen aus den verbesserten *Galizu* und *Ies varthata*, dass auch der Anonymus bei seinen Neuausgaben die Handschrift Busbecks mindestens wieder zu Rate zog. Deshalb ist auch an *fyuf* gegenüber **fiuf* festzuhalten, wiewohl an sich *fy-* für *fi-* wegen des vorausgehenden *fyder* leicht erklärlich wäre. Wenn Sadeler oder seinem Drucker das *y* überhaupt als ein *i*-Laut vorschwebte, so konnte auch *i* für *y* verschrieben oder verdruckt werden. In jedem Falle aber muss an dem *u* von *fyuf*, worin Massmann ZfdA. 1, 368 einen Druckfehler für *finf* angenommen hat, festgehalten werden. Schon die Übereinstimmung der vier anonymen Ausgaben sowohl unter sich selbst wie mit derjenigen Sadelers in der Setzung dieses Buchstaben beweist das zur Genüge. Verstärkt aber wird dieser Beweis noch durch den Umstand, dass der Anonymus und Sadeler nur in diesem Worte an zwei Stellen — dicht vor und dicht hinter dem strittigen Buchstaben — von einander abweichen, in jenem Buchstaben aber selbst mit einander übereinstimmen.

In *Ies Varthata*, *Galizu* und *Schuualth* hat Sadeler die Lesungen, die bereits aus den Varianten des Anonymus als die echten erschlossen wurden. In *Stern* stimmt er mit der dritten und fünften Ausgabe abweichend von dem *Stein* der ersten und zweiten überein. Damit erweist sich die erstere Lesart als echt. Der Anonymus hat hier also in seinem zweiten Drucke *Stein* aus dem ersten abgeschrieben, in seinem dritten aber nach der Handschrift zu *Stern* verbessert. In mehreren anderen Lesarten, in denen man bisher Druckfehler vermutet bez. bestimmt angenommen hat, stimmt Sadeler mit allen drei Ausgaben seines Vorgängers überein. Es sind dies *Wintch*, *Fisct*, *thunetua*, *thunetria*. Man wird deshalb an der Echtheit dieser Lesungen festhalten und *thunetua*, *thunetria* neben *thiine*, *thiinita* auf andere Weise erklären müssen.

Was die Reihenfolge der von Busbeck mitgeteilten Wörter betrifft, so hat derselbe die Wortformen in solche, die ihm germanisch, und solche, die ihm nicht germanisch schienen, getrennt. Es ist fraglich, ob er diese Scheidung erst in seinem Briefe vorgenommen, oder ob er die Wörter sogleich beim Abfragen in zwei verschiedenen Columnen geschrieben hat. Im übrigen spricht alles dafür, dass er die Reihenfolge der Wörter in seinem Briefe so beibehalten hat, wie er sie abgefragt hatte. So stehen sinnverwandte Ausdrücke fast immer neben einander wie *Bruder* und *Schuuester*, *Siluir* und *Goltz*, *Kor*, *Salt* und *Fisct* (als Nahrungsmittel), *Stern*, *Sune* und *Mine*, *Oeghene*, *Bars* und *Handa*, *Lachen* und *Kriten*, *Marzus* und *Schuos*, *Gadeltha* und *Atochta;* überhaupt stehen die Neutralformen der Adjectiva zusammen, ausserdem am Schlusse der an sich verständlichen Wörter die Infinitive, am Schlusse der an sich unverständlichen *Kilemschkop* und die Präteritalformen: die Verba wurden also abgesehen von den Zahlwörtern zuletzt gefragt. Versehentlich sind *Kriten* und *Schuualth*, die so gut wie andere germanische Wörter wie *Baar* und *Mycha* von Busbeck nicht mehr als solche erkannt werden konnten, unter die an sich verständlichen Wortformen geraten.

Einmal muss übrigens der Krimgrieche Busbeck missverstanden haben. Man hat längst erkannt, dass *Ich malthata* wegen des voraufgehenden *Tzo warthata* „Tu fecisti", *Ies varthata* „Ille fecit" nicht „Ego dico" bedeuten kann, sondern „Ego dixi" bedeuten muss. Offenbar hat der Krimgrieche zu ungenau auf Busbecks Frage gehört und einmal im Zuge, Präteritalformen auf *-thata* zu nennen, eine solche auch da angegeben, wo er nach einer Präsensform gefragt worden war.

Der Untersuchung darüber, wie Busbeck selbst das Gehörte wiedergegeben hat, empfiehlt es sich, eine statistische Übersicht über die Lautverhältnisse der etymologisch klaren Erbwörter voranzuschicken.*) Ich schreibe dabei die Wörter buchstäblich so wie Busbeck, abgesehen davon, dass ich, wie bisher üblich, die als Initialen meist gesetzten Majuskeln durch Minuskeln ersetze.

Vom urgermanischen Lautstande aus ergiebt sich hier folgende Übersicht:

---

*) Als etymologisch unklar oder nicht genügend klar scheiden hier zunächst aus: *knauen* „bonum", *marzus* „nuptiae", *schuos* „sponsa", *rintsch* „mons", *stap* „capra", *gadeltha* „pulchrum", *atochta* „malum", *schediit* „lux", *borrotsch* „voluntas", *cadariou* „miles", *kilemsch* „ebibe" (in *kilemschkop* „ebibe calicem"), *iel vburt* „sanum sit", *fers* „vir". (Die Zusammen-

A) Vokale.

a) Vokale der betonten Silben.

1) *a* bleibt *a* in *wingart*, *alt*, *salt*, *tag* (zweim.), *handa*, *waghen*, *apel*, *schuualth*, *statz*, *gadeltha*, *warthata*, *varthata*, *malthata*, *tua*, *athe*, erscheint als *aa* in *baar*, als *ae* in *ael*. Umlaut fehlt: *lachen*, *ada*, *ano*.

2) *e* bleibt *e* vor ursprünglichem *e*, *a*, *o*, *u* der Folgesilbe ausser vor *n* + cons.: *reghen*, *schuuester*, *stern*, *sevene*. Doch steht *y* in diesem Falle in *fyder*, *treithyen*, *i* in *furdeithien*, durch Kontraktion mit dem folgenden Vokale *ii* in *thiine*, *thiin-ita*, *u* in *thune-thua*, *thune-tria*. Vor nas. + cons. steht *i*: *wintch*, *rinck*, *ringo*, *singhen*. *e* wird zu *ei* mit Verlust eines folgenden *h* vor *s* in *seis*.

3) *i* bleibt *i* in *siluir*, *fisct*, *tria*, erscheint mit Ausfall eines folgenden *m* als *yu* in *fyuf*.

4) *u* erscheint als *o* vor ursprünglichem *o*, *a* der Folgesilbe in *goltz*, *kor*, *böga*, *kop*, *kommen*, doch auch hier als *u* vor *n* + cons. in *sune*, *brunna*, ausserdem in *thurn*.

5) *ī* erscheint *i* geschrieben in *wingart*, *wichtgata*.

6) *ē* erscheint als *i* in *mine*, *schlipen*, *kriten*, als *y* in *mycha*, als *e* in *breen*.

7) *ō* wird *u* in *plut*, *stul*, *bruder*.

8) *ū* erscheint *u* geschrieben in *hus*.

9) *ai* wird *ie* in *iel* (auch in *iel vburt*), *ieltsch*, *i* in *ita* (auch in *thiin-ita*).

---

stellung von *fers* mit got. *wair* bietet eine doppelte Schwierigkeit, einmal dass sonst krimgot. (= germ.) *f* und *w* streng geschieden sind, und zweitens dass *fers* das mindestens in den meisten Fällen im Nomin. der Substantiva verlorene *-s* erhalten haben müsste, das doch bei *wair* und seiner Klasse auch gerade das Gotische verloren hatte.) Auch *stega* „viginti“ muss vorläufig unberücksichtigt bleiben, da das Verhältnis zu mhd. *stîge* nicht klar ist. Von den krimgot. Neubildungen *treithyen* „triginta“, *furdeithien* „quadraginta“ können die Vokale der vorderen Bestandteile zunächst nicht in Betracht kommen. Auch bei *ies* „ille“ kann der Vokal *e*, weil in den verschiedenen germ. Sprachen verschieden, und deshalb auch das anl. *i* vorläufig nicht herangezogen werden. Klar ist dagegen wenigstens das Suffix von *gadeltha*, *atochta*. Lehnwörter sind *lista* „parum“ (osset. *listag* „schmal, dünn“), *sada* „centum“ (osset. *sade*) *hazer* „mille“ (pers. *hazār*), *telich* „stultus“ (türk. *telyq* „verrückt“). Von vornherein wenigstens der Entlehnung verdächtig ist auch *bars* „barba“ (osset *barts*).

10) *au* wird *oe: broe*, *hoef*, *oeghene.*

11) *eu* erscheint als *y* in ursprünglich einsilbigem Worte oder vor einem *i* der Folgesilbe in *nyne*, vor *a* der Folgesilbe als *ie* in *schieten*, *miera.*

12) Ein urgermanisch nicht sicher bestimmter Vokal erscheint als *ee* in *geen*, ein anderer als *e* in *menus.*

b) Vokale der unbetonten Silben.

1) Vor silbenausl. *n*, *r*, *l* steht durchweg *e: schieten*, *schlipen*, *kommen*, *singhen*, *lachen*, *kriten*, *breen*, *bruder*, *schuuester*, *fyder.* So auch, wo germ. kein Vokal mehr in der Silbe stand: *reghen*, *waghen*, *apel.*

2) In anderen Stellungen steht *e* in *sune*, *mine*, *oeghene*, *sevene*, *athe*, *nyne*, *thiine*, *a* in *handa*, *boga*, *miera*, *brunna*, *ada*, *gadeltha*, *wichtgata*, *mycha*, *warthata*, *varthata*, *malthata*, *ita*, *tria*, *o* in *ringo*, *ano.*

3) Geschwunden ist unbetonter Vokal inl. in *siluir*, *thurn*, *ieltsch*, *gadeltha*, *wichtgata*, *malthata*, ausl. in *stern*, *ael*, auch in *hoef*, wenn das ausl. *d* vorher fortgefallen ist.

4) Svarabhaktisch steht *u* in *menus*, *i* in *siluir.*

5) In proklitischen Wörtern steht *i* für *i* in *ich*, *o* für *ū* in *tzo*; als Artikelformen (natürlich des nom. sg.) werden *the*, *tho* genannt, ohne dass ein Unterschied der Bedeutung nach den Geschlechtern vermerkt wird.

B) Konsonanten.

1) *w* wird *w* geschrieben in *wingart*, *wintch*, *waghen*, *wichtgata*, *warthata*, *uu* in *schuualth*, *schuuester*, *v* in *varthata*, *u* in *tua*, fehlt in *singhen*, *fyder.*

2) *j* fehlt inl. nach Konsonanten in *lachen*, *ano.* Für *jj* steht *d* in *ada.*

3) *r* ist stets erhalten: *broe*, *bruder*, *schuuester*, *siluir*, *kor*, *thurn*, *stern*, *rinck*, *ringo*, *brunna*, *kriten*, *breen*, *baar*, *warthata*, *varthata*, *tria*, *fyder.* So auch in *miera*, wenn das Wort germ. *r* (nicht *z*) gehabt hat.

4) *l* ist stets erhalten: *plut*, *stul*, *alt*, *siluir*, *goltz*, *salt*, *apel*, *schlipen*, *lachen*, *malthata.* *ll* erscheint als *l* in *ael.*

5) *m* ist anl. stets erhalten: *mine*, *miera*, *menus*, *mycha*, *malthata*. Inl. erscheint *m* als *mm* in *kommen*, als *n* in *menus*, ist geschwunden in *fyuf*.

6) *n* ist anl. erhalten in *nyne*, ursprünglich inl. in *wingart*, *wintch*, *thurn*, *stern*, *mine*, *oeghene*, *handa*, *ano*, *sevene*, *nyne*, *thiine*, ausl. in *reghen*, *waghen*, *schieten*, *schlipen*, *kommen*, *singhen*, *lachen*, *kriten*, *geen*, *breen*, *treithyen*, *furdeithien*, inl. geschwunden vor *t* in *ita* (auch in *thiin-ita*), vor *s* in *ies*, ausl. nach *r*: *kor*, *baar*. Für *nn* steht *n* in *sune*, *nn* in *brunna*.

7) *ŋ* wird *n* geschrieben in *rinck*, *ringo*, *singhen*.

8) *ƀ* erscheint anl. als *b* in *broe*, *bruder*, *boga*, *brunna*, *breen*, *baar*, als *p* in *plut*, inl. als *u* nach *l* (aber urspr. Vokal) in *siluir*, nach Vokal als *v* in *sevene*, in den Ausl. getreten nach Vokal als *f* in *hoef*.

9) *p* erscheint inl. als *p* in *schlipen*, *apel*, *pp* ausl. als *p* in *kop*.

10) *f* ist stets erhalten: *fisct*, *fyder*, *fyuf*, *furdeithien*.

11) *ʒ* erscheint anl. als *g* in *goltz*, *geen*, als *k* in *kriten*. Inl. steht *g* vor *a*, *o* in *wingart*, *boga*, *wichtgata*, *ringo*, *gh* vor *e* in *reghen*, *oeghene*, *waghen*, *singhen*. Ausl. erscheint *g* in *tag* (zweim.), *ck* in *rinck*.

12) *k* ist anl. erhalten: *kor*, *kop*, *kommen*. Inl. wird es nach *i* und *y* zu *ch*: *ich*, *mycha*. Für *sk* steht *sch* in *schieten*, *tsch* in *ieltsch*, *sct* in *fisct*.

13) *h* ist anl. vor Vokalen erhalten in *hus*, *hoef*, *handa*, geschwunden in *ano*, *iel* (zweim.), *ieltsch*, *ael*, anl. vor Konsonanten geschwunden in *rinck*, *ringo*, *lachen*, umgestellt und als *ch* erhalten in *wichtgata*, inl. vor *t* geschwunden in *warthata*, *varthata*, *athe*, vor ursprünglichem *j* als *ch* erhalten in *lachen*, vor *s* geschwunden in *seis*, intervokalisch geschwunden in *thiine*, *treithyen*, *furdeithien*.

14) *đ* erscheint anl. als *t* in *tag* (zweim.), als *th* in *thurn*, inl. als *t* in *wintch*, *warthata*, *varthata*, *malthata*, als *th* in *malthata*, als *d* in *handa*, *fyder*, geschwunden in *breen*, ausl. als *t* in *wingart*, *alt*, *plut*, geschwunden in *broe*, *hoef*.

15) *t* erscheiut anl. als *t* in *tua*, als *th* in *thiine* (auch in *thiin-ita*, *thune-tua*, *thune-tria*), inl. als *t* in *schieten*, *kriten*, *wichtgata*, *ita*, als *th* in *gadeltha*, *warthata*, *varthata*, *treithyen*, *furdeithien*, ausl. als *t* in *salt*, als *th* in *schwalth*. In *st* ist *t* stets erhalten: *stul*, *stern*, *statz*, *schuuester*.

16) *þ* erscheint anl. als *tz* in *tzo*, als *t* in *tria* (auch in *thunetria*), *treithyen*, als *th* in *tho*, *the*, inl. als *d* in *bruder*, ausl. als *tz* in *goltz*, *statz*. Geschwunden ist es inl. in *malthata*.

17) *s* ist anl. erhalten vor Vokalen in *siluir*, *salt*, *singhen*, *seis*, *sevene*, vor *t* in *stul*, *stern*, *statz*, zu *sch* geworden vor *w* und *l* in *schuuester*, *schuualth*, *schlipen*, mit folgendem *k* zu *sch* verschmolzen in *schieten*, inl. vor *t* durch *s* in *schuuester*, nach *l* mit folgendem *k* durch *tsch* in *ieltsch*, durch *sct* in *fisct;* ausl. stammhaft erhalten in *hus*, *seis*, suffixal für den nom. sg. erhalten im Pronomen *ies*, verloren in dem Adjectiv *alt* und den Substantiven *stul*, *reghen*, *fisct*, *tag*, *handa*, *rinck*, *waghen*, *apel*, *schuualth*, *ael*, *mycha*, *statz*, ausserdem in *thurn*, *tzo warthata*. An Stelle des ausl. *s* des nom. sg. steht *ch* in *wintch*.

18) Für *z* erscheint *s* in *menus*.

Die erste Frage, die uns bei der Prüfung der Treue Busbecks in der Wiedergabe des Gehörten zu beschäftigen hat, ist die nach dem Lautwerte der von ihm geschriebenen Zeichen. Hier fällt nun zunächst auf, dass derselbe die meisten Buchstabenverbindungen angewandt hat, die sein heimatliches Niederländisch vor dem Hochdeutschen voraus hat. So gebraucht er *oe*, *ae*, *gh*, letzteres ganz nach niederländischer Weise für *g* nur vor *e* (für *g* vor *i* kommt kein Beispiel vor). Entsprechend hat auch sein *z* in dem Lehnworte *hazer* „mille", wie der Vergleich mit pers. *hazār*, abktr. *hazanra* zeigt, die Geltung einer stimmhaften Spirans wie im Nl., nicht die einer stimmlosen Affricata wie im Hochdeutschen. Auch sein *v* muss, wie der Zusatz zu *sevene* „prorsus ut nos Flandri" beweist, nach nl. Weise abweichend vom Hochdeutschen stimmhaft gesprochen werden. Und die einzige dem Nl. fremde und scheinbar dem Hochdeutschen entlehnte Buchstabenverbindung *tz*, die für germ. *þ* in *tzo*, *goltz*, *statz* erscheint, kann doch wohl kaum wie im Deutschen eine Affricata bezeichnen, da eine solche sich schwerlich aus einer Spirans entwickelt haben wird. Es scheint vielmehr ein Versuch vorzuliegen, die interdentale Spirans als einen akustischen Zwischenlaut zwischen *t* und stimmhaftem *s* zum Ausdrucke zu bringen (die Akustik geht hier wohl der Artikulation, wonach das *þ* nicht wie das *s* mit dem Zungenblatte, sondern wie das *t* mit der Zungenspitze gesprochen wird, parallel); germ. *þ* ist also krimgot. wahrscheinlich nur stimmhaft geworden. Dabei soll die Möglichkeit nicht geleugnet werden, dass, wenn dennoch krimgot. eine Africata vorlag, Busbeck die hochdeutsche Zeichengruppe deshalb wählen konnte, weil das Nl. keine Africaten besass (doch hätte es auch in diesem Falle näher gelegen, für eine stimmhafte Africata *dz*, für eine stimmlose *ts* zu schreiben, da das Nl. die Einzelzeichen hatte): das Übergreifen in die hochdeutsche Orthographie wäre also auch dann nur durch eine besondere Veranlassung hervorgerufen worden.

Eine solche Veranlassung hat höchstwahrscheinlich in der Schreibung des anl. *sch* vor *w* und *l* vorgelegen. Es ist hier unmöglich, das *sch* im Anlaut nach nl. Weise als *s* + *ch* zu lesen, eine Verbindung, die im Anlaut vor folgendem *w* und *l* ganz unaussprechbar erscheint. Auch ist die nl. Aussprachsweise *ss* für den Anlaut nicht gut denkbar. *sch* kann hier vielmehr wohl nur den einheitlichen Laut *š* wiedergeben, ist also nach hochdeutschem Vorbilde geschrieben. Dieses Vorbild musste deshalb gewählt werden, weil das Nl. überhaupt kein Zeichen für *š* besass.

Doch muss im allgemeinen von der nl. Orthographie ausgegangen werden. Wo nicht besondere Erwägungen dagegen sprechen, müssen Busbecks Zeichen auch überall die Lautgeltungen beigemessen werden, die sie zu seiner Zeit, d. h. etwa um die Mitte des sechszehnten Jahrhunderts, in seinem heimatlichen Flämisch gehabt haben. Deshalb muss also sein *oe* schon als monophthongisches *ū* aufgefasst werden, zumal er ja auch einmal ein *ae* schreibt, das niemals diphthongisch gelesen worden ist. Wenn aber Busbecks *oe* als *ū* zu gelten hat, so kann sein *v*, da wo es nicht einen kurzen Vokal bezeichnet, nur die Geltung eines *ǖ* wie im Flämischen haben. Allerdings könnte man es zunächst für möglich halten, dass, wenn krimgot. *plut*, *stul*, *bruder* mit *ū* gesprochen worden wären, Busbeck hier deshalb, weil hier hochd. abweichend vom Niederländischen *ū* gesprochen wurde, nach hochdeutscher Orthographie *u* gesetzt hätte, obwohl er sonst sein *ū* durch *oe* bezeichnete. Aber er schreibt auch *u* in *hus*, und hier kann ja das Hochdeutsche, das *haus* bietet, garnicht von Einfluss gewesen sein. Man hat also sowohl *hus* wie *plut*, *stul*, *bruder* mit *ǖ* zu lesen. *y* ist, weil mit *i* etymologisch gleichstehend (in *mycha* neben *kriten* u. s. w., *treithyen* neben *furdeithien*) als *ī* aufzufassen.

Was die Vokale der unbetonten Silben betrifft, so deutet das hier regelmässig vor silbenausl. Nasalen und Liquiden für germ. *a*, in *fyder* aber für germ. *u* stehende *e* darauf hin, dass die Vokale in diesem Falle überhaupt geschwunden und damit die Nasale und Liquiden sonantisch geworden waren. Das Gleiche gilt auch für das Lehnwort *hazer* (pers. *hazār*). Zudem steht *e* ja auch da, wo sich schon germ. sonantische Liquida oder Nasalis eingestellt hatte, in *waghen*, *reghen*, *apel*. (Der Vokal der zweiten Silbe vor *siluir* hat sich svarabhaktisch nach Doppelkonsonanz entwickelt, wobei er seine Färbung vom Vokale der Tonsilbe erhalten hat.) Der Schwund der unbetonten Vokale vor silbenauslautenden Nasalen und Liquiden setzt aber voraus, dass dieselben Vokale in der Nachbarschaft anderer Laute, wo nicht gleichfalls ausgefallen, zu Überkürzen geschwächt worden waren. Und darauf deutet auch an sich schon der regellose, von den alten Vokalverhältnissen ganz unabhängige Wechsel zwischen *e*, *a* und gelegentlich auch *o* in den betreffenden Silben. So stehen sich gegenüber *sevene* = got. *sibun* und *handa* = got. *handus*, *mine* = got. *mêna* und *brunna* — got. *brunna* nebst *boga* = got. **buga* (= ahd. *bogo*), *oeghene* = got. *augōna* und *tria* = got. *þrija* nebst *ita* = got. *ainata*. Man vergleiche auch das *e* für got. *ō* in *oeghene* und *sune* gegenüber *a* für got. *ē* im Auslaut von *tzo warthata*. An sich instruktiv sind auch *athe* = got. *ahtau*, *mycha* = got. *mēkeis*, das erste *a* der Präteritalendung *-thata*, das für *e* steht, und besonders auch noch das Lehnwort *sada*, das dem ossetischen *sade* entspricht. Der überkurze Vokal wurde im Krimgot. offenbar „gutturaler“ gesprochen als im Nl. und Deutschen und deshalb in der Regel durch *a* zum Ausdrucke gebracht. Da aber die Qualität eines derartig kurzen Vokals überhaupt nicht scharf hervortreten konnte, so ist es begreiflich, dass Busbeck für denselben verschiedenfach auch das im Nl. und Deutschen für den Vokal gleicher Qualität übliche Zeichen eingesetzt hat. Diese Auffassung wird noch dadurch gestützt, dass die Formen mit *e* in zwei verschiedenen Gruppen dicht oder fast dicht neben einander erscheinen. Die erste dieser Gruppen wird durch *sune*, *mine*, *oeghene* gebildet, von denen *mine* dicht hinter *sune* steht und *oeghene* nur durch *tag* von *mine* getrennt ist, während die zweite die Zahlen von *sevene* bis *thiine* umfasst; bemerkenswert sind hier besonders die doppelten *e* in *oeghene* und *sevene* gegenüber den doppelten *a* in der Gruppe *tzo warthata*, *ies varthata*, *ich malthata*. Bei *sune* kann hier eine Anlehnung an nhd. *sonne* von Einfluss gewesen sein. Es ist aber begreiflich, dass, wenn Busbeck einmal den überkurzen Vokal in irgend einem Worte als *e* zu hören geglaubt hatte, er auch noch in den nächstfolgenden Wörtern *e* für denselben zu hören vermeinte. Bemerkt muss aber noch werden, dass *sune* unter den Busbeck germanisch scheinenden Wörtern überhaupt das erste ist, in dem zur Schreibung des überkurzen Vokals Gelegenheit gegeben war, und dass unter den ihm nicht germanisch scheinenden erst in *ada* ein solches auftritt, das sehr wohl später als *sune*, *mine*, *oeghene* gefragt sein könnte. Dann hätte sich Busbecks Gehör für den Vokal, erst nachdem er denselben öfters vernommen, geschärft. Weshalb die *e* gegen Schluss von neuem in *sevene* erscheinen, wird aus dem Zusatz „prorsus ut nos Flandri“ klar. Durch die Ähnlichkeit des krimgot. Wortes mit flämisch *sevene* war aber Busbeck auch die Ähnlichkeit des krimgotischen überkurzen Vokals mit dem überkurzen *e* des Nl. und Nhd. wieder zum Bewusstsein gekommen, infolgedessen er nun wieder *athe*, *nyne*, *thiine* schreibt, obwohl in den vorhergehenden Zahlen *ita* und *tria* mit *a* vorgekommen waren.

Zu den *e* und *a* kommen endlich die beiden vereinzelten *o* in *ringo* und *ano*. Bei der sonst allgemeinen Nivellierung der alten Qualitäten der unbetonten Vokale wird man in diesem *o* gewiss nicht mehr Nachklänge eines *ō* sehen dürfen, zumal ja auch dem got. *sunnō* ein krimgot. *sune* entspricht und über die Klassenzugehörigkeit von *ringo* garnichts feststeht. Die *o* von *ano* und *ringo* können vielmehr wohl nur als graphische Varianten des überkurzen *a* aufgefasst werden, das eben etwas nach *o* hingeklungen haben mag. Vielleicht veranlasste das *g* von *ringo* die etwas „gutturalere“ Färbung der folgenden Überkürze, und ähnlich wird das *n* von *ano* etwas verdumpfend gewirkt haben (man vergleiche die Wirkung der Nasale z. B. im Ags.). In ähnlicher Weise dürfte auch das *o* der Artikelform *tho* durch den Anlaut des jeweilig folgenden Wortes bedingt worden sein, da bei dem allgemeinen Verfalle der unbetonten Vokale doch wohl auch in *tho* und *the* keine alten Vokalqualitäten erhalten sein werden, so wenig wie sich in neuniederdeutsch *də*, das gleichmässig für den nom. sg. masc. und fem. steht, alte Unterschiede gehalten haben. Die Neutralform des Artikels scheint überhaupt untergegangen zu sein, obwohl sich dieselbe beim Adjektiv und Numerale z. B. in *wichtgata*, *ita* gehalten hatte. Auffallen muss allerdings, dass Busbeck neben *the* und *tho* nicht auch **tha* angiebt. Nach Busbecks Äusserung „omnibus vero dictionibus proponebat articulum tho aut the" lässt sich nämlich vermuten, dass er den Artikel überhaupt nur bei den ersten abgefragten Wörtern mitaufgeschrieben, nachher aber als selbstverständlich weggelassen hat. Zu dem vor *the* genannten *tho* passt es wenigstens gut, dass die beiden ersten Substantiva, *broe* und *plut*, mit Labial anlauten, also eine dunkele Färbung des vorangehenden überkurzen Vokals begünstigt haben können. Zufällig könnte Busbeck dann in Anlehnung an das gleichbedeutende nl. *de* und weil er die *a*-Färbung des krimgot. überkurzen Vokals überhaupt noch nicht genügend aufgefasst hatte, noch ein paar Male *the* geschrieben und den Artikel überhaupt schon ausgelassen haben, ehe *tha* zu seinem Rechte gekommen wäre. Diese Auffassung würde noch eine besondere Stütze finden, wenn *sune*, *mine*, *oeghène* überhaupt die ersten Wörter waren, in denen Gelegenheit zur Schreibung des überkurzen Vokals gegeben war. — Wie *tho* liesse sich wohl auch *tzo* auffassen, dessen *o* dem folgenden Labial von *warthata* seinen Ursprung verdanken könnte. Indess muss bezweifelt werden, ob hier wirklich eine Überkürze vorliegt, und ob nicht der Nebenton den Vokal von *þu* geschützt hat, wie dies in *ik*, wofür Busbeck *ich* schreibt, der Fall war. Dann wäre *ū* oder *u* in offener betonter oder wenigstens nebentoniger Silbe zu *ō* oder *o* geworden.

Unter den Konsonanten muss die halbvokalische Natur des *w* noch vorhanden gewesen sein, wie die Schreibung *u* in *tua* beweist. Über *v* als stimmhafte Spirans ist bereits S. 139 gesprochen worden. Das *f*, das für dieses *v* nach Vokal im Ausl. in *hoef* eintritt, ist demnach wie das dem germ. *f* entsprechende *f* nach nl. Weise als stimmlose Spirans zu lesen. Dagegen kann das krimgot. (nur anl. belegte) *b* dem nl. *b* nicht gleichgesetzt werden, da einmal, in *plut*, *p* dafür erscheint. Doch beruht das *b* von *broe*, *bruder*, *boga*, *brunna*, *breen* deshalb keineswegs auf blosser Anlehnung an die verwandten nl. und nhd. Wörter, da *b* von Busbeck auch in dem von ihm als fremd empfundenen *baar* geschrieben wird. Das *b* muss also wohl eine mittlere Aussprache zwischen *b* und *p*, vielleicht die einer stimmlosen Lenis, gehabt haben.

Bei *g* ist vielfach zweifelhaft, ob es als Spirant oder Verschlusslaut zu lesen ist, da beide Aussprachsweisen im Nl. bestehen. Nach *n* freilich, in *ringo* und *singhen*, wird man es als Media fassen müssen, da hier auslautend sogar *ck* in *rinck* erscheint. Wegen des *k* vor *r* in *kriten* ist explosive Aussprache auch für den Anlaut vor Konsonanten zu fordern. Und wenn es auch nicht sicher ist, ob das *g* von *goltz*, *gadeltha*, *geen* gleichfalls den Verschlusslaut repräsentiert, so wird man doch nach der Analogie der Aussprache von krimgot. *b* annehmen dürfen, dass auch das *k* von *kriten* eine mittlere Aussprache zwischen *g* und *k* analog derjenigen des *p* in *plut* zum Ausdruck bringen soll. Für das auslautende *g* des zweimaligen *tag* ist deshalb, weil kein *c*, *k* oder *ck* wie in *rinck* dafür steht, spirantische Aussprache wahrscheinlich. Und deshalb dürfte dann auch inlautend nach Vokal, in *boga* und *oeghene*, eher Spirans als Media zu lesen sein. Das *gh* vor *e*, das nach Vokal in *waghen*, *reghen*, *oeghene*, nach *n* in *singhen*, vor wirklichem *e* nur in *oeghene*, vor *en* in der Funktion von sonantischem *n* in *waghen*, *reghen*, *singhen* erscheint, beruht wahrscheinlich nur auf graphischer Anlehnung an die gleichen bez. ähnlichen nl. Wörter und scheint für das Krimgot. selbst keine Bedeutung zu haben. *ch* wird in *lachen* sicher guttural (als *ach*-Laut) zu lesen sein, während es nach *i* und *y*, da wo es in diesen Fällen dem vorangehenden *i*-Laute selbst seine Entstehung aus *k* verdankt, in *ich* und *mycha*, wahrscheinlich palatal (als *ich*-Laut) zu sprechen ist. Wo es dagegen nach *i* altem *h* entspricht, in *wichtgata*, ist seine Aussprache ganz unsicher. Ebenso wenig ist auszumachen, ob *sch* da, wo es für *sk* steht, als *š* oder *ss* oder *s* + *ch* und im letzten Falle, ob das *ch* selbst wieder palatal oder guttural zu lesen ist.

Für germ. *ð* steht häufiger *t* als *d*. Schon dieser Umstand kann es zweifelhaft erscheinen lassen, ob dieses Nebeneinander mit dem von *b* und *p* für germ. *b* und dem von *g* und *k* für germ. ʒ auf eine Stufe zu stellen ist. Auffallen muss aber die Schreibung *th* für altes *ð* in *malthata* und *thurn*. *th* begegnet sonst nämlich als Nebenform von *t*, das dem germ. *t* entspricht, und zwar hier in allen Stellungen, ohne dass sich eine Regel des Wechsels irgendwie erkennen liesse. Das könnte nun allerdings bei der Kärglichkeit des Materials wenig in Betracht kommen; aber *t* und *th* wechseln sogar einmal in demselben Flexionselement. Die Neutralendung *-ata*, synkopiert *-ta*, erscheint nämlich mit *th* in *gadeltha*, mit *t* in *wichtgata*, *ita*, *atochta*: dass hier nicht etwa das vorausgehende *l* die Ursache des *th* von *gadeltha* sein kann, zeigt *salt*, und dass in *wichtgata* und *ita* der vorausgehende Vokal nicht das blosse *t* veranlasst hat, zeigen *treithyen* und *furdeithien*. Noch auffallender aber ist wohl der Wechsel von *t* und *th* in *salt* und *schuualth*. Wenn aber *th* gleichbedeutend mit *t* steht, so kann das *h* desselben doch kaum etwas anderes als eine mit dem *t* verbundene starke Aspiration bezeichnen sollen. Gegen die Auffassung des *th* als Tenuis Aspirata sprechen auch nicht die Artikelformen *tho*, *the*, in denen *th* germ. *þ* vertritt, da dieses, wie *tria* und *treithyen* gegenüber *tzo*, *goltz*, *statz* zeigen, unter gewissen Bedingungen in *t* übergegangen war. Und wenn nun für germ. *ð* häufiger *t* als *d* steht und ausserdem auch *th* vorkommt, so wird sich das schwerlich anders als durch einen lautgesetzlichen Übergang von *d* in *t (th)*, der nur unter bestimmten Bedingungen unterblieb, erklären lassen. Dabei ist nicht ausgeschlossen, dass *d*, dort wo es lautgesetzlich nicht zur aspirierten Tenuis geworden, sich doch dem *t* ähnlich wie *b* dem *p* und *g* dem *k* genähert hatte und auch etwa zur stimmlosen Lenis geworden war. Diesen Mittellaut könnte dann aber nicht bloss Busbecks *d*, sondern auch sein für germ. *ð* stehendes *t* teilweis ausdrücken, nicht aber das dafür stehende *th*. — *s* ist vermutlich überall nach nl. Muster als stimmlose Spirans zu lesen, da für den entsprechenden stimmhaften Laut im Lehnwort *hazer* *z* geschrieben ist.

Nachdem hiermit die Aussprache von Busbecks Zeichen, soweit sich dieselbe erkennen lässt, festgestellt worden ist, kann nunmehr zu der in den bisherigen Erörterungen schon mehrfach gestreiften Frage übergegangen werden, wie weit unser Gewährsmann überhaupt die Lautgestalten seiner krimgotischen Wörter an die der ihm geläufigen niederländischen und hochdeutschen angelehnt hat. Man hat in dieser Beziehung Busbeck meistens sehr weit gehende Abweichungen von den ihm vorgesprochenen krimgotischen Wörtern zugeschrieben. Auch der letzte Bearbeiter des Krimgotischen, Braun, meint S. 61, dass z. B. *kommen*, *lachen*, *geen* nicht gut gotisch sein könnten und von Busbeck sicherlich den deutschen Wörtern gar zu sehr angenähert worden wären. Aber auch abgesehen von denjenigen Wörtern, die an sich eine gar zu frappante Ähnlichkeit mit dem Deutschen zeigten, wiesen die übrig bleibenden einzelne so frappante Berührungspunkte mit dem Entwickelungsgange des Deutschen im engeren Sinne auf, dass uns auch hier einiges Misstrauen gegen Busbecks Aufzeichnungen eingeflösst würde. Freilich fährt dann auch Braun selbst S. 62 folgendermassen fort: „Allzuweit darf unser Misstrauen aber nicht gehen, denn die auffallenden Übereinstimmungen werden gestützt durch die Konsequenz ihres Auftretens (der Übergang *sw* zu *schw* findet sich z. B. nicht nur in *schwester*, sondern auch in *schwalth*, wo kein deutsches oder niederländisches Muster vorlag); und abgesehen von Busbecks wissenschaftlicher Treue und Genauigkeit im Allgemeinen, auch durch die Aussage Barbaros, dass sein deutscher Diener die gotische Sprache verstehen konnte (was bei der Sprache Wulfila's wohl kaum möglich gewesen wäre). Schliesslich dürfen wir nicht vergessen, dass auch Busbeck selbst die Ähnlichkeit überraschte; also war sie jedenfalls auffällig.“

Ein sicheres Urteil über die schwebende Frage wird sich nur durch genaue Prüfung der Einzelfälle erreichen lassen. Dabei muss aber ein allgemeiner Grundsatz von vornherein aufgestellt werden, den Unterschied der Anlehnung an die niederländische und an die hochdeutsche Sprache betreffend. Busbeck hat sich sogleich bei der äusseren Erscheinung seines Krimgoten an das Äussere speciell eines Flandrers und Batavers erinnert und bei dem einzigen Falle, bei dem er eine specielle sprachliche Vergleichung mit ihm bekannten lebenden Mundarten vornimmt, bei *sevene*, erinnert er sich nur des Flämischen und Brabantischen. Und wie er überhaupt von der nl. Orthographie ausgeht und die hd. nur da heranzieht, wo jene nicht ausreicht, so kann er seine krimgot. Wörter nur in solchen Fällen an die hd. angeglichen haben, in denen diese jenen nicht ferner als die nl. standen. Aus diesem Grunde kann er z. B. nicht hd. *ich* für etwaiges krimgot. *ik*, das mit nl. *ik* gleichgelautet hätte, eingesetzt haben. Dass *ich* in der That die krimgot. Form war, zeigen *mycha* und das aus türk. *telyq* entlehnte *telich*, in denen *k* nach *i*, bez. *ī*, gleichfalls lautgesetzlich in *ch* übergangen war. Ferner kann Busbeck sein *schlipen* nicht für etwaiges krimgot. **slipen* eingesetzt haben, da diese Form ja gerade seiner heimatlichen nl. im Anlaut abweichend vom Hd. geglichen hätte. Und obenein musste er hier seinem Zeichen *sch* einen Lautwert geben, den dasselbe nl. überhaupt nicht besass. So kommen wir hier zu einem Resultate, zu dem wir bei *schuuester* auch unabhängig davon, auf ganz anderem Wege, durch Heranziehung von *schuualth*, das ja überhaupt an kein bekanntes Wort angelehnt sein kann, gelangen; der Wandel von anl. *sw* zu *schw* und von anl. *sl* zu *schl* ist für das Krimgot. mit Sicherheit anzunehmen, so auffällig auch diese Uebereinstimmung mit der jüngeren hd. Lautentwickelung scheinen mag. Aber aus dem Grunde näherer Anpassung an das Nl. als an das Hd. muss auch *geen* dem Krimgot. zugewiesen werden. Ein krimgot. **gangen* oder **ganghen*, wie man es nach Busbecks Lautstande für got. *gaggan* erwarten müsste, hätte einem nl. *gaen* immer noch bedeutend näher als einem auch in der Qualität des betonten Vokals, also des am meisten in das Gehör fallenden Lautes, von ihm verschiedenen hd. *geen* gelegen.

Des weiteren wird sich die Untersuchung um den Punkt zu bewegen haben, bis zu welchem Grade überhaupt die Anlehnung an sich geführt worden ist. Erörterungen wurden in dieser Beziehung bereits über die Vertretung des überkurzen *a* durch *e* vorgebracht (S. 141 f). In *sevene* lag hier sicher, in *the* und *sune* aller Wahrscheinlichkeit nach eine Anlehnung an die nl. bez. hd. Schreibweise vor. Wenn jedoch hinter *sune* auch noch *mine* und *oeghene* geschrieben wird, so ist das zwar auf die Einwirkung wieder von *sune* selbst zurückzuführen, aber es liegen doch hier für die ausl. *e* weder nl. noch hd. Musterformen an sich vor. Dieselben könnten also gar nicht geschrieben worden sein, wenn nicht der akustische Abstand zwischen diesem nl.-hd. *e* und dem krimgot. entsprechenden *a* nur sehr gering gewesen wäre. Wie wenig in dem krimgot. überkurzen *a* überhaupt die Qualität ausgeprägt war, zeigt sich ja auch in dessen gelegentlichem Überschwanken in *o*. Und deshalb darf man überhaupt in der graphischen Anlehnung von *sevene*, *the* und *sune* an die entsprechenden nl. bez. hd. Formen nur eine sehr geringfügige Abweichung von der krimgotischen Aussprache sehen. Etwas bedeutender ist Busbeck in der Schreibung des anl. *h* vor Vokalen vom Krimgot. abgewichen. Dieses erscheint nämlich hier nur da, wo Busbeck ein Wort als germanisch erkannt hat, in *hus*, *hoef*, *handa*, nicht aber, wo er eins unter die vom Germanischen abweichenden setzt, in *ano*, *iel*, *ieltsch*, *ael*, nur dass es wieder im entlehnten *hazer* steht. Die vier Formen ohne anl. *h* belehren uns, dass dieses im Krimgot. weggefallen war, und dass auch *hazer* erst nach diesem Schwunde in die Sprache aufgenommen worden sein kann. Auffallend ist aber die Regelmässigkeit, mit der *h* nach den nl. Musterformen eingesetzt wird. Eine solche ist ja nicht einmal bei dem Ersatze des überkurzen *a* durch *e* vorhanden, wo es *boga* trotz nl. *boghe* heisst. Hier hat nun vielleicht ein besonderes Moment gewirkt, um den Unterschied der gehörten krimgot. und der vorschwebenden nl. Formen geringer, als er war, erscheinen zu lassen: der Krimgrieche, aus dessen Munde die Aufzeichnungen gemacht wurden, setzte vor jedes Wort den Artikel *tho*, *the*, so dass also Busbeck gar keine anl., sondern nur inl. *h* zu hören glaubte. Und hier war eine Täuschung mindestens in dem Falle leichter, dass der Uebergang vom Vokale zum Vokale ein gehauchter war. Aber auch an sich ist der akustische Unterschied eines blossen Vokals von der Gruppe *h* mit folgendem Vokale bei weitem geringer als von der irgend eines anderen Konsonanten mit folgendem Vokale (vgl. ahd. Orthographie). Endlich kommt hinzu, dass es bei der Wiedergabe einer verwandten Sprache oder Mundart überhaupt schwerer ist, einen Laut der eigenen ganz fortzulassen als wenigstens durch einen anderen zu ersetzen (vgl. PBB. 16, 422.)

Wo es sich um grössere akustische Unterschiede als in den beiden besprochenen Punkten handelt, ist von Anlehnung an die nl. oder hd. Formen nichts mehr mit Sicherheit nachzuweisen. Im Gegenteile zeigen sich hier mehrfach regelmässig wiederkehrende Abweichungen auch von den als verwandt erkannten nl. und hd. Wörtern. So steht in den Formen mit germ. *au* trotz nl. *oo* und hd. *ō* oder *au* nur *oe*, wie *broe*, *hoef*, *oeghene* zeigen. Und wenn für germ. *ō* nach Ausweis von *plut*, *stul*, *bruder* nur *ū* erscheint, wo doch das Nl. *oe* hat, so ist es unzweifelhaft, dass hier eine von dem Busbeck zunächst liegenden Nl. abweichende Aussprache gekennzeichnet werden sollte. Es ist, wie dargelegt worden (S. 140), auch nl. Weise, *ū* auszusprechen und die Uebereinstimmung mit dem Hd. in der Schrift nur eine zufällige. Eine in sich übereinstimmende Abweichueg von den nl. und hd. Formen zeigt sich auch in der Vertretung des germ. *ē* durch *i* in *mine*, *schlipen*, und hier bestätigen obenein *criten* und *mycha*, die keine nl. und hd. Verwandten hatten, die Echtheit des *ī*. Wenn hier *breen* abweicht, so war germ. offenes *ē* wahrscheinlich unter gewissen Bedingungen unverändert geblieben, vielleicht auch unter solchen (etwa vor Vokal, also nachdem *ð* geschwunden war) in *ē* zurückverwandelt worden. Bedürfte es übrigens noch eines Beweises, dass Busbeck sich seine Formen nicht selbständig zurecht gemacht, so würde gerade diese Ausnahme, die sich mit ihrem *e* sehr wohl erklären lässt, und einerseits von nl. *brāden*, hd. *brāten*, andererseits von den vier genannten krimgot. Wörtern, die *ī* für germ. offenes *ē* haben, deutlich im Vokale abweicht, ohne dass Busbeck irgendwoher wissen konnte, dass jenes Wort germ. *ē* gehabt oder dass sich *ī* wieder in *e* verwandeln kann, jenen Beweis am besten liefern. — An eine Anlehnung an das Nl. könnte man noch denken in *hus*; dass aber das Krimgot. wirklich den Wandel von *ū* zu *ǖ* hatte eintreten lassen, zeigen *plut*, *stul*, *bruder*, deren germ. *ō* sich nur über *ū* zu *ǖ* entwickelt haben kann. ·Uebereinstimmung im Vokale mit dem Nl. abweichend vom Urgerm. zeigen freilich ausserdem noch *schieten* und *miera*. Hier haben wir nun freilich kein Mittel, um ähnlich wie bei *hus* den Nachweis zu führen, dass der krimgot. Dialekt hier auch wirklich in der Aussprache mit dem Nl. übereinstimmt. Ebenso wenig lässt sich indes auch das Gegenteil erweisen. Da aber Busbeck sonst durchweg die krimgot. Vertretungen der langen Vokale und Diphthonge richtig wiedergiebt, so haben wir auch hier keinen Grund, daran zu zweifeln, dass sich germ. *eu* auch bei einem *a* der folgenden Silbe wirklich zu *ī* als Endresultat entwickelt hatte. Eine Anlehnung an das Nl. hat hier nur in der Schrift stattgefunden, indem Busbeck unter den verschiedenen Zeichen für *ī* gerade *ie* in Übereinstimmung mit dem Nl. (und Hd.) wählte.

Wenn sich aber Busbeck bei der Wiedergabe der langen betonten Vokale des Krimgot. garnicht vom Nl. und Hd. hat beeinflussen lassen, so ist das Gleiche auch bei den kurzen betonten Vokalen, die doch wohl ebenso stark in das Gehör fielen, von vornherein höchst wahrscheinlich. Es lassen sich aber auch hier im einzelnen noch besondere Momente für die Nichtanpassung der krimgot. Wörter an die entsprechenden nl. und hd. geltend machen. Wenn bei *lachen* übereinstimmend mit dem Nl. und Hd. der Umlaut fehlt, so zeigen *ano* und *ada*, dass das Krimgot. überhaupt keinen *i*-Umlaut des *a* hatte eintreten lassen. Was die Scheidung zwischen *e* und *i* betrifft, so wäre doch bei *sevene* ein Zusatz „prorsus ut nos Flandri“ ganz undenkbar gewesen, wenn das Wort in seinem am meisten in das Ohr fallenden Laute, im Vokale der Tonsilbe, vielmehr mit hd. *siben* übereingestimmt hätte. Bei *schuuester* ist es wenigstens fraglich, ob bei dem allgemeinen Vorzuge des Nl. eine Anlehnung nicht eher an nl. *zuster* als an hd. *schwester* trotz des fehlenden *w*- des ersteren Wortes hätte erfolgen müssen. Bei *furdeithien* spricht gegen eine Anlehnung an nl. *tien* zunächst die Schreibung mit *th*, dann aber ganz unbedingt der Wechsel des krimgot. *ie* mit *ye* in *treithyen*, das uns zwingt, auch das *ien* von *furdeithien* zweisilbig zu lesen, endlich auch krimgot. *thiine*, das doch erst recht an nl. *tien* angelehnt sein müsste, wenn eine Form, der gar kein unmittelbares nl. Analogon mit *tien* zur Seite stand, an *tien* angelehnt worden wäre. In *seis*, in dem sich das *ei* für *e* sehr wohl durch den Schwund des folgenden *h* erklären lässt, ist gleichfalls die Anpassung an nl. *zes* nicht erfolgt, obwohl dieses doch in der Tilgung des *h* mit der krimgot. Form übereinstimmte. Auch *fyder* mit seinem *y* kann trotz der lautlichen Übereinstimmung im Tonvokale mit nl. und hd. *vier* wegen der abweichenden Schreibung des $\bar{\imath}$ nicht an diese Formen angelehnt worden sein. In *siluir* spricht das svarabhaktische *i* der zweiten Silbe für die Echtheit des betonten *i*; denn vor einem *r*, das vorausgehende Vokale fast immer nur offener macht, hätte nach dem labialen *v* doch wohl sonst kein *i* entstehen können.

Auch bei der Scheidung zwischen *u* und *o* kommen ähnliche Gründe zur Geltung. So muss *sune* krimgot. unbedingt auch wirklich *u* gehabt haben, da es nl. *zon*, nhd. *sonne* heisst. Wenn aber in diesem Falle krimgot. *u* gegen nl. und hd. *o* gewahrt blieb, warum sollte denn der etwaige gleiche krimgot. Laut in *goltz* und *boga* durch *o* ersetzt worden sein? Und bei *goltz* hätte sogar abweichend von *sune* nur das ferner liegende hd. *golt* (nl. *goud*) einzuwirken vermocht. Endlich ist es nicht einzusehen, weshalb denn Busbeck den Konsonantismus von *goltz* ganz richtig abweichend vom Nl. und Hd. wiedergegeben, den Vokal aber an das Hd. angepasst haben soll. Bei dem Schlusskonsonanten von *goltz* wäre doch sogar eine Anpassung an sich viel leichter gewesen, wenn, was doch höchst wahrscheinlich ist, krimgot. hier noch der interdentale Spirant gesprochen wurde, für den sich

Busbeck erst ein besonderes Zeichen erfinden musste, was doch bei dem Vokale *u* nicht nötig war. Und wie sollte ferner in *boga* der überkurze Vokal der unbetonten Silbe trotz seiner wenig ausgeprägten Qualität abweichend vom nl. *boghe* richtig wiedergegeben, etwaiges *u* aber der Tonsilbe durch das *o* von nl. *boghe* ersetzt worden sein? Was *brunna* betrifft, so hätte hier ein etwaiges krimgot. **bronna* durch nl. *borne* gegen hd. *brunnen* in seinem Vokale geschützt werden müssen. Krimgot. *thurn* kann weder an hd. *tor*, nl. *dore*, noch an hd. *tür*, nl. *deur* angelehnt worden sein. Bei *kommen* endlich bestände ein ganz unüberbrückbarer Abstand in der Qualität des Vokals von **kwimen*, wie die Form bei Busbeck etwa lauten müsste, wenn sie einem got. *qiman* entsprechen sollte; dazu müsste noch in dem Worte ein krimgot. Konsonant, das *w*, überhaupt fortgelassen worden sein. Solche Dinge aber können dem im allgemeinen so gut hörenden Busbeck unmöglich zugetraut werden, was natürlich nicht hindert, dass in dem *mm* von *kommen* eine Anlehnung an die hd. Schreibart vorliegt. Nach Busbecks Beispielen zu schliessen, hatte das Krimgot. den Unterschied von *u* und *o*, den das Wulfilanische Gotisch wieder aufgegeben, beibehalten. Es widerspricht hier nur *thurn*, das jedoch wegen seines *u* gegenüber dem sich beiden Auffassungen fügenden *kor* auch für das Wulfilanische Gotisch unstatthaft erscheint. Im Gegensatze zu Wulfilas Dialekt und in Übereinstimmung mit den übrigen germ. Sprachen zeigt sich in Bezug auf den kurzen dunkelen Vokal auch *kop* „calicem“, dessen germanische Herkunft Busbeck nicht erkannt hat.

Was den Konsonantismus betrifft, so lässt sich auch hier ausser der bereits besprochenen Einsetzung des anl. *h* und der ebenfalls schon erwähnten Verdoppelung des *m* in *kommen* keine Anlehnung an das Nl. oder Hd. nachweisen. Das *mm* von *kommen* sollte wohl nur die Kürze des vorangehenden *o* im Gegensatze zu nl. *comen* mit tonlangem *o* kennzeichnen: die Anlehnung an die hd. Orthographie im Gegensatze zur nl. scheint also durch eine besondere Veranlassung hervorgerufen worden zu sein. Im übrigen lassen sich auch hier z. T. noch besondere Gründe dafür beibringen, dass Busbeck seine Formen nicht an das Nl. und Hd. angelehnt hat. So wird der Schwund des *j* in *lachen* durch den analogen Schwund desselben nach Konsonanten in *ano* und *ada* gestützt. Das *j* kann aber sehr wohl noch zu einer Zeit erhalten gewesen sein, in der sich die Spirans *h* zwischen zwei Vokalen sonantischer Geltung schon längst zum Hauchlaute verflüchtigt hatte, und es ist daher garnicht wunderbar, wenn altes *h (ch)* auch noch als Spirans in krimgot. *lachen* erscheint. Auch das *d* für *þ* in *bruder* kann, obwohl es durch keine gleichen Vertretungen des *þ* gestützt wird, nicht auffällig erscheinen, da *þ* ja in *tria* und *treithyen* durch eine Tenuis und in *tho*, *the* sogar durch eine aspirierte Tenuis vertreten wird, die wie das *t* aus germ. *ð* durch *d* hindurchgegangen sein müssen: wie es scheint, blieb das *d* intersonantisch nach betonter Silbe gegen den Wandel in *t* geschützt, unter welcher Regel sich *bruder* wenigstens mit *handa*, *gadeltha*, *fyder* gegenüber den Wörtern, die *d* in *t* verwandelt haben, vereinigen lässt. In *kommen* hätte, wenn etwa ein krimgot. **kwimen* zu Grunde gelegen hätte, ausser der Fortlassung des *w* noch eine ausserordentliche starke Änderung der Qualität des Tonvokals stattgefunden. Aber auch in *singhen* hätte ein etwaiges überzähliges krimgot. *w* bei der allgemeinen Genauigkeit Busbecks erhalten bleiben müssen. Und noch weniger hätte bei *geen* eine etwaige krimgot. Lautgruppe *ng* fortgelassen werden können, ganz abgesehen davon, dass *geen* schon aus einem anderen Grunde als krimgot. erwiesen wurde (S. 147). Leichter lassen sich bei Wiedergabe eines verwandten Dialektes Laute des eigenen, die jener nicht hat, mit heraushören und hinzusetzen als überzählige Laute des verwandten Dialektes überhören und weglassen. Doch ist Busbeck auch in ersterem Falle nicht vom Krimgot. abgewichen, wie besonders *kor* für nl. *koren* in seiner Übereinstimmung mit dem Busbeck ungermanisch scheinenden *baar* zeigt. Aber auch in *breen*, *broe* und *hoef* ist trotz der verwandten nl. Wörter gleichmässig ein *d* fortgelassen worden, wenn sich auch eine Regel für dessen Ausfall aus den wenigen Beispielen nicht gewinnen lässt. Überzählige Laute sind aber abweichend von Nl. (und Hd.) richtig wiedergegeben in *tria* (nl. *drie*), *fyder* (nl. *vier*), *fyuf* (nl. *vijf*), *oeghene* (nl. *ooghen*). Warum hätten solche also in *lachen*, *kommen*, *singhen*, *geen* fortgelassen sein sollen?

Nachdem somit Busbecks Genauigkeit im allgemeinen festgestellt worden, kann nunmehr zur Entscheidung der Hauptfrage geschritten werden, welchem germanischen Sprachzweige das Krimgot. angehört hat. Im Krimgot. zeigen sich nun zunächst folgende Übereinstimmungen mit dem Gotischen in Abweichung vom Nord- und Westgerm.:

1) Germ $\bar{e}$ ist in $\bar{\imath}$ übergegangen (wie im jüngeren Gotisch).

2) Germ. $\bar{o}$ ist in $\bar{\ddot{u}}$ (geschr. *u*) übergegangen, wobei $\bar{\ddot{u}}$ die Mittelstufe gewesen sein muss (wie im jüngeren Gotisch).

3) Ausl. *u* vor ursprünglichem *s* ist nach langer Silbe als überkurzes *a* erhalten in *handa* = got. *handus*. *ael* = got. *hallus* kann nicht gegen diese Erhaltung sprechen, da unbetonte Vokale mehrfach im Krimgot. sekundär verloren gegangen sind.

4) Ausl. germ. $\bar{o}$, got. *a*, ist erhalten im nom. pl. der schwachen Neutra: *oeghene* = got. *augōna*.

5) Ausl. germ. $\bar{o}$, got. *a* ist erhalten im nom. sg., neutr. der Adjektiva: *wichtgata*, *atochta*, *gadeltha*, *ita*.

6) Für „vier“ ist ausserhalb der Zusammensetzung eine Form mit *d*, *fyder*, erhalten.

7) Krimgot. *thurn* entspricht dem got. *daúrōns*, das keine Analoga in den übrigen germ. Dialekten hat.

8) Got. *ddj* für germ. *jj* erscheint als *d* in *ada*.

9) Gewissermassen „hypergotisch“ erscheint das Krimgot. in der Erhaltung der zweisilbigen Präteritalendung *-thata* auch im Sing. in *ich malthatu*, *tzo warthata*, *ies varthata*.

Was die erste der genannten Übereinstimmungen betrifft, so hat der gotische Wandel von $\bar{e}$ zu $\bar{\imath}$ (geschr. *ei*) zwar erst nach Wulfila, aber schon vor den Zügen Alarichs nach Italien und der Gründung des Westgotenreiches in Spanien stattgehabt oder mindestens begonnen. Denn seit jenen Zügen blieben die Westgoten und Ostgoten dauernd getrennt, und doch haben sowohl das Westgot. wie das Ostgot. nach Ausweis ihrer Eigennamen den Wandel eintreten lassen, müssen also in einer Zeit, in der ihre geographische und damit auch ihre sprachliche Kontinuität noch nicht zerrissen war, mindestens schon den ersten Schritt dazu gethan haben. Damit fällt also mindestens der Beginn des Wandels in eine Zeit, in der die Ostgoten ihre Sitze am schwarzen Meere noch nicht verlassen hatten. Aber dieser Wandel, der sich somit in ziemlich kurzer Zeit von der Donau bis an den Don verpflanzt haben muss, kann doch gewiss auch den Dialekt eines germanischen Nachbarvolkes, mit dem sich die Goten verständigen konnten, ergriffen haben, auch wenn dies Volk zu den Goten in keinem näheren Verwandtschaftsverhältnisse stand und ihnen nicht ursprünglich benachbart, sondern erst später in ihre Nachbarschaft gerückt war.

Das Gleiche gilt aber auch für den zweiten, dritten und vierten Punkt. Wir haben es hier durchweg mit Erhaltung auslautender Vokale zu thun, die das West- und Nordgerm. im Gegensatze zum Got. verloren haben. Da das Got. überhaupt in den meisten vokalischen Auslautsgesetzen seine eigenen Wege geht, so haben diese wahrscheinlich erst nach dem Abzuge der Goten aus ihren Sitzen an der unteren Weichsel gewirkt, d. h. nachdem die Goten sich von den Nord- und Westgermanen räumlich weiter entfernt hatten und nur noch in loser sprachlicher Fühlung mit denselben geblieben waren. Auch die gemeingerm. Auslautsgesetze dürften sich ja nach Kluge in Pauls Grundr. I, 363 zwischen 200 und 300 n. Chr. entwickeln. Wirkten aber die gotischen Auslautsgesetze erst nach Entfernung der Goten aus ihren Sitzen an der Ostsee, so können sie auch sehr wohl den Dialekt eines nichtgotisch germanischen Volkes ergriffen haben, das ursprünglich garnicht den Goten benachbart, sich doch denselben auf ihrer Wanderung nach Südosten angeschlossen hatte. Für unsere Frage ist es dabei ganz gleichgiltig, wie man die hier in Betracht kommenden Auslautsgesetze formuliert, auch ob für got. *handus*, krimgot. *handa* lautgesetzliche Erhaltung des *u* oder mit Hirt I. F. I, 216 analogische Wiederherstellung desselben anzunehmen ist.

Auch krimgot. *fyder* als selbständiges Zahlwort setzt nicht notwendig ursprüngliche Zugehörigkeit zum Got. voraus. Auch das Westgerm. und Nordgerm. kann zur Zeit der Südostwanderung der Goten noch sehr wohl für „vier“ eine Form mit *ð* auch ausserhalb der Zusammensetzung besessen haben. Ein westgerm. oder nordgerm. Stamm, der sich den Goten auf ihrer Wanderung angeschlossen, hätte dann sehr wohl eine solche Form auch als selbständiges Wort im Zusammenhange mit dem Got. erhalten können, während die grosse Masse der zurückgebliebenen Nord- und Westgermanen, die noch unter einander in inniger sprachlicher Kontinuität standen, die Form mit *ð* ausserhalb der Zusammensetzung durchweg von der Form ohne *ð* verdrängen liessen. — Aehnlich wie mit *fyder* steht es mit *thurn*. Eine dem Got. *daúrōns* entsprechende Form kann sehr wohl ursprünglich noch nordgerm. und westgerm. existiert haben, bei der grossen Masse der zurückbleibenden Nord- und Westgermanen aber von den gleichbedeutenden Formen verdrängt, im Dialekte eines nord- oder westgerm. Stammes aber, der sich in die Nachbarschaft der Goten begeben, vermöge der Nachbarschaft des Gotischen erhalten worden sein.

Selbst *ada* bedingt keine notwendige Zugehörigkeit zum Gotischen. Zwar wird das *d* desselben auf *ddj* zurückzuführen sein, da *j* nach Konsonanten auch in *lachen* und *ano* ausgefallen und einfacher Konsonant für den entsprechenden Doppelkonsonanten auch in *sune* eingetreten ist. Somit stimmt allerdings das Krimgot. in einem der wichtigsten Merkmale mit dem Got. überein; doch ist auch hier Fortpflanzung des Lautwandels auf einen benachbarten nichtgotischen Dialekt möglich. Ich will hier die Frage nicht zur Erörterung bringen, ob nicht ein in die Nachbarschaft des Got. gelangter westgerm. Dialekt im Anschluss an den got. Wandel von *ggj* in *ddj* sein *jj* direkt in *ddj* hätte verwandeln können. Aber selbst wenn *ggj* als notwendige Vorstufe von *ddj* vorausgesetzt werden muss, so kann das Krimgot. doch wenigstens ein ursprünglicher nordgerm. Dialekt oder ein solcher westgerm. Dialekt gewesen sein, der in der Nachbarschaft des Nordgerm. gesprochen den Wandel von *jj* zu *ggj* mitgemacht hatte. Letzteres ist wenigstens für den ursprünglich westgerm. Dialekt der vordänischen Bevölkerung des Königreichs Dänemark oder mindestens der dänischen Inseln möglich, der sonst verloren gegangen ist. Es muss jedoch bemerkt werden, dass *ada* überhaupt als einzelnes Wort die Vertretung von *jj* durch *d* aus *ddj* im Krimgot. nicht notwendig voraussetzt, da es möglichenfalls auch aus dem Got. entlehnt sein könnte, ähnlich wie das gleichbedeutende engl. *egg* aus dem Anord. entlehnt worden ist; allerdings hat man zu beachten, dass *egg* aus dem Dialekte eines Stammes entlehnt wurde, der sich zerstreut zwischen den Angelsachsen angesiedelt hatte, während *ada* im Falle der Entlehnung einem Nachbardialekte entnommen wäre, was doch aber bei einem im häuslichen Leben so häufig gebrauchten Worte sehr unwahrscheinlich sein dürfte.

Was endlich die zweisilbige Präteritalendung *-thata* im Sing. betrifft, so habe ich dieselbe I. F. IV, 353 damit erklärt, dass die Silbendissimilation, welche diese Endung in den übrigen germ. Dialekten einsilbig machte, erst zu einer Zeit, in der die Goten bereits am schwarzen Meere sassen, eingetreten sein kann. Ich habe dort auch bemerkt, dass diese Silbendissimilation, da wo sie in breitester Ausdehnung stattgehabt, in Nordgerm. und Westgerm. zuerst eingetreten sein, sich dann über das Wandalisehe und Gepidische auf das Westgot. fortgepflanzt haben muss und das Krimgot. garnicht mehr erreicht haben kann. Freilich wird dieser Lautwandel auch noch das Ostgot. oder doch wenigstens die Hauptmasse des Ostgot. erreicht haben, da die auf uns gekommenen ostgot. Handschriften des Wulfilanischen Bibeltextes keine Spur einer zweisilbigen Präteritalendung auch im Sing. Ind. mehr aufweisen, während sie doch sonst den Abweichungen des Dialektes ihrer Schreiber bis zu einem gewissen Grade Rechnung tragen, wobei es nichts ausmacht, dass diese Abweichungen sämtlich oder grösstenteils auf zeitlichen und nicht auf räumlichen Momenten beruhen. Die Erhaltung der zweisilbigen Endung auch im Sing. im Krimgot. findet am besten in einer relativen Verkehrsgrenze, die zwischen Krimgoten und Ostgoten bestanden hat, ihre Erklärung. Diese Verkehrsgrenze würde sich aber sehr gut aus einer politischen Grenze zwischen Ostgoten und Krimgoten erklären, ähnlich wie sich doch wohl auch die nur teilweise Durchführung der Silbendissimilation im West- und Ostgotischan im Gegensatze zum Nord- und Westgerm. aus politischen Grenzen erklärt, gleichviel ob es das Wandalische und das Gepidische hier mit der einen oder mit der anderen Gruppe gehalten haben. Hat aber zwischen Ostgoten und Krimgoten eine politische Grenze bestanden, so ist damit wiederum auch die Möglichkeit einer stammheitlichen Verschiedenheit zwischen beiden gegeben.

Was hier an den einzelnen Fällen ausgeführt wurde, lässt sich ja auch ganz allgemeln dahin fassen, dass überhaupt die Übereinstimmungen zweier Nachbardialekte nur dann für ursprüngliche Zusammengehörigkeit derselben beweisend sein können, wenn nicht der eine von beiden abweichend vom anderen auch zugleich mehrfache Übereinstimmungen mit einem ihm nicht benachbarten Dialekte zeigt. Sind zugleich auch verschiedene Übereinstimmungen der letzteren Art vorhanden, so lässt sich das nur durch eine Wanderung erklären. Dieser Gesichtspunkt ist auch bereits von Brugmann, Techmers Internationale Ztschr. f. Sprachwissenschaft, I, 232 bei der Besprechung der Verwandtschaftsverhältnisse der idg. Sprachen prinzipiell zugegeben worden.

Dass er aber in nnserem Falle zur Anwendung kommen muss, das zeigen in der That mehrfache Übereinstimmungen des Krimgot. mit nichtgotischen Dialekten.

Hierher gehört nun vor allem die zwischen germ. *i* und *e* und germ. *o* und *u* festgehaltene Scheidung. Auch Braun meint S. 62 wenigstens, dass, wenn diese Scheidung richtig wäre — und dass sie richtig ist, glaube ich bewiesen zu haben —, wir einen sicheren Beweis dafür hätten, dass die Sprache der Krimgoten nicht eine Fortsetzung der Sprache des Wulfila sei, da sie eine ältere lautliche Stufe als letztere bewahre. Wir hätten dann nach Braun im Krimgotischen einen anderen Dialekt als den westgotischen zu sehen, womit doch wohl gesagt sein soll, dass der ostgotische Dialekt oder wenigstens der Teil des Ostgot., den das Krimgot. repräsentierte, dann den Wandel des *e* zu *i* und den Rückwandel des *o* zu *u* nicht mitgemacht hätte. Für die Hauptmasse des Ostgot. muss freilich diese Annahme von vornherein zurückgewiesen werden, da auch hier die ostgotischen Handschriften des Wulfilanischen Bibeltextes keine Spur jener Scheidung mehr aufweisen. Indess muss zugegeben werden, dass speciell ein Ostgotisch der Krim den alten Unterschied aufrecht erhalten haben könnte. Nun hat das Krimgot. auch die Brechung des *i* und *u* vor *r* und *h* nicht mitgemacht, wie *thiine* nebst *treithyen*, *furdeithien* (der *i*-Laut steht in Übereinstimmung mit ags. *týn* und an. *tio)* sowie *thurn* zeigen. Was freilich *thurn* betrifft, so sollte man für dasselbe, da es nur got. *daúrōns* gleichgesetzt werden kann, auch nach der Regel der nichtgotischen Dialekte und den übrigen Beispielen des Krimgot. eine Form mit *o* erwarten; dass nicht etwa *o* vor *r* durch abermalige Rückwandelung wieder zu *u* geworden sein kann, zeigt ja *kor*. Wahrscheinlich liegt in *thurn* eine Kontamination mit einer dem ahd. *turi* entsprechenden Form vor. Wenn aber auch die Brechung des *i* und *u* im Krimgot. unterblieben ist, so nötigt uns das mindestens zu der Annahme, dass zwischen der Hauptmasse des Ostgot. und dem Krimgot. eine relative Verkehrsgrenze bestanden hat. Denn nur auf diese Weise liesse es sich ja erklären, wesshalb die sich ausbreitenden Sprachneuerungen auf derselben Linie stehen geblieben wären. S. 156 habe ich bemerkt, dass sich die relative Verkehrshemmung am besten aus einer politischen Grenze zwischen Ostgoten und Krimgoten erklären liesse. Indess könnte dieselbe hier auch durch eine nur geographische Grenze veranlasst worden sein, deshalb weil die Krim fast inselartig von ihrem Hinterlande abgeschlossen ist. In diesem Falle müsste also die geographische Trennung eine stärkere Verkehrshemmung als die politische zwischen Ostgoten und Westgoten bewirkt haben.

Braun stützt seinen Satz, dass, wenn die Scheidung zwischen *i* und *e*, *o* und *u* bei Busbeck richtig sei, wir im Krimgot. einen anderen Dialekt als den westgot. des Wulfila hätten, mit Recht auch noch dadurch, dass wir zur Bezeichnung des Brotes krimgot. *broe* finden, während Wulfila stets *hlaifs* gebrauche. Er hätte auch noch hinzufügen können, dass wir als Bezeichnung des Hauses krimgot. *hus* haben, das bei Wulfila nur noch in *gudhūs* auftritt, sonst aber dort durch *razn* verdrängt worden ist. Diese Worte hätten in der That auch im italischen Ostgot. erhalten sein können, ohne dass sie deshalb in die von italischen Ostgoten geschriebenen Wulfilanischen Handschriften hineingetragen zu sein brauchten; handelt es sich doch hier um grobe lexikalische, nicht um feine lautliche Unterschiede. Da aber das Ostgotische und das Westgotische, von der Zeit nach der Trennung der beiden Völker abgesehen, keinerlei erhebliche lautliche und formelle Unterschiede besessen zu haben scheinen, so sind auch erhebliche lexikalische Unterschiede zwischen beiden nicht wahrscheinlich. Solche sind doch aber wohl zwischen dem Krimgot. und dem Wulfilanischen Got. anzunehmen, wenn uns unter den wenigen von Busbeck überlieferten germanischen Erbwörtern ein im Wulfilanischen Gotisch garnicht und ein nur in einer Zusammensetzung erhaltenes Wort begegnen. Auch hier könnte zunächst wieder an eine Erhaltung beider Wörter in einem nur auf der Krim gesprochenen Ostgotisch gedacht werden.

Noch weit auffallender aber vom Wulfilanischen Gotisch weicht *kommen* ab. An einen jüngeren Lautwandel im Krimgot., nach dem gerade wie in mhd. *komen*, *koln*, *korder*, *koste* anl. *quë* zu *ko* geworden wäre, darf, da sonst ein analoger Lautprozess kaum vorzukommen scheint, doch wohl schwerlich gedacht werden. Wohl aber hat man sich bei unserer Form an an. *koma*, ags., as. *cuman* zu erinnern. Das Krimgot. hat hier in Uebereinstimmung mit diesen Dialekten und in Abweichung vom Got. und vom Ahd. das alte Aoristpräsens gewahrt. Ob in ahd. *quëman* und in got. *quiman* eine idg. Form bewahrt ist oder ob beides Neubildungen nach dem Haupttypus sind, wie Kluge in Pauls

Grundr. I, 369 wenigstens für *quĕman* annehmen möchte, lässt sich nicht leicht entscheiden. Im ersten Falle aber hätte das Krimgot. die Auswahl zwischen zwei Formen gleicher Bedeutung anders als die Hauptmasse des Gotischen getroffen, im letzteren sich an einer Analogiebildung derselben nicht beteiligt. Auch hier liesse sich denken, dass speciell ein Ostgot. der Krim von der Neuerung in der Hauptmasse des Got. verschont geblieben wäre und für den ersteren Fall ausserdem noch eine selbständige Neuerung vorgenommen hätte.

Merkwürdig aber bleibt bei dieser Annahme immer, dass an einer blossen geographischen Grenze sich eine ganze Reihe sprachlicher Neuerungen hätte stauen sollen, während doch die politische Grenze zwischen Ost- und Westgoten in keinem einzigen Falle eine derartige Neuerung veranlasst hatte, und dies, obwohl doch der politischen Scheidung auch noch eine gewisse geographische, die Trennung beider Völker durch einen grossen Strom, den Dniester (Zeuss S. 410), zu Hilfe kam. Und nach der Krim hin bildete neben dem Verkehre zur See die Landenge von Perekop auch eine sprachliche Brücke, als welche sie wenigstens bei dem Wandel von *ē* zu *ī* gedient haben muss. Eine Verkehrshemmung an dieser Stelle wird ja allerdings durch die vollständige Stauung der Silbendissimilation in den Präteritalformen wahrscheinlich gemacht; doch kann auch hier eine politische Scheidung ebenso gut die Ursache wie eine geographische gewesen sein. Würden wir aber annehmen, dass auch in den übrigen Fällen der Erhaltung älterer Lautformen die Verkehrshemmung durch eine politische Scheidung bedingt worden wäre, so könnte es sich dabei doch wohl sicher nicht um zwei verschiedene ostgotische Stämme handeln, da die schärfere politische Scheidung zwischen Ostgoten und Westgoten in keinem Punkte das Vordringen eines sprachlichen Wandels gehindert hat. Höchstens hätte eine solche politische Scheidung zwischen zwei verschiedenen ostgotischen Stämmen die geographische noch ein wenig stützen können. Müssen wir also in der Hauptsache durchaus zu einer geographischen Verkehrshemmung unsere Zuflucht nehmen, wenn wir die Zugehörigkeit des Krimgotischen zum Ostgotischen aufrecht erhalten wollen, so bleibt die oben ausgesprochene Merkwürdigkeit der Stauung so vieler sprachlicher Neuerungen an einer wesentlich geographischen relativen Verkehrsgrenze im Gegensatze zu dem Vordringen derselben Neuerungen über die wesentlich politische relative Verkehrsgrenze zwischen West- und Ostgoten bestehen. Bei dieser Lage der Dinge kann allerdings die Vermutung auftauchen, ob man nicht im Krimgotischen einen ursprünglichen nichtgotischen Dialekt zu sehen hat, der erst später an die Seite des wirklichen Gotischen gerückt war und sich daher nicht an denjenigen specifisch gotischen Sprachwandlungen hatte beteiligen können, die bereits vor der Zeit seiner Nachbarschaft mit dem Got. eingetreten waren.

Diese Vermutung dürfte in krimgot. *geen* eine Stütze empfangen. Das Got. kennt nur *gaggan*, und auch an. ist bekanntlich *gá* neben *ganga* erst wieder eine jüngere Bildung: die kürzeren Formen von „gehen“ und „stehen“ sind sowohl got. wie an. von den gleichbedeutenden längeren verdrängt worden. Da aber, wo das Got. und das Nord. in einer Neuerung gegenüber dem Westgerm. übereinstimmen, dürfte dieselbe fast überall als eine sogenannte ostgerm. (im weiteren Sinne des Wortes) zu betrachten und deshalb bereits in eine Periode zu verlegen sein, in der noch eine direkte sprachliche Kontinuität zwischen dem An. und Got. bestanden hat. In der Zeit aber, in der die Goten schon am schwarzen Meere sassen, wohnten sie so weit von den Skandinaviern entfernt und waren von denselben durch eine so grosse Menge von Nichtgermanen geschieden, dass sich an eine solche direkte sprachliche Kontinuität für damals entschieden nicht mehr denken lässt. Eine indirekte Kontinuität hat allerdings zu jener Zeit noch zwischen Gotisch und Nordisch bestanden, war aber gerade durch das Westgerm., Wandalische und Gepidische vermittelt, wie denn auf jene spätere, aber gerade in Bezug auf das Gotische schon sehr lose Kontinuität die Ausbreitung der Silbendissimilation im schwachen Präteritum zurückzuführen ist. Es muss dann also die Verdrängung der kürzeren Formen von „gehen“ und „stehen“ durch die längeren, wenn der Akt ein gemeinsam nordisch-gotischer war, bereits vor der Wanderung der Goten nach Südosten stattgefunden haben. Dann aber lässt sich die Erhaltung von krimgot. *geen* nur in der Weise erklären, dass das Krimgot. ein ursprünglich westgerm. Dialekt gewesen ist, der erst durch eine merkwürdige räumliche Verschiebung durch das Gotische vom Westgerm. abgeschnitten wurde. Nur in dem weniger wahrscheinlichen Falle, dass das Got. und das An. unabhängig von einander die Verdrängung der kürzeren Formen von „gehen“ und „stehen“ durch die längeren haben eintreten lassen, kann man in der Erhaltung vom krimgot. *geen* wiederum eine Eigentümlichkeit eines Ostgot. der Krim sehen, das durch eine geographische Verkehrsgrenze von der Hauptmasse des Ostgot. getrennt worden wäre. Aber je häufiger man diese geographische Grenze herbeiziehen muss, desto mehr wird dieselbe zum blossen Notbehelf.

Nun zeigt aber das Krimgot. nicht nur darin Uebereinstimmungen mit nichtgotischen Dialekten und Abweichungen vom Got., dass es an einer Reihe von Neuerungen des letzteren nicht teilgenommen, sondern auch in der Beziehung, dass es gewisse Neuerungen gemeinsam mit verschiedenen nichtgotischen, speciell westgerm. Dialekten abweichend vom Got. vorgenommen hat. Für die uns hier beschäftigende Frage, welchem germanischen Sprachgliede das Krimgot. ursprünglich zugehört hat, müssen natürlich alle diejenigen Uebereinstimmungen des Krimgot. mit einzelnen westgerm. Dialekten ausscheiden, bei denen sie für diese Dialekte sicher erst auf jüngerer Entwickelung beruhen, wohin z. B. die Vertretung von anl. germ. *sl* durch *schl* und *sw* durch *schw* gehört. Die Punkte nun, in denen das Krimgot. mit westgerm. Dialekten abweichend vom Got. übereinstimmt, sind, soweit sie auf alten Wandlungen beruhen können, folgende:

1) Ausl. *-s* ist da, wo es westgerm. als *-z* abgefallen ist, gleichfalls nicht vorhanden; so in den Nom. Sg. der Substantiva *stul*, *tag*, *rinck*, *apel*, *reghen*, *waghen*, *mycha*, *schuualth*, *ael*, *handa* und des Adjektivs *alt* sowie im Nom. Plur. der femininen schwachen Deklination in *thurn*. Erhalten ist allerdings das ausl. *-s* des Nom. Sg. im Pronomen *ies*. Abgefallen ist es ausserdem noch in der 2. Sg. Ind. des schwachen Präteritums in *tzo warthata*.

2) Germ. *ð* ist auch nach Vokal zu *d* geworden, als welches es dann meistens noch weiter zu *t (th)* verschoben ist: *malthata* (aus **mali-deda*), *warthata*, *plut*, *fyder*.

3) *w* ist nach *ng* geschwunden in *singhen*.

4) Inl. *þ* ist vor *l* geschwunden in *malthata*.

5) *m* ist vor *f* mit Dehnung des vorausgehenden Vokals geschwunden in *fyuf* (aus *fîf*).

Was den ersten der Punkte betrifft, so hat hier Sievers allerdings in Pauls Grundr. I, 416 die Bewahrung des Nominativ-*s* „in Formen wie *wintch, bars, ieltsch, fers*“ behauptet. Für *wintch* setzt er *wint(s)ch*; doch ist *wintch* kein Druckfehler (vgl. S. 134). Wahrscheinlich ist dasselbe die ursprüngliche Adjektivform **windags*, das bei den häufigen Synkopierungen den Vokal seiner Schlusssilbe verlor: der Wind kann sehr wohl „der Windige“ genannt worden sein. *bars* könnte sehr wohl aus der Sprache der den Krimgoten doppelt benachbarten Alanen (Tomaschek 7 u. 49) entlehnt sein, da *barts, barč* osset. „Mähne“ bedeutet und auch krimgot. *sada* und *hazer* alanischen Ursprungs sind. Auch ist die Erhaltung des *s* von *ds* in *winds* und **bards* schon deshalb unwahrscheinlich, weil in *schwalth* einfaches *th (t)* für *ts* steht. Und dann müsste man auch noch einen besonderen Schwund des *d* zwischen *r* und *s* annehmen, wenn man die verschiedene Entwickelung von **bards* zu *bars* und von *winds* zu **wintsch* rechtfertigen wollte: das *n* von **wintsch* würde dann als Ursache der Entstehung des *sch* (im Gegensatze zu *bars* und *fers*) anzusehen sein. *ieltsch* lässt sich mit Tomaschek 62 als *hailisks* auffassen, da *sk* auch in *schieten* zu *sch* geworden ist und *t* sich als Übergangslaut eingeschoben haben kann. Auch steht die Erhaltung des *s* nach *l* in Widerspruch mit *stul* und *apel*. *fers* endlich muss von got. *wair* getrennt werden, weil germ. *f* sonst stets durch *f*, germ. *w* durch *w* oder *u* vertreten ist, also noch Halbvokal war. Auch wäre es sehr merkwürdig, wenn *s* krimgot. gerade in einem Worte gewahrt sein sollte, in dem es auch im Got. verloren war. Und wenn *fers* nach Tomaschek 63 mit as. *firihos* zu verbinden ist, so würde sich sein *rs* wohl auf ein germ. *rh* zurückführen lassen. Und eine Wahrung des *s* nach *r* gerade im Gegensatze zu seinem Schwunde nach anderen Lauten ist an sich unwahrscheinlich, da *s*-Laute sich gerade einem vorausgehenden *r* leicht zu assimilieren pflegen (vgl. ausser got. *wair*, griech. ἄῤῥην aus ἄρσην, ahd. *irri* = got. *airzeis*) oder sich doch selbst solchem assimilieren (vgl. an. *kallask* aus **kallaR-sk*, *foss* aus *fors*). Überhaupt aber wäre die Erhaltung des *s* gerade nach Dentalen, wie sie doch in **wintsch*, *bars*, *ieltsch*, *fers* angenommen wird, deshalb höchst merkwürdig, weil doch hier *s* am leichtesten verloren gehen konnte, indem es sich speciell hier seinen homorganen Lauten assimilierte, wie das thatsächlich im Wandalischen geschehen ist (Wrede, Sprache der Wandalen, S. 105).

Der Möglichkeit, dass das ausl. *-s* zu einer Zeit, in der das Krimgot. noch einen westgerm. Dialekt bildete, als *-z* abgefallen ist, widersprechen *ies* und *tzo warthata* nicht. In ersterem Falle kann das Krimgot. sehr wohl abweichend vom übrigen Westgerm. zu Gunsten des *-s*, im letzteren wie das An. zu Gunsten des *-z* ausgeglichen haben. Die Möglichkeit wird aber dadurch zu einer Wahrscheinlichkeit, dass sich überhaupt kaum Beispiele des Schwundes vom auslaut. stimmlosen *-s*, wie es doch das Got. hier zeigt, aus irgend einer Sprache beibringen lassen werden. Nun wird freilich das Got. auch in vielen Fällen zu Gunsten des ausl. *-z* ausgeglichen, dieses *-z* aber lautgesetzlich in *-s* verwandelt haben: auch dann bleibt für das Krimgot. nicht nur der Mangel dieses Wandels, sondern auch die Übereinstimmung im Abfalle des *-z* mit dem Westgerm. gegenüber dem Anord. wie dem Got. charakteristisch.

Wenn nun auch weder diese noch irgend eine von den vier anderen Übereinstimmungen an sich so merkwürdig ist, dass sie allein zur Annahme der Zugehörigkeit des Krimgot. zum Westgerm. zwänge, so müsste es doch auf den allerseltsamsten Zufällen beruhen, wenn das Krimgot. unabhängig vom Westgerm. alle diese dem Wulfilanischen Gotisch fehlenden Lautwandlungen hätte eintreten lassen. Doch ist auch die Übereinstimmung in einem so merkwürdigen Lautwandel wie dem Verluste des *þ* vor *l* in *malthata* und ags. *mǽlan* u. s. w. an sich sehr auffallend, wobei es natürlich nichts ausmacht, dass *þ* vor *l* lautgesetzlich nur an. geschwunden und der Lautwandel sich nur in diesem einen Worte als „Wortwandel“ vom An. auf das benachbarte Westgerm. verpflanzt hat (wobei ahd. *mahalen* wohl die Übergangsstufe darstellt). Nimmt man nun noch hinzu, dass wir, im Falle wir das Krimgot. für einen ostgot. Dialekt halten wollten, der geographischen Grenze zwischen der Krim und ihrem Hinterlande die Macht einer Verkehrshemmung zuschreiben müssten, wie sie bei Trennung durch einen schmalen Meerbusen und Verbindung durch eine kleine Landenge sonst nirgends vorkommen dürfte, so erhält die Annahme, dass das Krimgot. ein versprengter westgerm. Dialekt gewesen, der nur Einflüssen des benachbarten Got. unterlegen sei, allerdings ein Mass von Wahrscheinlichkeit, das wir der Gewissheit gleichsetzen dürfen.

Übrigens würde sich zu den oben aufgezählten fünf übereinstimmenden Punkten als sechster auch noch der gleiche Vokalismus von krimgot. *warthata* und as. *warhta* nebst ags. *ȝewarht* gesellen, wenn hier das *a* nach I.F. IV, 376 jüngeren Ursprungs ist. Ich will meine dort über die Vokalverhältnisse von as. *warhta*, got. *waúrhta* u. s. w. gegebenen Ausführungen nicht für derartig sicher halten, um darauf weitere Schlüsse zu bauen, und nur bemerken, dass, falls meine dort aufgestellte Theorie richtig ist, eine so merkwürdige Übereinstimmung allein zum Beweise der westgerm. Herkunft des Krimgot. genügt. Aber auch wenn das *a* von *warthata* bereits aus urgerm. Periode stammen und got. *waúrhta* dafür neu gebildet sein sollte, so würde auch dieser Umstand die Theorie, wonach wir im Krimgot. nur einen durch eine scharfe geographische Grenzlinie von der Hauptmasse des Got. getrennten ostgot. Dialekt hätten, in noch höherem Grade als blossen Notbehelf erscheinen lassen.

Innerhalb des Westgerm. entscheiden *kommen* und *fyuf* gegen das spätere hochdeutsche Gebiet. Das Gleiche gilt auch von *warthata*, wenn es Neubildung ist. Nicht nur gegen das Hd., sondern zugleich auch gegen das Niederdeutsche sprechen entschieden *thiine*, *treithyen*, *furdeithien* mit ihren *i*-Lauten.*) Somit erweist sich das Krimgot. als dem Ags. am nächsten verwandt. Dagegen können auch nicht die Artikelformen *tho*, *the* in Betracht kommen, die bei der grossen Überzahl der Casus des Artikels mit anl. *þ (th)* erst später selbständig im Krimgot. nach diesen umgebildet sind, gerade wie auch heute für ags. *se*, *seo* selbst engl. *the* steht. Das Ags. hat nun aber auch noch *tén* neben *týn* (*tien*), deren Vorformen sich doch höchstwahrscheinlich so auf dem Kontinent verteilt haben werden, dass die mit *e* weiter südlich in der Nähe des as. *tehan*, die mit *i* weiter nördlich in der Nähe der des an. *tio*, *ti* gesprochen wurde. Der dem Krimgot. zu Grunde liegende westgerm. Dialekt wurde also wahrscheinlich in der

---

*) Für das An. nimmt Noreen Pauls Grundr. I, 508 Anlehnung von *tí* an *ní* an und hält auch die von *tío* an *nío* für wahrscheinlich. Im Ags. lässt Sievers, Ags. Gr.² § 113 *tíene, týne* entweder direkt aus **tíhen* kontrahiert oder aus **teóni* aus **tehuni* umgelautet sein. Da die Bildung dieser merkwürdigen Formen mit *i*-Lauten wahrscheinlich auf einer nachbarlich gemeinsamen Entwickelung des An. und Ags. beruht, so wird der ersten Auffassung von Sievers der Vorzug zu geben und auch das *i* von **tihen* durch Anlehnung an *nigon* zu erklären sein.

Nachbarschaft des auf dem Kontinente nördlicheren Teiles des Ags. geredet. Mit dieser Theorie lässt sich auch krimgot. *ada* am besten vereinigen. Denn wenn es auch möglich zu sein scheint, dass sich krimgot. *jj* im Anschlusse an den Wandel von got. *ggj* in *ddj* direkt in *ddj* verwandeln konnte, so ist es doch auf alle Fälle wahrscheinlicher, dass auch die krimgot. Lautverbindung hier durch *ggj* hindurchgegangen war. An den Wandel von *jj* aber zu *ggj* könnte sich nur ein westgerm. Dialekt beteiligt haben, der noch nördlich vom Ags., in Nordschleswig und Jütland und auf den dänischen Inseln, gesprochen wurde. Ganz und gar für ein solches Gebiet spricht aber *tzo warthata*, in dem abweichend vom übrigen Westgerm., in Übereinstimmung mit an. *orter*, die Ausgleichung zu Gunsten des *-z*, dann aber der specifisch westgerm. Abfall dieses *-z* stattgefunden hat. Das ist aber nur in einem uns sonst unbekannten, dem An. direkt benachbarten Teile des Westgerm. möglich. Umgekehrt lässt sich wohl für ein solches Gebiet am besten auch die gleichfalls von Westgerm. abweichende Ausgleichung zu Gunsten des *-s*, wie sie im krimgot. Pronomen *ies* vorliegt, verstehen. Dieses Gebiet aber, Nordschleswig, Jütland und die dänischen Inseln, ist das Land der Heruler gewesen (vgl. S. 29 ff.).

So sind wir denn in der sprachlichen Untersuchung zu einem Resultate gelangt, das mit hoher Wahrscheinlichkeit schon (S. 112 f.) auf ganz anderem Wege, durch eine Betrachtung der Schichtungsverhältnisse der germanischen Stämme, erschlossen wurde. Um dies Resultat auf sprachlichem Wege zu bestätigen, hätte eigentlich schon der Nachweis der nichtgotischen Abstammung des krimgotischen Dialektes genügt, da neben den Ostgoten und den Herulern überhaupt kein drittes Volk in Frage kommen konnte. Aber die Einzeluntersuchung über die Sprache bestätigte auch noch obenein im einzelnen das auf rein ethnologischem Wege gewonnene Resultat. Und wenn jemand überhaupt noch Zweifel hegen sollte, dass die Heruler (die man früher zu den Ostgermanen rechnete) zu den Ingväonen gehörten, so würde einfach die Kombination der beiden Thatsachen, dass auf der Krim keine anderen germanischen Stämme als Ostgoten und Heruler gewohnt haben können, und dass der krimgotische Dialekt ein vom Gotischen beeinflusster westgermanischer ist, zum Beweise der Zugehörigkeit der Heruler zu den Ingväonen genügen. Die Thatsache aber, dass die Krimgoten Heruler gewesen, hat übrigens ganz vermutungsweise und unbestimmt umhertastend schon Tomaschek 10f. mit folgenden Worten angedeutet: „Ob diese Goten gerade zu den Ostgoten und zu dem Reiche des *Airmana-reiks* aus dem Geschlechte *Amala* gehörten, wie gewöhnlich der geographischen Schichtung zu Liebe angenommen wird, ob sie nicht vielmehr einem sprachlich stark abweichenden Gliede der gotischen Familie zugehören, ist schwer zu entscheiden; merkwürdig bleibt es immerhin, dass die allerdings aus einer sehr späten Zeit herrührenden Sprachproben Busbecks neben echtgotischen Bestandteilen doch zumeist ein dem deutschen Zweige nahe stehendes Gepräge aufweisen. Nichts hindert uns anzunehmen, dass die Sprache der Moeso-Goten, die uns aus *Vulfilas* Bibelübersetzung bekannt ist, nicht ausschliesslich die herrschende war und dass sich schon das Westgotische, um von der Sprache der Heruler nicht zu reden, von jener merklich unterschied.“

Gemäss der seit Zeuss 81f. angenommenen Identität von Ingväonen und Anglofriesen würde das Krimgotische als ein ursprünglicher anglofriesischer Dialekt zu betrachten sein. Da nach Beda Hist. Eccl. Gent. Angl. I, 15 auch Jüten an der Besiedelung Englands teilgenommen haben, so könnten, wenn die Sprache der Krimgoten von derjenigen der Jüten, die ja Heruler waren, abstammte, die specifischen anglofriesischen und angelsächsischen Dialekteigentümlichkeiten erst nach dem Abzuge der herulischen Vorfahren der Krimgoten eingetreten sein. Wenn letztere jedoch auf den dänischen Inseln, von wo ihre zurückgebliebenen Stammesgenossen nach ihrer Vertreibung durch die Dänen spurlos verschwunden sind, oder in Halland und Schonen gewohnt hatten, so haben sie sich vielleicht niemals an den specifisch anglofriesischen und angelsächsischen Sprachneuerungen beteiligt. Gleichviel nun aber, ob wir das Fehlen dieser Sprachwandlungen im Krimgot. auf örtliche oder nur auf zeitliche Unterschiede zurückzuführen haben, in jedem Falle stellt sich äusserlich das Krimgotische als ein selbständiges Glied des Ingväonischen neben das Anglofriesische. Man wird also das Westgermanische am besten in Deutsch und Ingväonisch, das Ingväonische aber wiederum in Anglofriesisch und Herulisch oder Krimgotisch zerlegen.

Der Auszug der Goten aus ihren Sitzen an der unteren Weichsel hat bekanntlich bald nach der Mitte des zweiten nachchristlichen Jahrhunderts begonnen. Der noch südöstlich von ihnen gesprengte Teil der Heruler muss also mindestens ebenso früh seine Wanderung angetreten haben, eine Thatsache, die sich natürlich auch chronologisch für die germanische Sprachgeschichte verwerten lässt. Diejenigen Neuerungen, die das Krimgot. gemeinsam mit dem An. und einzelnen Teilen des Westgerm. sowie diejenigen, die es mit dem ganzen Westgerm. zusammen hat eintreten lassen, müssen spätestens bald nach der Mitte des zweiten nachchristlichen Jahrhunderts vollendet gewesen sein. Es sind das also der Schwund des inl. *þ* vor *l*, der des *m* vor *f* mit Dehnung des vorausgehenden Vokals, die Angleichung von **tehu*, **tehun* an **niun* durch Ersetzung des *e* durch *i* sowie der Verlust des *w* nach *ŋg*. Dazu kommt noch das *a* von krimgot. *warthata*, as. *warhta*, altags. *ȝewarht*, wenn dasselbe unursprünglich ist. Umgekehrt sind die auslautenden Vokale der nordgerm.*)

*) Noreen, Anorw. u. aisl. Gr.[2] § 133 Anm. setzt an. *blint* einem got **blindat*, nicht **blindata* gleich, wie an. *þat* nicht got. *þata*, sondern **þat* in *þat-ūh* entspräche; got. *þata* aus **þatō* gäbe in Verbindung mit *-ūh* ein **þatōh* und wäre an sich isl. **þǫt*. Dem ist jedoch entgegenzuhalten: 1) Das *a* von **blindat* hätte nicht früher als das *-t* schwinden können, da germ. ausl. *-t* schon abgefallen ist, als sämmtliche Vokale auslautender Silben noch unversehrt waren. 2) Die Pronomina auf *-uh* sind specifisch gotische, weshalb man versuchen muss, sie zunächst nur vom got. Standpunkte aus zu beurteilen. Die Partikel *-uh* ist ein enklitisches Wort, dessen relative Selbständigkeit aus Zusammenrückungen wie *qiþuh* hervorgeht. Wie es überhaupt das Schicksal enklitischer und proklitischer Wörter ist, ihre Vokale beim Zusammenstosse mit Vokalen von Tonwörtern, wo nicht der Hiatus bestehen bleibt, zu elidieren (erinnert sei an griechische Beispiele wie ὑπ' ἀνθρώπων für ὑπὸ ἀνθρώπων, δ'αὐτὸς für δὲ αὐτὸς), so verliert auch *-uh* sein *u* wenigstens nach kurzem betontem, nach langem Vokal und nach Diphthong. Es ist nun aber eine eigentümliche Regel des Got., da wo der Vokal eines Enklitikons mit einem unbetonten *-a* eines Tonwortes zusammenstösst, letzteres anstatt des ersteren zu elidieren, wie *þat-ist*, *þat-ei*, *þan-ei*, *þamm-ei*, *kar-ist* zeigen, so dass sich auch *þat-uh* nur aus **þata-uh* wie *þammuh* nur aus **þamma-uh* und *þanuh* nur aus **þana-uh* erklären kann, die descriptive Regel also hier auch die historische ist. In *hvarjatōh* ist *-ōh* bereits vor der Verwandlung des ausl. *-ō* in *-a* fest geworden, in *þatuh* erst nach derselben. Ganz parallel gehen ja auch *hvarjammēh*, *hvarjanōh* auf der einen, *þammuh*, *þanuh* auf der anderen Seite. Auch dass *hvarjizuh* weit stärker von *hvarjis* in der Bedeutung abweicht als *sah* von *sa*, macht für

und westgerm. Formen, die krimgot. *oeghene* sowie *ita*, *wichtgata*, *atochta*, *gadeltha* entsprechen, noch zur Zeit des Auszuges der die Goten begleitenden Heruler vorhanden gewesen: mindestens müssen dieselben entweder im Nordgerm. oder im Anglofriesischen und Deutschen noch existiert haben, da der Lautwandel, im Falle er sich schon vor dem Abzuge der Heruler entweder vom Nordgerm. auf das Anglofriesische oder umgekehrt ausgebreitet hätte, doch das in der Mitte gelegene Herulische unmöglich hätte überspringen können. Das Gleiche gilt auch für den Vokal der Schlusssilbe von krimgot. *handa*, falls dieser nicht zusammen mit dem von got. *handus* erst wieder auf analogischer Herstellung beruht. Dagegen lassen sich über die westgerm. Konsonantendehnung aus dem Krimgot. keinerlei Schlüsse ziehen, da Busbeck auch für Doppelkonsonanten anderer Art einfache Konsonanten in *sune* und *ada* schreibt.

In der selbständigen Weiterentwickelung des Krimgot. ist vor allem die Dehnung der kurzen betonten Vokale bemerkenswert. Dieselbe wird hinlänglich durch das *y* von *fyder* und den Zusatz „prorsus ut nos Flandri“ zu *sevene* bewiesen.

ersteres ein höheres Alter der Zusammensetzung wahrscheinlich. In *sah* und *þatuh* ist *-uh* einfach verstärkend wie in *qiþuh*, das sich seiner Bedeutung nach zu *qiþa* ganz wie *sah* zu *sa* und *þatuh* zu *þata* verhält. Aber auch formell hat *qiþuh* zu *qiþa* aus **qiþō* genau dasselbe Verhältnis wie *þatuh* zu *þata* aus **þatō*. 3) Urn. **þatu* aus **þatō* hat ausl. *-u* früher als andere Wörter und vor dem Eintreten des *u*-Umlauts verloren, wie überhaupt Vokale unbetonter Silben von Proklitiken und Enklitiken leichter als solche von Tonwörtern, weil noch schwächer als diese betont, verschwinden können (vgl. P.B.B. 16, 449). Auch das Ags. und Niederdeutsche müssen einmal die Neutralform auf *-atō* bei den Adjektiven gehabt haben, da das An. und das Hd. in dieser merkwürdigen Analogiebildung nicht übereinstimmen könnten, wenn nicht die dazwischen liegenden Dialekte gleichfalls daran teilgenommen hätten; in der Ausgleichung zwischen den Doppelformen sind dann die einzelnen Dialekte verschiedene Wege gegangen. **blindatō* wurde westgerm.-nordgerm. zu **blindat*, welche Form in ahd. *blintaz* vorliegt, und auf welche vom speciell nord. Standpunkte aus Noreen allerdings mit vollem Rechte an. *blint* zurückführt. Dem Verhältnis von got. *blindata, ainata* krimgot. *wichtgata, ita* zu an. *blint, eitt,* ahd. *blintaz, einaz* geht ganz parallel das von got. *augōna*, krimgot. *oeghene* zu an. *augō*, aus *augon,* ags. *éagan,* as. *ōgun,* ahd. *augun:* offenbar hat in beiden Fällen dasselbe westgerm-nordgerm. Auslautsgesetz gewirkt, wonach ausl. *-ō* oder erst daraus entstandenes *-u* in dritter (bez. in vierter) Silbe abfiel.

Bei *reghen*, *waghen*, *boga* genügte wie bei *sevene*, das ja nur zufällig jenen Zusatz erhielt, die nl. Schreibung, um den Vokal lang lesen zu lassen. Dagegen scheint die Dehnung bei *kommen* aus unbekanntem Grunde unterblieben zu sein, da Busbeck hier, vom Nl. abweichend, nach hd. Muster *mm* schreibt. Vielleicht war in gewissen Formen von *kommen* infolge einer Synkope des Endungsvokals geschlossene Silbe entstanden und die dort bewahrte Kürze auf Formen mit offener Silbe übertragen worden. Auch in *reghen*, *waghen*, *boga* würde das *g* wohl doppelt geschrieben worden sein, wenn ihm im Gegensatze zum Nl. ein kurzer Vokal vorausgegangen wäre. Überhaupt wird man wohl überall da, wo Busbeck betonten einfachen Vokal in offener Silbe schreibt, also auch in *sune*, *apel*, *ada*, *ano*, langen Vokal lesen müssen: dabei ist in *sune* die Abweichung von nhd. *sonne*, in *apel* die von nl. *appel* bemerkenswert. Auch die nebentonigen Silben haben nach dem Ausweise des *y* von *treithyen* an der Tonlängung teilgenommen. Wie im Deutschen ist auch im Krimgot. die Tonlängung eine Folge der besonders starken exspiratorischen Betonung des Germanischen. In geschlossener Silbe deuten nur *baar* und *ael* mit Bestimmtheit auf langen Vokal. Es ist aber wahrscheinlich, dass Busbeck etwaige lange Vokale anderer geschlossener Silben gleichfalls durch Doppelschreibung oder andere Längebezeichnungen der nl. Orthographie gerade zum Unterschiede von der hier abweichenden nl. Aussprache zum Ausdrucke gebracht hätte, während in offener Silbe die Schreibung des einfachen Vokals nach nl. Muster genügte. Die Dehnung vor ursprünglichem *rn* in *baar* und vor ursprünglichem *ll* in *ael* erinnert an Dehnungen, wie sie im Nhd. vor *rt* und *rd* vorkommen; da jedoch gerade in diesen beiden Wörtern einfache Konsonanten für die doppelten eingetreten sind, so dürfte man eher an Anlehnung an die obliquen Casus zu denken haben, in denen sich Tonlängung eingestellt hatte. Eine Art Ersatzdehnung hat aus *sehs* ein *seis* gemacht, das auffallend an northumbr. *seista* anklingt. Doch können beide Formen schon deshalb nicht auf ein altes gemeinsames Lautgesetz zurückgehen, weil northumbr. auch für ein *é*, das aus *éa* aus *au* umgelautet ist, unter den gleichen Bedingungen *ei* in *heista* erscheint: auch ist krimgot. *h* vor blossem *s*, northumbr. nur vor *st* zu *ei* geworden. Die Gleichheit des Resultats beruht vielmehr auf der Ähnlichkeit der Bedingungen: das dem *h* vorhergehende palatale *e* und das ihm folgende Palatalvokale begünstigende *s* — man denke an Erzeugung von Palatalvokalen vor anl. *st* und *sp* im Romanischen — haben in beiden Fällen *h* zu konsonantischem *i* gemacht. Ausser in *baar*, *ael* und *seis* erscheinen die kurzen Vokale in geschlossener Silbe überall unverändert. Busbecks Beispiele genügen, um zu zeigen, dass irgend welche durchgreifenden Veränderungen hier überhaupt nicht im Krimgot. stattgefunden haben können.

Unter den langen Vokalen ist *ī*, gleichviel ob auf germ. *ī* oder *ē* zurückgehend, im allgemeinen nicht weiter verändert worden, es müsste denn sein, dass in *breen* sich nicht altes *ē* stets gehalten, sondern ein Rückwandel zu *ē* stattgefunden hätte. Nur hat *ī* vor *n* eine *ü*-Färbung angenommen, wie *thune-tua*, *thune-tria* neben *thiine*, *thiin-ita*, *mine* zeigen. Direkt zu *ǖ* (geschr. *u*) ist *ū*, gleichviel ob auf germ. *ō* oder *ū* beruhend, verschoben worden, ein Wandel, wie er ja öfters vorkommt. *ai* hat sich in *ī* (geschr. *ie* oder *i*), *au* ganz parallel in *ū* (geschr. *oe*) verwandelt: die regressive Assimilation in den Diphthongen mit *a* als sonantischem Komponenten ist ein Charakteristikum des Krimgot. gegenüber allen anderen germ. Dialekten. Übrigens müssen die beiden Wandlungen jünger als die Verschiebung des *ū* zu *ǖ* sein, da sonst das aus *au* entstandene *ū* gleichfalls *ǖ* geworden und bei Busbeck *u* geschrieben sein müsste. Westgerm. *iu* erscheint als *ī* (geschr. *y*), wobei dahin gestellt bleiben mag, ob hier einfach eine progressive oder zunächst wie im Ahd. eine reciproke Assimilation zu *ǖ*, das dann zu *ī* entrundet wurde, stattgefunden hat. Westgerm. *eo* ist gleichfalls durch *ī* (geschr. *ie*) vertreten, wo ja sicher die Assimilation eine progressive gewesen ist, wo aber auffallenderweise nicht einfach *ē* (wie niedersächs.), sondern mit Tonerhöhung *ī*, gerade wie hd. und nl. *ī* (geschr. *ie*) als Endresultat erscheint. — In *fyuf* hat sich zwischen dem Palatalvokal *y* und dem Labialspiranten *f* der Labialvokal *u* als Übergangslaut eingestellt.

Die Vokale der unbetonten Silben sind durchweg zu Überkürzen, die etwa die Qualität eines *a* hatten, geschwächt worden. Wie überall bei derartigen Vokalschwächungen übernahmen da, wo Liquiden und Nasale in den betreffenden Silben vorhanden waren, diese selbst den Silbenaccent, wodurch die überkurzen Vokale, wenn nicht ganz verschwanden, so doch zu minimalen

Übergangslauten herabsanken. Die Schwächung der unbetonten Vokale war natürlich auch im Deutschen eine Folge des besonders schwachen exspiratorischen Tones der unbetonten Silben im Germanischen. Und wie in den übrigen germanischen Dialekten führte dieser schwache Ton auch im Krimgot. zu zahlreichen Synkopierungen und verschiedenen Apokopierungen. Bei unserem kärglichen Materiale lassen sich aber keine bestimmten Gesetze für das Krimgot. aufstellen. So ist vielleicht möglich, dass in zwei ursprünglich viersilbigen Wörtern mit hochbetonter Anfangssilbe und drei folgenden kurzen Silben, in *wichtgata* aus **hwīta-gata* und *malthata* aus **mali-deda*, dasselbe Synkopierungsgesetz zur Tilgung der zweiten Silbe geführt hat; in dem erhaltenen *-ata* von *wichtgata* ist besonders der Gegensatz zu *gadeltha*, *atochta*, *ita* bemerkenswert. Durch Kontraktion mit vorausgehendem betontem tonlangem *i* ist überkurzer Vokal in *thiine* aus ursprünglichem **tihani* geschwunden; in *treithyen* und *furdeithien* hat man in dem erhaltenen *e* nur eine graphische Stütze des hier sonantischen *n* zu sehen. Der ausl. unbetonte überkurze Vokal von *thiine* ist vor anl. hochbetontem langem Vokal elidiert worden in *thiin-ita* (neben *thune-tua*, *thune-tria*). Svarabhaktische Vokale, wie sie sich in *menus* und *siluir* eingestellt haben, werden nicht allzu häufig gewesen sein.

Der Halbvokal *w* ist im Anlaut erhalten. Das Gleiche gilt auch für *j* in dem einzigen hierher gehörigen Beispiele Busbecks, in *ies*. Dagegen ist es nach Konsonanten in unbetonter Silbe nach dem Ausweise von *lachen*, *ano*, *ada* verloren, wozu sich selbständige Parallelerscheinungen in allen germ. Dialekten finden. Einen analogen Verlust des *w* nach Konsonant in unbetonter Silbe wird man in *fyder* anzunehmen haben, wenn das Herulische in selbständiger Stellung des Wortes wie das Got. nur *fidwōr*, nicht **fidur* gekannt hat. Dagegen ist, wie *schuualth* und *tua* zeigen, *w* in betonter Silbe nach Konsonant erhalten werden.

Völlig unversehrt sind die Liquiden geblieben. *m* ist nur in *menus* einem folgenden *s* partiell assimiliert worden, von dem es dann durch svarabhaktisches *u* wieder getrennt wurde. *n* hat sich gleichfalls in den meisten Fällen erhalten. Charakteristisch für das Krimgot. ist jedoch sein Abfall im Auslaut nach *r*, in *kor* und *baar*, ein Lautwandel, der nach Ausweis von *thurn* und *stern* vor den krimgot. Synkopierungs- und Apokopierungsgesetzen eingetreten ist. Später als diese Gesetze ist der Schwund des *n* vor *t* in *ita* aus *ainata* erfolgt, mit dem der vor *s* in *ies* zeitlich zusammenfallen dürfte. Es ist jedoch keineswegs sicher, ob *n* unter allen Umständen vor *t* und *s* ausgefallen ist: vor einem aus *d* entstandenen *t* wenigstens hat es sich in *wintch* erhalten. *nn* ist in *sune* zu *n* vereinfacht; in *brunna* könnte vielleicht eine Anlehnung an die hd. Schreibart vorliegen. *ŋ* ist wohl niemals verändert worden.

Von den Tenues ist *p* inl. und ausl. erhalten. Auch für den Anlaut, wo Beispiele fehlen, lässt sich das Gleiche vermuten. *k* ist gleichfalls anl. erhalten. Sonst kommen für inl. und ausl. *k* ausser in der Gruppe *sk* nur Beispiele nach *i*, *ī* vor, in denen *k* zu *ch* geworden ist (*ich*, *mycha*, Lehnwort *telich*). Da *p* und *t* keine parallelen Verschiebungen zeigen, so muss an der S. 144 angedeuteten Erklärung der Palatalisierung und damit zugleich der Spirantisierung des *k* durch vorausgehendes *i*, *ī* festgehalten werden. Auch wird die Echtheit des Wandels durch die analoge Verwandlung des *k* nach *s* in *ch* gestützt, wie sie in *schieten*, *ieltsch* und vermutlich auch in **fisch* (wofür *fisct* wohl von Busbeck verschrieben ist) stattgehabt hat. Da sich in *ieltsch* zwischen *l* und *sch* ein *t* als Uebergangslaut geschoben hat, so wird man das *sch* hier kaum als Konsonantengruppe lesen können und vielmehr eine Kontraktion des *s* + *ch* zu *š* anzunehmen haben. — Da für *t* an allen Stellen unterschiedslos auch *th* geschrieben wird, so muss dasselbe, wie schon S. 145 bemerkt, aspiriert worden sein. Auch bei *t* scheint sich das krimgot. Gesetz der Vereinfachung der Doppelkonsonanzen in *athe* zu zeigen, indem *th* (*t*) nur auf *tt* und dies auf *ht* zurückgehen kann. Die Mediä *b* und *g* müssen wegen *plut* und *kriten* ihre Aussprache wenigstens im Anl. etwas verändert haben; S. 143f. wurde vermutet, dass sie zu stimmlosen Lenes geworden waren. Nach *ŋ* ist die Media *g* auslautend zur Tenuis geworden, wie *rinck* zeigt. — Der stimmhafte Spirant *v* erhielt sich nach Ausweis von *sevene* nach Vokal, ebenso nach *l*, wo er (in *siluir*) mit demselben secundär zusammengeflossen war und vermutlich deshalb auch ursprünglich nach *l* und *r*. Wie *hoęf* zeigt, wurde er in solchen Stellungen stimmlos, wenn er secundär in den Auslaut trat. Das setzt natürlich für den analogen primären Auslaut dieselbe Aussprache voraus; es war hier kein neuer Wandel eingetreten. Es macht das übrigens auch für *g* in der gleichen Stellung, das so zweimal in *tag* überliefert ist, die Wahrung der gleichen Aussprache wahrscheinlich.

Die Media *d* ist, wo sie ausl. erhalten, in *wingart*, *alt*, *plut*, zu *t* verschoben. Anl. ist *d* zu *t (th)* geworden im zweimaligen *tag* und in *thurn*, inl. nach unbetonter Silbe in *warthata*, *malthata* (was bei *malthata* auch für das *th* gilt, vor dem eine unbetonte Silbe ausgefallen ist), dagegen inl. nach betonter Silbe erhalten in *handa*, *fyder*. Ob freilich das Lautgesetz so zu formulieren ist, wie es sich in unseren paar Beispielen darzustellen scheint, lässt sich natürlich nicht ausmachen. Doch ist zu beachten, dass auch da, wo sich Verschlusslaut für germ. *þ* eingestellt hat, anl. *t* oder *th* (in *tria treithyen*, *tho*, *the*), inl. nach betontem Vokal *d* (in *bruder*) erscheint. Übrigens steht *th* für *t*, gleichviel ob es ursprüngliches *d*, *t* oder *þ* vertritt, ausser im Ausl. in *schuualth* nur vor Vokalen (obgleich auch dort mit *t* wechselnd), weil hier seine Aspiration stärker hervortritt. Ein Unterschied in der Aussprache zwischen dem *th* und *t* der Endung *-thata* in *tzo warthata*, *ies varthata*, *ich malthata*, ist trotz der dreimaligen Gleichschreibung nicht anzunehmen, die sich vielmehr nur auf das grammatische Gefühl Busbecks zurückführen lässt, der es merkte, dass er es in den drei Formen mit derselben Endung zu thun hatte. — Geschwunden ist ursprüngliches *d* inl. in *breen*, ausl. in *broe*, *hoef*. Man kann vermuten, dass der Schwund ursprünglich nur im Ausl. stattgehabt hat, und auf *breen* von seinem Imperativ und der 1. und 3. sg. ind. praet. übertragen worden ist; andererseits wäre dann in *wingart*, *alt*, *plut* das *t* nach den Casus mit inl. *d* oder *t* wiederhergestellt worden. Gegen die Ursprünglichkeit des Wandels im Inl. etwa nach Vokalen sprechen wenigstens das isolierte *fyder* und die isolierte Endung *-thata*.

Von den stimmlosen Spiranten ist *f* unverändert geblieben. *h* ist vor Vokal anl. und inl. verloren, anl. auch vor *r* und *l*, Lautwandlungen, wie sie sich aus der Natur des in den meisten Stellungen frühzeitig dem blossen Hauchlaute genäherten germ. *h* erklären uud grösstenteils in den übrigen germanischen Dialekten Parallelen haben. Umgestellt ist anl. *h* der Verbindung *hw*, als es noch nicht reiner Hauchlaut gewesen sein kann, in *wichtgata*. Wahrscheinlich aber wurden solche Metathesen nur da vorgenommen, wo sich so bequeme Lautgruppen wie *ht* erzielen liessen, vielleicht aber überhaupt nur in *wichtgata*. Im übrigen wird anl.

h vor *w* so gut wie vor *r* und *l* geschwunden sein. Die Metathesis in *wichtgata* aber kann erst eingetreten sein, nachdem sich, wovon *warthata* und *athe* Zeugnis geben, altes inl. *h* folgendem *t* assimiliert hatte. In *lachen* verdankt der gutturale Spirant ursprünglich folgendem *j* seine Erhaltung (vgl. S. 151 f.), wobei Annahme einer Dehnung des *h* wenigstens nicht nötig erscheint. Allerdings wäre die Erhaltung des *ch* bei Annahme einer Dehnung natürlicher; aber auch in diesem Falle sind wir nicht gezwungen, auf die westgerm. Konsonantendehnung zurückzugehen, da sich *j* auch dem vorangehenden *h* assimiliert haben kann. Betreffs des *þ* wurde S. 139 f. wegen der Schreibung *tz* bemerkt, dass es wahrscheinlich stimmhaft geworden, möglichenfalls aber auch in eine Affricata übergegangen war. Für die Fälle, in denen es sich zu einem Verschlusslaute verschoben hat, lassen sich bei dem kärglichen Materiale nur höchst unsichere Vermutungen über die Ursachen aufstellen. In *bruder* könnte das *þ* intervokalisch zur Media geworden sein. Zwischen dem Artikel *tho*, *the* und dem Personalpronomen *tzo*, in denen anl. *þ* vor Vokal verschieden behandelt ist, beruht der Unterschied möglichenfalls auf der verschieden starken Betonung. In *tria* und *treithyen* endlich könnte das *r*, das einen vorausgehenden Dentalverschlusslaut mehr als einen vorausgehenden Dentalspiranten begünstigt (vgl. den Wandel von idg. *sr* zu germ. *str* und das Fehlen der hd. Lautverschiebung bei *tr*) das *þ* zu *t* gemacht haben. Das *t* von *tria*, *treithyen* und das *th* von *tho*, *the* werden beide den Weg über *d* genommen haben und mit sonstigem anl. *d* zusammen weiter verschoben worden sein.

Anl. *s* ist vor *l* und *w* zu *š* (geschr. *sch*) geworden. Da ein ähnlicher Lautprocess aus keinem anderen Sprachgebiete, mit Ausnahme des Spätmhd., bekannt ist und auch die psychophysischen Ursachen des Wandels sich der Berechnung entziehen, so muss man die Frage aufwerfen, ob nicht ein historischer Zusammenhang zwischen der Erscheinung im Krimgot. und derjenigen im Hd. möglich ist. Und in der That besteht die Möglichkeit eines solchen Zusammenhanges, und zwar auf dem Wege der Übertragung vom Hd. aus, indem die deutsche Mundart der osteuropäischen Juden die Brücke zwischen beiden Dialekten gebildet haben kann. Schon Busbecks Zeitgenosse Cureus bemerkt Gentis Silesiae Annales p. 14, kurz nachdem er von der Erzählung der Nürnberger Kaufleute über das Deutsch der Krimgoten berichtet (vgl. S. 116 ff.), über die Juden folgendes: „Sciunt etiam illi, quibus nota est vrbs Veneta et Italia, Judaeos, eo vel ex Media, Turcia et Constantinopoli accedentes, callere nostram linguam Germanicam, eaque familiariter vti". Auch noch heute bedient sich der grösste Teil speciell der krimischen Juden des jüdischdeutschen Dialektes als Umgangssprache. Wenn sich aber ein Deutscher und ein Krimgote, wie wir aus Barbaros Nachricht wissen (vgl. S. 116), zur Not verständigen konnten, so wird das auch zwischen einem deutsch sprechenden Juden und einem Krimgoten möglich gewesen sein. Fand aber ein regerer Handelsverkehr zwischen Juden und Krimgoten statt, so wird man sich bald ohne jede Schwierigkeit verstanden haben, und es werden auch Übertragungen, auch solche lautlicher Art, zwischen beiden Dialekten haben stattfinden können. Da nun das osteuropäische Jüdischdeutsch durchweg an dem Wandel von anl. *s* zu *š* vor *l*, *m*, *n*, *w* teilgenommen hat, so ergiebt sich damit auch die Möglichkeit einer Übertragung dieses Prozesses auf das Krimgotische. Übrigens könnten auch andere Lautwandlungen, in denen das Krimgotische mit dem Hochdeutschen übereinstimmt, wie der Übergang von westgerm. *eo* in *ī* auf dem gleichen Wege übertragen worden sein.

Westgerm. *z* ist nach dem Ausweise von *menus* wie alle stimmhaften Geräuschlaute ausl. (wo es der Inlaut gehalten hatte) stimmlos geworden.

Es erübrigt noch, einiges über die etymologisch unklaren oder nicht ganz klaren Wörter zu bemerken:

1) *iel vburt* ist wohl so viel wie got. *hail waúrþi* (vgl. Massmann ZfdA. I, 363, wo *vaúrthai* mit *ai* wohl verdruckt ist). Die Vertretung von germ. *w* durch *ub* findet sich auch bei der Wiedergabe gotischer Eigennamen im Lateinischen (Dietrich, Aussprache des Got. S. 79). Ob noch grammatischer Wechsel vorliegt, lässt sich bei der Vieldeutigkeit des krimgot. *t* nicht entscheiden. *u* hat nicht wie got. *u* die Brechung zu *o* vor *r* durchgemacht: hier ist also die westgerm. Abweichung des Krimgot. vom Got. in der Vokalvertretung die umgekehrte wie sonst.

2) *marzus* geht wohl am wahrscheinlichsten auf arab. *mä'ruz* zurück, wobei dann das Osmanische vermittelt hat (Graf Kuun, Codex Cumanicus p. 242 f.).

3) *schuos* ist von got. *swēs* „eigen" zu trennen. Germ. *ō*,

der Ablaut von *ē*, müsste bei Busbeck durch *u*, nicht durch *o* vertreten sein.

4) *rintsch* wird von Diefenbach II, 175 mit esthnisch *rind* „Hochufer, Vorgebirge“ verglichen; doch sieht man nicht, aus welcher dem Esthnischen verwandten (finnisch-ugrischen) Sprache das Wort in das Krimgot. hätte gelangen können.

5) *fers* könnte vielleicht mit as. *firihos* zu verbinden sein (vgl. S. 162); doch bestehen auch hier grosse lautliche Schwierigkeiten.

6) *knauen* hat Tomaschek 62 wohl richtig mit ags. *cnávan*, an. *kná* „können“ und an. *knár* „tüchtig, tapfer“ zusammengestellt.

7) *stap*. Diefenbach II, 318 vergleicht albanesisch *skap* „Ziegenbock“. Hier ist, abgesehen von der lautlichen Schwierigkeit, wiederum nicht einzusehen, aus welcher dem Albanesischen verwandten Sprache die Entlehnung geschehen sein soll.

8) *gadeltha* ist wohl von got. *gatilata* „passend, tauglich“ zu trennen, da germ. *t* sonst niemals durch krimgot. *d* vertreten wird. Leicht möglich wäre dagegen ein Zusammenhang mit nl. *gadelijk* = nhd. *gätlich*. Es wären dann in der Neutralform **gadelīkata* zwei unbetonte Vokale und sodann *k* wegen seines schwachen Klanges vor *t* (vgl. Sievers, Phonetik[3] S. 159) ausgefallen; das *e* der zweiten Silbe könnte dann nur das *l* als sonantisch kennzeichnen.

9) *atochta* ist vielleicht mit Bezzenberger, Über die *a*-Reihe der got. Sprache S. 14, Fussnote 3, einem got. **hatugata* zu *hatjan* gleichzusetzen.

10) *schediit* ist unklar.

11) *borrotsch* wird gewöhnlich mit got. *gabaúrjōþus* „voluptas“ zusammengestellt. Auffallend ist jedoch ausser der abweichenden Bedeutung *rr* für *rj*, während sonst cons. + *j* durch einfachen Konsonanten vertreten wird (*ano*, *lachen*, ausserdem sogar *ada*) sowie *tsch* für *þ*, für das, wo es Spirans geblieben, sonst *tz* steht.

12) *cadariou* wird von Tomaschek 65 als mögliche Entlehnung aus dem Chazarischen gedeutet und mit altaïsch *kadary* „zur Seite befindlich, vielleicht auch *auxiliarius*“ verglichen; die Beziehung ist sehr unsicher.

13) *kilemsch* in *kilemschkop* ist unklar.

Von der krimgot. Flexion hat Busbeck kaum die allerdürftigsten Trümmer überliefert. Die Infinitivendung ist als *-en* erhalten. Wenn *iel vburt* richtig erklärt ist, dann war die starke Konjugation neben der schwachen, die sich in *tzo warthata* u. s. w. zeigt, erhalten geblieben. In der Deklination ist ausser dem Fehlen des *-s* im Nom. Sg. und im Nom. Pl. Fem. (*thurn*) die Erhaltung der pronominalen Neutralendung *-ta* beim Adjektivum erkennbar. Unter den Zahlformen sind drei neutrale Nominative, *ita*, *tua*, *tria*, überliefert. In *tua* ist idg. *dwō* erhalten, das auch in got. *twa*, an. *tvá* und ags. *tú* aus **twū*, **twō* vorliegt (Kluge in Pauls Grundr. I, 403), wonach *tua* eben auch für das Herulische am ehesten zu erwarten ist. In *tria* ist das *a* abgeschwächter unbetonter Vokal. Die Zahlen 11, 12, 13 u. s. w. wurden wohl durch Einfluss des Türkischen, wo man „zehn-eins" u. s. w. zählt, umgebildet; die Ursache der Umbildung bei 30, 40 ist nicht zu ersehen. Wenn man übrigens für das *ei* von *treithyen* und *furdeithien* in beiden Fällen ein *i* setzt und für letztere Form eine Metathesis von *i* und *ur* annimmt, so erhält man tiefstufiges *tri-* und *fidur-*.

Nachdem wir uns so einen Überblick über das Krimgotische, soweit sich derselbe aus den dürftigen Angaben Busbecks gewinnen liess, verschafft haben, ist gewiss die Frage berechtigt, ob das so erzeugte Bild eine Bestätigung der Nachrichten Barbaros und Pirckheimers betreffs des gegenseitigen Verstehens der Deutschen und Krimgoten bietet. Wir dürfen getrost diese Frage bejahen. Das Krimgotische war ein westgermanischer Dialekt und teilt mit dem Deutschen seine beiden durchgreifendsten selbständigen lautlichen Veränderungen, die Tonlängung und die Abschwächung aller unbetonten Vokale zu Überkürzen, wobei die abweichende Klangfarbe der überkurzen Vokale, wie ja auch Busbecks Schreibungen zeigen, gewiss nur sehr wenig ausgemacht hat. Sonst hatte sich das Krimgotische im ganzen wenig verändert. Wesentliche lautliche Abweichungen vom Deutschen waren ausser durch das Fehlen des Umlauts nur bei den Vertretungen der langen Vokale und der Diphthonge entstanden. Auch betreffs der krimgotischen Flexion darf man vermuten, dass sie sich kaum mehr als die anderer germanischer Sprachen von der des Deutschen entfernt haben wird. Wenn in der Konjugation, wie es ja den Anschein hat, der Unterschied zwischen starken und schwachen Verben erhalten geblieben war, so war damit das augenfälligste Merkmal der germanischen Flexion gewahrt. Einzelabweichungen in den Formensystemen können die Verständigung mit Deutschen doch wohl nur selten beeinträchtigt haben. Was den Wortschatz betrifft, so dürfen wir hier nicht die Zahl der Busbeck germanisch scheinenden Wörter derjenigen der ihm nicht germanisch scheinenden gegenüberstellen, weil er mindestens von den letzteren nur eine Auswahl aus den von ihm aufgezeichneten mitgeteilt zu haben scheint. Beide Gruppen werden sich nach Busbecks Worten „nam haud minus multorum plane diversa a nostris erat forma" etwa die Wage gehalten haben. Unter solchen Umständen aber musste ein Deutscher vieles im Gespräche mit einem Krimgoten verstehen, und konnte ihm anderes wenigstens verständlich scheinen. Einige Missverständnisse werden ganz unausbleiblich gewesen sein; so wird ein Deutscher, der *treithyen* „dreissig" hörte und gemerkt hatte, dass es sich um eine Zählung handelte, dasselbe sicher als „dreizehn" missverstanden haben, falls nicht gerade der Zusammenhang mit Notwendigkeit einen einfachen Zehner erfordert hätte.

Das Krimgotische ist dem Deutschen und Niederländischen sicher ähnlicher als das Englische und die nordischen Dialekte gewesen. Es hatte nicht so viele lautliche Veränderungen wie diese Sprachen erlitten und wahrscheinlich auch nicht so viele fremde Elemente wie das Englische in sich aufgenommen. So hatte es sich weniger als letzteres vom Deutschen entfernt, obwohl es doch mit jenem ursprünglich zu einer engeren Gruppe gehört sowie seiner ursprünglichen geographischen Lage nach dem Deutschen noch ferner als dem Anglofriesischen gestanden hatte und obenein noch vom Gotischen beeinflusst worden war. Es ist doch gewiss kein Zufall, dass unabhängig von einander Rubruquis die Krimgoten „teutonice", Barbaro „in tedesco" und Cureus in der deutschen Ausgabe seines Werkes (Schlesische General Chronica, Franckfort am Mayn 1585) S. 17 dieselben „teutsch" sprechen lässt. Begreiflich wird das, wenn man den Umstand in Betracht zieht, eine verhältnismässig wie grosse Anzahl unter den wenigen von Busbeck mitgeteilten Wörtern mit den entsprechenden deutschen vollständig übereinstimmt und wie wenig auch die übrigen von ihm als germanisch erkannten Wörter von den deutschen gleicher Bedeutung lautlich abweichen. Beide Umstände, besonders aber der erstere treffen nicht für das Englische und die nordischen

Sprachen zu, die demgemäss auch wohl niemals direkt als „deutsch“ bezeichnet worden sind.

Innerhalb des Deutschen hat natürlich das Niederdeutsche (einschliesslich des Niederländischen) dem Krimgotischen bedeutend näher als das Hochdeutsche gestanden. Die beiden germanischen Dialekte, die den urgermanischen Lautstand relativ am treuesten festgehalten hatten, das Niederdeutsche und das Krimgotische, waren sich natürlich auch einander lautlich am ähnlichsten geblieben. Bezeichnet doch auch Torquatus das Krimgotische als speciell dem Sächsischen nahe stehend. Die Punkte, in denen ersteres dem Hochdeutschen analoge Wandlungen hatte eintreten lassen, wie der teilweise Übergang von *d* in *t* und der von *s* in *sch* vor *l* und *w* werden weniger das Verständnis seitens eines Niederdeutschen erschwert als das seitens eines Hochdeutschen erleichtert haben. Am besten wird natürlich der Deutsche, der sowohl des Niederdeutschen (bez. Niederländischen) wie des Hochdeutschen mächtig war, auch das Krimgotische verstanden haben, wie dies bei Busbeck und wahrscheinlich auch bei den Nürnberger Kaufleuten der Fall gewesen ist.

Anhangsweise müssen in diesem Abschnitte endlich noch die Verse des Liedes, das Busbeck als der gleichen Sprache wie die von ihm mitgeteilten einzelnen Wörter angehörend bezeichnet hat, kurz zur Sprache kommen. Nachdem Graf Kuun, Codex Cumanicus p. 243 die Verse als türkisch gedeutet und übersetzt hatte, hat Radloff bei Braun 61 eine noch genauere Übersetzung gegeben. Herr Dr. Foy teilt mir darüber noch mit: „In dem Schlussworte *ea* erblicke ich die türkische Nachdruckspartikel *jâ!*, die so gern am Schlusse von Sätzen gebraucht wird.“ Und ferner: „Es kommt in den drei Versen nichts specifisch Tatarisches vor. Anstatt *biza(e)* wäre tatar. *bizga(e)* zu erwarten, ebenso doch wohl statt *tegira(e)* tatar. *tegirga(e)*. Die Konstruktion *ixlejüp dur* findet sich bei älteren osmanischen Dichtern häufig. Der Gesamteindruck der Sprachprobe ist der des Osmanisch-Türkischen.“ Die Verse gehören also der Sprache der in Gotien herrschenden Osmanen und nicht derjenigen der Gotien benachbarten Tataren an.

c. Nachrichten nach Busbeck.

Mit der ausführlichsten und wichtigsten Erwähnung der Krimgoten brechen alle bisher beglaubigten Nachrichten über die Fortexistenz des Völkchens und seiner Sprache ab. Auch sind aus späterer Zeit selbständige Berichte, in denen entweder noch Krimgoten erwähnt werden oder ihre Fortexistenz bestritten wird, überhaupt nur noch spärlich vorhanden. Zum Teil allerdings sind diese nur bisher noch zu wenig beachtet worden oder auch noch ganz unbekannt geblieben. Man wird dieselben um so sorgfältiger sammeln und auf ihren Wahrheitsgehalt hin prüfen müssen, als sie mehrfach im Widerspruche zu einander stehen. Wichtig ist auch die Thatsache, dass die Krimgoten und ihre Sprache in verschiedenen Reiseberichten, in welchen man noch eine Erwähnung derselben erwarten könnte, überhaupt nicht genannt werden.

Die letzte Bemerkung trifft sogleich für die Busbeck zeitlich zunächst liegende Beschreibung der Krim zu. Es ist dies die von dem polnischen Gesandten Martinus Broniovius de Biezdfedea, der die Krim 1578 bereist hatte, verfasste und zu Köln 1595 erschienene Tatariae descriptio. Merkwürdig ist hier besonders die Stelle über Mankup p. 7: „Presbyter Graecus unicus, Turcae et Judaei aliquot ibi habitant, caetera in ruinas, vastitatem et omnem fere oblivionem versa sunt.“ Braun 66 meint zu dieser Nachricht, dass wir keinen Grund hätten, an ihrer Wahrheit zu zweifeln, da Broniovius als Augenzeuge berichte. Den Widerspruch mit Busbeck, dessen Zusammentreffen mit dem Krimgriechen nur 16—18 Jahre früher fällt, sucht er damit zu erklären, dass letzterer Mankup wohl nur auf Grund historischer Überlieferung eine Hauptstadt der Goten genannt, indem sich an diesen Ort im Gedächtnisse des Gotenvolkes wohl manche Sage geknüpft habe. Dem ist jedoch entgegenzuhalten, dass Busbecks Gewährsmann Mankup ganz in eine Reihe mit Süiren (Sciuarin) stellt, das doch keine historische Rolle gespielt hat, und dass er die beiden Städte unmittelbar nach der Erzählung erwähnt, dass das Volk „noch heute“ mehrere Gaue bewohne, aus denen der Chan der Tataren im Kriegsfalle achthundert Schleuderer aushebe, wonach doch wohl auch bei jenen Städten nur von einem Verhältnisse der Gegenwart die Rede gewesen sein kann.

Der Fehler liegt demnach höchstwahrscheinlich auf Seiten des Broniovius. Braun selbst bemerkt ja 65, dass Busbecks Aussage so klar und bestimmt laute, dass sie in uns gar keinen Zweifel aufkommen lasse, und es uns um so mehr wundern müsse, dass 16 Jahre später Broniovius nichts mehr von der Existenz der Goten wisse. Sein Schweigen über diesen Punkt sei in der That ein nicht leicht zu lösendes Rätsel. Dass aber Broniovius selbst die Goten Mankups bei seiner Durchreise mit einem anderen Volke verwechselt hat, ist ja noch lange nicht so merkwürdig wie die Thatsache, dass der in Mankup selbst wohnende griechische Priester, den Broniovius über die Geschichte der Stadt befragte, die Goten mit keiner Silbe erwähnt hat. Broniovius hörte von demselben vielmehr nur: „quod paulo ante civitatis eius a Turcis obsidionem Duces quidam duo Graeci, quos Constantinopolitanorum vel Trapezuntii Imperatorum sanguinis fuisse certe apparet, Patruus et nepos ibi mansissent. Greci vero Christiani non multis tamen annis eam inhabitavere, ac paulo post ab infideli et immanissima Turcarum gente civitas illa fide eis data et violata erepta fuit.“ Hier ist zunächst die Ableitung der Fürsten Mankups von den griechischen Kaisern auffallend, wozu, wie auch Braun 42 bemerkt, der ältere bereits 1517 geschriebene Bericht des Mathias a Miechow, welcher die Fürsten „generis et linguae Gothorum“ nennt, in direktem Widerspruche steht. Was nun freilich den Ausdruck „Greci vero Christiani“ anbelangt, so ist es nicht ganz klar, ob derselbe hier „griechisch-katholische Christen“ oder „Griechen, welche Christen waren“ bedeutet. Für letztere Auffassung könnte vielleicht der Umstand sprechen, dass die „Greci Christiani“ zur „Turcarum gens“ in Gegensatz gestellt werden. Noch mehr fällt aber dafür die Bemerkung des Broniovius selbst in die Wagschale: „Nec homines iam supersunt, nec Ducum, nec gentium earum, quae eas urbes et arces maximas possidebant et inhabitabant, annales aliqui reperiuntur. Nam in locis singulis eos summo cum studio et impendio meo conquirebam.“ Dann wird mit den Worten „Verumtamen a Presbytero quodam Graeco homine iam annoso, probo et non rudi, quem ibi vidi, accepi“ die oben angeführte Aussage des griechischen Priesters eingeleitet. Danach kann auch die Bemerkung „nec homines iam supersunt“ erst aus den Mitteilungen desselben gefolgert worden sein. Wenn Broniovius aber nach den

Völkern geforscht hat, die jene Städte und Burgen bewohnt hatten, so hat doch sein Gewährsmann mit den „Greci Christiani“ wahrscheinlich Christen griechischer Nation gemeint, zumal er ja auch die Fürsten von Mankup einfach Griechen genannt hatte. Gesetzt aber, dass er nur Christen griechischer Konfession im Sinne gehabt hätte, so hat er es eben nicht der Mühe für wert gehalten, die Nation derselben näher zu bezeichnen. Denn die Krimgoten konnten ihm unmöglich unbekannt sein: selbst wenn Braun darin im Recht wäre, dass es damals in Mankup keine Goten mehr gegeben hätte, so wohnten doch solche in unmittelbarer Nähe Mankups, vor allem in Süiren (Braun 65), das ja Busbecks Gewährsmann gleichfalls eine „primaria urbs“ des von ihm geschilderten Volkes nennt. Meinte der Priester Christen griechischer Nation, so erklärt sich dieser Irrtum dann am leichtesten, wenn die Krimgoten schon lange als kleines Völkchen jeder politischen Selbständigkeit beraubt, nicht mehr als vollgiltige eigene Nation angesehen und der Beachtung nicht mehr für wert gehalten wurden. Aber auch wenn nur Christen griechischer Konfession gemeint sein sollten, so ist das Fehlen jeder Nationalitätsbestimmung derselben am einfachsten aus dem gleichen Grunde zu erklären. Eine analoge Erklärung habe ich bereits S. 130 für den Zweifel Busbecks, ob er es mit Goten oder Sachsen zu thun habe, versucht. Auch kann Broniovius sonst schwerlich irgendwo den Namen der Goten auf der Krim gehört haben, da er p. 18, nachdem er bemerkt, dass in den Gemeinden der Krim, die unter türkischer Herrschaft ständen (wozu auch diejenigen Gotiens gehörten), der Chan der Tataren den Zoll mit dem Sultan teile, den Satz hat: „Contributionem a Tartaris, Armenis, Judaeis, Cercesiis, Petigorensibus et Graecis Christianis . . . . ., Turcis tamen exceptis exigit.“ Die Goten sind hier also ausgelassen. Ein Deutscher anstatt eines Polen hätte hier allerdings wohl noch einen besonderen Volksstamm an seiner germanischen Sprache erkannt und sich dann wohl auch noch nach dessen Namen erkundigt.

Broniovius hat wahrscheinlich die Krimgoten, soweit sie noch Christen geblieben waren, zu den Griechen, soweit sie aber bereits Muhamedaner geworden, zu den Türken oder Tataren gerechnet. Was speciell seine Angabe über die Einwohnerschaft Mankups betrifft, so ist so viel richtig, dass die Juden einen grossen Teil derselben ausgemacht haben. Und zwar haben diese sowohl vor wie nach der Eroberung der Stadt (1475) daselbst gewohnt. Ihre Existenz vor 1475 wird durch hebräische Grabschriften des jüdischen Friedhofes zu Mankup bezeugt, deren älteste allgemein beglaubigte und leserliche die Jahreszahl 5034, d. h. 1274 n. Chr. Geb., trägt (Harkavy, Mém. de l'Acad. de Saint-Pétersbourg, VII. Sér., T. XXIV, 1876, p. 99). Das Vorhandensein der Juden aber nach der Eroberung bezeugen ausser Broniovius auch fast alle späteren Besucher der Stadt. So zuerst Jean de Luca, der die Krim im Anfange des 17. Jahrhunderts bereiste und in seiner Relation des Tatares (Recueil des Voyages au Nord VII, 100) über Mankups Einwohner nur die Worte hat „qui est habitée de Juifs", so Beauplan in seiner Description d'Ukrainie, Rouen 1632, der p. 32 von Mankup sagt: „les habitans sont tous Juifs", so de la Motraye, der 1711 in der Krim war und II, 47 Mankup „petite Ville . . . . . habitée aussi par des Juifs" nennt. Ferner sagt Peyssonel, der T. premier, Avant-propos p. I das Jahr 1753 als das seiner Reise nach der Krim angiebt, p. 84 von Mankup „le bourg est habité par des Juifs et quelques Mahométans." Pallas endlich, der Südrussland 1793 und 1794 bereist hatte, berichtet II, 123 von jüdischen Gerbern, die er noch in Mankup gefunden hätte, und fügt dazu S. 125: „Noch kurz vor der Besitznehmung der Krym durch Russland sollen daselbst sowohl Tataren als Juden gewohnt haben. Jetzt (1800) aber haben auch die Juden diesen Wohnplatz verlassen, und der Ort steht völlig wüst." Der einzige Besucher Mankups, der keine Juden daselbst nennt, ist Siestrzencewicz de Bohusz. Derselbe spricht in seiner Histoire du royaume de la Chersonese Taurique, A. Brunswick, 1800, p. 252 f., sowie in seinem Briefe an Vater in Adelungs Mithridates IV, 167 f. Fussnote nur von Tataren, denen er an ersterer Stelle einen von den übrigen Tataren absolut verschiedenen Dialekt, an letzterer eine dem Plattdeutschen ähnliche Sprache und muhamedanische Religion zuschreibt. Siestrzencewiczs Angaben betreffs der Sprache werden wir weiter unten auf ihre Glaubwürdigkeit zu prüfen haben: es genügt hier zu konstatieren, dass seine ganze Aufmerksamkeit nur auf die Nachkommen der Krimgoten gerichtet war und er die Juden deshalb unbeachtet liess oder gar mit gotisch sprechenden Tataren verwechselte.. Aus den verschiedenen Angaben aber ergiebt sich, dass Mankup zum grösseren Teile von Juden, zum kleineren von Muhamedanern bewohnt gewesen war, welche letztere mindestens gegen Ende des 18. Jahrhunderts den Namen Tataren führten. Da aber die heutigen muhamedanischen Bewohner Gotiens, Nachkommen der Krimgoten und Krimgriechen, überhaupt Tataren heissen, so können natürlich auch die Tataren Mankups Nachkommen der daselbst früher wohnenden Krimgoten gewesen sein. Ist dies richtig, dann hat Broniovius die Goten Mankups irrtümlich Türken genannt. Es wäre ja auch wenig wahrscheinlich, dass die Türken bei der Eroberung der Stadt die Juden daselbst belassen, die Goten aber sämtlich getötet oder in die Gefangenschaft geführt und statt ihrer Leute ihres eigenen Volkes daselbst angesiedelt haben sollten. Auch werden Nachkommen osmanischer Türken schwerlich jemals den Namen Tataren angenommen haben, da, wie mir Herr Dr. Foy versichert, die Tataren bei den Osmanen in Verachtung stehen. Wie von Broniovius und allen späteren Besuchern der Krim, so wird auch noch heute dort scharf zwischen Türken und Tataren unterschieden. Wenn nun Broniovius die Goten Mankups mit Türken verwechselt hat, so hatte das wahrscheinlich folgende Bewandtnis: Die Goten der Stadt waren bereits damals zum Islam übergetreten. Der griechische Priester aber erzählte Broniovius, dass Mankup früher von griechischen Christen bewohnt gewesen wäre, bis es von den Türken erobert worden sei. Letzterer nun, die Muhamedaner der Stadt bemerkend, aber auf die Sprache derselben unter sich selbst nicht achtend, hielt diese für die türkischen Eroberer, welche die Griechen aus der Festung verjagt hätten.

Die nächste, wie es scheint auf keine der bisher genannten früheren Erwähnungen von Krimgoten zurückgehende Nennung noch existierender Goten steht bei Johann Rauwen, Weltbeschreibung, Frankfort am Mayn 1612 S. 633, wo es heisst: „So soll man auch sonst Gothen finden in etlichen Inseln“ (vgl. S. 92). Die Stelle klingt nur an Irenicus an, der aber nur von e i n e r Insel, auf der Goten gewohnt hätten, spricht, und darunter das skandinavische Gotland versteht (S. 119). Da ausserdem Rauwen daran die von Cureus bewahrte Erzählung Pirckheimers von den Goten auf der Krim knüpft, so kann seine Bemerkung schwerlich auf Irenicus zurückgehen. Fraglich bleibt natürlich, ob in der zu Grunde liegenden Quelle auch von dem Deutsch der Krimgoten die Rede war, und ob dieselbe überhaupt nicht noch vor Broniovius und Busbeck zu setzen ist.

Keinerlei Erwähnung der Krimgoten geschieht in den beiden auf die Krim bezüglichen Reisebeschreibungen aus der ersten Hälfte des 17. Jahrhunderts, bei Jean de Luca und Beauplan. Dass diese beiden Reisenden aber überhaupt nur flüchtig beobachtet haben, geht schon daraus hervor, dass sie in Mankup nur Juden, keine Muhamedaner kennen: letzterer nennt sogar die Einwohner „tous Juifs“ (vgl. S. 183). Um so weniger konnten sie dann die etwa noch vorhandene Sonderexistenz eines Völkchens bemerken, das sich ausser durch seine nur im häuslichen Kreise gebrauchte Sprache (vgl. S. 47 ff.) vielleicht in keinem Stücke mehr von den übrigen Bewohnern des Südwestens der Krim unterschied, indem es sich teils des Tatarischen, teils des Griechischen im Verkehre mit Fremden bediente, teils sich zum Islam, teils noch zum griechischen Christentume bekannte. Deutsche freilich anstatt der Franzosen würden den Sprachunterschied wahrscheinlich auch noch damals bemerkt haben. Reisebeschreibungen von Deutschen aber, welche Gotien besucht hatten, sind aus dem 17. und der ersten Hälfte des 18. Jahrhunderts mindestens nicht bekannt.

Wären wir überhaupt nur auf Reisebeschreibungen angewiesen, so würden wir gänzlich ausserstande sein, das Ende der krimgotischen Nation und Sprache zeitlich zu bestimmen. Glücklicherweise war jedoch das Samenkorn, das Busbeck gestreut hatte, nicht auf ganz unfruchtbaren Boden gefallen. Wir finden nämlich im 17. Jahrhundert verschiedene Männer, Deutsche und Schweden, welche, ohne selbst nach der Krim reisen zu können, doch Erkundigungen über die Krimgoten einzuziehen versucht haben. Freilich hat auch von diesen Erkundigungen nur eine einzige ein wirkliches Resultat ergeben.

Zu den wesentlich resultatlos verlaufenen Nachforschungen dieser Art, gehören diejenigen, welche bekanntlich Leibniz und sein Freund Ludolf angestellt haben. Kunde über diese Bemühungen giebt der Briefwechsel beider Gelehrten. Zunächst schreibt hier Leibniz am 17. April 1692 aus Hannover (Leibnitii opera omnia collecta studio Ludovici Dutens, T. VI, p. 105): „Scripsi ego ad R. P. Kochanskium, Serenissimi Poloniae Regis Mathematicum, ut curet aliquid ad nos pervenire de linguis Scythiae interioris. Retulit ad Regem, cujus Majestas rem sua cura non indignam judicavit. Scis Busbequio auctore, superesse in Taurica vestigia Gothorum Germanorum.“ Darauf erfolgte von Ludolf aus Frankfurt vom 16. Juni 1692 folgende Antwort (p. 109): „Locum Busbequii in epistola IV. de gente quadam Saxonica in Taurica Chersoneso, bene noveram. Cum Tartaricus legatus anno 1650 in Suecia esset, quem saepius frequentavi, illumque eiusque socios et famulos omnes diligenter interrogavi, num de tali gente eiusque lingua et moribus a Tartaricis diversis aliquid scirent, constanter omnes negaverunt. Operae pretium foret et haec Kochanskio proponere, num ille fortassis ex captivis cognoscere possit, num talis gens adhuc hodie supersit.“ Auf diese Worte antwortete wiederum Leibniz aus Hannover vom 25. Juli 1692 (p. 110 f.): „Tentabo ego, quid ex septentrione favore Kochanskii et jussu ipsius Sarmatiae Europaeae regis obtineri queat. Rescripsit enim Kochanskius, daturum se operam, ut Moscua pariter ac aliunde afferantur, quae possunt haberi: scripsisse ad Residentem Polonicum apud Moschos, et meas Grimaldo destinatas misisse ad Persas. Jam dudum scripsi Kochanskio optare me nosse an in Taurica Chersoneso supersint Gothi vel Germani, quos memorat Busbequius; fuisse non ita olim, non est dubium. Nam et Rubruquius, quem Ludovicus Sanctus rex Galliarum miserat ad Tartaros, illic suo tempore plurimos Germanicae linguae homines fuisse asseverat. An hodie deleti sint, an in montanis reliquias tueantur, non dixerim.“ Ludolf bemerkte darauf nur noch aus Frankfurt am 27. August 1692 (p. 112): „Quae ad Kochanskium scripsisti, summopere me delectarunt. Responsum si acceperis communica quaeso mecum.“ Ob aber und was Kochanskius dem Leibniz geantwortet hat, darüber erfahren wir aus den gedruckten Schriften des letzteren nichts mehr.

Eine bestimmte Nachricht enthält überhaupt nur die erste Antwort Ludolfs. Wir werden hier zu prüfen haben, ob der Bescheid des tatarischen Gesandten und seiner Begleiter auch wirklich Glauben verdient. Die Frage ist aus mehreren Gründen entschieden zu verneinen. Vielleicht hat man hier schon den Umstand in Betracht zu ziehen, dass das Kadylyk Mankup, d. h. die Landschaft Gotien, überhaupt nicht zur kleinen Tartarei gehörte, sondern unmittelbar unter der türkischen Regierung stand (vgl. S. 57 f.). Zweitens aber können die muhamedanisch gewordenen Krimgoten nach Busbecks Zeit sehr wohl die Sitten wenn nicht der Tataren, so wenigstens der Türken im wesentlichen angenommen haben, während die christlichen die griechischen Sitten hatten. Zugleich aber können sie ihre Eigensprache schon derartig eingeschränkt haben, dass sie dieselbe, wie das bei verachteten und aussterbenden Idiomen die Regel ist, nicht nur im Verkehr mit Fremden, sondern auch im Gespräche unter sich selbst in Gegenwart von Fremden zu vermeiden pflegten. Auf diese Weise könnten manche Tataren die Krimgoten gekannt haben, ohne in der That von ihrer besonderen Sprache und ihrer besonderen volklichen Existenz zu wissen. Drittens aber war Gotien so klein, dass fast nur die Tataren, die in seiner Nähe wohnten, seine Bewohner überhaupt gekannt haben werden. Viertens endlich hatte Ludolf, durch Busbeck verleitet, den Gesandten und seine Begleiter nach einem sächsischen anstatt nach einem gotischen Volke gefragt, infolgedessen selbst diejenigen, die etwa von den Krimgoten wussten, Ludolf nicht die gewünschte Auskunft geben konnten. Uebrigens zweifelte ja Ludolf selbst, der doch nur den dritten der von mir angeführten Gründe in Erwägung ziehen konnte, an der Richtigkeit der ihm gemachten Angabe, wie das Gleiche auch Leibniz gethan hat.

Und dass in der That die Krimgoten und das Krimgotische sogar noch nach 1650 existierten, das bekundet das bisher noch übersehene von Joannes Peringskiöld in seinen Annotationes zu der von ihm herausgegebenen Vita Theodorici Regis Ostrogothorum Autore Joanne Cochlaeo Germano, Stockholm 1699, aufbewahrte Zeugnis, die neunte Nachricht über die krimgotische Sprache. Dort heisst es nämlich p. 348 folgendermassen: „Quin et locuples testis est vir pereruditus Nicolaus Spatharius Moldo-Wlachus Tsaris Autocratoris Interpres LL. Orientalium, qui Constantinopoli per complures annos literis operam dederat; Idemque ille, qui Imperante Divo Carolo XI. adhuc minorenni, amplissima Legationis munia apud aulam hanc Regiam obiverat, superesse adhuc in Crimea Tartarorum Regia provincia, circiter 300. pagos, Gothici originis incolis habitatos; Lingua utentes peculiari Theutonica, sacrisque Christianis. His Episcopum Gothicum Sacrorum Antistitem praepositum esse, qui Caffae urbi, alio nomine Theodosiopolis dictae, ad Bosphorum Cimmerium sedem suam habeat. Ac vero praeter modo nuncupatum Teutonismum, idioma cives illos sonare aliud, quod linguam Gothicam appellant, quamque ante incursiones Turchomannorum, nunc, Tartarorum intaminatam habuerunt. Haec orbis ille lustrator J. G. Sparfvenfeldt ex crebris cum laudato viro conversationibus percepta, illâ praesertim d. 6. Jan. Anni 1685. secum habita, velut indubitatae fidei in Diaria suae peregrinationis retulerat.“

Was den hier genannten Vermittler der Nachricht Sparfvenfeldt betrifft, so war derselbe nach der Biographie Universelle Ancienne et Moderne XI, 16 f. ein hervorragender und vielseitiger schwedischer Gelehrter, der auch zur Entdeckung gotischer Denkmäler eine Reise nach Holland, Frankreich, Spanien und Afrika unternommen hatte. Gedruckte Werke desselben werden jedoch nicht angegeben, statt dessen nur im Manuscript ein slawisches Wörterbuch, das sich auf der Bibliothek zu Upsala befinden soll. Vielleicht könnten sich daher auch seine Diaria daselbst noch vorfinden. Es wäre möglich, dass dieselben das Zeugnis des Spatharius noch ausführlicher oder wenigstens genauer enthielten.

Das Zeugniss des Spatharius enthält in sich selbst einen Widerspruch, indem es den Krimgoten zunächst eine eigene deutsche Sprache zuschreibt, dann aber die Verwandtschaft des Krimgotischen mit dem Deutschen ausdrücklich in Abrede stellt. Es kann nicht zweifelhaft sein, dass nur die zweite Behauptung die wirkliche Ansicht des Spatharius wiedergiebt. Offenbar hat er zuerst aus Unachtsamkeit Sparfvenfeldts Frage nach der Verwandtschaft des Krimgotischen und Deutschen mitbejaht, wie er ja die Fragen nach einer besonderen Existenz eines gotischen Volkes, nach ihrer vom Tatarischen verschiedenen gotischen Sprache und ihrer christlichen Religion, zu der sich eben die Mehrzahl der Krimgoten noch bekannt haben wird, zu bejahen hatte. Bei nochmaliger Erwähnung der Sache von Seiten Sparfvenfeldts, wahrscheinlich erst in einem späteren Gespräche (wohl in dem vom 6. Januar 1685), hat er dann seine wirkliche Meinung ausgesprochen. Da er ganz bestimmt von einer gotischen Sprache redet, so lässt sich seine merkwürdige Ansicht nur so erklären, dass er, der Rumäne, die deutsche Sprache nur ganz ungenügend und wohl auch die krimgotische, obwohl er sie scharf von der tatarischen zu scheiden wusste, nicht gut genug gekannt hat. Aber dass er diese Meinung hegte, das bürgt gerade für die Zuverlässigkeit der Hauptangabe in seinem Berichte. Ein Betrüger hätte höchstwahrscheinlich das punctum saliens des Ganzen, die Verwandtschaft des Krimgotischen mit dem Deutschen, erst recht bejaht.

Wenn wir die Angaben des Spatharius im einzelnen prüfen, so ergiebt sich, dass er mit den Verhältnissen der Krim nur teilweis Bescheid gewusst hat. Wohl bekannt war ihm der griechische Name für Kaffa, Theodosiopolis (sonst Theodosia). Ungenau aber ist seine geographische Bemerkung über die Stadt, wenn er dieselbe „am“ kimmerischen Bosporus anstatt unweit desselben liegen lässt. Wenn er ferner angiebt, dass in diesem Kaffa der gotische Bischof residiere, so liegt dieser Nachricht wenigstens die richtige Thatsache zu Grunde, dass schon zu seiner Zeit Kaffa und Gotien zu einer Metropolis vereinigt waren. Eine diesbezügliche Notiz findet sich nämlich in den Πατριαρχικὰ ἔγγραφα bei Sathas, Μεσαιωνικὴ βιβλιοθήκη III, 604, wo es unter der Jahreszahl 1678 heisst: Κατ' ἰούλιον, πρᾶξις περὶ ἑνώσεως τῶν μητροπόλεων Γοτθίας καὶ Καφᾶ. Höchst zweifelhaft ist es jedoch, ob der erste gemeinsame Metropolit beider Bezirke wirklich in Kaffa residiert hat; Gideon, der 1725—1769 den Titel eines Metropoliten von Gotien und Kaffa führte, hatte seinen Sitz vielmehr in Mariampol, einer Vorstadt der tatarischen Residenz Baktschiffaray, d. h. in unmittelbarer Nähe Gotiens (Braun 67). Dass bei der Vereinigung beider Metropolen Gotien den Vorzug erhalten hatte, folgt doch wohl auch aus der Voranstellung Gotiens vor Kaffa in der angeführten Notiz sowie in den Titulaturen des 1721 bezeugten Parthenios und des Gideon (Braun 66). Einen besonders starken Irrtum aber begeht Spatharius, wenn er ungefähr dreihundert Dörfer von Einwohnern gotischen Ursprungs mit eigener Sprache und christlicher Religion bewohnt sein lässt. Denn das Kadylyk Mankup umfasste nur 75, das Kadylyk Sudak nur 19, das Kadylyk Kaffa gar nur 2 Ortschaften; Mankup und Sudak aber deckten sich mit dem einstigen Fürstentum Gotien nebst dem genuesischen Gotien (Braun 46 ff.). Wenn es nun auch nicht unmöglich ist, dass die kirchlichen Bezirke Gotien und Kaffa — obgleich mindestens in Mankup selbst die christliche Bevölkerung schon längst muhamedanisch geworden war (vgl. S. 181 ff.) — eine noch etwas grössere Anzahl von Dörfern umfasst haben, so ist es doch höchst unwahrscheinlich, dass sich diese Anzahl auf ungefähr 300 belaufen habe, und ganz unmöglich, dass noch in ungefähr 300

Dörfern gotisch gesprochen worden sei, was wohl überhaupt niemals der Fall gewesen sein kann. Auch rechnet Spatharius das gotische Gebiet fälschlich zur tatarischen Provinz der Krim. Dieser Irrtum ist freilich kein so schwerer, da die Krimgoten dem Chan der Tataren Heeresfolge zu leisten (S. 128) und die Hälfte ihres Tributes zu zahlen hatten (S. 58). Auch müssen die Tataren zeitweise selbst völlige Herren des Ländchens gewesen sein, da nach dem Berichte, de Lucas, Rel. d. Tat., Recueil des voyages au Nord, Amsterdam 1725, p. 100 f., der Chan der Tataren im festen Mankup seine Schätze bewahrte und sich bei Aufständen, die gerade der Sultan gegen ihn erregte, sich dorthin zurückzuziehen pflegte.

Unter den „incursiones Tartarorum“ sind daher wohl auch Einfälle der Tataren in dieses türkische Gebiet zu verstehen, während bei den „incursiones Turchomannorum“, die ja früher stattgefunden haben sollen, nur die einstige Eroberung Gotiens durch die Türken vorgeschwebt haben kann. Wenn Spatharius davon spricht, dass die Goten vor dieser Zeit ihre Sprache „intaminatam“ gehabt hätten, so müssen unter den „incursiones“ natürlich ausser den Einfällen der Türken und Tataren selbst auch die sich daran anschliessenden dauernden Niederlassungen derselben in Gotien verstanden werden. Das Wort „intaminatus“ wird aber schwerlich so aufgefasst werden dürfen, als habe Spatharius sagen wollen, die gotische Sprache sei vor den Einfällen der Türken und Tataren noch nicht mit türkischen und tatarischen Elementen versetzt gewesen. Wenn man aus dem geringen Materiale Busbecks einen Schluss ziehen darf, so war wenigstens um 1560 die Mischung des Krimgotischen mit dem Türkischen noch nicht weit fortgeschritten: unter 82 Wörtern findet sich dort nur 1 sicheres und 1 wahrscheinliches Lehnwort aus dem Türkischen neben 3 sicheren und 1 wahrscheinlichen aus dem Iranischen (vgl. S. 136, Fussnote u. S. 176). Wenn aber das Krimgotische in der Zeit von Busbeck bis Spatharius noch eine grössere Anzahl türkischer Elemente in sich aufgenommen haben sollte, so ist es doch sehr fraglich, ob Spatharius diesem Umstande eine solche Beachtung geschenkt hat, dass er sich noch eine besondere Erklärung dafür zurechtmachte. Es ist weitaus wahrscheinlicher, dass er mit seinem „intaminatus“ nur an eine frühere Einsprachigkeit der Krimgoten im Gegensatze zur Mehrsprachigkeit derselben zu seiner Zeit gedacht hat. Denn diese Mehrsprachigkeit, der Gebrauch des Türkischen und Tatarischen und früher auch des Griechischen im Verkehre mit Fremden (und wahrscheinlich auch oft genug nur in Gegenwart Fremder), war eine auffallende Thatsache, die auch schon von einem früheren Reisenden hervorgehoben worden war (vgl. S. 47 ff.). Diese Erscheinung heischte daher auch wohl weit eher eine Erklärung als eine etwaige stärkere Mischung des Krimgotischen selbst mit türkischen Elementen.

Wenn Spatharius die krimgotische Sprache, die und deren Sprecher schon Broniovius, de Luca und Beauplan nicht mehr erwähnen, noch bemerkt und beachtet hat, so ist dieser Umstand aller Wahrscheinlichkeit nach dem Berufe unseres Gewährsmannes als Dolmetscher zuzuschreiben. Als solcher konnte er allerdings auch noch ein Interesse für eine hinvegetierende Bauernsprache besitzen, die schon von früheren Reisenden nicht mehr beachtet oder auch nicht einmal mehr bemerkt worden war. Als sprachenkundiger Dolmetscher hatte er offenbar auch noch ein Interesse daran, nach dem Namen jener Sprache und damit auch noch des Volkes, das dieselbe redete, zu forschen. Man ersieht aus seinen Mitteilungen, dass der Name der Goten und gotischen Sprache zu seiner Zeit noch nicht ganz vergessen worden war. Aber da dieser Name schon seit etwa hundert Jahren bei keinem Schriftsteller mehr, bei dem man ihn erwarten sollte, auftritt, so hat man den Schluss zu ziehen, dass er überhaupt nur noch dann, wenn man die Krimgoten ausdrücklich von ihren anderssprachigen Umwohnern unterscheiden wollte, zur Anwendung kam. Da sich erstere aber im Verkehre mit Fremden ihrer eigenen Sprache garnicht bedienten, so werden sie als besondere Nation vielleicht von keinem der oben genannten Reisenden überhaupt nur bemerkt worden sein. Hinzu kam ja, dass die Goten ihre kleine politische Rolle längst ausgespielt hatten und sich wahrscheinlich selbst, soweit sie noch Christen geblieben waren, zu den Griechen, soweit sie Muhamedaner geworden, zu den Tataren gerechnet haben werden (vgl. S. 130). Wurden doch auch später die tatarisch sprechenden Christen Gotiens Griechen genannt (Braun 74).

Spatharius selbst dürfte das Krimgotische nicht allzu häufig gehört haben. Vielleicht haben die Goten auch in seiner Gegenwart, obwohl er weder Türke, Tatar noch Grieche war, dasselbe möglichst vermieden. Seine schlechte Kenntnis Gotiens bezeugt aber die Thatsache, dass er dem Ländchen nebst Kaffa dreihundert Dörfer zuschreibt. Er hat also die krimgotische Sprache vielleicht doch nur oberflächlich gekannt, was, wie schon S. 188 bemerkt wurde, einer der Gründe sein mag, weshalb er ihre Verwandtschaft mit der deutschen abgeleugnet hat.

Für die Zeit, auf welche sich Spatharius' Angaben beziehen, ergiebt sich als terminus a quo der Juli 1678, in dem die Metropolen Gotien und Kaffa vereinigt wurden, als terminus ad quem der 6. Januar 1685, einer der Tage, an dem Sparfvenfeldt seine Aufzeichnungen aus dem Munde des Spatharius gemacht hat. Wir können als runde Zahl die Zeit um 1680 annehmen.

Fast gleichzeitig wie Sparfvenfeldt den Spatharius hat gleichfalls durch Busbeck angeregt, Kämpfer den Konstantin über die Krimgoten und ihre Sprache befragt. Derselbe glaubte offenbar, obwohl er die Krim selbst nicht besucht hat, doch auf seinen Reisen nach Südosten leichter etwas über jene Goten erkunden zu können. Gleichwohl hat er, weniger glücklich als Sparfvenfeldt, nur einiges Dürftige über das Land der Tetraxiten, das er dann mit der Krim verwechselte, erfahren (vgl. S. 93 ff.). Kämpfers Angabe von der in Gotien gesprochenen „usbeiischen Sprache intermixtis vocabulis Germanis“ hat offenbar zusammen mit dem Mangel von Nachrichten über die Krimgoten aus dem 17. und 18. Jahrhundert Braun 69 zu der Ansicht verleitet, dass wir uns die Krimgoten im 17. Jahrhundert schon vollkommen tatarisiert zu denken hätten, und dass nur in der Sprache einige altnationale Spuren zurückgeblieben wären. Diese Ansicht wird durch die richtige Erklärung von Kämpfers Nachricht und besonders durch die Angaben des Spatharius widerlegt.

Das nächste Buch, das eine selbständige Ansicht über die Krimgoten enthält, nimmt gleichfalls auf Busbeck Bezug und rührt obenein von einem Manne her, der nicht nur den Südosten Europas, sondern speciell das taurische Gotien bereist hat. Es ist der Franzose de la Motraye, dessen Reise in das Jahr 1711 fällt. Man sollte meinen, dass man von diesem etwas ganz Bestimmtes über Existenz oder Nichtexistenz der Krimgoten zu seiner Zeit erfahren sollte. Indessen lässt derselbe uns in dieser Beziehung vollständig in Stich.

Wie flüchtig er Mankup beobachtet hat, ergiebt sich daraus, dass er dort nur Juden und überhaupt keine Muhamedaner, auf deren Sprache es doch angekommen wäre, erwähnt. Ueber die Bewohner in der Nähe Mankups äussert er garnichts. Er hatte nämlich vergessen, dass Busbeck Mankup eine Hauptstadt der Goten nennt, und erinnerte sich überhaupt an diesen erst während seiner Anwesenheit in Kaffa, in Bezug auf welches er II, 52 f. folgendes sagt: „On voit aussi les restes fort élevez d'un vieux Château, vers le Nord Est, à un jet de pierre de l'enceinte de la Ville, quelques caracteres qui mont paru Gothiques, mais qu'il me fut impossible de déchifrer, tout à cause de leur élevation et de leur mutilation, que du peu de connoissance que j'ai de cette Langue et de ses caracteres. Ils semblent au reste favoriser l'opinion de ceux qui veulent que les Goths ayant étendu leurs conqêtes de ce côté-là. A propos de quoi, M. Busbequius m'ayant pris par ses Lettres imprimées, que les habitans de la Crimée conservoient encore beaucoup de termes Gothiques dans leur Langage, je m'en informai assez soigneusement; mais je ne découvris autre chose, sinon que les guerres d'Allemagne avoient été le sujet de la captivité de plusieurs de cette Nation; que les Tartares n'étant pas assez genereux pour donner la liberté à leurs Esclaves, et que les Turcs ayant au contraire soin de les marier à des femmes aussi esclaves de leur Nation, perpetuent par là leur esclavage jusqu'à plusieurs generations, en vendant les filles, si elles sont belles et retenant les garçons qu'ils élèvent dans l'Agriculture, ou à garder leurs troupeaux; et que ces Enfants retiennent, ou apprennent beaucoup du Langage paternel ou maternel, lequel ils mêlent avec celui du Païs. Je ne crus pas en pouvoir conclure que ce fût un reste de Gothisme, conservé depuis plusieurs siecles, comme quelques-uns le prétendent sur la parole de Busbequius. Je ne veux pourtant pas dire qu'il se trompe entierement; car j'ai entendu appeller Guthe, une petite Isle qui est dans l'enfoncement que la Mer forme au Sud de l'Isthme de Precop. Je ne sçai si c'est celle à laquelle quelques Auteurs Septentrionaux veulent que leurs Ancêtres, les Goths, en étendant leur domination jusqu' au Tanaïs, ayent donné le nom de Gothia; mais les gens du Païs qui l'appelloient Gythe, ne m'en ayant pû rien dire, je laisserai cette difficulté à la discussion de gens plus versez que moi dans l'étimologie des noms."

In der Antwort, die dem de la Motraye von den Bewohnern Kaffas gegeben wurde, kam also von Goten garnichts vor. Man sollte meinen, dass diese Leute wenigstens den Landschaftsnamen Gotien hätten kennen müssen, da Kaffa mit Gotien zu einer Metropolis vereinigt war und der gemeinsame Metropolit wahrscheinlich schon von jeher in letzterem seinen Sitz hatte (S. 189). Dagegen ist es garnicht wahrscheinlich, dass man in Kaffa noch von dem in beträchtlicher Entfernung wohnenden kleinen verachteten Bauernvolke der Goten und seiner noch mehr verachteten Sprache etwas gewusst hat. Ausserdem stellte auch de la Motraye seine Frage ganz falsch, wenn er sich danach erkundigte, ob die Bewohner der Krim noch viele gotische Ausdrücke in ihrer Sprache hätten. Aus Busbeck, den er citiert, aber nur höchst ungenau kennt, hätte er wissen müssen, dass es sich um eine geographisch abgegrenzte ganze germanische Sprache handelte. Die Antwort, die er empfing, zeigt, dass er „gotisch" mit „deutsch" interpretiert hatte, ein Umstand, der sicher noch dazu beigetragen hat, die Gedanken seiner Gewährsleute von der Landschaft Gotien abzulenken. An der Antwort wird wenigstens das richtig sein, dass die Türken deutsche Sklaven und Sklavinnen mit einander zu verheiraten pflegten. Auch können wohl Fälle vorgekommen sein, in denen Kinder aus diesen Ehen die Landessprache so schlecht erlernt hatten, dass sie beim Sprechen derselben deutsche Ausdrücke einmischten; doch macht die dem de la Motraye gegebene Antwort viel mehr den Eindruck, als habe man sich eigens eine Erklärung für solche Beimischung deutscher Wörter in der Sprache von Leuten, die in der Krim geboren sein sollten, zurechtgemacht. — Was de la Motrayes sonstige Angaben betrifft, so bedarf es keiner Widerlegung, dass die Schriftzüge auf dem alten Schlosse zu Kaffa gotische gewesen waren. Dagegen ist die Möglichkeit nicht ausgeschlossen, dass die Insel Guthe an der Landenge von Perekop wirklich von den Goten noch von der Zeit der Völkerwanderung her ihren Namen führte.

So merkwürdig und bedauerlich es ist, dass uns ein Schriftsteller, der Busbeck gelesen und zugleich die Krim bereist hatte, nichts Brauchbares über die Krimgoten hinterlassen hat, so merkwürdig, aber erfreulich ist es auch, dass uns noch später ein anderer Mann, der weder Busbeck kannte noch in der Krim gewesen war, eine sichere Nachricht über die Fortexistenz der krimgotischen Sprache giebt. Es ist dies der Jesuit Mondorf, dessen Zeugnis, wie S. 55 ff. ausgeführt worden ist, auch für die Krimgoten Giltigkeit besitzt. Seine Nachricht ist die zehnte über die Krimgoten (freilich nennt sie ihren Namen nicht), die sechste über deren deutschen Charakter und bezieht sich auf eine zwischen 1730 und 1759 gemachte Beobachtung. Allerdings könnte man sich darüber wundern, wieso denn gerade Mondorf, der doch im türkischen Reiche nur auf Naxos, in Konstantinopel und Smyrna gelebt hat, sowohl von dem einen wie von dem anderen Germanenreste, die doch beide weit von einander entfernt wohnten, erfahren haben soll. Höchstwahrscheinlich hat derselbe zuerst bei seinen Bekehrungsversuchen den tetraxitischen Sklaven zufällig auf einer türkischen Galeere getroffen, dann aber, durch die so seltsame Sache wissbegierig gemacht, alle Deutschen, mit denen er zusammentraf und die an den tatarischen Küsten des schwarzen Meeres geweilt hatten, nach jenem deutschähnlich sprechenden Volke unter den Tataren befragt. Zufällig wird sich dann unter diesen Deutschen auch ein Mann befunden haben, welcher die Krimgoten noch ihre eigene Sprache hatte anwenden hören. Über die Religion derselben kann dieser freilich Mondorf nichts mitgeteilt haben, da letzterer ihnen fälschlich den Baumkultus der Tetraxiten zuschreibt. Deshalb ist es auch sehr fraglich, ob auch die Krimgoten damals „ein Volk ohne besonderen Namen“ gewesen sind. Wenn der Berichterstatter den Namen Mondorf nicht mitgeteilt hat, so wird derselbe allerdings einen solchen auch wohl nicht gehört haben, was aber noch nicht beweist, dass die Krimgoten überhaupt keinen Namen mehr geführt haben. Allerdings werden sie sich, wie sie ja schon früher gethan (S. 191), nur wenn sie sich noch ausdrücklich von Anderssprachigen unterscheiden wollten, Goten genannt haben. Möglich wäre freilich auch, dass sie zu Mondorfs Zeit wie die Tetraxiten ihren eigenen Namen schon ganz vergessen hatten.

Nicht erwähnt werden Goten oder germanische Sprache bei Nikolaus Ernst Kleemann, Reisen von Wien in die Crimm in den Jahren 1768, 1769 und 1770, Wien 1771. Es scheint aber, dass Kleemann das eigentliche Gotien überhaupt nicht berührt hat. Nach S. 62 begab sich derselbe auf der Krim zunächst nach Karasu, nach S. 72 von da nach Baktschisaray, nach S. 77 zurück nach Karasu, nach S. 92 von da nach Kaffa. Noch weniger ist es zu verwundern, wenn Baron Tott, der etwas früher als Kleemann durch die Krim gereist zu sein scheint, in seinen Denkwürdigkeiten über die Türken und Tataren (Deutsche Übersetzung, Berlin 1794) nichts von Goten oder germanischer Sprache erwähnt. Die letztere konnte ja einem Franzosen nicht auffallen, und ausserdem findet sich nichts, was auf eine Durchreise speciell durch das eigentliche Gotien (um Mankup) hindeutete.

Der Geschichte der Krimgotenforschung wegen soll hier auch eine Nachricht des deutschen Reisenden Reineggs, der die Fortexistenz eines gotischen Volkes in der Nähe des schwarzen Meeres überhaupt bestreitet, angeführt werden. Derselbe sucht in seinem nachgelassenen Werke, Beschreibung des Kaukasus, herausgegeben von Friedrich Enoch Schröder, Bd. II, Hildesheim und Petersburg 1797 S. 167 ff. die Behauptungen Busbecks und Rudbecks, auf welchen letzteren ich noch bei den Donaugoten zurückkommen werde, durch allerhand Gegenausführungen zu entkräften, und sagt dann in Bezug auf seine eigene Reise S. 168 f.: „Ich habe die alten Wohnungen besucht; allein ich fand unter allen daselbst wohnenden Völkern weder einen gothischen Überbleibsel dem Namen nach, noch einen Dialekt, welcher dem Plattdeutschen ähnlich wäre, man müsste denn etwa den Kleinrussländer ausnehmen wollen, dessen Sprache mit nicht weniger deutschen Wörtern vermischt ist; aber dies ist kein Dialekt, noch viel weniger plattdeutsch. Die eigentliche kleinrussländische Sprache hat ebenso wenig Anspruch auf eine deutsche Abstammung, als die armenische und persische, welche ebenfalls viele Wörter enthält, die in der deutschen und lateinischen Sprache einerlei Klang und Bedeutung haben.“ Da Reineggs die Krim selbst nicht besucht hat, so sind seine ganzen Ausführungen gegenstandslos.

Wieder anders steht es mit der Nachricht eines gleichzeitigen wirklichen Besuchers der Krim, des Erzbischofs von Mohilew und Metropoliten der römisch-katholischen Gemeinden Russlands Stanislaus Siestrzencewicz de Bohusz. Derselbe bemerkt in seiner Histoire du royaume de la Chersonese Taurique, Tome premier A Brunswick 1800, p. 252 f., nachdem er die Geschichte der Goten und Krimgoten geschildert, dass die Krimgoten zuletzt gezwungen worden wären, den Muhamedanismus anzunehmen, und dass sie, mit Abgaben überlastet, weniger Goten als Tataren gewesen seien; nur ihre Sprache hätte sich einige Zeit erhalten.

Er führt dann als Zeugnisse die Nachrichten Rubruks, Barbaros und Busbecks und dazwischen die falsche Angabe Scaligers an, wonach man auf der Krim noch die Wulfilanische Bibel besessen hätte. In den beiden Fällen, wo er das Volk mit Namen nennt, bei Scaliger und Busbeck, wendet er den Ausdruck Tataren, nicht Goten, an. Betreffs der beiden tatarischen Abgesandten, mit denen sich Busbeck in einem deutschen Dialekt unterhalten und aus deren Munde er eine lange Liste von Wörtern aufgezeichnet hätte, bemerkt er p. 254, dass dieselben aus Mangut und Savaris gewesen wären (die Abgesandten hatten nach Busbecks wirklichem Berichte Mankup und Sciuarin ihre wichtigsten Städte genannt) und fährt dann folgendermassen fort: „J'ai vu cette ville de Mangout jadis ville capitale des Goths, et résidence de leurs anciens rois, dont les noms sont ignorés. Au bord de la rivière de Kabarda qui serpente au milieu d'une immense campagne, s'élève majestueusement la haute montagne dont le plateau est couvert de quelques vieilles masures habitées par des indigens. Ils descendent d'un ancien peuple suivant toutes les apparences qui résultent du local, et de leurs traits particuliers, et de leur dialecte absolument différent de celui de tous leurs voisins. On diroit qu'ils sont fixés sur cette cime pour animer les ruines silencieuses d'un vaste monument qui étoit sans doute le palais de leurs souverains. La physionomie des vieillards nichés dans ces décombres me garantit que la main du temps a respecté quelques restes de ces anciens Goths. Quelques familles pauvres, isolées, à peine connues, voilà tout ce qui subsiste aujourd'hui de cette nation qui a parcouru l'Europe en dictant des lois aux peuples vaincus, de cette nation qui a fait trembler l'empire d'Orient, renversé celui d'Occident etc." Eine bemerkenswerte Abweichung von der ersten Auflage der Histoire enthält die zweite, Petersburg 1824, p. 161, wo der Schluss der angeführten Stelle folgendermassen lautet: „Quelques familles pauvres, isolées, à peine connues, voilà tout ce qui a subsiste. Ce restes mêmes n'y sont plus. Ils se sont transportés à Tschefout-Kalé. Elle n'existe plus aujourd'hui cette nation qui a parcourn l'Europe etc." Auf eine russische Ausgabe des Werkes vom Jahre 1807 bezieht sich Vater in Adelungs Mithridates IV, 16 f., Fussnote. Adelung hatte Mithridates I, 472 die Fortexistenz der krimgotischen Sprache mit Berufung auf Pallas bestimmt bestritten, und zu dieser Stelle liefert nun Vater, Mithridates IV, 167 f. folgenden Nachtrag: „Über die Spuren der Goten in der Krim erhielt ich auf meine Anfrage von dem Hrn. Erzbischof Sestrenzewitsch, der sich lange in der Krimm aufgehalten und eine Geschichte derselben herausgegeben hat, folgende Nachricht: „An dem mittäglichen schmalen Striche Landes und bey Sewastopel herum, d. i. an den Orten, wo die Historie zeigt, dass die Gothen gewohnt haben, sind einige wenige Flecken, wo die Tataren eine Landessprache haben, die dem Plattdeutschen ähnlich ist; ich habe selber in Mangut einige verstanden. Sie sind aber alle mohametanisch und tatarisiert. Sie wissen eigentlich nicht, was sie für eine Sprache reden, und sagen nur, dass sie ursprünglich Christen und keine Mohametaner waren.““

Die beiden angeführten Stellen hat zuerst Braun 68 f. an das Licht gezogen, zugleich aber auch seinem starken Zweifel an ihrer Glaubwürdigkeit Ausdruck gegeben. Die Nachricht sei so überraschend, dass wir zögerten, ihr Glauben zu schenken, so gern wir ihr auch glauben wollten. An eine bewusste Lüge sei zwar natürlich nicht zu denken, wohl aber an Selbsttäuschung. Doch dürften wir die Notiz nicht so ohne weiteres als vollkommen unmöglich über Bord werfen.

Brauns arge Zweifel sind offenbar aus seinem Glauben, dass die Krimgoten schon im 17. Jahrhundert tatarisiert gewesen wären (Braun 69), entsprungen. Diese Zweifel müssen allerdings durch Spatharius' und Mondorfs Nachrichten fallen. Dagegen giebt es andere Momente, die in uns Zweifel hervorrufen müssen, ob wirklich auch noch gegen Ende des 18. Jahrhunderts krimgotisch gesprochen worden ist.

Sehr wichtig ist in dieser Beziehung die Thatsache, dass die im Jahre 1778 auf russisches Gebiet an die Westküste des Asowschen Meeres aus Gotien verpflanzten griechisch-katholischen Christen, die wegen ihres Bekenntnisses den Namen Griechen führten, sich ausschliesslich des Tatarischen als ihrer Umgangssprache bedienten (Braun 69 ff.). Nach einer Korrespondenz aus dem von diesen „Griechen“ erbauten Mariupol hielt der Metropolit Ignatius am 13. November 1781 in einer Kirche daselbst eine tatarische Rede, weil die Gemeinde ihn sonst nicht verstanden hätte, wie denn auch noch heute diese sogenannten Griechen nur tatarisch sprechen. Nun könnte es ja allerdings sein, dass noch ein anderer Teil der Krimgoten, zu dem auch die Einwohner Mankups gehörten, sich auch damals immer noch seiner alten Sprache bedient hätte. Auch würde die muhamedanische Religion dieses Teiles kaum dem Gebrauche der krimgotischen Sprache Abbruch gethan haben. Dass überhaupt Sprache und Religion in den Gebirgen der Krim wenigstens um die Wende des achtzehnten und neunzehnten Jahrhunderts von einander unabhängig waren, erfahren wir aus einer Notiz in dem anonymen, ohne Jahreszahl erschienenen Schriftchen „Sophio-Polis, sur la côte méridionale de Crimée entre Simos et Alupka“, das nach Barbier, Dictionnaire des ouvrages anonymes, T. 4, p. 531 vom Grafen Jean Potocki verfasst ist. (Potocki, der nach der Bibliographie universelle T. 34 p. 196 im Jahre 1750 geboren war, hat eine Reihe von Reisen unternommen und unter anderem den Kaukasus 1797 und 1798 besucht, wie aus seinem Werke „Voyages dans les steps d'Astrakhan et du Caucase“, publiés par Klaproth, T. I Paris 1829, hervorgeht. Wann er die Krim bereist hat, ist nicht bekannt.) Die betreffende Stelle steht p. 15 und lautet: „Enfin les habitants de ces montagnes sont eux-mêmes des monuments vivants difficiles à déchifrer. On y trouve des villages chrétiens où l'on ne parle que turc, des villages musulmans, où l'on parle un dialecte grec, qui n'est point le grec vulgaire.“ Speciell die Krimgoten Mankups aber sind aller Wahrscheinlichkeit nach schon zu Broniovius' Zeit germanisch sprechende Muhamedaner gewesen (S. 184). Für die Zeit Siestrzencewiczs aber muss man in Betracht ziehen, dass die sehr nahe bei Mankup wohnenden Einwohner Mariampols, der Vorstadt Baktschisarays, die Hauptstadt jener tatarisch sprechenden „Griechen“, Mariupol, gegründet haben müssen, da, wie die Auswanderer die Namen ihrer Heimatsdörfer einfach auf die neuen Heimstätten übertragen haben, auch speciell Mariupol, der neue Sitz des gotischen Metropoliten, nach Mariampol, dem alten Sitze desselben, benannt worden ist (Braun 73 f.). Des weiteren aber fällt gegen die Glaubwürdigkeit Siestrencewiczs gerade der Umstand schwer in die Wagschale, dass Potocki in der oben angeführten Notiz, in welcher er in wenigen Strichen die sprachlichen Verhältnisse der südwestlichen Krim genau skizziert (auch dass das Griechisch der Krim vom gewöhnlichen Griechisch sehr stark abweicht, wird mir von Herrn Dr. Thumb bestätigt), doch eine gotische Sprache nicht mehr erwähnt. Mindestens also muss letztere damals bereits auf ein äusserst kleines Terrain zurückgedrängt gewesen oder nur noch von alten Leuten im Verkehre unter sich selbst angewandt worden sein.

Übrigens könnte auch die alte Generation der an das Asowsche Meer verpflanzten tatarisch redenden „Griechen“ noch unter sich selbst krimgotisch gesprochen haben, eine Annahme, die sich bis zu einem gewissen Grade durch Mondorfs Nachricht stützen liesse. Auch für die Muhamedaner Mankups wäre das wie für die der gotischen Dörfer für Siestrzencewiczs Zeit an sich noch wohl denkbar. Dieser muss die Stadt spätestens 1793 besucht haben, wenn er dieselbe auch noch von Muhamedanern bewohnt fand. Ja, wenn man Pallas' Berichterstattern glauben darf, müsste er sogar noch vor 1783, in welchem Jahre die Krim in russischen Besitz überging, dort gewesen sein. Pallas nämlich, der seine Reise 1793 und 1794 machte und in Mankup nur noch jüdische Gerber vorfand (II, 123), sagt über die früheren Bewohner der Stadt II, 125: „Noch kurz vor der Besitznehmung der Krym durch Russland, sollen daselbst sowohl Tataren, als Juden gewohnt haben.“ Dass aber diese Pallas gemachte Mitteilung sehr wahrscheinlich der Wahrheit entspricht, ergiebt sich aus einer Stelle des Buches „Reise durch den südlichen Theil von Rusland, Aus dem Französ., Duisburg 1798“. Die dort beschriebene Reise fand nach dem zweiten Titelblatt S. XIII Frühjahr 1784 statt. S. 65 heisst es nun: „viele Tataren hatten schon während der Unruhen, die dem Einfall der Russen vorhergingen, die Krim verlassen .... 50,000 sind seit einem Jahr ausgewandert“. Also auch nach dieser Stelle fand eine Auswanderung von Tataren aus der Krim „kurz vor“ Besitznehmung des Landes durch die Russen statt. Nun wird aber ein Erzbischof schwerlich noch unter der Herrschaft der Tataren, die gerade damals die Christen Gotiens durch ihren Fanatismus zur Auswanderung trieben, die Krim bereist haben. Das wird auch aus den Worten von Siestrzencewiczs Widmung an Kaiser Alexander I. von Russland wahrscheinlich: „.... le sort de la Tauride .... fut décidé par Catherine-la-Grande. Je vis passer ce royaume en ses mains des oppresseurs. J'en admiré la beauté, la salubrité ....“ (Für den zweiten Satz steht in der zweiten Auflage: „Les deux voyages que j'y ai faits m'ont mis à portée la beauté de ses sites, la salubrité de son climat ....“ Danach scheint Siestrzencewicz in der That die Mankuper Juden für krimgotisch sprechende muhamedanische Tataren gehalten zu haben. Diese Sache wäre nun allerdings noch nicht so wunderbar, wenn diese Juden jüdischdeutsch gesprochen haben würden. Aber die Juden Mankups gehörten der Sekte der Karäer an (vgl. z. B. Neubauer, Beiträge zur Geschichte des Karäerthums S. 49), und diese bedienen sich in der Krim des Tatarischen, nirgends aber des Jüdischdeutschen als Umgangssprache.

Immerhin blieben noch zwei, wenn auch schwache, Möglichkeiten, unter denen Siestrzencewiczs Nachricht zunächst noch glaubhaft erscheinen könnte, indem nämlich dieser entweder Mankup noch vor 1783 besucht hätte oder aber die dortigen Muhamedaner die Stadt nicht schon vor 1783 verlassen hätten. Im letzteren Falle müsste die Begegnung wohl spätestens 1791 geschehen sein, in welchem Jahre sich die Juden der Stadt nach dem 1833 abgegebenen Zeugnisse der drei letzten derselben nach verschiedenen Orten hin zerstreut haben (Köppen, S. 289). Nur die von Pallas im Jahre 1794 vorgefundenen Gerber waren noch geblieben; die wenigen Muhamedaner haben aber wahrscheinlich, falls sie nicht schon vor der russischen Besitzergreifung geflohen waren, zusammen mit der Masse der Juden die Stadt verlassen. In solchem Falle könnte Siestrzencewicz allerdings, wie es scheint, noch wirklich muhamedanische tatarische Greise mit krimgotischer Sprache gesehen und gehört haben. Nun ist es aber höchst auffallend, dass derselbe in seiner Histoire nur von einem „dialecte absolument différent de celui de tous leurs voisins“ jener Greise, in seiner weit später geschriebenen Antwort an Vater aber von einer Sprache derselben, die dem Plattdeutschen ähnlich wäre, und die er selbst verstanden haben wollte, redet. Man sollte doch meinen, dass ihn wirkliche germanische Sprache in Mankup in ein derartig freudiges Erstaunen versetzt haben müsste, dass er sich mit einem Ausdrucke wie dem in der Histoire gebrauchten gerade bei der ersten Erwähnung der Thatsache nicht begnügt haben würde. Es ist aber begreiflich, dass er, wenn er von Rubruquis, Barbaro und Busbeck wusste, selbst aber in Mankup nur tatarisch hatte sprechen hören, sich zunächst jenes doppeldeutigen Ausdrucks bediente, später aber, durch Vaters Anfrage gereizt, seiner Phantasie ohne jeden Halt die Zügel schiessen liess.

Noch mehr aber spricht gegen die Glaubwürdigkeit von Siestrzencewiczs Nachricht, dass er in seinem Briefe an Vater mit seiner Histoire in direkten Widerspruch gerät. Während er in jenem in „einigen wenigen Flecken“ krimgotisch sprechen lässt, sieht er bereits in der ersten Auflage der Histoire lediglich in den wenigen Familien Mankups die letzten Reste des gotischen Volkes, deren Dialekt verschieden sei „de celui de tous leurs voisins“, und bezeichnet er in der zweiten Auflage, nachdem er das Verlassen Mankups erwähnt, nunmehr die gotische Nation als nicht mehr existierend. Das sind Widersprüche, die sich nur durch die Phantasie ihres Urhebers erklären lassen. Wenn Braun 69 meint, dass die Bemerkung über die Ähnlichkeit mit dem Plattdeutschen zu beweisen scheine, dass Siestrzencewicz seine Worte mit klarem Kopfe gedacht und geschrieben hätte, so ist dem entgegenzuhalten, dass er die Ähnlichkeit des Krimgotischen und Plattdeutschen auch einfach an den Sprachproben Busbecks bemerkt haben kann. Das Plattdeutsche kannte übrigens Siestrzencewicz daher, dass er im preussischen Heere Offizier gewesen war (Biographie universelle 39, 307).

Die Nachricht Siestrzencewiczs verdient aber vor allen Dingen wegen der allgemeinen Unzuverlässigkeit dieses Schriftstellers keinen Glauben. Es mag genügen, hierfür auf einige Beispiele zu verweisen, welche die Krimgoten selbst betreffen. Es ist noch das Geringste, wenn Siestrzencewicz p. 160 (ich citiere hier immer nach der 2. Auflage) mit Berufung auf Busbecks Brief berichtet, derselbe habe sich in deutscher Sprache mit den tatarischen Abgesandten unterhalten. p. 159 erzählt er, dass die Kumanen den Krimgoten tributpflichtig gewesen wären, was bei dem Grössenverhältnisse beider Völker zu einander ganz undenkbar ist. Am allerseltsamsten aber ist bei ihm gerade die erste Einführung der Krimgoten selbst in die Geschichte. Nachdem er ganz richtig p. 156 von der Übersiedelung der tetraxitischen Goten nach Asien mit Hinweis auf Prokop D. b. Goth. IV, 4, gesprochen, sagt er weiter p. 157: „Une autre partie des Goths qui habitoient depuis très-long-temps en Tauride, et qui au lieu de suivre le roi Théodoric, étoient restés à l'abri des Huns et des Ongres, étoient les Goths-Trapézites. Les Grecs leur ont donné ce nom de la figure de leur position sur le sommet de la montagne de Sinap-Dag, plate comme une table . . . . . Cette contrée s'appelloit Dorye . . .“ Siestrzencewicz beruft sich hier abermals auf Prokop D. b. Goth. IV, 4, wo jedoch von der ganzen Sache kein Wort steht. Dagegen ist bei Prokop De aed. III, 7 allerdings von den in der Küstenlandschaft Dory in Taurien zurückgebliebenen Goten die Rede, die dem Theodorich nicht nach Italien gefolgt wären. Nirgends aber steht etwas von einem Namen wie „Trapeziten“, geschweige denn von einer Etymologie desselben. Gegenüber einer solchen Ausgeburt der Phantasie erscheint es als eine wahre Kleinigkeit, wenn Siestrzencewicz das Tatarische einer Landschaft, in der noch so lange germanisch gesprochen worden war, selbst auch noch für germanisch erklärte.

Fast noch gleichzeitig mit Siestrzencewicz (1794) hat Pallas die Krim bereist. In Bezug auf unseren Punkt sagt er II, 363 f. nach Aufzählung genuesischer Wörter im Tatarischen, die besonders um Kaffa üblich seien, folgendes: „Auch einige Griechische Wörter haben sich unter das Genuesische, noch mehrere aber unter das Tatarische gemischt und vom Mongolischen sind die Spuren nicht zu verkennen. Allein vom Gothischen ist nicht das geringste Überbleibsel unter keinem der Tatarischen Dialekte mehr zu finden, und die allein von Busbeck ausgebrachte Erzählung, von einem Reste der alten Gothen unter den Krymischen Tataren, kann von nichts anders, als etwa von Teutschen, Schweden oder Liefländern, die in die Tatarische Gefangenschaft gerathen waren, entstanden seyn. So liessen sich noch heutigen Tages Lesghiner, Persianer, Georgianer und andere Völker in der Krym finden. So giebt es Teutsche und andere Landsleute unter den ehemaligen Saporogischen Kasaken, die doch nie für Überreste solcher Nationen gehalten wurden. Ja es sind in der ganzen Krim nicht einmal unter den Benennungen der Flüsse, Thäler, Berge und Gegenden Spuren einer Gothischen Mundart, wohl aber viel griechische Namen übrig.“ Pallas hat seine Ansicht, dass Busbecks Goten nur germanische Gefangene unter den Tataren wären, höchstwahrscheinlich aus de la Motraye geschöpft (vgl. S. 193), nur dass er die Schweden und Livländer zu den Deutschen noch selbständig hinzugefügt hat.

Die sonderbare Hyperkritik, die hiermit von Pallas, ähnlich wie von Reineggs (vgl. S. 196), dem damaligen Stande der Wissenschaft angemessen, an Busbeck geübt wurde, findet noch eine Ergänzung bei Johann Beckmann, Litteratur der älteren

Reisebeschreibungen I, Göttingen 1807, der S. 149 einem im December 1796 geschriebenen Briefe seines gelehrten Freundes Prof. Hacquet in Lemberg folgendes entnommen hat: „Ich kann versichern, dass viele die Juden, welche überall am Pontus sind, für alte Teutsche oder Gothen gehalten haben. Wenn Busbeck sagt, er habe in Constantinopel mit Gothen teutsch gesprochen, so sind das keine andere, als vertriebene Polnische oder Ungarsche Juden gewesen . . . . . Aus der Kleidung kann man den Juden im Orient nicht leicht erkennen; aber ein hebräischer Gruss entdeckt ihn gleich; auch seine Haare machen ihn demjenigen, der sich darauf versteht, kentlich . . . ." Die Verwechslung Hacquets beruht natürlich auf der jüdischdeutschen Sprache der osteuropäischen Juden. Der Mangel an bekannten Nachrichten über die Krimgoten seit Busbeck (die Nachricht des Spatharius war unbekannt geblieben und diejenige Mondorfs giebt den Namen der Goten nicht an) war wohl die Hauptursache, dass die von Reineggs, Pallas und Hacquet geübte Unkritik möglich war.

Wichtiger indess als die Meinung dieser Männer über Busbeck ist die Thatsache, dass Pallas selbst, obwohl er mitten durch Gotien gereist ist, keine Spur germanischer Sprache daselbst mehr vorgefunden hat. Entsprechend erwähnen auch die zahlreichen Reisebeschreibungen aus dem 19. Jahrhundert, die von diesen Gegenden handeln, nirgends mehr etwas von den Krimgoten oder ihrer Sprache aus eigener Anschauung der Reisenden. Neben den Tataren werden hier ausser jüngeren Ansiedlern (Deutschen und Russen) nur Türken, Griechen, Juden und Armenier als Bewohner genannt. Danach dürfte auch schon zu Pallas' Zeit das Krimgotische ausgestorben gewesen sein.

Diese Annahme wird auch durch die oben angeführte Notiz Potockis gestützt (vgl. S. 199). Unter solchen Umständen wird man es für sehr wahrscheinlich zu halten haben, dass im Jahre 1778 nicht nur die jüngere Generation der noch christlich gebliebenen Krimgoten, die damals an das Asowsche Meer verpflanzt wurden, sondern auch diejenige der schon muhamedanisch gewordenen sich bereits des Tatarischen als Umgangssprache bedient hat. Für die ältere Generation ist das Gleiche wegen Mondorfs Nachricht nicht wahrscheinlich. Allerdings kann sich diese Nachricht bereits auf die Jahre zwischen 1730 und 1740 beziehen, und auch damals könnte die krimgotische Sprache wenigstens von der heranwachsenden Generation schon ganz aufgegeben worden und auch bei der erwachsenen schon local sehr eingeschränkt gewesen sein. Spätestens um 1750 wird der Teil der jüngeren Generation, deren Eltern das Krimgotische noch als Umgangssprache gebrauchten, dasselbe völlig abgestreift haben. Von alten Leuten dagegen könnte die Sprache noch bis gegen Ende des 18. Jahrhunderts angewandt worden sein.

Die heute in Gotien gebräuchliche Sprache pflegt man mit dem Namen „tatarisch“ zu bezeichnen. Vom sprachgeschichtlichen Standpunkte aus ist jedoch diese Bezeichnung eine unrichtige, da die Krimgoten garnicht tatarisiert, sondern turkisiert worden sind. Es ergiebt sich das aus den von einander unabhängigen Nachrichten verschiedener Reisender über die Sprache in den Gebirgen der südwestlichen Krim. So nennt Potocki das Tatarische der südwestlichen Krim „un dialecte turc“. Genauer äussert sich Pallas II, 361: „Die Sprache und Schrift der rechten Tataren ist von der Türkischen wenig verschieden, und die Berg-Tataren, welche unter türkischer Herrschaft standen, haben einen noch mehr verwandten Dialekt.“ Auch Schlatter sagt von den „Tataren, welche das taurische Gebirge und die Südküste der Krimm bewohnen“ S. 454: „Die Sprache hat vieles mit der türkischen gemein.“ Am ausführlichsten darüber handelt Karl Koch, Die Krim und Odessa, Leipzig 1854, der, nachdem er die Eroberung der Krim durch die Türken erwähnt, S. 149 f. folgendes sagt:

„Nach dieser Zeit scheinen die zu Mohammedanern gewordenen Reste der früheren Bewohner allmälig in ihren unzugänglichen Thälern ihre frühere Unabhängigkeit zum Theil wieder erlangt und mehr mit den Türken als mit den Tataren in Verbindung gestanden zu haben. Mit dem Islam hatten sie auch die Sprache der türkischen Osmanen angenommen. Man sieht dieses deutlich aus den Namen der Ortschaften, Bäche und Berge, die nicht dem tatarischen Dialekte, sondern der Sprache, wie sie in Konstantinopel gesprochen wird, entnommen sind. Ganz anders verhält es sich mit den Bewohnern der Osthälfte, die fortwährend mit den Tataren der nördlichen Ebenen in genauer Verbindung standen und sogar Vermischungen eingegangen waren. Mit der Zeit haben sie auch deren Dialekt angenommen. Dieser unterscheidet sich aber wesentlich durch seine Härte von dem, der in Konstantinopel gesprochen wird und jetzt zur Schriftsprache erhoben ist, stimmt aber wiederum mehr mit dem, dessen sich die Noghaier am Kuban und selbst die Kumücken und Truchmenen im Westen des Kaspischen Meeres bedienen, überein.

Ich will diese Behauptung nur durch ein paar Beispiele bekräftigen. In der türkischen Schriftsprache werden die Namen der fliessenden Gewässer gewöhnlich mit „Ssu", d. i. Wasser und einem Beiwort, das dieses näher bezeichnet, ausgedrückt. Es ist dieses auch auf der westlichen Hälfte der Südküste der Fall. So heisst ein kleiner Bach z. B. *Soukssu*, d. h. Kaltes Wasser, ein anderer *Karassu*, d. h. Schwarzes oder langsam fliessendes Wasser. Auf der östlichen Hälfte gebraucht man hingegen dafür die Bezeichnung „*Usên*", die man auch im äussersten Osten des Kaukasus, und, wenn ich nicht irre, auch jenseits des Kaspischen Meeres wieder findet. Für „gross" haben die Türken Konstantinopels das Wort „*Böjük*" (auf der westlichen Hälfte der Küste „*Bijuk*" ausgesprochen), die Tataren im Nordosten des Kaukasus hingegen und zum Theil die der Osthälfte der Südküste „*Ulu*". Ein Dorf nennen die letzteren „*Aul*" (zweisilbig ausgesprochen), die ersteren hingegen „*Köi*", in der Umgegend von Konstantinopel wohl auch „*Tschöi*"."

Herr Dr. Foy, dem ich diese Stellen vorlegte, teilt mir mit, dass nur *Ssu* osmanisch, nur *Usên* tatarisch sei, dass *Ulu* im Tatarischen allein, im Osmanischen seltener vorkomme, und dass *Aul* tatarisch „Dorf", in Konstantinopel aber nur „Hof" bedeute, während für „Dorf" dort *Köj* gebraucht werde (*Tschöi* sprächen gewisse Griechen im Osmanischen). Danach sind das erste und dritte Beispiel Kochs für die Zugehörigkeit des Dialektes der südwestlichen Krim zum Osmanisch-Türkischen beweiskräftig.

Die Turkisierung der Krimgoten ist natürlich auf die unmittelbare Herrschaft der Türken über ihr Gebiet zurückzuführen, wie das ja auch schon Pallas in Bezug auf die Bergtataren bemerkt, die er nur nicht als Nachkommen der Goten erkannt hat. Ganz besonders zeigt sich das darin, dass der Südosten der Krim, in dem die Türken nur wenige Punkte und das nur zwei Dörfer einschliessende Kadylyk Kaffa besessen hatten, nach Koch tatarisch, nicht osmanisch spricht. Fraglich bleibt nur, ob die türkische Beamtenschaft allein den vollständigen Sprachwechsel zu Wege gebracht hat, oder ob auch türkische Kolonisten dazu beigetragen haben. Wenn die bei Braun 48 aufgezählten Dorfnamen nach Foy zum grossen Teile türkisch sind (zum anderen Teile, soweit erklärbar, griechischen Ursprungs), so können dieselben sehr wohl lediglich von der türkischen Verwaltung eingeführt worden sein. Nur der Name *Tatqr-Osman* scheint allerdings für eine Besiedelung mit osmanischen Türken, freilich zugleich auch mit Tataren, zu sprechen. Vielleicht könnte eine türkische Geschichtsquelle noch über die ganze Frage Aufklärung geben.

Wenn die Krimgoten osmanisiert worden sind, so setzt das natürlich auch das Bestehen einer osmanischen Kontaktsprache derselben für die Zeit, in der ihre Eigensprache noch bestand, voraus. Wie früh bereits das Tatarische aus seiner Stellung als Kontaktsprache der Krimgoten vom Osmanischen verdrängt worden war, zeigt sich in dem osmanischen Dialekte des Liedes, das der Krimgrieche Busbeck als der gleichen Sprache wie die von ihm mitgeteilten Wörter angehörend bezeichnet hat (S. 179). Die Krimgoten haben sich damals bereits aller Wahrscheinlichkeit nach auch im Verkehre mit Tataren des Osmanischen bedient, das diesen vollkommen verständlich war. Wer das Osmanische nicht kannte, musste wohl glauben, dass die Krimgoten mit Tataren auch tatarisch sprächen, und vielleicht ist auch in diesem Sinne schon die tatarische Kontaktsprache der ersteren in der von Torquatus aufbewahrten Nachricht (S. 47 ff.) zu verstehen. Wird doch auch die Eigensprache, die aus dieser Kontaktsprache entstanden ist, trotz ihres osmanischen Charakters nur tatarisch genannt.

Analog heissen natürlich auch die Sprecher dieses Dialektes Tataren. Die den Tataren gegenüber stolzen Osmanen (vgl. S. 184) wollten doch wohl einen Volksstamm nicht zu sich gerechnet wissen, den wiederum die Tataren verächtlich als „Tat“ bezeichneten (vgl. S. 115). Ausserdem haben auch die Nachkommen der Krimgoten gerade wie die Tataren selbst ein geschlossenes Gebiet auf der Krim inne, während Osmanen nur zerstreut dort angesiedelt sind. Es lag an sich nahe, das turkisierte Volk im Südwesten der Krim demjenigen Turkstamme zuzurechnen, der den grössten Teil der Krim selbst bewohnte und in der letzten Zeit vor der Russenherrschaft (1774—1783), also noch kurz nach dem Aufgeben der krimgotischen Sprache, auch jenen Südwesten, ohne selbst noch von den Osmanen abhängig zu sein, unmittelbar beherrschte.

Der osmanische Dialekt der Bergtataren giebt auch die Antwort auf die Frage, wieso die krimgotische Sprache nach so langem Bestehen endlich doch ihren Untergang gefunden hat. Mit der beginnenden Herrschaft der osmanischen Türken hatte jegliche politische Selbständigkeit der Krimgoten aufgehört, und eine fremde und fremdsprachige Verwaltung war in das Land eingezogen. Bei der Kleinheit des gotischen Territoriums und der räumlichen Nähe des dem Osmanischen so nahe verwandten Tatarischen vermochte die alte Sprache des Ländchens auf die Dauer nicht zu widerstehen. Dazu kam auch die kulturelle Überlegenheit der Osmanen über die verbauerten Krimgoten, die sich, nachdem allmählich ein Teil der letzteren durch Annahme des Islams den ersteren näher getreten war, immer mehr geltend machen musste. Die Eroberung Mankups im Jahre 1475 war für die krimgotische Nation und Sprache der Todesstoss gewesen, an dem aber wenigstens die Sprache noch fast volle drei Jahrhunderte bis zu ihrem endlichen Aufhören langsam dahinsiechen sollte. Die geographische Geschlossenheit des von den Krimgoten bewohnten Gebietes war es wohl, die, wie sie früher die Hauptursache der langen Erhaltung der Sprache gewesen war, auch dann noch, als die beiden anderen Ursachen, die kulturelle Fremdartigkeit und die politische Selbständigkeit, in Wegfall gekommen waren, allein stark genug war, die krimgotische Sprache noch Jahrhunderte lang zu erhalten (vgl. S. 126 f.). Die lange Wahrung des Krimgotischen macht es daher auch sehr unwahrscheinlich, dass sich osmanische Kolonisten in irgend einer erheblichen Anzahl im Kadylyk Mankup angesiedelt haben.

Spuren germanischer Sprache sind bisher im Tatarischen der südwestlichen Krim nicht entdeckt worden, so wenig wie sich irgend ein Ortsname daselbst als germanisch erkennen lässt. Pallas, der doch eine Liste von Wörtern genuesischen Ursprungs aus dem Tatarischen von Kaffa mitteilt, hebt ausdrücklich hervor, keinerlei germanische Spuren im Tatarischen gefunden zu haben (vgl. S. 203). Es wäre auch sehr leicht möglich, dass das Tatarische im einstigen Gotien auch wirklich garnichts Krimgotisches mehr enthielte. Denn bei der Verachtung, zu der die krimgotische Bauernsprache infolge ihrer Verachtung seitens der

Türken und Tataren auch wohl bei den Krimgoten selbst gelangt war, werden diese, sobald sie türkisch sprechen wollten, möglichst alle krimgotischen Elemente mit Bedacht vermieden haben. So kann ihr Türkisch ganz unvermischt gewesen sein, als sie ihr Krimgotisch daneben gänzlich fallen liessen. Gleichwohl ist natürlich eine genaue Untersuchung des sogenannten Tatarischen im einstigen Gotien auf germanische Elemente hin notwendig. Das Gleiche gilt natürlich auch für das Tatarische oder Basariotische (d. h. „Marktsprache") der aus Gotien ausgewanderten „Griechen" in und um Mariupol.

Zusammen mit diesen tatarisch sprechenden sogenannten Griechen sind auch wirklich griechisch sprechende Griechen, die noch den Namen „Tat" führen, aus der Krim in die Gegend von Mariupol gewandert. Nach Braun 75 weisen die meisten Namen der Dörfer bei Mariupol, deren Bewohner griechisch reden, auf den südlichen Küstenstrich und den östlicheren Teil des Gebirgslandes der Krim, also nicht eigentlich auf das Herz des Gotenlandes; doch sei hier noch manches unklar. Von den „tatischen" Vokabeln, die O. Blau, Zeitschr. d. deutschen morgenl. Gesellsch. 28, 583 noch rätselhaft sind, scheint keine germanischen Ursprungs zu sein, nur dass *schurmen* „feucht" wohl mit ahd. *scūr*, an. *skúr* u. s. w. „Regenschauer" zusammenhängen wird, wenn sich *-men* als griechisches Suffix erklären lässt. In einem Falle, 28, 582, hat Blau selbst für ein tatisches Wort, *zan* „Zehend", „germanisch-gotischen" Ursprung angenommen, womit wohl krimgotisch gemeint sein soll. Doch widerspricht hier die hochdeutsche Lautverschiebung von *zan*, wie denn auch krimgot. *thiine* überliefert ist. Bei der unleugbaren grossen Ähnlichkeit von *zan* mit nhd. *zehn* in Lautform und Bedeutung wird man wohl an eine Entlehnung aus dem Hochdeutschen durch Vermittelung des osteuropäischen Jüdischdeutsch zu denken haben. Ein massbestimmendes Zahlsubstantiv, das die Grundzahl des üblichen Zahlensystems enthielt, konnte ja auch am leichtesten durch die Sprache eines Handelsvolkes übertragen werden. Ist diese Annahme richtig, dann empfängt dadurch auch die S. 174 f. ausgesprochene Vermutung von dem Übergange jüdischdeutscher Lautwandlungen in das Krimgotische eine gewisse Stütze. — Auf krimgotische Elemente hin aber müsste sowohl das „tatische" Griechisch wie das der griechisch sprechenden Dörfer in Gotien untersucht werden.

Braun hatte endlich S. 56ff. für Entdeckung krimgotischer Sprachreste auf Ausgrabungen in Gotien, an die er sich selbst sogleich machen wollte, Hoffnungen gesetzt. Da er aber seitdem (1890) nichts darüber veröffentlicht hat, so sind seine Bemühungen wohl ergebnislos verlaufen. Bei der wahrscheinlichen einstigen Herrschaft des Griechischen (vgl. S. 125) und der sicheren späteren Herrschaft des Türkischen als offizieller Sprachen hätte sich das auch schwerlich anders erwarten lassen.

---

8. Zur Geschichte der Krimgoten.

Bald nach den Raubfahrten der Heruler muss das katholische Christentum unter denselben Ausbreitung gefunden haben. Bessell, Leben des Ulfilas S. 115 folgert dies aus der Unterschrift des Konzils von Nicäa (325) bei Mansi, Conciliorum collectio II, 696 „Provinciae Gothiae. Theophilus Gothiae metropolis“, wofür in der anderen Fassung p. 702 f. „De Gothis. Theopilus Bosphoritanus“ steht. Auch Tomaschek 10 hält hier die Beziehung auf die Goten der Krim für wahrscheinlich, während nach Braun 8 dieser Theophilus an der unteren Donau gelebt hätte. Aber gesetzt selbst, dass „Theophilus Bosphoritanus“ eine Verderbnis und aus dem folgenden „Domnus Bosphorensis“ zu erklären wäre, so zwingt uns doch ein anderer Umstand, dies Gotien in der Nähe von Bosporos (Kertsch) zu suchen. Theophilus hat nämlich unter 318 Unterschriften die vorletzte Stelle, während an letzter die Worte „Provinciae Bosphori. Domnus Bosphorensis. Cathirius Bosphori“ stehen. Da die Reihenfolge der Provinzen wenigstens im allgemeinen eiue geographische ist und ein Gotien der Donaugoten doch höchstwahrscheinlich zwischen den Provinzen der Balkanhalbinsel Dacien, Mösien, Macedonien, Achaja, Thessalien, die weiter oben neben einander stehen, aufgezählt worden wäre, so war doch aller Wahrscheinlichkeit nach dies Gotien in der Nähe von Bosporos gelegen. Wenn dies richtig ist, so folgt freilich daraus noch keineswegs, dass sich dies Gotien mit demjenigen der in der Krim zurückgebliebenen Heruler ganz oder teilweis decken müsste; es könnte ebenso gut das Land der Tetraxiten oder Eudusianer oder beider zusammen gewesen sein.

Etwa um die Mitte des vierten Jahrhunderts oder bald nachher wird die Unterwerfung der Krimheruler durch den Ostgotenkönig Ermanrich erfolgt sein, von der Jordanes 23 erzählt. Mit den Ostgoten zusammen werden dann dieselben im Jahre 375 den Hunnen unterthänig geworden sein. Die grosse Masse der Heruler muss sich später den Hunnen und Ostgoten auf ihrem Zuge nach Westen angeschlossen haben.

Wahrscheinlich stammen nach Pallmann, Gesch. d. Völkerwanderung II, 30 die späteren Donauheruler, die allerdings nach Prokop II, 14 noch Heiden waren, von diesen Herulern ab. Bei ihrem Heidentume hat man in Betracht zu ziehen, dass einerseits die Christianisierung der Krimheruler, denen eine grosse Persönlichkeit wie Wulfila fehlte, nicht über den Südrand der Krim, wo die Griechenstädte lagen, hinausgegangen, andrerseits Wulfilas Christentum noch garnicht von der Donau bis zur Grenze der Ostgoten und Heruler vorgedrungen zu sein braucht, als beide Völker durch den Zug nach Westen fortgerissen wurden, wodurch auch ihre unmittelbare Berührung zerschnitten sein kann. Freilich mag auch schon ihre frühere Feindschaft das Vordringen des Christentums zu den Herulern gehindert haben. Die Zeit Attilas und der folgenden Kämpfe ist aber gewiss der Ausbreitung des Christentums unter den Völkern, welche die Hunnen begleiteten, nicht günstig gewesen, ganz abgesehen davon, dass den unbändigen Herulern das Christentum an sich kaum sehr zugesagt haben wird. Auf diese Weise scheint auch der Teil der Heruler, der aus dem Südosten der Krim ausgewandert war, wo es ja in Bosporos längst ein Bistum gab, ein bei ihm schon vorhandenes Christentum wieder verloren zu haben.

Gegen ein Aufgehen der Krimheruler in den Ostgoten spricht sowohl die herulische Sprache wie die katholische Konfession der zurückgebliebenen Krimgoten. Noch mehr aber fällt dafür der Umstand in die Wagschale, dass sich die Erhaltung des Namens der Heruler auf der Krim oder wenigstens im Kaukasus noch für die Mitte des 5. Jahrhunderts aus einer anderen Thatsache erschliessen lässt. Theophanes erzählt nämlich p. 170 für das Jahr 450 die Erregung von Unruhen in Alexandria durch den Bischof Τιμόθεος ὁ ἐπίκλην Αἴλουρος, p. 173 von dessen Verbannung nach Cherson (452), p. 194 von dessen Tode (469). Bei Liberatus, Ecclesiae Carthag. Breviarium cap. 15 und bei Evagrius, Hist. eccl. II, 8 heisst derselbe Bischof „Timotheus cognomento Aelurus". Als Beiname könnte Αἴλουρος nur das Appellativum αἴλουρος „Kater" sein. Dass es aber einen anderen Sinn hat, ersieht man aus Victor Tununensis, Chronicon, studio Canisii Noviomagi, Ingolstadii 1600, p. 24, der den betreffenden Bischof „Timotheus cognomento Hellurus" nennt. Jordanes 23 lässt nämlich den Ablavius den Namen der Heruler von ἕλη ableiten, und das Etym. Magnum giebt p. 333 ed. Gaisford mit Berufung auf Dexippos die gleiche Etymologie des Namens Ἕλουρος. Wenn nun aber Synkellos, p. 717 die Heruler an der Mäotis Αἴρουλοι nennt, so ist natürlich auch eine Form Αἴλουρος für Ἕρουλος als Kontamination von Ἕλουρος und Αἴρουλος denkbar. Ein durch „*Hellurus*" wiedergegebenes Αἴλουρος kann also auch nur einen Heruler bezeichnen. Ein christlicher Heruler kann aber, zumal wenn er ursprünglich katholisch war und einen griechischen Namen führte, nur aus der Krim oder dem Kaukasus gebürtig gewesen sein. Die Verbannung des Herulers mit dem griechischen Namen nach Cherson, der Griechenstadt an der Küste Gotiens, ist vielleicht garnichts anderes als eine Zurücksendung desselben in seine ferne Heimatstadt gewesen.

Alle späteren Schriftsteller nennen die auf der Krim und im Kaukasus zurückgebliebenen Heruler nicht mehr mit ihrem alten Namen. Der Periplus Ponti Euxini hat zwar noch den Stammesnamen der Eudusianer, schreibt diesen aber gotische Sprache zu (S. 19 ff.). Sonst kennt nur noch Prokop einen besonderen Stammesnamen, den der Tetraxiten, welchen er aber zu dem der Goten nur unterscheidend hinzusetzt (S. 22 ff.) Da aber, wo Prokop von den Krimgoten spricht, De aed. III, 7, hat er nur den Namen Goten, und entsprechend werden die Heruler sowohl der Krim wie des Kaukasus bei allen Späteren nur noch Goten genannt. Wenn nun bis in die zweite Hälfte des 5. Jahrhunderts beide Bezeichnungen für die Germanen der Krim neben einander gegolten haben, dann aber gerade die echte Bezeichnung „Heruler" zu existieren aufhörte, obwohl doch die wirklichen Goten schon aus ihrer Nähe fortgezogen waren, so wird das so zu erklären sein, dass die Krimheruler von den Griechen schon seit Alters im allgemeinen Goten genannt wurden, Heruler aber in der Regel nur noch da, wo man sie von den eigentlichen Goten unterscheiden wollte. Diese Unterscheidung war aber nicht mehr nötig, als sich die Ostgoten aus dem Gesichtskreise der Griechen am Pontus entfernt hatten (vgl. S. 34 f.).

Nicht erwähnt werden die Krimgoten von Prokop bei seinem Rundgange um das schwarze Meer, De bell. Goth. IV, wo er doch von den Tetraxiten ausführlich spricht. Er nennt dort p. 480 zwischen Bosporos und Cherson nur „βάρβαροι, Οὐννικὰ ἔθνη“. Prokop behandelt hier überhaupt die Küsten Europas nur sehr summarisch, wahrscheinlich weil er im folgenden nur Kämpfe mit Völkern an der asiatischen Küste schildern will. Dagegen redet er von den Krimgoten De aed. III, 7, wo ihre Erwähnung bei der Besprechung der von Justinian I. im Süden der Krim angelegten oströmischen Festungen nahe lag. Die wichtige Stelle lautet: ἔστι δέ τις ἐνταῦθα χώρα κατὰ τὴν παραλίαν, Δόρυ ὄνομα. ἵνα δὴ ἐκ παλαιοῦ Γότθοι ᾤκηνται, οἱ Θευδερίχῳ ἐς Ἰταλίαν ἰόντι οὐκ ἐπισπόμενοι, ἀλλ᾽ ἐθελούσιοι αὐτοῦ μείναντες, Ῥωμαίων καὶ εἰς ἐμέ εἰσι ἔνσπονδοι. ξυστρατεύουσί τε αὐτοῖς ἐπὶ πολεμίους τοὺς σφετέρους ἰοῦσιν. ἡνίκα ἂν βασιλεῖ βουλομένῳ εἴη. ἐξικνοῦνται δὲ ἐς τρισχιλίους, καὶ τά τε πολέμια ἔργα εἰσὶν ἄριστοι τὰ τε ἐς τὴν γεωργίαν αὐτουργοὶ δεξιοὶ, καὶ φιλοξενώτατοι δέ εἰσιν ἀνθρώπων ἁπάντων. Weiter wird Dory als hoch gelegen und äusserst fruchtbar geschildert und von den Goten noch bemerkt, dass sie sich nicht in Städten einschliessen lassen, sondern auf dem Lande wohnen wollten, weshalb der Kaiser nur die Zugänge zu ihrem Gebirge mit langen Mauern, welche sie bewachen müssten, abgesperrt hätte.

Aus Prokop lassen sich auch grösstenteils die Gründe erschliessen, welche die Krimgoten bewogen haben, bei dem Abzuge ihrer Volksgenossen zurückzubleiben. Das ganze Volk in Dory hatte sich dem Ackerbau zugewandt, womit wohl auch ein friedlicherer Sinn in die Herzen dieser Heruler eingezogen war. Und wenn sich dieselben auch ihre kriegerische Tüchtigkeit gewahrt hatten, so werden sie doch ihren übermütigen und verwegenen Volksgenossen, die in den Steppen der Krim ein viel unsteteres Leben, als es der Ackerbau mit sich bringt, geführt haben müssen, einigermassen entfremdet worden sein. Am wenigsten aber konnte es ihnen in den Sinn kommen, ihr schönes und gesegnetes Land, ihre liebgewordene Bergheimat auf eine ungewisse Zukunft hin zu verlassen und von neuem den Weg durch die baumlose Steppe nach unbekannten Ländern hin anzutreten. Wenn es richtig ist, dass die nördlicheren Heruler der Krim zur Zeit ihres Abzuges noch Heiden gewesen sind, so wird wahrscheinlich auch dies Moment zur Scheidung beigetragen haben. Wenn jedoch auch jene Heruler schon Christen waren, so müssen sie wohl, da dann die späteren Donauheruler nicht ihre Nachkommen gewesen sein können, in den Goten aufgegangen sein, sich also zum Arianismus bekannt haben: die Feindschaft aber der Katholiken gegen die Arianer hätte dann wohl dasselbe wie andernfalls die gegen die Heiden bewirkt. Überhaupt aber konnten sich wohl die katholischen Krimgoten nicht dazu hingezogen fühlen, sich den heidnischen Hunnen und arianischen Ostgoten auf einer Wanderung anzuschliessen. Dagegen hat, wenn nicht etwa die nördlichen Krimheruler in den Ostgoten aufgegangen waren, eine politische Trennung zwischen ihnen und den Herulern der südlichen Gebirge schwerlich schon vor der räumlichen Scheidung beider Volksteile bestanden.

Nach Tomaschek 15 wird der Name Dory öfters genannt; doch kommen dafür auch die Formen Δόρος, Δαρᾶς, Δόρας, gen. -αντος vor. Derselbe bezeichnet auch eine einzelne Stadt, so bei Priscian, Inst. Gramm. IV, 1 „invenitur etiam y, ut Dory, nomen oppidi Pontici“. Strittig ist die Beziehung eines τῆς Δόραντος in einer Unterschrift der Akten des 692 zu Trullo abgehaltenen Konzils. Dieselbe lautet nach Mansi XI, 992: Γεώργιος ἀνάξιος Χερσῶνος τῆς Δόραντος ὁρίσας ὑπέγραψα. Grammatisch kann Χερσῶνος τῆς Δόραντος nichts anderes heissen als „Chersons in Doras“, ähnlich wie z. B. einige Zeilen vorher ἐπίσκοπος Λεοντοπόλεως Ἰσαυρίας „Bischof von Leontopolis in Isaurien“ bedeutet. Nach Tomaschek 20 wäre hier zwischen Χερσῶνος und τῆς Δόραντος vielleicht καὶ ausgefallen, oder es hätte, da Cherson und das gotische Daurons (d. h. Dory) zwei verschiedene Bischofssitze gewesen seien, τῆς Δόραντος zu einem verloren gegangenen Eigennamen gehört. Dieser Deutung hat sich Braun 51 angeschlossen, der noch bemerkt, dass Arsenij jedenfalls irre, wenn er die betreffenden Worte durch „Bischof von Cherson in Taurien“ übersetze. Allerdings kann Δόρας nicht „Taurien“ bedeuten, aber auch Tomascheks Konjektur ist unnötig, da die Landschaft Doras oder Dory sehr wohl über das Bistum Gotien und das Land der Krimgoten hinausgereicht, d. h. auch die griechischen Küstenstädte mit umfasst haben kann: nennt doch auch Prokop

a. a. O. Dory χώρα κατὰ τὴν παραλίαν. Die Versuche, Δόρυ etymologisch zu deuten, halte ich nicht für statthaft, da erstens zu verschiedene Formen überliefert sind und zweitens garnicht feststeht, ob das Wort krimgotischen, griechischen, skythischen oder taurischen Ursprungs ist.

Die erste sichere Nachricht über die Schicksale der Krimgoten nach Justinian I. fällt in das Ende des Ende des 7. Jahrhunderts. Es handelt sich hier um den Aufenthalt des entthronten byzantinischen Kaisers Justinian II. (685—699) in der Krim (Tomaschek 19 ff., Braun 13 f.). Nach Nicephorus, Breviarium ed. Bonnae 1837 p. 46 floh derselbe von Cherson εἰς τὸ φρούριον τό λεγόμενον Δόρος, πρὸς τῇ Γοτθικῇ χώρᾳ, von wo aus er sich an den Chagan der Chazaren, die inzwischen in den krimischen Steppen an die Stelle der Hunnen getreten waren, um Hilfe wandte.

Wichtige Ereignisse aus der Geschichte der Goten selbst erfahren wir aus dem Ende des 8. Jahrhunderts. Quelle ist hier die Vita des Gotenbischofs Joannes, Acta Sanctorum, Junii, t. VII, p. 167 ff. (Tomaschek 22 ff., Braun 14 ff.). Danach beriefen die orthodoxen Goten den Joannes aus Parthenit auf ihren erledigten Bischofssitz, als sich ihr Bischof auf dem Konzil von 754 den Bilderstürmern gefügt hatte und vom Kaiser dafür zum Metropoliten von Herakleia in Thracien ernannt worden war. Wir erfahren ferner, dass sich der Fürst (κύριος), sein Adel oder seine Gemeindeältesten (ἄρχοντες αὐτοῦ) und das ganze Volk (λαός) der Goten gegen die chazarische Oberherrschaft erhoben, in welchem Kampfe die Chazaren Doros besetzten, von wo sie jedoch Joannes wieder vertrieb. Als dieser indess den Chazaren ausgeliefert wurde, ergaben sich die Goten der chazarischen Herrschaft. Daraus, dass ganz am Schlusse des 8. Jahrhunderts, in der Vita des heiligen Theodor Studiotes (A. Mai, Novae patrum bibliothecae, t. VI, p. 307 s.), ὁ Γοτθίας τοπάρχης erwähnt wird, schliesst Braun, dass wohl der Gotenfürst seine Würde bis zu einem gewissen Grade beibehalten habe, und nur die Abhängigkeit von der chazarischen Oberherrschaft eine grössere geworden sei. Da wir jedoch nichts näheres über das Gebiet jenes Toparchen erfahren, so besteht ebenso gut die Mögliahkeit, dass von dem Gotien der Kaukasusgermanen die Rede ist.

Der Name des krimgotischen Bischofs Joannes steht auch

in folgender Unterschrift unter den Beschlüssen des zweiten Konzils von Nicäa (787), Mansi, 14 157: Κύριλλος μοναχός, καὶ ἐκ προσώπου Ἰωάννου ἐπισκόπου Γότθων ὑπέγραψα. Aber den Namen Joannes enthält nur diese eine Redaktion, während alle übrigen entweder einen anderen oder gar keinen Namen des gotischen Bischofs bieten, für den Kyrillos unterzeichnet. So steht p. 384: „Κύριλλος. . . μοναχὸς καὶ τὸν τόπον ἐπέχων Νικοπόλεως ἐπισκόπου Γοτθίας". Νικοπόλεως hat die Variante Νικήτα zur Seite, die lateinische Uebersetzung p. 383 die Lesarten „Niceri" und „Niceta". Νικήτα findet sich ausserdem noch in den Redaktionen p. 993 und 1153, dazu noch besonders „Niceta" p. 498. Dagegen heisst es p. 542 nur: „Cyrillus in locum sanctissimi episcopi Gotthiae in eandem sententiam pronunciavit." Ebenso fehlt der Name des Bischofs in den lateinischen Unterschriften p. 563, 627, 723. Zum ἐπίσκοπος Γοτθίας selbst ist Kyrillos p. 1095 gemacht. Ein sicheres Resultat, wie das Verhältniss der einzelnen Lesarten aufgefasst werden muss, wird sich freilich erst feststellen lassen, wenn das der verschiedenen Redaktionen überhaupt bestimmt worden ist. Doch gestatten wohl schon die verschiedenen Lesarten allein, sich wenigstens eine vorläufige Ansicht zu bilden. Wenn der Name des Bischofs in den verschiedenen Redaktionen verschieden lautet und andererseits Kyrillos selbst einmal irrtümlich zum Bischof erhoben worden ist, so erklärt sich das am einfachsten durch die Annahme, dass die Redaktionen, die den Bischof garnicht mit Namen nennen, hierin der wirklichen Unterschrift des Kyrillos am treuesten geblieben sind, und dass man erst später, vom Streben nach Vollständigkeit geleitet, den Namen des Bischofs hinzuzusetzen versucht hat. Um aber festzustellen, für welchen Bischof Kyrillos unterschrieben hat, fragt es sich natürlich, wann Joannes gestorben ist. Die Acta sanctorum, Junii t. VII, p. 162, sagen darüber: „Constat enim ex Actis . . . . non sub Isaurico Leone, sed sub Irene eiusque filio Constantino, aut post horum obitum e vivis excessisse." Da Konstantin unter Vormundschaft seiner Mutter Irene 780 auf den Thron kam, so steht nichts der Annahme im Wege, dass Joannes 787 bereits gestorben war. Der Name des heilig gesprochenen Joannes hat aber gewiss viel leichter statt desjenigen seines Nachfolgers eingesetzt werden können, als es umgekehrt der Fall war. Vielleicht aber lebte Johannes 787 noch, wenn auch wohl nicht mehr in Gotien, sondern bereits in Amastris, wo er nach Acta p. 169 erst im vierten Jahre seines Aufenthalts starb. Dann hätte Kyrillos den Namen des Bischofs vielleicht deshalb fortgelassen, weil der ihn entsendende Niketas oder Nikopolis nur stellvertretender Bischof für Joannes gewesen wäre. Übrigens ist auf dem zweiten Konzil von Nicäa auch der Notar des gotischen Bischofs, ein gewisser Euthymios, erschienen, der dort das Amt eines Vorlesers versah (vgl. z. B. Mansi 13, 21). Bemerkenswerterweise ist auch bei Erwähnung des Euthymios sein Bischof nirgends mit Namen genannt (vgl. z. B. auch p. 579).

Die Chazaren wurden von den Petschenegen aus der Krim verdrängt (Tomaschek 29 ff., Braun 17 ff.), deren Gebiet zur Zeit des Konstantinos Porphyrogennetos (um 950) nach De admin. imperii cap. I an das von Cherson grenzte, das sie nebst der λεγόμενα κλίματα, d. h. Gotien, plünderten, wann sie wollten. Zu gleicher Zeit griffen auch die normannischen Rhos in die Verhältnisse Tauriens ein. Nach Braun a. a. O. wurde in dem Vertrage, den der Russenfürst Igor mit den Griechen 944 abschloss, bestimmt, dass der Fürst sich keine Herrschaft über Cherson und die anderen festen Städte in jenen Gebieten anmassen dürfte. Braun folgert hieraus mit Recht, dass solche Übergriffe vorgekommen wären, und dass die Byzantiner Cherson und Gotien als ihrer Herrschaft unterliegende Gebiete betrachtet hätten, was sich auch aus Porphyrogennetos ergäbe. Wenn der Chagan der Chazaren Joseph in seinem hebräischen Briefe vom Jahre 963 alle Kastelle an der taurischen Küste, sowie „Kut“, d. i. Γοτθία (vgl. S. 115), zu seinem Reiche rechnet, so hat er hier nach Tomaschek 32 wohl seine alten Rechtsansprüche mit seinem faktischen Besitze vermengt.

In diese Zeit fallen auch die sogenannten „Memoiren eines gotischen Toparchen“, drei Fragmente, die von Hase in einer bisher nicht wieder aufgefundenen Pariser Handschrift entdeckt und in einer Anmerkung zu seiner Ausgabe des Leon Diakonos, X, 10, p. 175, herausgegeben worden sind. Ihre hauptsächlichste Deutung haben dieselben von Kunik, Zapiski 61—160, erfahren (vgl. Tomaschek 33 ff., Braun 18 f.). Da jede Nennung von Eigennamen vermieden ist, so kommt man über Vermutungen überhaupt nicht hinaus. Der Hauptinhalt ist, dass der Toparch von Gotien, von den Barbaren (wahrscheinlich Chazaren) bedrängt, dem mächtigen Herrscher nördlich der Donau das Protektorat über sein Land anbietet, dass dieser dasselbe annimmt, und den Toparchen von sich aus als Statthalter über Gotien einsetzt. Mit dem russischen Herrscher ist wahrscheinlich der russische Fürst Swjatoslaw gemeint, wonach das Ereigniss um 965 fallen würde. Da der Toparch ganz im Stile byzantinischer Rhetorik schreibt, so ist derselbe, gleichviel ob Grieche oder griechisch gebildeter Gote, ein Repräsentant der früheren byzantinischen Oberherrschaft über Gotien.

Schon 972 trat Swjatoslaw Cherson und die angrenzenden Gebiete, d. h. Gotien, dem oströmischen Kaiser ab. Sein Sohn Wladimir der Heilige unternahm 987 einen Feldzug nach Taurien, das er durch Eroberung von Cherson, Sudak und Kertsch in seine Hände bekam, aber schon 988 von neuem den griechischen Kaisern, Basilios und Konstantin, nachdem er deren Schwester geheiratet und sich zum Christentume bekehrt hatte, überliess (Tomaschek 33, Braun 20).

Etwa in der Mitte des 11. Jahrhunderts wurde die Steppe der Krim von den Kumanen überflutet, denen wohl auch die Goten zeitweilig unterworfen gewesen sein werden. Im allgemeinen scheint jedoch die byzantinische Oberherrschaft über Gotien fortbestanden zu haben. In einem Dokumente von 1166 (handschriftlich in Moskau) führt Kaiser Manuel I. (1143—1180) neben anderen den Titel γοτθικός, was wohl kaum eine einfache Wiederherstellung des Titels ist, den sich Justinian nach Besiegung der Ostgoten in Italien (neben Βανδηλικός, Ἐρουλικός, Ἀντικός etc.) beigelegt hatte, sondern höchstwahrscheinlich die Herrschaft Manuels I., vielleicht eine neue Wiederherstellung dieser Herrschaft im taurischen Gotien bedeutet (Braun 20). Dabei ist es allerdings möglich, dass Manuel diesen Titel in Anknüpfung an den alten Titel Justinians gewählt hatte (Tomaschek 41). Für die damalige Ausdehnung der byzantinischen Macht am schwarzen Meere ist es in der That bedeutsam, dass sich Manuel den Handel nach Rhosia (an der Donmündung) und Matarcha vorbehielt. Engere Beziehungen Gotiens zu Byzanz unter Manuel I. gehen aber wohl auch daraus hervor, dass es damals sogar zu Konstantinopel einen gotischen Erzpriester (ἀρχιερεύς) gab. Wir erfahren das aus den Chiliades des Tzetzes, die nach Krumbacher, Gesch. d. byzant. Lit. S. 237, wahrscheinlich zwischen 1144 und 1170 abgefasst worden sind. Tzetzes spricht an der betreffenden Stelle von schlechten Erzpriestern, die er töten würde, wenn es ihm erlaubt wäre, und die er dann einzeln vorführt. Als einer von diesen erscheint „der Gote Gotiens“ III, 217 f.:

Τούτοις παραμεσάζοντος τοῦ Γότθου τῆς Γοτθίας
Τοῦ δυσοσμίας γέμοντος, τοῦ τριακονταφύλλου.

Derselbe wird noch weiter 224 ff. angegriffen, weil er die Synode in die Länge ziehe. Allerdings wäre es auch nicht unmöglich, dass es sich hier um einen Kaukasusgoten handelte; doch ist zu beachten, dass wenigstens bereits 1236 die ungarischen Mönche von den tamanischen Tscherkessen sagten „quorum dux et populus Christianos se dicunt“ (S. 84), und dass die Halbinsel Taman als Erzbistum nicht Gotien, sondern Matarcha oder Zichien hiess (S. 85).

Als die Kreuzfahrer 1204 Konstantinopel eroberten, erbte das Kaisertum Trapezunt die Herrschaft über Gotien: aus einer Lobrede auf den heiligen Eugenios erfahren wir, dass die Goten Andronikos I. (1223 — 1235) Tribut zu zahlen hatten. 1223 drangen aber auch die Tataren nach Besiegung der Kumanen bis an die Südufer der Krim: auf Tributzahlungen der Goten an die Tataren geht eine Bemerkung des Rubruquis (Braun 21). Auch gründeten letztere im Jahre 1252 (Hammer-Purgstall, Geschichte der Chane der Krim 23) ihre Hauptstadt Baktschisaray ganz in der Nähe Mankups.

Im 14. Jahrhundert wurden die Goten durch die Genueser eingeengt, welche 1266 Kaffa (Theodosia) gegründet hatten. Es hatte das auch die Errichtung eines römisch-katholischen Erzbistums in „Cherson in Gotien“ im Jahre 1333 zur Folge (Raynald, Ann. eccles. XV, 457; Tomaschek 47). 1365 eroberten die Genueser das wichtige Soldaia (Sudak). Im Vertrage von 1380 trat ihnen der Chan Soldaia mit 18 Ortschaften rechtskräftig ab und überliess ihnen ausserdem Gotien von Balaklawa bis Soldaia. Dies „Gotien“ war nur ein schmaler Küstenstrich, der spätere „Capitaneatus Gotiae“ der Genueser, an dessen Spitze ein „Capitanus“ stand. Dagegen war das übrige Gotien, nördlich von den Höhen der Jaila, unabhängig unter eigenen Fürsten, wahrscheinlich griechischer Abkunft, die den Tataren Tribut zahlten, vielleicht aber zugleich auch nominell noch die Oberherrlichkeit der Kaiser von Trapezunt anerkannten (Braun 22 ff.),

Die faktische Unabhängigkeit der gotischen Fürsten im 14. Jahrhundert wird wohl am besten dadurch bezeugt, dass dieselben damals selbständig in die Kämpfe der Byzantiner und Türken eingegriffen haben. Kunde darüber giebt Spandugnino, De la origine deli imperatori Ottomani, (herausg. von Sathas, Documents inédits relatifs à l'histoire de la Grèce IX.). Derselbe sagt zunächst p. 143: „Et havendo controversia .... Andronico Paleologo con il principe di Gothia, et con li Bulgari, con il re Stephano di Servia .... attese piu presto alle guerre de Christiani che al defender le cose sue contra li Turchi." Gemeint ist Andronikos III, der als Alleinherrscher (1328 — 1341) unglücklich gegen Serben und Bulgaren und ebenso gegen die Osmanen focht, die 1328 — 1330 Nicäa und Nikomedia einnahmen. Weiter sagt Spandugnino p. 146 vom Sultan Amurath I. (Murad I., 1359 — 1389) „Fece poi una legha con li Bulgari, Valacchi et con li Gotti et lo imperator di Constantinopoli contra il regno di Ungaria." Dazu noch p. 146 von Sultan Bajazet I. (1389 — 1403): „vedendo le altercatione grande che erano tra principi christiani, et massimamente il re di Servia, li Gotti et li Valachi che contendeano tutti con lo imperator di Constantinopoli Emanuel Paleogo .... intesosi con loro Ildrim Baiasit mosse guerro al detto Emanuel." Emanuel (Manuel II.) regierte 1391 — 1425. Die Goten waren in den beiden zuletzt erwähnten Kriegen wohl nicht wie die Bulgaren, Serben und Walachen gezwungene, sondern freiwillige Verbündete der Türken, die bis dahin noch keinerlei Versuch, die Krim zu unterwerfen, gemacht hatten.

Dagegen wird die Fortdauer freundschaftlicher Beziehungen der Goten zu Trapezunt durch die Heirat der gotischen Prinzessin Maria mit dem späteren trapezuntischen Kaiser David im Jahre 1426 bezeugt. Der Vater Marias, Alexios, nennt sich in einer Inschrift „Herr der Stadt Theodoro und der Meeresküste" (Θεοδωρώ, gen. -οῦς ist der griechische Name Mankups). Jedenfalls hat dem Alexios auch ein Teil der Westküste Gotiens gehört. 1433 entriss derselbe den Genuesern auch Balaklawa, verlor es aber schon 1434 wieder (Braun 27 ff.).

Nach dem Falle Konstantinopels überliess die genuesische Regierung der genuesischen „Bank des heiligen Georg" alle ihre Besitzungen am schwarzen Meere (1453). Das Verhältnis der von den Türken bedrohten Bank zu den Gotenfürsten war teils freundlicher, teils feindlicher Art. In Gotien herrschten 1455 neben dem Fürsten mehrere Söhne desselben, deren einer wieder Alexios hiess; auch 1458 werden noch „dominus tedori et fratres ejus“ als gemeinsame Machthaber erwähnt. Der Vater war vielleicht Olobey, der noch 1458 „dominus tedori“ genannt wird. (Braun 30 ff.).

Aus Spaudugnino p. 155 erfahren wir, dass der Eroberer Konstantinopels, Mahumet II., in die Verhältnisse der Brüder, die Fürsten von Gotien waren, eingriff: „Dapoi adunque vedendo Mehemeth che il principe di Gothia havea amazzato il suo fratel maggiore et usurpatosi lo stato, mandò lo suo biglierbei, cioè uno di capitani generali di terraferma, et assediò detto principe, il quale se li rese d'accordo, salvo tamen ho havere et le persone; ma conducendolo fino a Costantinopoli, Mehemeth lo fece decapitare, dicendoli: Li patti che lo mio capitano ti ha promesso lui te li osservi; et fece Turco uno suo figliolo piccolo, elquale viddi l'ultima volte che io fui a Costantinopoli esser anchora vivo.“

Im Jahre 1471 tritt ein neuer Name eines Herrschers von Gotien, Saichos, auf (bei den Russen „Isaiko, Fürst von Mankup“). Er war der letzte Fürst des Ländchens, das 1475 von den Türken nach Einnahme Kaffas und Soldaias gleichfalls erobert wurde. Das stark befestigte Mankup wurde von den Türken nur mit Mühe genommen. (Braun 30 ff.)

Bemerkenswert ist eine Stelle aus einem Briefe, der noch während der Belagerung Mankups am 1. August 1475 von Rhodus aus geschrieben worden ist (Epistolae Jacobi Piccolomini, Mailand 1571, p. 3100). Es wird dort von der Einnahme Kaffas und der Verwüstung der Küste des schwarzen Meeres durch die türkische Flotte gesprochen und dann mit Bezug auf „den Türken“ folgendermassen fortgefahren: „hinc ad Getas qui trans Danubium incolunt arma convertit: ut arcem eorum munitissimam expugnaret, et iam castra admovit. huic tamen ab oppidanis in dies acrius resistitur: ut incertum sit, ad quos potius victoria declinet. Habes igitur infelicis belli exitum: quod nuper in Taurica Chersoneso gestum.“

Von der Eroberung Mankups, das er Sandtodero (für „Santo Theodoro“) nennt, berichtet auch noch ein deutscher Zeitgenosse, der, wie er im Anfange seines Buches sagt, drei Jahre in der Türkei gelebt hatte, der Büchsenmeister Jörg von Nürnbergk in seiner

„Geschichte der Türkey“, Memingen 1496, B. Nachdem derselbe von der Einnahme Kaffas und Soldaias gesprochen, sagt er weiter vom Türken: „Darnach zog er für ein stat mit namen Sandtodero, dar jn warn dry künig vnd XV tusendt menschen jung vnd alt, er mocht d' nit gewynnen, vnd mit schaden must er dar von. Darnach über III monat do ergaben sy sich mit willen. Er ertodt die künig mit allem volck.“ In allen Berichten wird also gleichmässig der heftige Widerstand der Goten und die Schwierigkeit der Eroberung hervorgehoben. Doch kann es wohl nur arg übertrieben sein, wenn Jörg 15000 Menschen sich allein in Mankup befinden lässt. Die ganzen Goten stellten zu Prokops Zeit 3000 waffenfähige Männer, und wenn sie auch seitdem Zuwachs durch Griechen und andere erhalten haben mochten, so waren sie doch im Süden von den Genuesern, im Norden von den Tataren, die Baktschisaray mitten im Gebirge angelegt hatten, eingeengt worden.

Dagegen dürfen wir wohl aus Jörg die Streitfrage, ob Mathias von Michow oder der spätere Broniovius im Rechte ist (Tomaschek 37 f., Braun 55), zu Gunsten des ersteren entscheiden, wonach also die gotischen Fürsten in Mankup und nicht erst in Konstantinopel getötet sein werden. Dem Gewährsmanne des Broniovius schwebte wohl jener Gotenfürst vor, den nach Spandugnino Mahumet II. schon vor der Eroberung Gotiens in Konstantinopel hatte enthaupten lassen (S. 221). Wenn aber Michow von zwei Brüdern, Broniovius aber von einem Oheim und Neffen als letzten Gotenfürsten spricht, so lässt sich das, da Jörg von „drei Königen“ berichtet, vielleicht so vereinigen, dass man sich unter den Fürsten zwei Brüder und den Sohn eines von beiden zu denken hat. Wahrscheinlich sind die Fürsten ursprünglich vier Brüder gewesen, von denen der älteste, Alexios, von dem zweitältesten (Olobey?; vgl. S. 221), dieser dann aber wieder von Mahumet II. getötet wurde, so dass nur noch der dritte Bruder, Saichos, als Fürst und der vierte als Mitregent übrig blieben. Der Ausdruck „Alexius cum omnibus fratribus“, den der Konsul von Kaffa im Jahre 1455 gebraucht (Braun 32), setzt doch auch wohl mindestens eine Zahl von drei Brüdern des Alexios voraus.

Die Türken behielten das eroberte Gotien als Kadylyk Mankup in ihrem unmittelbaren Besitze. Zwar werden noch zwei „Fürsten von Mankup“ unter türkischer Herrschaft genannt; es ist aber sehr fraglich, ob dieselben nicht blosse Titularfürsten gewesen sind. Der erste derselben, Kemalbi (d. h. Kemal-bey), den Sultan Selim 1513 dem russischen Grossfürsten als Gesandten schickte, nennt sich in einem Briefe an einen Beamten in Moskau: „Kamala, den man früher Theodorit nannte“ und seinen Neffen „Manuel“ (Braun 37). Tomaschek 54 ist wohl gegenüber Braun 38 im Rechte, wenn er Θεοδωρίτης mit „aus Theodoro stammend“ erklärt. Wahrscheinlich war Kemalbi der von Mahumet zum Türken gemachte Sohn des zu Konstantinopel hingerichteten Fürsten von Gotien: als Türken gab man ihm den ehrenvollen Namen „Kamala“ (Vollkommenheit), nachdem man ihn anfangs nur nach seiner Heimatsstadt benannt hatte. — Als letzter „Fürst von Mankup“ erscheint Skinder, der Gesandte Sultan Solimans in Moskau in den Jahren 1523, 1524 und 1530 (Braun 38). Vielleicht hat auch Tomaschek 54 darin Recht, dass er in Skinder einen Vollblut-Türken sieht, gleich einem späteren „Aga von Mankup“ mit türkischem Namen.

Nach ihrem politischen Untergange werden die Krimgoten ausser in Bezug auf diesen selbst fast nur noch in einzelnen Nachrichten über ihre Sprache genannt (vgl. S. 191). Vielleicht bildet Dominicus Marius Niger Venetus (nebst seinen Abschreibern) hier die einzige Ausnahme, der in seinen Geographiae commentariorum libri XI, Basileae 1557, p. 249 den taurischen Chersones in das südliche „Gothia“ und das nördliche „Gazaria“ geteilt und ersteres von den „Gothi“, letzteres von den „Gazarii“ bewohnt sein lässt. Da aber in „Gazaria“ (Chazarien), welcher Name allerdings noch häufig für die kleine Tatarei gebraucht wurde, schon seit Jahrhunderten keine Chazaren mehr wohnten, die „Gazarii“ Nigers also auf reiner Konstruktion beruhen, so ist das Gleiche wohl auch für die „Gothi“ anzunehmen. Und selbst, wenn „Gothia“ noch als Landschaftsname genannt wird, so ist es auch hier nicht sicher, ob nicht die Angabe Nigers schon auf eine Quelle, die vor der türkischen Eroberung liegt, zurückgeht.

Dagegen existierte Gotien als kirchliche Metropolis noch mehrere Jahrhunderte weiter, und wird dann auch in diesem Sinne noch öfters erwähnt. Daten darüber geben besonders die Πατριαρχικὰ ἔγγραφα bei Sathas, Μεσαιωνικὴ βιβλιοθήκη III, 568 ff., wo verschiedene Metropoliten mit Namen genannt werden (vgl. Braun 66 ff.). Aus dieser Schrift ist auch zu ersehen, dass allmählich die verschiedenen kirchlichen Sprengel der Krim zusammengeschlagen wurden. Kaffa und Phula erscheinen schon 1631 vereinigt (p. 568), 1666 wird Amaseia mit ihnen vereint (p. 597), 1678 auch Gotien (p. 604). Die Ursache dieser Vereinigungen lag offenbar darin, dass die Zahl der Christen durch Übertritte zum Islam immer geringer wurde. Diese Übertritte waren wohl hauptsächlich Folgen der Unterdrückung seitens der herrschenden Muhamedaner, wie sich denn im Jahre 1635 der Metropolit Seraphimos von Gotien an den Zaren Michael Feodorowitsch mit einer Klageschrift über Bedrückung durch die Tataren wandte (Braun 66). Noch Remy bemerkt von den Krimgriechen (was aber sicher auch von den Krimgoten gilt) S. 145: „Viele Höhlen im Gebirge werden noch heute als Zufluchtsstätten ihres heimlichen Gottesdienstes genannt. Dennoch trat im Laufe der Zeit ein grosser Theil zum Islam über; theils dem Interesse, mehr noch den gewaltsamen Bedrückungen grausamer Statthalter weichend, unter denen sich der Name des letzten Chadschi Amet-Aga's und seines teuflischen Weibes Chodschawa's, sowie ihres nicht minder schrecklichen Sohnes Deli-Balta (d. h. wahnsinniges Beil) bis auf den heutigen Tag erhalten haben."

Besonders stark scheint die Unterdrückung der Christen der Krim geworden zu sein, als 1774 die türkischen Gebietsteile derselben in den Besitz des Chans der Tataren übergingen, und dieser zugleich für autonom erklärt wurde. Aus diesem Grunde baten 1778 die Christen der Krim Kaiserin Katharina II. um Überlassung einiger Ländereien an der russischen Küste des Asowschen Meeres und Aufnahme in den russischen Unterthanenverband. Die Bitte wurde bereitwilligst gewährt. Die auswandernden „Griechen" (vgl. S. 198) gründeten am Asowschen Meere Mariupol nebst 20 Dörfern, zu denen später noch 3 hinzukamen. In Mariupol nahm der Metropolit Ignatios seinen Sitz (Braun 70 ff.). Laut Ukas vom 14. März 1779 behielt derselbe auch unter russischer Herrschaft seinen Titel „Metropolit von Gotien und Kaffa" bei (Braun 75). Nach der Ἐκκλησιαστικὴ ἱστορία des Sergios Makraios (Sathas, Μεσ. βιβλ. III, 334) nahm dann der Metropolit Gotiens 1783 an der Synode zu Petersburg teil, was damit begründet wird, dass in diesem Jahre die kleine Tatarei den Russen unterthan wurde. Danach hat man also auch noch nach 1778 das wirkliche Gotien und Kaffa als den Sprengel des Metropoliten Ignatios betrachtet. Da aber dort kaum noch Christen wohnten, so erlosch auch, als

Ignatios am 16. Februar 1786 starb, der Titel „Metropolit von Gotien und Kaffa“, indem die Gemeinden der Auswanderer dem damaligen „slawischen“, jetzt Jekaterinoslawischen Bistum einverleibt wurden (Braun 75). Etwa um die gleiche Zeit, in der mit dem Aufhören des gotischen Metropolitentitels die Erinnerung an den gotischen Namen auf der Krim überhaupt aufhörte, mögen auch die letzten krimgotischen Sprachlaute verklungen sein (vgl. S. 205).

Nicht in allen Orten Gotiens scheint es den Muhamedanern gelungen zu sein, Proselyten zu machen. Wenigstens dürfte der gotische Bischofssitz Mariampol stets nur von Christen bewohnt gewesen sein, da sämtliche Bewohner desselben vor 1795 ausgewandert sein müssen. Denn Mrs. Maria Guthrie, A tour performed in the years 1795—96 through the Taurida, London 1802, erzählt p. 86 aus jener Gegend von den Trümmern einer Stadt, welche die Umwohner „Marianopol“ genannt hätten. Dieselbe habe am Fusse eines Berges gelegen, auf dem die Ruinen von Mankup gestanden hätten.

Danach ist Mankup vielleicht schon 1794, also noch in demselben Jahre, in dem Pallas dort noch die jüdischen Gerber angetroffen hatte (S. 200), oder spätestens wohl 1795 auch von diesen verlassen worden. Unter der türkischen und zeitweise tatarischen Herrschaft hatte Mankup ausser als Hauptstadt eines Verwaltungsbezirkes immer noch als Festung einen gewissen Wert gehabt (vgl. S. 190), während es von den Russen von vornherein in beiden Beziehungen, worüber wohl noch amtliche russische Quellen Aufschluss erteilen könnten, aufgegeben worden sein dürfte. Damit mochte es aber auch für die Bewohner selbst seinen Wert verlieren, von denen übrigens die tatarischen Nachkommen der Krimgoten schon vor der Besitzergreifung der Stadt durch die Russen ausgewandert zu sein scheinen (S. 200). So verliessen denn auch bald die Juden — es waren noch 70 Familien (Köppen S. 289) — ihre schon zu Broniovius' Zeit zum grossen Teile in Trümmern liegende (S. 180), auf hohem Felsen gelegene, schwer zugängliche Stadt. Nur die jüdischen Gerber blieben daselbst noch ein paar Jahre: kamen doch nach Pallas II, 122 auch die jüdischen Gerber aus Dschufutkale im Sommer nach Mankup, um ihr Leder mit der Lohe zweier am Berge häufig wachsender Baumarten zu gerben. Dennoch muss es auch den letzten Einwohnern der Stadt dort bald zu einsam geworden sein.

Die Ruinen Mankups sind oftmals beschrieben worden. Eine ausführliche Beschreibung giebt Pallas II, 120, der ausser einer kleinen Synagoge und einigen noch von den Gerbern bewohnten Häusern nur noch Schutthaufen von Wohnungen, zwei Reste kleiner christlicher Kirchen und eine noch etwas besser erhaltene Moschee vorfand. Clarke, Voyages en Russie, en Tartarie et en Turquie, Paris 1815, II, 480, schildert sein Erstaunen über die steilen Abhänge und die ausserordentliche Höhe der buchstäblich in die Wolken ragenden Festung. Brückner giebt Baltische Monatsschrift, Bd. 18, S. 320 eine eingehende Schilderung der Stadt, die zwar Übertreibungen zu enthalten scheint, wegen ihrer anschaulichen Darstellung aber hier zum Teil Platz finden mag: „Eine volle Stunde wanderten wir an den Gräbern vorüber; Quellen mit eiskaltem Wasser sprudelten aus dem Gestein hervor; das Gras wurde spärlicher, der Felsen steiler, zuletzt kletterten wir mehr, als wir gingen. In den Schluchten wurden lange Mauern der ehemaligen Festung sichtbar, mit gewaltigen Thürmen. Es waren kolossale Bauten, die auf grosse Mittel, eine starke Besatzung, bedeutende politische Zwecke schliessen liessen. Alle Stellen, welche leichter zugänglich erscheinen konnten, waren mit sehr hohen Mauern versehen. Alles verfiel allmählich. Man sah, dass diese Ruinen Jahrhunderte alt waren.“ Seymour, Russia on the Black Sea, London 1855, p. 144 f., schildert besonders den schon von Broniovius beschriebenen Palast Mankups, in dessen Ornamentik er den armenischen Stil zu erkennen glaubt. Er bringt dies damit in Verbindung, dass in der Mitte des 14. Jahrhunderts viele Armenier infolge eines grossen Erdbebens in ihrer Heimat in die Krim eingewandert seien. Aller Wahrscheinlichkeit nach sind auch die Armenier der Krim, die unter den Bewohnern der türkischen Gebietsteile derselben wenigstens schon von Broniovius genannt werden (vgl. S. 182), schon unter christlicher Herrschaft dorthin gekommen.

Die Trümmer der einstigen Gotenhauptstadt geniessen auch noch bei ihren Umwohnern bedeutendes Ansehen. So sagt Milner, The Crimea, London 1855, S. 46: „Mangoup-Kale, renowned throughout the country, of which the old inhabitants never speak but with veneration.“ Hommaire de Hell, Les

Steppes de la mer Caspienne, 1845, T. II, p. 427 bemerkt: „Grâce à son isolement, à ses ruines et à ses traditions Mangoup-Kalé est devenu pour les conteurs tatars une mine inépuisable de légendes merveilleuses; et j'aurais plus d'une histoire étrange à raconter, si je voulais renouveler ici tous les récits que nous firent nos guides." Interessant wäre es, diese Sagen zu sammeln, die auch vielleicht noch einige historische Reminiscenzen an die Krimgoten enthalten könnten. Das Gleiche wäre übrigens auch für die von J. G. Kohl, Reisen in Südrussland, Erster Theil, 1841, S. 196 erwähnten historischen Lieder nicht unmöglich. die von den Tataren von Zalta gesungen werden und sich grösstenteils auf die eigene Geschichte der Tataren beziehen.

---

4. Die Körperbeschaffenheit der Bewohner Gotiens.

Die Krimgoten haben wir uns natürlich ursprünglich mit ganz denselben körperlichen Merkmalen wie die Germanen überhaupt zu denken: von hohem Wuchse, mit blondem Haare und blauen Augen. Gerade die Bläue der Augen hebt Sidonius Apollinaris, Epistel aus Burdegala (8,9), an den nächsten Verwandten derselben, den im späteren Dänemark zurückgebliebenen Herulern hervor, die er „glaucis genis" und „algoso prope concolor profundo" nennt.

Eine Nachricht aber über die Körperbeschaffenheit der Krimgoten selbst giebt einzig und allein Busbeck und auch dieser nur eine sehr kurze. Derselbe erzählt in seinem bekannten Briefe, dass er schon, bevor er seine Gewährsleute hätte zu sich führen lassen, oftmals von dem Volke auf der Krim gehört hätte, das „ore denique ipso et corporis habitu" den germanischen Ursprung zur Schau trüge. Seinen Krimgoten schildert er dann als „procerior, toto ore ingenuam quandam simplicitatem praeferens, ut Flander videretur aut Batavus", seinen Krimgriechen aber als „brevior, compactiore corpore, colore fusco". Busbeck fand also das, was er von der germanischen Körpergestalt der Krimgoten hatte erzählen hören, durch den Unterschied wenigstens dieser beiden einzelnen Individuen in ihrer Statur bestätigt. Wichtig ist aber besonders seine Bemerkung über den Gesichtsausdruck des Krimgoten. Mit der „Art von natürlicher Einfachheit“, welche dieser im ganzen Gesichte trug, und die ihm das Aussehen eines Flämen oder Holländers verlieh, kann nur der Mangel an scharf geschnittenen Gesichtszügen, wie er bei nördlichen Völkern, besonders aber bei Germanen im Gegensatze zu südlichen Nationen so häufig vorkommt und so in die Augen fällt, gemeint sein. Da Busbeck schon früher oft gehört hatte, dass die Krimgoten „ore ipso“ den Deutschen glichen, so haben wir in seiner eigenen Beobachtung eine Bestätigung und genauere Bestimmung der ihm gemachten Angaben zu erblicken.

Bei dem Krimgriechen hebt Busbeck noch besonders hervor, dass derselbe „colore fusco“ gewesen sei. Er hat damit wohl auf die braune, dunkele Hautfarbe des Griechen, nicht aber oder doch nur nebenbei auf die dunkele Farbe seiner Haare nnd Augen hinweisen wollen. Denn wenn man einen Menschen nach seiner Farbe bezeichnet, so denkt man in der Regel nur oder zunächst doch nur an die Farbe seiner Haut. Und wie Busbeck die Worte „brevior, compactiore corpore“ parallel zu „procerior“ gesetzt hat, so steht dann doch auch wohl „colore fusco“ in einem gewissen Parallelismus zu „toto ore ingenuam quandam simplicitatem praeferens“. Zuerst gab Busbeck bei jedem der beiden Krimbewohner an, was ihm an dessen ganzem Körper, dann, was ihm speciell an dessen Antlitz aufgefallen war. Daraus, dass er den Krimgriechen „colore fusco“ nennt, ist zwar zu schliessen, dass der Krimgote eine hellere Hautfarbe als jener hatte, nicht aber mit Sicherheit, dass seine Hautfarbe so hell wie die eines gewöhnlichen Germanen gewesen wäre. Da Busbeck aber über einen Unterschied in der Hautfarbe zwischen den Krimgoten und übrigen Bewohnern der Krim früher nichts gehört hatte, so kann derjenige zwischen den von ihm selbst gesehenen beiden Personen sehr wohl nur individuell gewesen sein.

Gleichviel ob „colore fusco“ sich auf die Haare und Augen des Krimgriechen mitbeziehen mag oder nicht, es ist merkwürdig, dass Bussbeck weder aus eigener Anschauung etwas über die Farbe der Haare und Augen gerade seines Krimgoten noch nach Hörensagen etwas über die entsprechenden Eigenschaften des ganzen krimgotischen Volkes berichtet. Blondes Haar und blaue Augen würdten doch aber gerade bei einem Südländer haben auffallen müssen und würden bei einem ganzen südlichen Volke wohl das allerauffallendste Merkmal gewesen sein, das zugleich von allen körperlichen Eigenschaften desselben auch am meisten an seine germanische Abkunft erinnert hätte. Demnach scheint sowohl der von Busbeck gesehene Krimgote wie auch bereits der grösste Teil seines Volkes dunkele Haare und Augen besessen zu haben. Da diese Färbung in vielen Teilen Deutschlands vorherrscht und auch wohl bei Flämen und Holländern häufig auftritt, so konnte dieselbe weder bei Busbecks Berichterstattern noch später bei ihm selbst eine Störung des Eindrucks, dass die Krimgoten noch einen germanischen Typus besässen, verursachen. Wenn freilich die Ähnlichkeit in der Einfachheit der Gesichtszüge noch zwischen den Krimgoten damaliger Zeit und Deutschen oder Niederländern vorhanden war, so wird man sich erstere wohl im allgemeinen wenigstens noch mehr mit braunem als mit schwarzem Haare vorzustellen haben, da wenigstens im grossen und ganzen mit zunehmender Dunkelheit des Haares auch die Gesichtszüge ausdrucksvoller und schärfer ausgeprägt zu werden pflegen. Die Rassenverschmelzung der Krimgoten mit den sie umgebenden Völkern scheint also zu Busbecks Zeit zwar schon bis zu einem gewissen Grade geführt worden, aber ihrer Vollendung noch ziemlich fern gewesen zu sein. Allerdings bezieht sich das nur auf diejenigen Krimgoten, die ihre Sprache noch gewahrt hatten, während die übrigen auch ihre Rassenmerkmale schon ganz verloren gehabt haben werden. Wie sehr sich aber die Zahl der krimgotisch Sprechenden, der Kopfzahl des Volkes, im Laufe eines Jahrtausends verringert hatte, ergiebt sich daraus, dass die Krimgoten nach Prokop De aed. III, 7 p. 262 zu Justinians Zeit 3000 waffenfähige Männer hatten, nach Busbeck aber zu seiner Zeit dem Chan der Krim im Kriegsfalle 800 Mann stellen mussten.

Ist Busbeck der erste und letzte, der uns über die Körperbeschaffenheit der Krimgoten eine Angabe macht, so besitzen wir wenigstens über den Typus der späteren, tatarisch sprechenden Bewohner des ehemaligen Gotiens eine ganze Reihe von Nachrichten, die sämmtlich in Reisebeschreibungen stehen. Alle diese Berichte stimmen darin überein, dass sie die Tataren der südlichen Gebirge in der Krim von der Hauptmasse des tatarischen Volkes auf das schärfste unterscheiden. Die Nachrichten mögen hier in chronologischer Ordnung einander folgen.

Die älteste Stelle, die zwischen verschiedenen Tataren am

schwarzen Meere einen Unterschied nach ihrer Körperbeschaffenheit macht, steht in Ernst Kleemann's Reisen in den Jahren 1768—70, mitgeteilt von Michael Fiedler, wo S. 210 f. von den „Nogew-Tartaren“ gesagt wird: „Sie unterscheiden sich in vielen Stücken von den Krim-Tartaren, besonders im Gesichte. Sie haben kleine, tief liegende Augen, eine gebogene Nase, wenig Bart, und sehen fast alle einander gleich; jene aber sind regelmässig schön gebildete Menschen.“ Unter den „Nogew-Tartaren“ sind offenbar die Nogay-Tataren zu verstehen. Dass unter diese aber überhaupt die Tataren der Krim mit Ausnahme der Bewohner der südlichen Gebirge einzubegreifen, mit den „Krim-Tataren“ aber nur eben die Bewohner der südlichen Gebirge von Kleemann gemeint sind, erhellt aus einem Vergleiche mit den folgenden Stellen.

Unter diesen ist zunächst Schlatter, S. 454 f. zu nennen, wo es folgendermassen heisst: „Die Tataren, welche das taurische Gebirge und die Südküste der Krimm bewohnen, sind in Hinsicht ihrer Bildung, Lebensart und Sprache von den Nogayen sehr verschieden. Sie scheinen mit Mongolen weniger als vielleicht mit Türken und Genuesen vermischt zu sein und mehr zur kaukasischen Race zu gehören.“ Nachdem Schlatter dann weiter unten von der Sprache der Gebirgstataren bemerkt hat: „Sie weicht ein wenig von dem Tatarischen ab, welches an der nördlichen Seite des taurischen Gebirges gesprochen wird“, fährt er fort: „Die krimmschen Tataren, von den Nogayen als Unächte und Bastarde gering geachtet, lachen nicht wenig über die Sprache der Tataren“. Hier werden also gleichfalls speciell die Bewohner der südlichen Küstengebirge der Krim mit dem Namen „krimische Tataren“ belegt, die übrigen Tataren der Krim aber im Gegensatze dazu zuerst „Nogayen“ und dann kurzweg „Tataren“ genannt.

Am ausführlichsten spricht über den körperlichen Gegensatz der beiden Arten Tataren M. Anatole de Demidoff, Voyage dans la Russie méridionale et la Crimée, T. II, Paris 1842 p. 731 ff. Die Ausführungen desselben über diesen Gegenstand mögen hier mit Fortlassung des grössten Teiles der historischen Einleitung und der Bemerkungen über die Rassenmischung der nogaischen Tataren aus Türken und eigentlichen Mongolen folgen:

„Il y a donc en Crimée deux peuples appelés Tatars: ceux de la partie plate ou des steppes, qui sont les Tatars-Nogaïs, peuples de la race mongole, et ceux de la partie montagneuse, qui sont de la race turque.

D'après la relation de Rubruqis, relative à la Crimée, il ne commença à rencontrer les Tatars que lorsqu'il eut traversé les montagnes: ces Tatars étaient évidemment ceux des hordes de Batou-Khan, peuple habitué à vivre dans les steppes, et qui, pour cette raison, ne s'est jamais établi dans les montagnes . . .

Les caractères physiques de ces Tatars sont ceux de la race mongole. Ils ont le visage plat et carré, le front saillant, les sourcils noirs, les yeux petits, enfoncés et obliques, le nez court et épaté, les lèvres épaisses, très-peu de barbe, et le poil de celle-ci et généralement droit et roide, au lieu d'être frisé comme celui de la barbe des autres peuples de la Crimée. Leur taille est généralement d'environ cinq pieds trois pouces (1 mètre, 705); elle est épaisse, ramassée et annonce une robuste constitution.

D'un autre côté, les Tatars de la Crimée méridionale ou des montagnes, que l'on doit classer parmi les Turcs, sont en général plus beaux que la plupart des Turcs. Il sont évidemment le résultat du croisement de plusieurs races. Nous avons vu que les Kimri, à la tête longue, au front large, et au nez recourbé; que les Grecs, aux beaux traits de la race caucasique; que les Goths, race blonde; que les Khazars, remarquables par leur beauté; que les Koumans enfin, beau peuple de la race turque, avaient dominé tour à tour en Crimée. Le mélange de ces races a nécessairement produit le peuple turc, que l'on nomme les Tatars méridionaux . . . . .

Ce peuple turc a cependant, en général, les principaux traits de la race turques le visage ovale, les yeux bruns, moyens et beaux, les sourcils arqués, le nez droit ou un peu arqué, le menton rond, la barbe ordinairement bien fournie, noire ou brune comme les cheveux, et se terminant en une masse arrondie et ondulée. Un caractère propre à la race turque, et qu'il a conservé, c'est la petitesse de la main et du pied. Nous sommes porté à croire que la souche dominante de ce peuple est le mélange des Khazars et des Koumans. Cependant, malgré le croisement de différents peuples dont il est le résultat, il a tellement le caractère turc, que lorsque, après avoir parcouru la Crimée, nous arrivâmes à Constantinople, nous fûmes tous frappés mes compagnons de voyage et moi, de la ressemblance qui existe entre le peuple de la capitale de l'empire turc et celui que nous venions quitter."

Die Tataren im alten Gotien werden ferner von Karl Koch von den übrigen Tataren scharf unterschieden. Derselbe sagt, Die Krim und Odessa, Leipzig 1854, S. 66 folgendes: „Während meines längeren Aufenthaltes auf der Südküste hatte ich vielfach Gelegenheit mich mit den dortigen Bewohnern bekannt zu machen. Sie führen zwar ebenfalls den Namen der Tataren, unterscheiden sich aber wesentlich von denen der nördlichen Ebenen. Es ist gar keine Frage, dass sie eines ganz anderen Ursprungs sind und vielleicht keinen Tropfen mongolisch-tatarischen Blutes in sich haben. In der Grösse stimmen sie noch am Meisten mit ihren Glaubensgenossen überein, aber in Physiognomie und Körperconstitution weichen sie so sehr ab, dass ihre Verschiedenheit schon allen und selbst den oberflächlichsten Reisenden aufgefallen ist. Ich weiss freilich nicht, wie die Gothen ausgesehen haben, und will auch garnicht mit Bestimmtheit aussprechen, dass die Tataren des Gebirges gothischen Ursprungs sind. Viel Ähnlichkeit besitzen allerdings die letzteren mit den Griechen. Die Männer sind im Allgemeinen zwar klein, aber sonst recht hübsch, nur etwas untersetzt, und besitzen stets eine edle Physiognomie."

Zu diesen Citaten sind endlich noch zwei Stellen bei Remy zu fügen. S. 66 schildert derselbe eine Reihe tatarischer Frauen und Töchter, die er zu Baktschisaray zufällig unverschleiert sah, in folgender Weise: „. . . . . die über der Nase zusammenlaufenden gefärbten Augenbrauen, welche dem Gesicht einen Ausdruck stereotypen Erstaunens verleihen, die zur Hälfte gelb gefärbten Nägel, der weisse zierliche Fuss konnten mir nicht entgehen. Gesichter und Gestalten von überraschender Schönheit flohen wie Nebelgebilde an mir vorüber. Die Züge der meisten waren regelmässig, sanft, ausdrucksvoll; die Farbe sehr weiss, die Haare sämmtlich blauschwarz . . . . Ich konnte mich der Überzeugung nicht verschliessen, dass der mongolische Typus, durch starke Beimischung griechischer und gothischer Elemente, seine charakteristischen Kennzeichen hier vollständig verloren und sich aus dieser Kreuzung . . . die edelen Gestalten . . . . möchten erklären lassen . . . . Meine flüchtigen Bemerkungen aus dem Sackgässchen fand ich später an der Südküste vollständig bestätigt, ... wo es fremden Männern bereits gestattet ist, den tatarischen

Damen im Innern ihrer Häuslichkeit die Hand zu drücken, mit den unverschleierten zu scherzen."

S. 69 fügt Remy dazu noch folgendes: „Diese pelzmützigen Tatarenbübchen sind der breitschultrigste, hochbrüstigste Menschenschlag, der mir jemals vorgekommen ist. Sie sind in der Mehrzahl bildschön, wie denn der Tatar in Baghtschi-Ssarai und auf der Südküste überhaupt ein schöner Mann ist und confiscirte Mongolengesichter überhaupt nur ganz ausnahmsweise vorkommen. Der nogaische Schlag im Norden der Halbinsel und selbst noch bis Karassu-Bazar hat seinen Mongolentypus unverkennbar ziemlich treu bewahrt; solche schräge Triefaugen wie dort findet man hier gar nicht." („Triefaugen" wohl verdruckt für „Tiefaugen".)

Die Mitteilungen der verschiedenen Reisenden entsprechen zwar insofern ganz unseren Erwartungen, als sie die Tataren des südlichen Gebirgslandes der Krim von den echten Tataren auf das schärfste unterscheiden und denselben den mongolenähnlichen Typus dieser vollkommen absprechen, bereiten uns aber eine vollständige Enttäuschung darin, dass sie jenen Gebirgstataren von den specifischen Merkmalen der germanischen Rasse, der hohen Gestalt, dem blonden Haare und den blauen Augen gerade das Gegenteil zuschreiben. Es kann keinem Zweifel unterliegen, dass der Typus der Gebirgstataren einer sehr starken Mischung der Krimgoten mindestens bis zur Hälfte mit mindestens einer anderen Rasse, die nur nicht tatarisch gewesen sein kann, seine Entstehung verdankt. Dass sich die dunkele Farbe der Haare und Augen bei den Nachkommen der Krimgoten nicht wohl auf Klima und Bodenbeschaffenheit zurückführen lässt, zeigen Beispiele wie die Osseten, die mitten unter den dunkelhaarigen Kaukasusvölkern blond geblieben sind (vgl. S. 7). Höchstens könnte vielleicht das Klima bei eintretender Rassenmischung den dunkelen Typus etwas mehr begünstigt haben.

Von Völkern, welche diesen Typus bei den Nachkommen der Krimgoten durch Mischung mit denselben herbeigeführt haben können, kommen in der Hauptsache wohl nur zwei, die Griechen und die Osmanen, in Betracht. Koch hebt ja die Ähnlichkeit der Bergtataren mit den Griechen, Demidoff die mit den Osmanen hervor. Was die ersteren betrifft, so hatten ja dieselben schon im frühen Altertume eine Reihe von Küstenstädten in der Krim gegründet. Im späten Mittelalter aber scheinen sie noch einen sehr bedeutenden Zuzug erhalten zu haben, wie sich aus folgender Erwägung ergiebt: Die Mundart der Mariupoler Griechen, die ja aus der Krim stammen, gehört, wie mir Herr Dr. Thumb mitteilt, zur Gruppe der pontischen Dialekte, welche, wie er sich selbst überzeugt habe, den übrigen Griechen kaum verständlich seien; auch Herr Dr. Foy bezeichnet das Griechisch der Krim überhaupt als mit dem Trapezuntischen nahe verwandt. Es ist nun aber nicht gut denkbar, dass der Verkehr zwischen dem Kaisertume Trapezunt und der Küste der Krim (vgl. S. 219 f. und Braun 42) ein derartig starker gewesen sein sollte, dass derselbe allein zu einer so tief gehenden Beeinflussung der Sprache ausgereicht hätte. Selbst falls die südliche Krim — was, wenn es überhaupt jemals der Fall gewesen sein sollte, wegen der baldigen Ausdehnung der genuesischen Herrschaft nicht lange gewährt haben kann — als trapezuntisches Gebiet von einem Heere trapezuntischer Beamten verwaltet worden wäre, so hätten doch diese der trapezuntischen Mundart schwerlich eine Verbreitung schaffen können, da sie sich selbst als offizieller Sprache — wie das ja bei den Griechen des Mittelalters allgemein der Fall war — höchstwahrscheinlich nur der Κοινή, einer im wesentlichen altgriechischen Mundart, bedient haben würden. Man wird daher kaum umhin können, die Umbildung des krimischen Griechisch zu einem trapezuntischen Dialekte auf eine starke Einwanderung aus dem Kaisertume Trapezunt in die Krim zurückzuführen. Wahrscheinlich sind in der Zeit vom 13. bis zum 15. Jahrhundert mehr Griechen in die Krim eingewandert, als bereits zuvor auf der Halbinsel gewohnt hatten.

Auf diese Weise konnte aber auch die auf dem Lande sitzende gotische Bevölkerung griechischen Zuzug erhalten und infolgedessen auch griechisches Blut in sich aufnehmen. Scheinen doch die Krimgoten zum Teile auch sprachlich völlig gräcisiert worden zu sein, wie das doch wohl bei dem wirklich griechisch sprechenden Teile der sogenannten Mariupoler Griechen, die nach Braun 75 aus den Dörfern des südlichen Küstenstriches und östlichen Teiles des Gebirgslandes der Krim und nur nicht aus dem „Herzen des Gotenlandes“ gekommen sind, der Fall gewesen ist. Wie aber die krimgotische Sprache durch die griechische nur eingeengt wurde, den Fall aber des Kaisertums Trapezunt wie des eigenen Staates noch lange überdauert hat, so hatte sich auch die krimgotische Bevölkerung wenigstens zu Busbecks Zeit auch rassenhaft noch keineswegs der griechischen vollständig assimiliert. Wenn aber von den beiden Abgesandten aus der Krim, die Busbeck in Konstantinopel zu sich führen liess, der geborene Gote seine Muttersprache vergessen, der geborene Grieche aber neben seinem Griechisch auch gotisch erlernt hatte, so zeigt sich an diesem Beispiele so recht, wie Angehörige dieser beiden durch das Band der gemeinsamen Konfession geeinten Nationen auch noch nach dem Aufhören der griechischen Zuwanderung aus Trapezunt durch einander gewürfelt werden konnten. Auf diese Weise lässt sich die schon im 18. Jahrhunderte vollständig durchgeführte Rassenveränderung der Krimgoten lediglich aus einer Mischung mit Griechen erklären. Die Annahme einer Mischung mit Osmanen aber ist wohl nicht nur an sich unnötig, sondern auch deshalb nicht wahrscheinlich, weil sich osmanische Kolonisten wenigstens nicht in erheblicher Anzahl auf der Krim niedergelassen zu haben scheinen (vgl. S. 208).

Nach Remy zeigen auch die Einwohner der ehemaligen tatarischen Residenz Baktschisaray ganz den Typus der Bergtataren, wie ja die Stadt auch schon mitten im Gebirge liegt. Demnach können zur Gründung Baktschisarays die in der krimischen Steppe nomadisierenden nogaischen Tataren, wenn überhaupt, so nur zum geringen Teile, herangezogen worden sein. Da die Stadt 1252 gegründet wurde (S 219), so werden eben in der Nähe wohnende Griechen und rassenhaft in denselben wahrscheinlich bald aufgegangene Goten zur Ansiedelung herangezogen worden sein. Erst 1475 wurde das von Baktschisaray südlich gelegene Fürstentum Gotien osmanisch. Sehr fraglich aber muss es erscheinen, ob denn aus diesem Gebiete viele Osmanen in die tatarische Hauptstadt eingewandert sind. Selbst wenn Baktschisaray gleichfalls den osmanischen Dialekt der südwestlichen Krim sprechen sollte (es wäre nicht unwichtig, diese Frage an Ort und Stelle zu entscheiden), so könnte das einfach auf einem stärkeren Verkehre der sesshaften Gebirgstataren unter einander als mit den nomadisierenden Steppentataren beruhen. Im anderen Falle aber würde der rein tatarische Dialekt eine Blutmischung mit Osmanen sehr unwahrscheinlich machen. Auch dies würde dann aber auch bei den rassenhaft den Einwohnern Baktschisarays gleichenden heutigen Bewohnern des eigentlichen Gotiens die Annahme einer Mischung mit Osmanen ganz unnötig erscheinen lassen.

Von anderen dunkelhaarigen Völkern der südwestlichen Krim, die sich mit den Krimgoten vermischt haben könnten, liesse sich vielleicht noch an die Armenier denken. Doch lebten diese, obwohl sie in jenen Gegenden sehr zahlreich waren, fast nur in Städten (Braun 71 f.), von wo sie zusammen mit den „Griechen" auf russisches Gebiet ausgewandert sind. Da sie sich auch wegen ihres Religionsbekenntnisses von den griechischen Katholiken der Krim meistens getrennt gehalten haben werden, so dürften sie sich auch nur in sehr geringer Anzahl mit den Krimgoten vermischt haben.

Aufgegangen in dem Mischvolke der Bergtataren könnten dagegen in der Krim angesiedelte Genueser sein. Wenn sich unter den nach Russland im Jahre 1778 auswandernden Christen auch römische Katholiken befunden haben (Braun 70), so sind das vielleicht zum grossen Teile Nachkommen genuesischer Ansiedler gewesen. Als eigene Nation aber erscheinen hier keine Genueser mehr neben den Griechen (wozu auch die tatarisch sprechenden Nachkommen der Krimgoten gerechnet wurden), Armeniern, Walachen und Grusiern (Braun 72). Hatten sich aber überhaupt Genueser auch im genuesischen Gotien dauernd angesiedelt, so kann natürlich auch ein Teil derselben muhamedanisch geworden und in den Bergtataren aufgegangen sein. Doch umfasste das genuesische Gotien eben nur den südlichsten Küstenstrich der Krim. Da aber die Bergtataren des gesammten Gotiens den gleichen Typus aufweisen, so ist eine Annahme genuesischer Beimischung auch für das genuesische Gotien mindestens nicht notwendig.

Dagegen müssen auch einmal Tscherkessen in Gotien eingewandert sein. Seymour, Russia on the Black Sea, London 1856 p. 145 sagt darüber: „A tributary of the Belbek leads down a wild valley from Mangoup to Koráles . . . . and a little to the west of Koráles is Tcherkess Kerman, or the fortress of the Tcherkess, and Tcherkess Tus, the plain of the Tcherkess, and the river Kabarda." Wenn hier ein besonderer Ort in Gotien eigens mit dem Namen der Tscherkessen benannt worden ist, so spricht dies eher dafür, dass dieser Punkt die einzige tscherkessische Kolonie daselbst gebildet hat, als dass noch mehrere solcher Art vorhanden waren. Aller Wahrscheinlichkeit nach ist die tscherkessische Einwanderung in Gotien von nur so geringem Umfange gewesen, dass sie auf die Rassengestaltung der Bergtataren keinen nennenswerten Einfluss auszuüben vermocht hat.

Während die genannten Völker, Osmanen, Armenier, Genueser, Tscherkessen zum Siege des dunkelen Typus der Griechen über den blonden der Krimgoten immerhin etwas beigetragen haben könnten, kann eine andere Nation der Krim, die Alanen, die in ihrem Äusseren, auch in ihrer Schlankheit, den Germanen vollständig glichen (vgl. S. 6), diesen Sieg nur erschwert haben. Aber auch in den beiden Alanien der Krim hat sich, soviel bekannt ist, nirgends der blonde Typus erhalten, weder in dem östlich von Gotien gelegenen, zwischen Aluschta und Kaffa (Tomaschek 7), noch in dem nordwestlich davon befindlichen, nördlich von Cherson (Tomaschek 49). In ersterem Gebiete haben sich hauptsächlich die Griechen, im letzteren, das zur Steppe gehört, die nogaischen Tataren die Alanen rassenhaft assimiliert. In der westlichen Steppe der Krim waren die Alanen wohl von jeher nur dünn verbreitet; zwischen Aluschta und Kaffa aber werden sie wie die Krimgoten dem griechischen Bevölkerungszuwachse aus Trapezunt erlegen sein.

Gleichwohl existieren im Gebirgslande der Krim einige Dörfer, deren Einwohner noch jetzt blondes oder hellbraunes Haar haben oder wenigstens noch Ende des vorigen Jahrhunderts im Gegensatze zu allen anderen Krimbewohnern gehabt haben. Und Tomaschek 6 ff. hat denn auch in diesem Haare noch den blonden Typus der Goten und Alanen zu erkennen geglaubt. Wir werden indess zu prüfen haben, ob auch wirklich Pallas' Nachrichten, auf die er sich stützt, seine Auslegung oder eine andere erfordern.

Pallas sagt an der ersten der beiden herangezogenen Stellen (II, 148 ff.) folgendes: „Die Berg-Tataren der drey Dörfer Kikeneis, Limena und Simäus haben, unter allen Bewohnern der Krym eine ganz ausgezeichnete und ungewöhnliche Gesichtsbildung. Ausserordentlich lange Gesichter, welche über alle Proportion lange und krumm gewölbte Nasen haben, und seitwärts platt zusammengedrückte hohe Köpfe machen die meisten von ihnen zu wahren Carricaturen, und die mässigsten unter ihnen sehen wenigstens den Abbildungen der Satyren ähnlich . . . . . Ich lasse es dahin gestellt seyn, ob diese besonders gebildeten Dorfgemeinden Überbleibsel von den alten Genuesischen Bewohnern der Krym, oder von irgend einer anderen Nation sind, die sich hier in die rauhesten Felsengegenden der südlichen Küste zurück gezogen und isolirt haben, und deren besondere Gesichtsbildung dadurch rein erhalten worden ist. Merkwürdig ist dabey, dass diese Tataren fast durchgängig hellbraune, röthliche oder gar blonde Haare und Bärte haben, welches sonst in der Krym ungewöhnlich ist.“ Die zweite Stelle, die sich auf die Einwohner Alupkas bezieht (II, 158), lautet: „Die hiesigen Tataren haben mit denen von Simäus und Limena eine fast gleiche, besondere Gesichtsbildung, auch ebenso mehrentheils lichtbraune und wohl gar blonde Haare, die sonst unter den Krymischen Tataren, so wie unter Griechen und Türken höchst selten bemerkt werden. Sie sind auf den Füssen überaus leicht und hüpfen im Gehen von Stein auf Stein, wie Tänzer, fort.“

Wir ersehen aus den Nachrichten, dass die Tataren der vier Dörfer noch weit mehr durch ihren sonderbaren Gesichtstypus als durch ihr blondes oder hellbraunes Haar sowohl von den übrigen Bergtataren wie von den Steppentataren abgestochen haben müssen. Es wird daher zunächst darauf ankommen, zu bestimmen, von welcher Rasse und Nation diese Gesichtsformen herrühren. Tomaschek hat hier 3 f. auf die Nachrichten der Alten über die Μακροκέφαλοι verwiesen, welche in der Nähe der Kolchier gehaust haben sollen, sowie auf die Schädel mit makrokephalem oder richtiger hypsobrachykephalem Typus, die auf dem Boden Tauriens, namentlich in den Grabhügeln von Kertsch, gefunden worden sind. Ferner bemerkt derselbe an der Hand verschiedener Abhandlungen von Anthropologen, dass der betreffende Typus eine Folge künstlicher, mit den neugeborenen Kindern vorgenommener Schädelverbildung wäre, eine uralte Sitte, die sporadisch auf sehr weit von einander entlegenen Gebieten aufträte (z. B. auch in Peru und in den rheinischen Reihengräbern des 5. und 6. Jahrhunderts, die man den Hunnen zuschriebe) und ebenso wenig wie andere Gebräuche der primitiven Menschheit Rassengleichheit bezeugte. Doch läge kein Grund vor, die makrokephalen Schädel der Krim der dortigen Urbevölkerung der Taurer abzusprechen.

Nun muss es freilich fraglich erscheinen, ob sich eine solche künstliche Körperverbildung auf die Dauer oder auch überhaupt nur hat vererben können. Die Frage an sich muss natürlich der

Anthropologie und Biologie zur Entscheidung überlassen werden. Doch mag hier wenigstens auf ein Moment hingewiesen sein, das vielleicht gegen die Annahme Tomascheks sprechen könnte. Wenn die betreffenden Tataren auch „über alle Proportion lange und krumm gewölbte Nasen" hatten, so ist das eine natürliche Rasseneigentümlichkeit, die zu den ausserordentlich langen Gesichtern proportionell gut zu passen scheint. In jedem Falle dokumentieren sich diese Tataren durch die besonderen Formen ihrer Nasen als eine besondere Rasse der Krim, sei es nun, dass ihre langen Gesichter und platt zusammengedrückten Köpfe gleichfalls als Eigentümlichkeit ihrer Rasse oder als nicht durch Blutmischung, sondern künstlich erworbene Eigenschaft ihres Volkes zu betrachten sind.

Natürlich können diese Tataren keine Nachkommen der Genueser sein (die nach Pallas auch einmal den Brauch dieser Schädelverbildung gehabt haben), sondern eben nur „Überbleibsel einer anderen Nation, die sich in die rauhesten Felsengegenden der südlichen Küste zurückgezogen und isoliert haben, und deren besondere Gesichtsbildung dadurch rein erhalten worden ist". Die Dörfer jener rauhesten Felsengegend befinden sich sogar auf der äussersten Südspitze der Krim und zugleich in der Südwestecke derselben, so dass wir hier alle Merkmale der Wohnsitze eines von anderen Nationen in den letzten erreichbaren und am schwersten zugänglichen Winkel seines Landes gescheuchten Volkes vor uns haben. Vor Einwanderung der Germanen in die Krim haben aber dort nur die Taurer im Gebirge, die iranischen Skythen und Sarmaten in der Steppe und die Griechen an der Küste gewohnt (Tomaschek 1 ff.). Gegen skythische oder sarmatische Abkunft jener Tataren spricht aber, gesetzt, dass ihre Gesichtsform auf Vererbung einer künstlich erworbenen Eigenschaft beruht, dann immer noch ihre ganz ungewöhnliche Nasenform, betreffs deren nichts ähnliches von den Osseten, den Nachkommen der den Skythen und Sarmaten so nahe verwandten Alanen, bekannt ist. Weder v. Klaproth, der Reise in den Kaukasus II, 567 noch J. G. Kohl, der Reisen in Südrussland, Dresden und Leipzig 1841, I, 294 noch Lapinski, der Bergvölker des Kaukasus, Hamburg 1863, I, 70 die Blondheit der Osseten im Gegensatze zu den übrigen Kaukasusvölkern hervorhebt, weiss etwas dergleichen. Speciell Klaproth, der II, 77 auch auf den Unterschied der Gesichtsbildung der Osseten von den übrigen Kaukasusvölkern hinweist, würde doch wohl diesen Typus, wenn er so merkwürdig wie derjenige der Tataren Alupkas u. s. w. gewesen wäre, wenigstens mit ein paar Worten näher geschildert haben. Auch würde Prokop D. b. Vandal. I, 3 die Alanen wohl nicht irrtümlich ein gotisches Volk genannt haben, wenn sie nicht ganz wie die übrigen „gotischen Völker“, denen er I, 2 gemeinsame körperliche Eigenschaften zuschreibt, und die er unter anderem dort auch ἀγαθοὶ τάς ὄψεις nennt, ausgesehen hätten. Auch hat der Teil der Alanen, der sich überhaupt von den skythischen Völkern im Gebirgslande der Krim niedergelassen, nur westlich bis Aluschta gewohnt (Tomaschek 7). Die Griechen aber können selbstverständlich überhaupt nicht als Vorfahren jener Tataren in Betracht kommen.

So bleiben in der That nur die Taurer, die Urbewohner des Gebirgslandes übrig. Und dass wir speciell in und um Alupka noch am ehesten Taurer finden dürften, dafür spricht noch besonders der Umstand, dass die einzige uns erhaltene taurische Glosse βριξάβα · κριοῦ μέτωπον (in der anonymen Schrift Περὶ ποταμῶν καὶ ὀρῶν ἐπωνυμίας 14, 4), auf die Tomaschek 3 als einzigen taurischen Sprachrest aufmerksam macht, gerade den taurischen Namen des von Alupka aus vorspringenden Vorgebirges „Kriu Metopon“ enthält. An der taurischen Abkunft der Tataren von Alupka, Kikeneis u. s. w. wird daher wohl nicht zu zweifeln sein.

Nach Bestätigung dieses Resultats werden wir weiter zu fragen haben, ob Tomaschek auch darin im Rechte ist, wenn er die Blondheit dieser Tataren nicht gleichfalls von den Taurern, die schwarzes Haar gehabt hätten, sondern von den Goten und Alanen herleitet. Was zunächst die Alanen betrifft, so können diese hier schon deshalb nicht in Betracht kommen, weil ihr Verbreitungsgebiet überhaupt nicht bis in die Gegend von Alupka gereicht hat (vgl. oben). Anders steht es hier mit den „Krimgoten“, in deren Land (Gotien) auch jene kleine Küstenstrecke einbegriffen war. Gesetzt nun, dass sich jene Dorfbewohner aus Taurern und Krimgoten gemischt hätten, so wäre es doch höchst sonderbar und müsste auf ganz merkwürdigen Gesetzen der Kreuzung beruhen, wenn die Krimgoten bei ihrer Mischung mit den schwarzhaarigen Griechen mit ihrer sonstigen Körperbeschaffenheit auch ihr blondes Haar eingebüsst, bei ihrer Mischung mit schwarzhaarigen Taurern aber gleichfalls ihre sonstige Körperbeschaffenheit verloren, aber doch ihre Blondheit sich gewahrt haben sollten. Dass überhaupt das helle Haar und die sonderbaren Gesichtsformen jener Tataren als Eigentümlichkeiten derselben Rasse zu einander in Wechselbeziehung stehen, folgt wohl auch aus einem Vergleiche der Worte, die Pallas von den Bewohnern der ersten drei Dörfer und derer, die er von denen Alupkas gebraucht. Letzteren wird einerseits eine nur „fast gleiche“ Gesichtsbildung mit den Tataren von Simäus und Limena, andrerseits nur „mehrentheils“ lichtbraunes oder wohl gar blondes Haar zugeschrieben, während von den Tataren von Kikeneis, Limena und Simäus gesagt wird, dass sie „fast durchgängig“ hellbraune, rötliche oder gar blonde Haare und Bärte hätten. Danach hat es allen Anschein, als ob die blonden Bewohner Alupkas sich schon etwas mit der schwarzhaarigen und regelmässige Züge aufweisenden krimgriechischen Rasse vermischt und dadurch sowohl etwas von ihrer Haarfarbe wie von ihrem sonderbaren Gesichtstypus eingebüsst hatten (wenn auch, wie es begreiflich ist, von ersterer mehr als von letzterem). Beruhte das blonde Haar dieser Bergtataren auf einer Mischung mit Germanen, dann müsste doch die Häufigkeit seines Vorkommens zum Hervortreten des taurischen Gesichtstypus im umgekehrten Verhältnisse stehen. Dazu kommt, dass in die äusserste Südspitze und rauheste Felsengegend der Krim gerade die wenigsten Germanen gedrungen sein dürften. Ja, aller Wahrscheinlichkeit nach haben sich auch die Reste der Taurer erst vor den Germanen in jenen unzugänglichsten Winkel ihres Landes geflüchtet, da das Steppenvolk der Skythen und Sarmaten, neben denen die Taurer noch lange im Altertume als Krimbewohner genannt werden, überhaupt niemals auf die Dauer in das Gebirge eingebrochen sein wird, die Griechen aber von Süden gekommen waren.

Für Mischung der Taurer mit Germanen in den blonden Bergtataren kann es auch nichts beweisen, was Tomaschek 5 f. über ihre von Pallas bezeugte Benennung als „Tat“ seitens der eigentlichen Tataren bemerkt. Allerdings spricht Pallas II, 150 von dieser Bezeichnung, nachdem er dicht vorher seine Schilderung der Bewohner von Kikeneis u. s. w. gegeben hat, aber doch mit klar ausgesprochener Beziehung auf alle Tataren des südlichen

Ufers. Die Stelle lautet wörtlich: „Gewiss ist es übrigens, dass alle jetzt für Tataren geltende Bewohner der Dörfer des südlichen Ufers, Abkömmlinge von anderen Nationen sind, die dahin gedrängt oder seewärts dahin gekommen waren, und dem Tatarischen, besonders aber dem Mongolischen Stamme fremd sind; weswegen sie auch von den eigentlichen Krymischen Tataren für Fremdlinge gehalten und mit dem verächtlichen Namen Tat belegt werden." Es konstatiert das nur ebenfalls den Unterschied in Typus und Abstammung zwischen allen Bergtataren und den Steppentataren und erinnert an die Worte Schlatters S. 155, wonach erstere von letzteren als Unechte und Bastarde verachtet werden. Und wenn Schiltperger speciell die Krimgoten bei den „Heiden" den Namen „Tat" führen lässt, so waren diese eben zu seiner Zeit neben den Griechen, die aber nur in der Krim unter diesen Namen einbegriffen werden konnten, und für die Schiltperger überhaupt keinen bei den „Heiden" geltenden Namen anführt, das zahlreichste nichttatarische Volk der Krim. Wenn sich aber, worauf Tomaschek noch verweist, die noch griechisch sprechenden Ansiedler um Mariupol (vgl. S. 209) sogar selbst heute „Tat" nennen, so konnten eben diese am leichtesten dazu kommen, den ihnen von den Tataren gegebenen Namen auch selbst auf sich anzuwenden, weil sie, die weder den Islam noch die tatarische Sprache angenommen hatten, wahrscheinlich am häufigsten von den Tataren „Tat" genannt sein werden.

Auch hat Tomaschek nicht erwiesen, dass die Taurer schwarzes Haar gehabt hätten. Von den Alten haben wir keine Nachricht über die Haarfarbe der Taurer, was damit zusammenhängen mag, dass man dieselben eben vielfach ihren skythischen Nachbarn zugerechnet hat. Tomaschek glaubte auch den Taurern nur wegen ihrer Verwandtschaft mit den schwarzhaarigen Kaukasusvölkern gleichfalls schwarzes Haar zuschreiben zu müssen. Aber die Annahme dieser Verwandtschaft hat er S. 5 f. keineswegs genügend begründet. Die entfernte Klangähnlichkeit des Namens der Taurer mit dem der pontischen Tibarer beweist natürlich noch weniger als die geographische Nähe Tauriens und des Kaukasus. Aber auch das Vorkommen ganz übereinstimmender megalithischer Denkmäler in Taurien und im Stromgebiete des Kubans kann auf Übertragung beruhen oder aber auf irgend ein prähistorisches Volk zurückgehen. Denkbar wäre es auch, dass ein den Taurern verwandtes Volk im Kaukasus von den Tscherkessen und anderen Kaukasusvölkern, die ja dorthin erst von den Indogermanen zusammengedrängt zu sein scheinen, teils ausgerottet, teils rassenhaft assimiliert worden wäre. Dies Volk würden dann wohl die von den Griechen so genannten Makrokephalen gewesen sein, die Hippokrates, De aëre 80 ff. unter den Nationen Asiens (ohne nähere geographische Bestimmung) nennt, und von denen er auseinandersetzt, dass sie früher der Sitte, ihren Kindern die Köpfe platt zu drücken, gehuldigt hätten: die langen Köpfe hätten sich dann durch die Natur vererbt; doch kämen dieselben nicht mehr so häufig wie früher vor, weil man sich um die alte Sitte nicht mehr kümmerte. Vielleicht deutet das nur gelegentliche Vorkommen der merkwürdigen Kopfform auf eine Rassenmischung. Auch Strabo bemerkt noch XI, p. 520, dass einige Kaukasusvölker sich bemühten, so langköpfig wie möglich zu erscheinen. Doch wie es mit der Verwandtschaft der Makrokephalen und Taurer auch stehen mag, so viel ist gewiss, dass die Taurer als Vorfahren der blonden Tataren in und bei Alupka nicht schwarzhaarig gewesen sein können.

Es ist ja auch a priori das weitaus Wahrscheinlichste, dass ein in die rauheste Felsengegend und den äussersten Winkel seines Landes zurückgedrängter winziger Rest einer besonderen Rasse in jeglicher seiner Körpereigenschaften eben den Typus dieser Rasse festgehalten hat. Auch hat es ganz den Anschein, als ob sich die Nachkommen der Taurer auch mit Griechen, in denen doch die Goten und Alanen rassenhaft vollständig aufgegangen sind, in Alupka nicht stark und in den übrigen Dörfern fast garnicht vermischt haben. Wenigstens wäre doch wohl bei einem Überwiegen griechischen Blutes in den Adern dieser Tataren eine Zurückdrängung des blonden Typus wie bei den Goten und Alanen wahrscheinlich gewesen, während allerdings die sonderbaren taurischen Gesichtszüge auch an sich grössere Widerstandskraft als die einfachen germanischen (und wohl auch alanischen) besessen haben mögen.

Die schwache Vermischung der taurischen Rasse auch mit Griechen ist wohl kaum in der geographischen Abgeschlossenheit ihrer Gebirgsdörfer begründet. Denn da die betreffenden Dörfer an der Südküste und sogar an der Südspitze des Landes lagen, so sollten sie doch an sich wohl eher als die Gebirgsdörfer bis an die Grenze der Steppe griechischen Zuzug erhalten haben. Es scheint ganz, als hätten die wenigen Taurer im Gegensatze zu den Goten und Alanen die Griechen möglichst von sich fern und sich überhaupt gegen alle anderen Nationen möglichst isoliert gehalten. Ja, es wäre nicht einmal unmöglich, dass dieselben, so gut es gehen wollte, ihre politische Selbständigkeit neben Goten und Alanen zu behaupten gesucht und zeitweilig auch wirklich behauptet hätten, wenn wir auch von dem winzigen Völkchen nichts in den Geschichtsquellen lesen. Wahrscheinlich haben sie wenigstens ihre eigene Sprache noch sehr lange erhalten. Eine je grössere Menge von Sprachen auf der Krim noch in früheren Jahrhunderten gesprochen wurde, desto leichter werden ja auch die S. 114 citierten Worte Rubruks von den vierzig Kastellen zwischen Cherson und Soldaia verständlich, von denen fast jedes sein eigenes Idiom gehabt hätte. Wir wissen aber bisher dort nur vom Griechischen, Alanischen, Krimgotischen und Tscherkessischen (bei Mankup, vgl. S. 236). Wenn auch Rubruks Ausdrucksweise sicher eine übertreibende ist, so fällt doch seine Übertreibung weniger auf, wenn eben noch mehr als die genannten vier Idiome im Gebirgslande der Krim gesprochen worden sind.

Die taurische Sprache mag vielleicht überhaupt nicht früher als die krimgotische erloschen sein, d. h. auch erst im 18. Jahrhunderte ihren Untergang gefunden haben. Erst die türkische Verwaltung dürfte hier wie bei den Krimgoten den Sprachwechsel herbeigeführt haben, unter welcher aber das Taurische auch noch eben so lange wie das Krimgotische hinvegetiert haben könnte. Und vielleicht haben sich sogar im tatarischen Dialekte der einstigen Taurer noch einige Spuren der taurischen Sprache erhalten, was bei der Abgeschlossenheit des taurischen Volksrestes immerhin leichter möglich als eine Erhaltung von Spuren der krimgotischen Sprache im Tatarischen des eigentlichen Gotiens sein könnte. Ein solches noch aus dem Taurischen überkommenes Wort ist vielleicht das von Pallas II, 159 genannte *Sabon*, womit die Bewohner Alupkas den von ihnen abweichend von den übrigen Tataren gebrauchten kleinen Pflug ohne Räder bezeichnen. Vielleicht hatte auch das Krimgotische zahlreiche Entlehnungen aus dem Taurischen aufgenommen, und liegt die Vermutung nicht fern, dass sich der Mangel einer genügenden Erklärung eines grossen oder des grössten Teils der von Busbeck mitgeteilten krimgotischen Wörter nichtgermanischen Ursprungs eben durch Entlehnung aus dem gänzlich verlorenen Taurischen erklärt.

In jedem Falle hat die Linguistik die Aufgabe, das Tatarische der vier Gebirgsdörfer an der Südspitze der Krim möglichst bald genau zu durchforschen. Und bevor die dort wohnende höchst eigentümliche Rasse vom Erdboden gänzlich verschwunden ist (wenn dieselbe überhaupt jetzt noch existiert), sollte die Anthropologie dieselbe wiederaufsuchen und einer eingehenden Untersuchung unterziehen.

---

5. Charakter und Sitten der Bewohner Gotiens.

Aus der ältesten Erwähnung der Krimgoten bei Prokop De aed. III, 7 (vgl. S. 213) erfahren wir, dass dieselben vortreffliche Krieger gewesen sind, die sich aber nicht in Mauern einschliessen lassen, sondern auf dem Lande leben wollten; zugleich rühmt sie Prokop als die gastfreundlichsten aller Menschen. Die Krimgoten hatten sich also damals noch lauter germanische Züge bewahrt. Ausserdem aber hatten sie zu ihrem Vorteile die Wildheit ihrer herulischen Volksgenossen abgestreift und waren auch tüchtige Ackerbauer geworden.

Nach Prokop erwähnt erst Busbeck wieder etwas von den krimgotischen „mores“, durch welche, wie er schon vor seiner Begegnung mit seinen beiden Gewährsleuten gehört hätte, jenes Volk an seinen germanischen Ursprung gemahnte. Weiter berichtet er jedoch davon nur noch die Mitteilung des Krimgriechen, wonach das krimgotische Volk kriegerisch war. Das hatten allerdings auch die Gotenfürsten in den letzten beiden Jahrhunderten ihrer Herrschaft durch Teilnahme an Kriegen in den Balkanländern (S. 220) und selbständige Führung von Kriegen mit den Genuesern (Braun 29 ff.) sowie durch die tapfere Verteidigung ihrer Hauptstadt Mankup im Jahre 1475 (S. 221 f.) bewiesen.

Wenn der Krimgrieche Busbecks die Barbarei und unreinlichen Sitten der Tataren getadelt und dabei speciell die Zubereitung und Art ihres Essens sowie den Genuss von Pferdefleisch hervorgehoben hat, so dürfte auch wohl sein krimgotischer Begleiter wenig anders über die Tataren gedacht und gewiss nicht mehr wie seine heidnischen Vorfahren selbst gern Pferdefleisch genossen haben. Wenigstens dachten und denken wohl noch heute die Bergtataren, die Mischlinge aus Krimgriechen und Krimgoten, ähnlich über die Steppentataren. Wir erfahren das aus Schlatter, der S. 455 sagt: „Die krimmschen Tataren, von den Nogayen als Unächte und Bastarde gering geachtet, lachen nicht wenig über die Sprache der Tataren, über ihre Unreinlichkeit und dass sie Pferdefleisch essen.“ Mit den „krimmschen Tataren“ sind hier die Bergtataren gemeint (vgl. S. 230).

Über denselben Gegensatz der „Nogew-Tataren“ zu den „Krim-Tataren“ (vgl. S. 229 f.) sagt auch schon Kleemann, Reisen in den Jahren 1768—70, S. 111: „Sie essen Pferdefleisch, trinken Rossmilch und leben schmutzig und unflätig; bei jenen ist das Gegentheil. Sie wohnen mehrentheils in Zelten und nomadisieren; die Krim-Tataren hingegen haben Häuser, Städte und Dörfer. Sie sind von Natur zum Stehlen geneigt. In der Krim herrscht besonders während des Friedens so grosse Sicherheit, als in unseren Ländern.“ Auch Remy betont den Gegensatz beider Stämme, wenn er S. 66 nach Schilderung des Typus der Tataren Baktschisarays seine Ansicht dahin ausspricht, dass sich aus Kreuzung der Tataren mit Goten und Griechen auch die milden, soliden Eigenschaften möchten erklären lassen, die man an den Tataren der Krim rühme, S. 69 aber vom nogaischen Schlage im Norden der Halbinsel bemerkt, dass sein Naturell nur wenig gemildert oder gesittigt worden sei, und derselbe unter Umständen sogleich die wilde Nomadennatur wiederfinden würde, unter der seine Väter der Schrecken der Welt gewesen wären.

Wenn bei Kleemann, Schlatter und Remy die Bergtataren in günstigem, die Steppentataren in ungünstigem Lichte erscheinen, so haben wir doch auch bei einem Reisenden ein umgekehrtes Urteil. Es ist Oliphant, der The Russian Shores of the Black Sea in the autumn of 1852, p. 249 folgendes sagt: „The Tatars of the northern plains are a pastoral people, leading an active life, whose occupations are somewhat in accordance with the wandering habits of their ancestors. They are simple and hospitable, though of rough exterior. The Tatars of the coast, on the other hand, are extremely indolent, and have no inducement to exertion, finding it unnecessary to do more than gather of the abundance which their fertil soil and genial clime produces. With the Geonese blood that flows in their veins, they are imbued with the cunning of the Italian, while at the same time they are possessed of a certain polish and courtesy of manner which may bee looked for in vain in the Russian boor or the savage Nogay.“ Wie weit dies Urteil richtig ist, wird natürlich nur ein unparteiischer Beobachter, der sich lange im Lande aufgehalten hat, entscheiden können. Wenn aber die Bergtataren wirklich etwas von einem listigen Wesen besitzen, so können sie dies wohl nur von den Griechen, nicht von Genuesern, geerbt haben. Im übrigen läuft auch Oliphants Urteil mit demjenigen der übrigen Beobachter gemeinsam darauf hin, dass die Steppentataren roher und unkultivierter als die Bergtataren sind.

Hinsichtlich ihrer Sitten unterscheiden sich aber beide Volksstämme ganz besonders noch durch die Art des Auftretens ihrer Frauen und Mädchen, worüber Remy S. 142 folgendes sagt: „Die Tataren der Südküste haben in Folge steter Berührung mit moderner Civilisation bereits einen grossen und wesentlichen Theil ihrer nationalen Sitten . . . . . zu Gunsten materiellen Gedeihens aufgegeben. Das Innere der Familie, dem ächten Moslen sonst noch allenthalben unnahbares Heiligthum, steht hier um Jalta dem fremden Besucher so offen wie irgend ein russisches oder deutsches. Frauen und Mädchen haben ihre Schleier über den Rücken geworfen, tauschen mit dem Fremdlinge deutsche Händedrücke aus . . . und unterhalten sich mit ihm in ungezwungener, ja unbefangener Weise.“ Was Remy hier auf den Einfluss moderner Civilisation zurückführt, ist freilich, wenn man vielleicht von einer Steigerung des gesellschaftlichen Verkehrs speciell in Küstenstädten wie Jalta absieht, nichts als die festgehaltene abendländische Sitte der krimgotischen und krimgriechischen Vorfahren dieser Tataren, die sich keineswegs auf den Küstenstrich beschränkt. Am deutlichsten geht das hervor aus einer Stelle bei Graf Berg, Tagebuchblätter aus der Krimm, Reval 1885, S. 98, wo gesagt wird, dass die Frauen in den Dörfern an der Südküste wie in den Bergen unverschleiert gingen, diese Sitte sich aber änderte, sobald man von den hohen Bergen herabstiege. Remy wäre freilich auch wohl kaum zu seinem Irrtume gekommen, wenn er nicht in der Gebirgsstadt Baktschisaray, wo er gerade zuerst den Typus der Bergtataren beobachtet hat, nach S. 65 die Wahrnehmung hätte machen müssen, dass dort die morgenländische Sitte in voller Strenge herrsche, der Tatar seine Frau erst nach der Hochzeit kennen lerne und vom 10. Jahre an kein Mädchen mehr unverschleiert sehe. Es ist ja auch begreiflich, dass sich gerade in der tatarischen Residenz auch die Sitten der Tataren durchgesetzt, obwohl die Bewohner derselben wenig oder gar kein tatarisches Blut in ihren Adern haben.

Dass sich die Steppentataren und Bergtataren auch noch in manchen anderen Sitten unterscheiden, ersehen wir aus der Schilderung der tatarischen Handelsstadt Karassubazar am Nordfusse des Jailagebirges, wie sie Remy S. 189 giebt, wo er unter anderem sagt: „Hier befindet man sich wiederum inmitten des Orients. Die ganze Thätigkeit der männlichen Bevölkerung liegt auf den Gassen offen vor Jedermanns Augen."

Bezüglich der Religion der Bergtataren macht Remy S. 146 die Bemerkung: „Einzelne Familien bewahren sogar Gebräuche, die dem Islam fremd oder zuwider sind; z. B. eine Art Festgebäck mit dem Zeichen des Kreuzes." Vorher sagt er schon, dass ihm schon in Baktschisaray der Mangel des sonst den Muhamedanern allenthalben eigenen religiösen Fanatismus aufgefallen sei, und dass überhaupt bei den Bergtataren eine gewisse achtungsvolle Duldung fremder Konfessionen bestehe.

Die Sitten und Charakterzüge, welche sich die Bergtataren im Gegensatze zu den Steppentataren gewahrt haben, sind allgemein abendländischer, vielleicht am meisten griechischer Natur. Selbst eine eingehende Beobachtung dürfte schwerlich dort noch etwas specifisch Germanisches entdecken. Da die Bergtataren auch in Körperbeschaffenheit und wahrscheinlich auch in der Sprache nichts Germanisches mehr haben, so scheint heute jedwede Spur der Krimgoten verwischt zu sein. Einzig die Nachrichten aus der Vergangenheit geben Zeugnis von der Existenz des Volkes in seinem Lande, die anderthalb Jahrtausende gewährt hat.

V. Die Gothi minores.

Wenn die Vorfahren der sogenannten Gotogriechen höchstwahrscheinlich, die sogenannten Goten der Krim und des Kaukasus sicher in Wirklichkeit Heruler gewesen sind, so ist doch am schwarzen Meere mit dem Namen der Goten wenigstens ein Germanenrest zurückgeblieben, über dessen wirklich gotische Abkunft wegen seiner Wohnsitze keinerlei Zweifel aufkommen kann. Es sind dies die „Gothi minores", wie sie an der bekanntesten und ausführlichsten Stelle, die von ihnen handelt, bei Jordanes c. 51 genannt werden. Wegen ihrer Sitze in Mösien hat man sie auch als „Mösogoten" bezeichnet.

Die wichtige Stelle des Jordanes lautet folgendermassen: „Erant siquidem et alii Gothi, qui dicuntur Minores, populus immensus, cum suo pontifice ipsoque primate Vulfila, qui eos dicitur et literis instituisse, hodieque sunt in Moesia regione incolentes Nicopolitanam. Ad pedes enim montis gens multa sedit pauper et imbellis, nihil abundans, nisi armento diversi generis pecorum et pascuis, silvaque lignorum, parum habens tritici, ceterarum specierum est terra fecunda. Vineas vero nec si sunt alibi, certi eorum cognoscent, ex vicinis locis sibi vinum negociantes: nam lacte aluntur."

Wenn Jordanes hier die Gothi minores direkt mit den Goten Wulfilas identificiert, so bleibt es fraglich, ob er damit nur an die Abkunft jener von diesen wegen ihrer gleichen Wohnsitze oder zugleich auch an eine, wenn auch unterbrochene selbständige politische Fortexistenz von Fridigerns Goten, die Wulfila geistig geleitet hatte, gedacht hat. Die letztere Möglichkeit dürfte wenigstens den thatsächlichen Verhältnissen eher als die erstere entsprochen haben. Denn obwohl Athanarich nach Jordanes c. 28

schliesslich auch Nachfolger seines Feindes Fridigern geworden war, so standen doch nach seinem Tode die Westgoten ohne allgemeines Oberhaupt in römischen Diensten, nicht ohne Parteistreit unter ihren einzelnen Anführern (vgl. Zosimos IV, 56, dazu Zeuss S. 416). Es ist doch aber das Wahrscheinlichste, dass bei einem solchen Zustande auch damals noch der stärkste Zwiespalt zwischen denjenigen beiden Teilen des Volkes herrschte, die so lange politisch getrennt und bitter verfeindet unter einander gewesen waren. Das war denn aber wohl auch der Grund, weshalb sich die einstigen Goten Fridigerns dem Alarich, der aus der Mitte der verschiedenen Führer allein emporgestiegen war, auf seinem Zuge nach Italien nicht angeschlossen haben. Denn weder waren die Gothi minores von ihren Volksgenossen geographisch so geschieden wie die Tetraxiten durch den kimmerischen Bosporus von den ihrigen, noch haben sie ein so schönes und fruchtbares Land wie die Krimgoten inne gehabt. Auch hat sie ihre Viehzucht gewiss nicht so sehr an die Scholle fesseln können, wie dies vielleicht wenigstens der Ackerbau, wenn er vorwiegend von ihnen getrieben worden wäre, vermocht hätte.

Bei Jordanes' Nachricht muss man sich natürlich fragen, ob denn das zahlreiche Volk der Gothi minores, das doch schon seit fast anderthalb Jahrhunderten von den Westgoten Alarichs getrennt in Mösien wohnte, nicht auch schon vor ihm öfters genannt wird. In der That werden wenigstens dreimal vor ihm, aber nach dem Abzuge Alarichs, in der Geschichte Goten erwähnt, die keine anderen als die Mösogoten gewesen sein können. Die auf das erste der drei Ereignisse bezügliche Stelle steht bei Malalas p. 393, wo von dem Aufstande der Isaurier gegen den oströmischen Kaiser Anastasios I. die Rede ist; nach dem Chronicon des Marcellinus ed. Sirmondi p. 44 u. 46 währte der Aufstand von 492–497. Malalas erzählt, dass, als die Empörung anhub, der Kaiser ein Heer gegen die Isaurier geschickt habe μετὰ πλήθους Σκυθῶν καὶ Γοτθικῆς καὶ Βεσσικῆς χειρός. Joannes Antiochenos (Carolus Müller, Fragmenta Hist. Graec. V, 1, 30) nennt als Unterfeldherren desselben Heeres Ἀψικὰλ βάρβαρος γένους τῶν καλουμένων Γότθων neben Sigizan und Zolbon als Führer einer Schaar von Hunnen. Die Goten des byzantinischen Kaisers können doch aber wohl weder Ostgoten, die damals gerade mit der Eroberung Italiens beschäftigt waren, noch spanische Westgoten gewesen sein. Im Gegenteil weist auch ihr gemeinsames Erscheinen mit Skythen und Hunnen, welche letztere damals schon längst wieder aus der Theissebene ostwärts gezogen waren, nach Osteuropa, ihr gemeinsames Erscheinen mit den Bessen aber, dem Centralvolke Thraciens, mit denen sie, nach den Worten des Malalas zu schliessen, zusammen ein besonderes Kontingent gebildet zu haben scheinen, speciell auf das Land südlich der unteren Donau. Auch könnte Joannes Antiochenos diese Goten doch wohl nicht als „sogenannte Goten“ bezeichnet haben, wenn dieselben Krieger aus dem berühmten Volke Alarichs oder dem noch berühmteren Theodorichs gewesen sein würden. Der Ausdruck des Antiochenos erklärt sich eben dadurch, dass er hier von Goten zu reden hatte, die in der Geschichte sonst noch garnicht hervorgetreten und deshalb unbekannt geblieben waren.

Die zweite der betreffenden Stellen (auf welche Tomaschek 27 hingewiesen hat) steht bei Malalas p. 405 und berichtet von gotischen, hunnischen und skythischen Soldaten, die auf der Flotte des thracischen Empörers Vitalianus befindlich in einer Seeschlacht zu Grunde gingen. Der Aufstand des Vitalianus wird von Marcellinus p. 55 in das Jahr 514 gesetzt.

Die dritte Stelle steht bei Marcellinus selbst p. 58 als Ereignis des Jahres 517. Derselbe spricht dort zuerst unbestimmt von der Bedrängung Illyriens und fährt dann mit folgenden Worten fort: „Duae tunc Macedoniae Thessaliaque vastata est, et usque Thermopylas veteremque Epirum, Getae equites depraedati sunt. Mille tunc librarum auri denarios per Paulum Anastasius Imperator pro redimendis Romanorum captivis, Joanni Praefecto Illyrici misit. deficiente pretio, vel inclusi suis cum domunculis captivi Romani tenti sunt, vel pro muris clausarum urbium trucidati.“ Schon Suhm, Historie om de fra Norden Udvandrede, I, Kiobenhavn 1772, S. 311 hat in diesen „Getae“ richtig die Gothi minores erkannt.

Merkwürdigerweise fallen die drei historischen Nachrichten, die wir allein über die Mösogoten zu besitzen scheinen, in die Zeit der Wende des 5. und 6. Jahrhunderts. Um diese Zeit muss also wohl in die Goten Mösiens endlich wieder ein kriegerischer Sinn gedrungen sein, der freilich auch bald wieder verschwunden war. Die Ursache dieses plötzlichen Aufflammens und baldigen Wiedererlöschens kriegerischen Geistes vermögen wir nicht zu ermitteln. Für Jordanes' Zeit traf das von ihm auf die Gothi minores angewandte Wort „imbellis“ auch wohl wirklich schon wieder ganz zu. Freilich hindert das nicht, dass die Mösogoten als barbarisches Volk von den Oströmern immer noch für gefährliche Nachbaren gehalten wurden, wobei allerdings die Erinnerung an das Jahr 517 noch hauptsächlich im Spiele gewesen sein mag.

Von dieser Besorgnis der Oströmer erfahren wir aus Prokop De aed. IV, 1. Es ist dies zugleich die letzte Nachricht, durch die wir noch direkt von der volklichen Existenz der Mösogoten unterrichtet werden, obwohl dieselbe als eine Stelle eines zwischen 554 und 558 abgefassten Werkes nur wenige Jahre hinter dem Berichte des Jordanes, der 551 geschrieben hatte, liegt. Prokop spricht an der betreffenden Stelle von den starken Befestigungen, die Justinian in der Nähe der Donau angelegt hatte, wo grosse Gefahren seitens der Barbaren drohten: ἔθνη γάρ, αὐτῇ γειτονοῦντα διακεκλήρωται Οὐννικά τε καὶ Γοτθικά. Wir erhalten also durch denselben Prokop von nicht weniger als drei verschiedenen Germanenresten am schwarzen Meere Kunde, nur dass derselbe im vorliegenden Falle, wo es sich doch gerade um einen grossen Rest handelte, nur eine äusserst knappe Mitteilung im Gegensatze zu seiner Redseligkeit bei dem kleinen Völkchen der Krimgoten und gar zu seiner Weitschweifigkeit bei dem noch kleineren der Tetraxiten macht. Offenbar war es aber gerade die Kleinheit und Isoliertheit jener Stämme gewesen, die ihm als eine eigentümliche Erscheinung mit Recht aufgefallen war und deshalb seinen Blick auch hatte verweilen lassen, während er in dem Zurückbleiben des grossen Gotenrestes an der Donau nichts Besonderes hat sehen können. Auch mag wohl noch hinzugekommen sein, dass diese Goten Feinde der Oströmer, die Krimgoten aber ihre Unterthanen und die Tetraxiten sogar ihre freiwilligen Freunde waren. Aus Prokops Ausdruck ἔθνη Γοτθικά dürfen wir wohl entnehmen, dass sich die Gothi minores seit Athanarichs Tode nicht wieder politisch geeinigt hatten, was ja nicht zu hindern brauchte, dass sie aus alter Abneigung gegen ihre Volksgenossen nördlich der Donau sich darin, dem Alarich nicht zu folgen, grösstenteils einig gewesen waren. Die Spaltung der Mösogoten in viele kleine Stämme mochte es auch wohl mit sich gebracht haben, dass dieselben selbst in der Zeit ihres kriegerischen

Aufschwunges nur eine einzige selbständige grössere Unternehmung in das Werk gesetzt hatten.

Nach Prokop begegnen wir anstatt eines Zeugnisses für die Fortexistenz des mösogotischen Volkes nur noch einem solchen über die der mösogotischen Sprache. Das Zeugnis steht bei Walafridus Strabus, De rebus ecclesiasticis 7 und lautet: „.... a Gothis, qui et Getae, cum eo tempore, quo ad fidem Christi.... perducti sunt, in Graecorum provinciis commorantes, nostrum, id est Theotiscum sermonem habuerint. Et (ut historiae testantur) postmodum studiosi illius gentis divinos libros in suae locutionis proprietatem transtulerint, quorum adhuc monumenta apud nonnullos habentur. Et fidelium fratrum relatione didicimus, apud quasdam Scytharum gentes, maxime Tomitanos, eadem locutione divina hactenus recitari officia.“ Die Nachricht fällt in die Zeit zwischen 824, in welchem Jahre Walafridus in das Kloster Reichenau eingetreten war (806 war er geboren) und 849, wo er gestorben ist.

Die Glaubwürdigkeit des Zeugnisses ist mit Unrecht von Tomaschek 27 bestritten worden. Wenn derselbe zunächst zu bedenken giebt, dass der alte Name Tomi zuletzt um 600 erscheine, um 970 aber dafür bereits der Name Konstanteia vorkomme, so kann doch in der ersten Hälfte des 9. Jahrhunderts gewiss noch die ältere Namensform im Gebrauche gewesen sein. Weiter aber hält es Tomaschek auch an sich für unglaublich, dass sich unter den slawischen Stämmen bis in die bulgarische Periode hinein Nachkommen der Goti minores mit eigener Sprache und nationalem Ritus sollten erhalten haben. Von Mösogoten sei in späteren Jahrhunderten nicht mehr die Rede. Allerdings müssen, wie Zeuss S. 606 f. gezeigt hat, schon im Jahre 594 Slawen in Mösien gesessen haben. Es ist aber sehr wenig wahrscheinlich, dass sich Christen diesen Slawen, so lange dieselben noch Heiden waren, assimiliert haben sollen, und für die Mösogoten um so weniger, als diese dann gerade mit der Tradition ihres grossen Wulfila gebrochen hätten. Die Christianisierung der bulgarischen Slawen hatte aber zu Walafrids Zeit wahrscheinlich noch nicht einmal begonnen, wie denn der Bulgarenfürst Boris erst 864 von den Griechen das Christentum annahm und der Slawenapostel Kyrillos selbst erst 827 geboren war. Wenn wir nach Prokop nichts mehr von den Gothi minores hören, so liegt das eben daran, dass dieselben von den Slawen allerdings bald darauf unterworfen worden sind, infolgedessen sie, die übrigens schon früher unkriegerisch geworden waren, weder selbständig noch etwas zu unternehmen noch byzantinischen Kaisern oder Heerführern noch Truppen zu stellen fortan imstande waren.

Toma·chek meint ferner, dass bei Walafrids Gewährsleuten vielleicht eine Verwechslung von Goten mit bulgarischen Slawen, von gotischen Buchstaben und Schriftwerken mit der glagolitischen Schrift und altbulgarischen Bibelübersetzung vorliege, wie sich solche Irrtümer einige Male in abendländischen Berichten fänden. In dem einzigen Beispiele aber, das er dafür anführt, handelt es sich nur um eine Verwechslung der Schriftarten. Die slawische Sprache kann aber zu Walafrids Zeit, wie auch die slawische Schrift kaum schon erfunden war, höchstwahrscheinlich noch garnicht als Kirchensprache angewandt worden sein. Doch setzen wir einmal den Fall, dass sie schon Kirchensprache war, so war doch eine Verwechslung des Slawischen und Gotischen mindestens für denjenigen nicht möglich, der von der nahen Verwandtschaft des letzteren mit dem Deutschen wusste. Aus Walafrids Berichte sehen wir aber, dass ihm wenigstens selbst diese Verwandtschaft bekannt war und er sogar ein besonderes Gewicht darauf gelegt hat. Unter solchen Umständen aber hat er sich doch auch höchstwahrscheinlich bei den Mönchen, die ihm von der gotischen Kirchensprache namentlich in Tomi erzählt hatten, über die Verwandtschaft jener Sprache mit der deutschen und ihrer Identität mit derjenigen, in der ihm auch Exemplare der Wulfilanischen Bibelübersetzung bekannt waren, vergewissert. Aus dem Wortlaute seines Zeugnisses geht ja aber auch hervor, dass auch jene Mönche selbst die gotische Bibel gekannt haben müssen. Ausserdem werden dieselben auch höchstwahrscheinlich seinem eigenen Kloster angehört haben und Deutsche gewesen sein. Selbsttäuschung oder Betrug war ja hier gänzlich ausgeschlossen, wo noch kein Barbaro oder Busbeck vorangegangen war.

Wenn in Tomi noch in der ersten Hälfte des 9. Jahrhunderts gotisch gepredigt worden ist, so setzt das natürlich auch noch eine gotische Volkssprache für die gleiche Zeit daselbst voraus. Wenn die Mönche aber nur auf die Kirchensprache achteten, so war das erstens bei ihrem Stande erklärlich und zweitens noch besonders durch den Umstand veranlasst, dass sie das Gotische gerade nur noch als Kirchensprache kennen gelernt hatten.

Dass Tomi noch mit zum Gebiete der Gothi minores gehörte, obwohl Jordanes das weit entfernte Nikopolis als den Centralsitz des Volkes bezeichnet, ist nicht zu verwundern, wenn man sich des gleichfalls von Jordanes gebrauchten Ausdruckes „populus immensus“ für dieselben Goten erinnert. Dass auch speciell um Tomi Goten sitzen geblieben waren, hat sogar Tomaschek selbst sehr wahrscheinlich gemacht, indem er den Suggestiones Dioscori diaconi an P. Hormisdas aus den Jahren 519 und 520 die Thatsache entnommen hat, dass in dem Sprengel des Bischofs von Tomi mehrere „skythische“ Mönche, namentlich im Punkte der „trinitas crucifixum“ arianischen Lehrmeinungen gehuldigt hätten: diese Mönche aber hätten wohl trotz ihrer griechischen Namen der gotischen Nation angehört. In der That können Griechen wohl niemals Skythen genannt worden sein, während dieser Name für die Goten seit Alters bei den Griechen üblich war. So erklären sich denn auch die „Scytharum gentes“ der Berichterstatter Walafrids. Wenn diese gerade nach Tomi gekommen waren, so haben sie eben nach einer Küstenstadt am leichtesten gelangen können. Mit den „Scytharum gentes“ aber, welche sie noch ausser den Tomitanern die gotische Predigt hatten pflegen hören, sind wohl einzelne kleine gotische Bevölkerungsbruchteile, die unter den Slawen Enklaven bildeten und nicht weit von Tomi wohnten, gemeint.

Auffallenderweise erwähnt Walafrid nicht, dass die betreffenden „Scytharum gentes“ selbst noch den Namen Goten geführt hätten, worin doch eine Bestätigung der Gleichheit ihrer Sprache mit derjenigen der gotischen Bibel gelegen haben würde. Allerdings könnte er das auch nur zufällig fortgelassen oder aber könnten die Mönche ihm das vielleicht auch nur zufällig nicht mitgeteilt haben. Immerhin bleibt die blosse Benennung der Gothi minores gerade in diesem Zusammenhange als „quaedam Scytharum gentes“ merkwürdig genug, und wäre es deshalb garnicht unmöglich, dass bei der schon mehr als zwei Jahrhunderte währenden politischen Bedeutungslosigkeit des Volkes ihr Name ähnlich wie derjenige der Krimgoten (vgl. S. 191) nur noch da, wo man sie von der anderen Bevölkerung ausdrücklich unterscheiden wollte, angewandt zu werden pflegte, eine Gelegenheit, wie sie die Mönche aber leicht verfehlt haben könnten.

Die nächste Nachricht über Gotenreste nach Walafrid, die, wenn sie glaubhaft wäre, nur auf die Gothi minores bezogen werden könnte, stammt erst aus dem Ende des 17. Jahrhunderts. Dieselbe steht bei Olof Rudbeck, Atlanticae seu Manheimii pars tertia, Upsalae 1698, p. 210 und lautet: „Quid quod in plurimis Valachiae locis, Gothica nostra lingua, cum Runis Ulphilanis a majoribus nostris relicta adhuc superest. Cujus rei, tum a quodam, de Valachia ad Regem nostrum Legato, quem ex Ulfila ipse recitantem audivi, tum a nonnullis Hungaris, Johanne cive Papense et Michaële Pillarich Presburgense certior sum factus." Die Nachricht erweist sich hauptsächlich durch ihre geographische Angabe, wonach in der Walachei, wo doch niemals Goten zurückgeblieben waren, solche gewohnt haben sollen, als unwahr. Rudbeck, der sich ja in seiner ganzen Atlantica als ein verschrobener Phantast zeigt, hat offenbar durch seine Phantasie die Leute, auf deren Zeugnis er sich beruft, zum Betruge veranlasst. Der Gesandte aus der Walachei scheint sich sogar eigens deswegen in den Wulfila eingelesen zu haben; nur weiss man nicht, wie weit auch sein Vorlesen auf Rechnung der Phantasie Rudbecks zu setzen ist.

Am Schlusse aller Nachrichten, die, wenn glaubwürdig, auf die Mösogoten bezogen werden müssen, steht die bei Suhm, Historie af Danmark, I, Kiøbenhavn 1782, S. 64: „ja der boe endog Gother ved Silistria, i Bulgariet, hvilket sidste den afdøde Professor Thunmann i Halle har i et Brev forsikret mig." In allen Nachrichten aber, in denen von einer Erhaltung von Goten berichtet wird, ist damit vor allem die gotische Sprache gemeint. Wenn aber das Mösogotische bis tief in das 18. Jahrhundert hinein existiert hätte, so würden wir doch wohl sicher noch irgend welche Zeugnisse über dasselbe aus den mehr als 900 Jahren zwischen Walafrid und Thunmann besitzen, wie solche in beträchtlicher Anzahl über das Krimgotische und Tetraxitische auf uns gekommen sind. Wahrscheinlich hat Thunmann, durch Busbeck angeregt, in ähnlicher Weise wie Rudbeck aus beliebigen Ländern am schwarzen Meere, in denen einmal Goten gelebt hatten, Erkundigungen über gotische Völkerreste einzuziehen gesucht und ist dabei wiederum ähnlich wie Rudbeck einem Betruge anheimgefallen.

Walafrids Nachricht ist thatsächlich die letzte über die Mösogoten, über dessen Zeit hinaus dieselben überhaupt nicht einmal mehr lange existiert haben dürften. Denn die Christianisierung der Bulgaren in der zweiten Hälfte des 9. Jahrhunderts hob die Scheidewand auf, welche die Goten von ihren Besiegern bis dahin getrennt hatte. Den Arianismus, welcher sich nirgends auf die Dauer gegen das orthodoxe Christentum widerstandsfähig erwiesen hat, hatten die Goten vielleicht schon früher aufgegeben. Somit werden dieselben auch als das kleinere, unterworfene und unter ihren Besiegern zerstreute Volk nunmehr sehr bald in diesen aufgegangen sein. Das Ende der Gothi minores ist aller Wahrscheinlichkeit nach noch im Laufe des 10. Jahrhunderts erfolgt.

Register.

I. Namensregister.

II. Grammatisches Register zum Krimgotischen.

Berichtigungen.

S. 2 Z. 19 v. unten l. *Κυζίκου* f. *Κιζύκου*.
S. 4 Z. 3 v. oben l. Wietersheim f. Wintersheim.
S. 5 Z. 10 v. unten l. von f. aus.
S. 6 Z. 15 v. unten l. scheinen f. schienen.
S. 6 Z. 14 v. unten l. untergeordnet f. untergeordet.
S. 9 Z. 12 v. oben l. Völkernames f. Völkernamens.
S. 16 Z. 16 v. unten l. Mahumet f. Mahmud.
S. 20 Z. 11 v. oben l. Wassiljewskij f. Wassiljewsky.
S. 28 Z. 17 v. oben l. 1803 f. 1808.
S. 40 Z. 13 v. oben l. dieselb‥n f. dieselbe
S. 40 Z. 14 v. oben l. schon f. wahrscheinlich schon.
S. 44 Z. 10 u. 13 v. oben l. segnori f. principi.
S. 47 Z. 5 v. unten l. Tartarica f. Tartarico.
S. 48 Z. 10 v. unten l. Transsylvanien f. Transsylvauien.
S. 56 Z. 1 v. unten l. fälschlich f. älschlich.
S. 78 Z. 13 v. oben l. wîlin f. wilin.
S. 86 Z. 5 v. oben l. vom f. von.
S. 99 Z. 8 v. unten l. Kutschuk f. Kustschuk.
S. 99 Z. 2 v. unten l. Temruk f. Temouk.
S. 101 Z. 12 v. oben l. Kutschuk f. Kustschuk.
S. 101 Z. 14 u. 12 v. unten l. Reineggs' f. Re'neggs.
S. 109. Z. 1 v. oben l. Pii f. Pei.
S. 113 Z. 10 v. oben l. erscheinen f. erschienen.
S. 113 Z. 6 v. unten l. vor f. von.
S. 117 Z. 11 v. oben l. agnovisse f. agnorisse.
S 125 Z. 20 l. Theodoro f. Theodoroi.
S. 141 Z. 19 v oben l. *mēna* f. *mêna*.
S. 152 Z. 12 v. oben ist *gadeltha* zu streichen.
S. 154 Z. 4 v. unten l. liess f. liessen
S. 156 Z. 19 v. unten l. Ostgotischen f. Ostgotischan.
S. 171 Z 2 v. oben l. wie auch f. auch.
S. 179 Z. 13 v. unten l. Cumanicus f. Cumauicus.
S. 189 Z. 19 v. unten l. Baktschissaray f. Baktschiffaray.
S. 200 Z. 1 v. unten ist vo· Danach eine Schlussklammer zu setzen.
S. 216 Z. 1 v. unten l. Joannes f. Johannes.

Zeitfracht Medien GmbH
Ferdinand-Jühlke-Straße 7
99095 Erfurt, Deutschland
produktsicherheit@kolibri360.de